全国高校社会主义经济理论与实践研讨会第29次年会 深圳大学 2015年11月28-29日

全国高校社会主义经济 理论与实践研讨会丛书

社会主义经济理论研究集萃（2015）

"四个全面"战略布局的中国经济

卫兴华　洪银兴　黄泰岩　陶一桃　等著

SIGE QUANMIAN ZHANLUE BUJU DE
ZHONGGUO JINGJI

经济科学出版社
Economic Science Press

图书在版编目（CIP）数据

社会主义经济理论研究集萃. 2015："四个全面"
战略布局的中国经济/卫兴华等著. —北京：
经济科学出版社，2015.12
（全国高校社会主义经济理论与实践研讨会丛书）
ISBN 978 – 7 – 5141 – 6538 – 8

Ⅰ. ①社… Ⅱ. ①卫… Ⅲ. ①社会主义经济 –
研究 – 中国 Ⅳ. ①F120.2

中国版本图书馆 CIP 数据核字（2015）第 321172 号

责任编辑：于海汛
责任校对：杨晓莹 王苗苗
责任印制：李 鹏

社会主义经济理论研究集萃（2015）
"四个全面"战略布局的中国经济
卫兴华 洪银兴 黄泰岩 陶一桃 等著
经济科学出版社出版、发行 新华书店经销
社址：北京市海淀区阜成路甲 28 号 邮编：100142
总编部电话：010 – 88191217 发行部电话：010 – 88191522
网址：www. esp. com. cn
电子邮件：esp@ esp. com. cn
天猫网店：经济科学出版社旗舰店
网址：http：//jjkxcbs. tmall. com
北京汉德鼎印刷有限公司印刷
三河市华玉装订厂装订
710 ×1000 16 开 29 印张 490000 字
2015 年 12 月第 1 版 2015 年 12 月第 1 次印刷
ISBN 978 – 7 – 5141 – 6538 – 8 定价：58.00 元
（图书出现印装问题，本社负责调换。电话：010 – 88191502）
（版权所有 侵权必究 举报电话：010 – 88191586
电子邮箱：dbts@esp. com. cn）

总 序

  全国高校社会主义经济理论与实践研讨会是在原国家教委的倡导下于1985 年组织创办的，由北京大学、中国人民大学、南开大学、复旦大学、武汉大学、吉林大学、厦门大学、西南财经大学 8 所部直属大学的一批学者组成领导小组。老一辈经济学家宋涛、胡代光、藤维藻、谷书堂、蒋学模、谭崇台、关梦觉、刘诗白、张维达、卫兴华、吴宣恭等先后担任领导小组成员，宋涛教授担任领导小组组长。

  在教育部的大力领导和支持下，全国高校社会主义经济理论与实践研讨会经历了二十几个春秋，在风雨中坚持不懈，举办了 29 次大型的研讨会并出版了 29 部论文集，影响不断扩大，经久不衰，参与者热情不减。其中一个重要原因是研讨会的强大凝聚力。凝聚力的基础就是马克思主义经济学及其理论创新。这个研讨会是高校从事马克思主义政治经济学教学与研究的教师的聚会。每次研讨会都有老一辈经济学家的坚强领导和掌舵，有举办单位的周密组织，有各个高校的积极支持，有所有参会者的热烈参与。特别是每次会议的讨论都有明确的议题，议题能够紧扣时代的脉搏，理论联系实际，有自主和谐的会议气氛，每次会议都能取得成果，大家都有收获。20 多年来，参加会议的许多代表是年年积极参加，还有一批批年轻同志的不断加入。这个会议培养出了一批坚持马克思主义、理论联系实际的经济学专家，为各个高校坚持以中国化的马克思主义经济学进课堂、进教材、进学生头脑做出了重大贡献。参加会议的一批批年轻人在学术界崭露头角进入了学术和行政的重要岗位。所有这些表明，我们这个研讨会已经办出了品牌，办出了吸引力。

从 2007 年第 21 次会议开始，领导小组进行了新老交替。经多方征求意见，包括原领导小组成员的意见，并向教育部有关领导汇报和获得同意，确定了研讨会领导小组成员的调整，决定新的领导小组主要由原来 8 所大学推选年轻代表组成，由南京大学洪银兴教授担任组长，其他成员有林岗、黄泰岩、刘伟、逄锦聚、庄宗明、刘灿、简新华、李慧中、谢地等教授，黄泰岩教授兼任秘书长，张宇、黄桂田、张二震三位教授任副秘书长。2010 年，研讨会领导小组增补北京师范大学李晓西教授为领导小组成员。从第 21 次年会开始，会务组织和具体的工作安排则由新领导小组协商处理。但是老一辈经济学家继续在为研讨会掌舵，新一届领导小组成员决心秉承传统，增强活力，不仅要把老一辈经济学家开创的事业继承下来，还要越办越好。特别是在多元化的年代，在出现多个全国性论坛和年会的背景下，以自身的特色，特别是以坚持马克思主义、推进马克思主义经济学中国化的特色增强凝聚力和吸引力。

伴随着我国改革开放的历史进程，我国高校经济学界以马克思主义政治经济学的基本理论和方法为指导，积极借鉴现代西方经济学的有益成果，深入研究我国改革开放和转型中的重大理论和实践问题，为建立中国特色的社会主义经济理论体系做出了重要贡献。其中包括：社会主义初级阶段及其基本经济制度理论，社会主义市场经济理论，公有制为主体多种所有制经济共同发展的理论，按劳分配为主体多种分配方式并存的理论，两次收入分配都要处理好公平与效率的理论，对外开放与中国经济发展理论，等等。这些都是马克思主义经济学中国化的创新性理论成果。

马克思主义经济学的中国化，是我们理论创新的方向。中国马克思主义经济学的研究，一定要面向中国改革、转型和发展的经济实际。马克思主义经济学的本质特征之一就是其开放性。我们既要吸收发达国家的发展先进生产力的先进经验，又要吸收西方经济学中的积极成分。对于马克思主义经济学理论，不仅仅要解决坚持问题，更要解决好发展问题。马克思主义经济学的与时俱进，也就是马克思主义经济学在中国特色社会主义的实践中发展，在吸取各种经济学流派的积极成果中发展。

过去每年的研讨会都要出版一本包括所有提供论文的概要的文集。从 2007 年的第 21 次年会起出版的会议文集不再是全部论文的概要，而是经评审组专家评审,在大会入选的论文中选择部分切合年会主题的代表性论文结集由经济科学出版社出版。文集的具体编辑工作由黄泰岩、张宇、黄桂田、张二震担任,陈亮做了文集编辑的基础工作。我们希望每年出版的文集能够代表当年马克思主义经济学中国化研究的高端水平,努力为积极推进马克思主义经济学理论的中国化研究,开拓中国当代马克思主义政治经济学新境界,深入回答发展中国特色社会主义的重大理论和实际问题,增强理论自信、道路自信、制度自信,培养造就一批马克思主义理论家特别是中青年理论家做出应有的贡献。

全国高校社会主义经济理论与实践研讨会领导小组

目 录

1

第三篇　结构调整的新布局与思路

第四篇　创新驱动的新布局与思路

目 录

第五篇　对外开放的新布局与思路

3

开　幕　词

黄泰岩[*]

尊敬的卫先生、吴先生、李校长、吴市长、唐市长、各位专家、各位代表、老师们、同学们：

大家上午好！

"全国高校社会主义经济理论与实践研讨会第29次年会"今天在深圳大学隆重开幕。首先请允许我代表"全国高校社会主义经济理论与实践研讨会"年会领导小组向全国60多所高校、中央党校和科研机构的150多名代表、特邀代表和《人民日报》、《光明日报》、《经济学动态》、经济科学出版社、深圳电视台、《深圳特区报》等近20家媒体单位的朋友们莅临大会表示热烈的欢迎！对年会给予一贯大力支持的教育部社科司、深圳大学陶一桃书记为首的经济学院29次年会筹备组、深圳大学采桑子合唱团，以及为29次年会审稿工作做出周到安排的内蒙古师范大学经济学院等表示衷心的感谢！

"全国高校社会主义经济理论与实践研讨会"到今天已经走过了29个春秋。29年来，年会经久不衰，越办越好，硕果累累，已成为全国高校经济学界展示思想的学术盛会、百家争鸣的理论园地、人才培养的摇篮和协同创新的平台。回顾和总结年会29年来的发展历程，我们可以得到如下基本经验：

——始终坚持以马克思主义经济理论为指导，坚信马克思主义经济学基本原理和方法论的科学性、正确性，以及在当代中国仍具有强大的生命力，具有强大的理论自觉和理论自信。

——始终坚持把马克思主义经济学基本原理和方法论同我国经济改革与发展的伟大实践结合起来，运用中国经验丰富和发展马克思主义经济理论，不断形成新的理论成果，赋予马克思主义经济理论新的时代生命力。

---

* 黄泰岩，中央民族大学教授。

——始终坚持以我国社会经济发展和改革面临的重大理论问题和实践问题为导向，通过对社会经济发展规律的深入研究，回答问题，解释问题，解决问题，具有强烈的责任感、使命感。

——始终坚持注重发挥高校的独特优势，聚焦经济学基本理论、基础理论和基本方法的继承、发展和创新，为推进理念创新、制度创新和技术创新，实现创新驱动经济发展贡献智慧。

——始终坚持注重发挥集体智慧，推进协同创新。年会最初就是由北京大学、中国人民大学、南开大学、西南财经大学等8所高校的老一辈经济学家——宋涛先生、胡代光先生、滕维藻先生、蒋学模先生、谭崇台先生、关梦觉先生、陶大镛先生、刘诗白先生、谷书堂先生、卫兴华先生、陈征先生、吴宣恭先生、张维达先生等组织创办的，29年来，全国五六十所高校100多位代表年年积极参加。可以说，年会从创办之日起，就是秉承协同创新的理念，探索协同创新的体制，从而取得了协同创新的优异成果。

——始终坚持正确的领导。年会是在原国家教委的倡导下创立的，并一直得到教育部社科司的指导和支持。同时，年会有老一辈的坚定的马克思主义经济学家掌舵，特别是著名马克思主义经济学家卫兴华教授、吴宣恭教授以八九十岁的高龄仍然亲自参加年会的审稿会和大会，给予指导。此外还有中青年一代马克思主义经济学者的坚定支持和拥护。这就使年会始终能够保持着正确的发展方向。

各位专家、各位代表：

今年的年会是在党的十八届五中全会胜利召开，特别是在习近平总书记在中共中央政治局第二十八次集体学习时强调"立足我国国情和我国发展实践发展当代中国马克思主义政治经济学"的背景下召开的，这使本次年会具有非常特殊的意义和价值。经年会领导小组认真研究决定，一方面要将党的十八届五中全会精神和习近平总书记讲话精神贯穿于本次年会的研讨中，另一方面还专门设立了一个重要环节学习习近平总书记关于发展当代中国马克思主义政治经济学的讲话。为此，年会特邀请了为中共中央政治局第二十八次集体学习做讲解的顾海良教授为我们做报告，同时请卫兴华教授、洪银兴教授和刘伟教授谈学习体会，相信这将成为本次年会的一个重要亮点。

党的十八届五中全会精神和习近平总书记关于发展当代中国马克思主义政治经济学的讲话精神，对本次年会的研讨提出了新理念、新方向、新要求、新任务。

——从发展新理念的新视角进一步深入研究我国的全面小康社会、经济发展新常态、经济发展方式转变、经济结构转型升级、创新驱动经济发展、全面深化经济改革、"一带一路"倡议等重大理论和实践问题。

——遵循发展当代中国马克思主义政治经济学的新方向，就要立足我国国情和我国发展实践，揭示新特点、新规律，提炼和总结我国经济发展实践的规律性成果，把实践经验上升为系统化的经济学说，形成中国特色、中国气派、中国风格的经济理论。

——按照发展当代中国马克思主义政治经济学的新要求，既要坚持马克思主义政治经济学的基本理论和方法论，更要同我国经济发展的实际相结合，深入研究世界经济和我国经济面临的新情况、新问题，为马克思主义政治经济学创新发展贡献中国智慧。

——根据发展当代中国马克思主义政治经济学确定的新任务，深入研究在经济发展上如何坚持以人民为中心的发展，如何坚持创新、协调、绿色、开放、共享的发展理念；在基本经济制度上，如何坚持和完善社会主义基本经济制度，如何坚持和完善社会主义基本分配制度；在改革开放上，如何坚持社会主义市场经济改革方向，如何坚持对外开放基本国策。

各位专家、各位代表：

相信在这两天的研讨中，大家一定会充分发挥自己的聪明才智，提出新观点、新见解、新方法、新思路，使本次年会开成富有成果的大会。

预祝本次年会取得圆满成功！

谢谢大家！

闭　幕　词

陶一桃[*]

各位领导、各位学者、各位同仁，老师们、同学们，大家下午好！

时间过得真快，为期两天的"全国高校社会主义经济理论与实践研讨会第29次年会"即将落下帷幕。2014年在北京大学，从洪银兴组长手中接下旗帜的那个时刻仿若昨日，今天旗帜即将传交给下一届举办学校。

这是使命的传承，是荣耀的传递，更是责任的传接。在短短的两天里，各位与会的专家学者进行了充分的思想与观点碰撞，为研讨会贡献了富有建树，并且充满理性思考的学术观点与主张，大会已圆满完成了各项议程。

尽管我们即将结束本次年会，但是我们同时又将开启新的思考过程。我想这恐怕正是年会每年一度的意义所在吧。可以说，年会的圆满举办是友好合作的结果，共同努力的收获，我们收获了思想、收获了智慧、收获了友谊，更收获了一种理念，那就是对学术的研究探索的坚持和对学术本身的敬畏，是学者最基本的准则和信仰。

受大会领导小组委托，由我对本次年会作概括性总结，我的总结肯定无法全面，但希望能够让各位满意。

第29次年会能够选择在深圳大学举办，是对这所只有23年历史的年轻大学的巨大荣耀。深圳是中国改革开放的前沿城市，是中国道路的先行先试者，是中国特色社会主义市场经济理论的践行者和验证者，因此可以说，全国高校社会主义经济理论与实践研讨会选择深圳，既是理论与现实的历史对话，又是理论与现实的一次完美地邂逅。

我认为，与往届年会相比，本次年会具有以下四方面的鲜明特色：

第一，背景宏伟，恰逢其时。本届年会是在全面贯彻落实党十八届五中全会精神，以及十三五规划制定的背景下召开的一次学术研讨会。2020

---

* 陶一桃，深圳大学教授。

年全面建成小康社会，是我党确定的两个一百年奋斗目标的第一个一百年奋斗目标，十三五时期，是全面建成小康社会的决胜阶段。五中全会强调，如期实现全面建成小康社会的奋斗目标，推动经济社会持续健康发展，必须坚持创新发展、协调发展、绿色发展、开放发展、共享发展五位一体的发展观。这为经济学研究者们提供了更加深刻的研究课题与理论探索空间。

第二，主题鲜明，具有强烈的时代感、责任感与使命感。本次大会紧紧围绕的主题既是国家发展战略，新常态下的新问题，同时又是中国经济学人必须面对并努力面对解释的重大理论问题。如中国经济新常态下的理论与实践，四个全面总布局的理论与实践，"一带一路"战略与新一轮高水平对外开放，中国经济学的创新发展等问题。新常态下的新问题，更多要求我们经济学者不是对国家发展战略简单地或者是单纯的背书性地研究，而是进行深入的理论思考与探索。

第三，凭借东风，更担使命。仅仅在我们大会召开前五天，11月23日习近平总书记主持的中央政治局，就马克思主义政治经济学基本原理和方法进行了第28次集体学习，正是在这个时候召开了我们的年会。正如黄泰岩教授在开幕式致辞中所讲的，我们的年会因为政治局的学习具有了非常独特的意义和价值，顾海良老师就这一问题也给我们进行了讲解。

习近平总书记在主持学习中强调，要立足我国国情和我国发展实践，揭示新特点、新规律，提炼和总结我国经济发展实践的规律性成果，把实践经验上升为系统化的经济学说，不断开拓当代中国马克思主义经济学的新境界。学总书记的讲话，为从事马克思主义政治经济学基本理论研究和方法研究的学者，提出了一个使命，那就是为马克思主义政治经济学的创新发展贡献中国智慧。

第四，参与积极，投稿踊跃，新人辈出。本次会议收到来自全国各地高校及研究机构学者们所递交的论文148篇，经过专家组审核，有98篇学术论文入选。与往届年会相比，本次年会不仅投稿数量多，水准相对高，而且参与面也比较广泛。一些学者尽管由于信息不对称等原因没有来得及投稿或者错过了审稿的截止日期，但还是热切地参加本届年会，这既体现了年会在经济学界日益增强的影响力与吸引力，又说明基础理论研究与探索的队伍正在不断壮大。经济学自身特有的魅力，以及源于学者良知与使命感对新时期中国深化改革和全面发展出现的新问题的关注，正以其巨大的感染力和感召力，吸引着越来越多的学者们，走进这一个富有挑战但是同时又具有无限创新可能和探索价值与空间的当代中国经济学研究领域。

从大会所探讨的问题来看，十分敏感迅速地围绕习总书记关于发展当代中国马克思主义政治经济学论述展开学术研讨。顾海良教授首先介绍了他在政治局演讲的基本内容，即在马克思主义政治经济学基本原理和方法标准下，关于马克思主义政治经济学的基本原理，关于劳动价值论、剩余价值论和价值规律的作用，关于马克思主义政治经济学对中国经济发展的现实指导意义。顾海良教授认为，对于从事马克思主义政治经济理论研究的工作者来讲，提升马克思主义政治经济学的理论自觉与理论自信是非常重要的。开拓马克思主义政治经济学新境界，要求我们要有面对中国现实、勇于理论创新、勇于理论开拓的精神。

卫兴华老先生认为，马克思主义政治经济学是劳动的政治经济学，不是资本的政治经济学，学习研究政治经济学的落脚点和出发点是为了人民，增强人们的福祉和实现共同富裕。尽管不能说每一个创新和发展都能够找到马克思的原理，都能与其相联系，但是那些有利于中国社会发展的创新观点，都应纳入中国马克思主义政治经济学体系。

洪银兴教授认为，马克思主义政治经济学的主流经济学地位回归，意味着马克思主义政治经济学对我国改革开放思想指导地位没有改变，这是一个理论自信问题。马克思主义政治经济学被边缘化的原因，是因为我们只学了一些皮毛，而防止马克思主义政治经济学被边缘化的关键，是它的研究者要有所作为。马克思主义政治经济学的生命力在于，它是坚持以人民为中心，以增进人民的福祉为使命，同时随时代的发展，不断地与时俱进、不断创新。

刘伟教授用辩证唯物主义史观从经济史学的角度，分析了为什么现在谈对马克思主义政治经济学的学习与研究问题。他认为我们现在特别需要中国马克思主义的政治经济学，是因为我们的社会主义制度的优越性还没有充分发挥出来，我们的这个制度还不成熟、稳定，还没有建立起足以超越资本主义生产力的社会主义应有的生产力基础。在这种情况下，特别需要一些拥护社会主义、坚信社会主义事业的学者，这些学者的使命就是要论证这一制度的优越性和这一制度的历史必然性。如果信仰上含混动摇，就根本谈不上理论自信。

中国经济学走向世界，被世界承认的根本在于中国改革开放的实践，在这个议题上，与会的专家学者达成基本共识，那就是当世界能够分享当代中国马克思主义政治经济学的成果的时候，也就是我们的学科走向理性、科学与辉煌的时候。与会的专家学者还对新常态以及十八届五中全会提出的"创新发展、协调发展、绿色发展、开放发展、共享发展"理念展开了热烈的讨论。

吴宣恭教授认为，要从经济发展的阶段特征认识新常态，要从生产力和生产关系的矛盾去认识新常态的本质和特征。

关于"五位一体"的发展观，代表们普遍认为，"五位一体"发展理念的提出，是科学发展观的集中体现，是全面建成小康社会的重要保障，是实现中国梦，既有战略意义又充满发展智慧的路径选择。它再次证明了英国经济学家哈耶克的一句话，观念的转变和人类意识的力量塑造了人类精神的世界，观念本身就是力量。

"一带一路"是经济全球化背景下慧己悦人的发展倡议，无论对中国还是所有受益国家来说，都应该是一个多国参与共同繁荣的具有无限魅力和感召力的美好世界机遇。"一带一路"倡议从根本上说，是为了进一步促进相关国家经济发展和市场化进程，甚至可以说市场化、现代化、国际化本身构成了"一带一路"的内容和美好的愿景。

强大的国家与发达的市场是人们所渴望的，强大的国家不能没有发达的市场，也不能离开有作为的政府。摆在我们面前的问题已经不再是简单的国家干预与自由放任的古典对话，而是面对一方面成长、成熟发达的市场，另一方面日益强大的政府，我们如何寻找到能让市场健康发展，同时又使政府不至于出力不讨好的方法与路径。

各位专家学者，各位老师同学们，本次会议的主题深刻，讨论内容广泛，观点鲜明，碰撞热烈。在这里，我很难将与会代表们的精彩观点一一列出，按照会议的惯例，我们为各位代表提供了论文集，我们还将按照会议领导小组的统一安排，从入选论文中选出若干代表性的论文编辑出版《社会主义经济理论研究集萃（2015）》。希望各位可以凭借这一载体，加深对与会学者所提出的思想理论观点和研究方法的理解，共同促进马克思主义政治经济学基本理论和方法研究更上一个高水平。

各位专家学者，各位老师同学们，在第 29 届年会即将落幕之际，请允许我再一次表达主办方的感激之情，感激各位专家学者们的参与和思想贡献，正因为有了你们的参与才有了大会的成功和精彩；感谢媒体朋友们的到来，只有你们的光临才可能把大会的思想变成时代的声音；感谢两天来一直参与大会的所有老师同学们，你们的参与让年会充满了朝气和无限的活力；感谢大会的全体组织者与工作人员，尤其是闪亮在会场内外的"红马甲"，你们的默默付出和辛勤工作，是大会成功举办的重要保证。

要感谢的人实在是太多，让我们为年会的成功举办给自己、也给他人以热烈的掌声！

为期两天的学术研讨即将结束，离别是为了更好地相聚。不知道还要再经过多少年的轮回，全国高校社会主义经济理论与实践研讨会年会能够再次选择深圳大学，但是我们与荔园中的三千多棵荔枝树在一起，等待着再次荔园的相聚。然而可以预见的是明年的年会我们可以再相见，希望深圳大学能够给各位留下美好的回忆。谢谢各位！

第一篇

发展当代中国马克思主义政治经济学

怎样理解和把握"发展当代中国马克思主义政治经济学"

卫兴华[*]

中国共产党历来重视对马克思主义政治经济学的学习和运用。但在不同的历史时期所学习和运用基本原理的侧重点是不同的。我国在马克思主义指导下建立和发展了社会主义制度。现已进入发展和完善中国特色社会主义的新的历史时期，需要结合我国社会主义经济建设的历史过程和改革开放以来经济理论和实践的新发展，创建和发展当代马克思主义政治经济学。习近平同志一贯强调党政干部对马克思主义理论的学习和运用。继2014年7月8日习近平同志在一次座谈会上提出各级党委和政府要学好用好政治经济学，自觉认识和更好地遵循经济发展规律，2015年11月23日又在中共中央政治局集体学习时再次提出面对新的经济形势和新的经济发展实践，要学习马克思主义政治经济学的基本原理和方法。学习和应用马克思主义政治经济学，并不排斥借鉴和汲取西方经济学中可为我所用的东西，但从世界观和根本立场来看，存在两种不同的政治经济学。马克思把政治经济学区分为劳动的政治经济学和资本的政治经济学。马克思主义的政治经济学是为劳动人民求解放和谋福祉的劳动的政治经济学；而资本的政治经济学是为资本主义和资产阶级利益服务的政治经济学。我们需要学习、研究、运用和发展的是马克思主义政治经济学。正因为马克思主义政治经济学是劳动人民的经济学，所以习近平同志指出：学习政治经济学，"要坚持以人民为中心的发展思路，这是马克思主义政治经济学的根本立场。要坚持把增进人民福祉、促进人的全面发展、朝共同富裕方向稳步前进作为经济发展的出发点和落脚点"。这个"根本立场"和"出发点和落

---

* 卫兴华，中国人民大学荣誉一级教授。

脚点"必须首先明确和坚守。

为什么要强调学习马克思主义政治经济学的基本原理和方法论，习近平同志做了明确的回答。概括地说，就是为了能够"掌握科学的分析方法，认识经济运动过程，把握社会经济发展规律，提高驾驭社会主义市场经济能力，更好回答我国经济发展的理论和实践问题，提高领导我国经济发展能力和水平"。重在掌握科学分析方法和社会经济发展规律。科学分析方法是辩证唯物主义和历史唯物主义，掌握科学分析方法和社会经济发展规律，才能认识和把握经济发展过程，提高驾驭社会经济发展和运行的能力，提高领导能力和水平，更好地指导我国经济发展实践。经济规律包括四个层次的内容：一是各个社会都存在的生产力和生产关系相互关系的规律，特别是生产关系一定要适合生产力发展状况的规律；生产力自身循序渐进、波浪式发展、科技创新起引领作用的规律；生产、交换、分配、消费相互关系的规律；生产关系决定分配关系的规律等。二是多个社会存在的商品经济规律，如作为其基本规律的价值规律以及与其相联系的竞争规律、供求规律、货币流通规律、价格运动规律等。三是资本主义经济发展的规律。如剩余价值规律，资本积累规律，资本主义市场经济规律，资本主义经济产生、发展、自我扬弃和转向新的社会制度的规律。四是认识和掌握社会主义经济发展和运行的规律。这是更重要的方面，是当代中国马克思主义政治经济学需要努力以赴、进行研究、发展和创新的领域，也正是习近平同志强调提出的要求："要立足我国国情和我国发展实践，揭示新特点新规律，提炼和总结我国经济发展实践的规律性成果，把实践经验上升为系统化的经济学说，不断开拓当代中国马克思主义政治经济学新境界"。新中国成立以来经济社会发展中的巨大成就和规律性东西，既不能用西方经济学理论来说明，也不能简单地、教条主义地照搬马克思主义政治经济学原著来说明，需要用发展着的当代中国马克思主义政治经济学来分析与说明。这是创新的、"上升为系统化的经济学说"。这种经济学说应有新的经济范畴，有反映经济实践本质规定的新的中国特色社会主义经济规律，有当代中国马克思主义话语权。这个要求与任务是光荣的、重大的，也是艰巨的，需要全力以赴的。

科学社会主义和中国特色社会主义正在实践中，是一个不断发展和完善的过程，认识和掌握社会主义经济规律也是一个不断深化和扩展的过程。就当前已有的理论成果来看，马克思主义关于社会主义的本质规定就是具有规律性的东西。《共产党宣言》中提出：无产阶级取得政权后，把一切生产资料集中在国家手里，以"尽可能快地增加生产力的总量"，这是"丰富和提高工人生活的一种手段"。这段论述中有三层含义：其一是要建立由国家掌握生产资料的国有经济；其二是利用国有经济快速发展生产力；其三是建立国有经济和快速发展生产力的目的，是提高工人阶级的生活水平，也可以说是提高广大劳动人民的生活水平。马克思和恩格斯一再强调社会主义要实行公有制经济。在国家存在的条件下，要实行国有经济。实行公有制经济的根本目的和作用，服从于社会主义的两大本质要求：一是快速发展生产力，二是共同富裕。马克思在 1857～1858 年的《经济学手稿》中指出：在未来的社会主义制度中，"社会生产力的发展将如此迅速……生产将以所有人的富裕为目的"。邓小平将社会主义本质归结为解放生产力，发展生产力，消灭剥削，消除两极分化，最终达到共同富裕。这与马恩的论述是一脉相承的。讲社会主义本质，就是讲社会主义公有制的本质。实行以国有经济为核心的公有制经济，就是为了消除旧社会制度不利于生产力发展的基本矛盾，以解放和发展生产力，也只有实行公有制，才能消灭剥削、消除两极分化，最终达到共同富裕。所以必须重视我国国有经济的重要地位和作用。生产资料公有制，是社会主义制度的经济基础，这是马克思主义的一项重要的基本原理。我国处于社会主义初级阶段，不搞单一的公有制，允许和鼓励非公有制经济共同发展，但必须坚持国有经济为主导、公有制经济为主体。习近平同志强调提出："要坚持和完善社会基本经济制度……公有制主体地位不能动摇，国有经济主导作用不能动摇，这是保证我国各族人民共享发展成果的制度性保证，也是巩固党的执政地位、坚持我国社会主义制度的重要保证"。

马克思主义政治经济学是随着经济实践和经济形势的发展而发展的。作为政治经济学的重要方法即辩证唯物主义和历史唯物主义已经揭示：事物是不断发展变化的，任何社会经济制度都处在发展变化之中。因此，学习马克思主义政治经济学的基本原理不能当作静止的教义来对待，而是应把继承、发展与创新统一起来。因此，习近平同志要求：立足我国国情和我国发展实践，发展当代中国马克思主义政治经济学。

马克思主义政治经济学的某些基本原理可以并且需要结合当代经济实践进行创新，但不能动摇和否定。比如，马克思、恩格斯、列宁都指出，当劳动人民取得国家政权，要首先把生产资料掌握在国家手中，用公有制取代私有制，这种公有制经济是社会主义制度的经济基础。这个基本原理既要坚守，但又要根据我国的实际状况和马克思主义的有关观点，提出符合中国国情的新的理论指导。在我国生产力还很落后的具体经济情况下，可以根据马克思主义生产关系一定要适合生产力发展状况的规律，不搞单一的国有制经济，而是实行公有制为主体，国有经济为主导，多种所有制经济共同发展的基本经济制度。而且把以国有制为核心的公有制的存在形式与其实现形式区别开来。没有灵活的、多样化的实现形式，国有经济会成为僵化的、缺乏生机的经济形式，又不能用公有制的实现形式，否定国有经济和整个公有制经济的存在形式。总之，既不搞单一公有制经济，又要探寻公有制的有效实现形式，以有利于社会主义经济的发展，这就是将马克思主义基本原理与中国社会主义经济实际相结合的政治经济学的创新与发展。这种创新与发展，在我国宪法中用"社会主义经济制度"与"社会主义初级阶段的基本经济制度"两个并存的概念表述出来。"中华人民共和国的经济制度的基础是生产资料的社会主义公有制，即全民所有制和劳动群众集体所有制"。就是说，社会主义经济制度的基础只是公有制，不包括私有制。而宪法又规定："国家在社会主义初级阶段，坚持公有制为主体，多种所有制经济共同发展的基本经济制度"。这里包括非公有制经济，但坚持公有制为主体。社会主义经济制度只以社会主义公有制为基础，这是马克思主义政治经济学关于社会主义经济制度的一般的、共有的规定性，中国特色社会主义也要遵循。但中国特色社会主义又需根据自己的实际经济情况对此进行发展与创新，表现为不搞单一的公有制，而是实行以公有制为主体的前提条件下，允许和鼓励私营、外资、个体经济共同发展。但必须明确：公有制既是社会主义经济制度的基础，也是党的执政基础，这是当代中国马克思主义政治经济学必须坚守的一条根本原则。所有制问题，是马克思主义政治经济学的第一位的问题。坚持、发展和创新马克思主义政治经济学和当代中国马克思主义政治经济学，首先是要坚持、发展和创新我国社会主义现阶段公有制的主体地位和其实现形式，绝不能动摇、否定国有经济和整个公有制经济存在和发展。

马克思主义政治经济学告诉我们，生产方式决定分配方式。社会主义生产方式决定了分配方式是按劳分配。由于存在公有制为主体、多种所有制并存的情况，所以要实行按劳分配为主体、多种分配方式并存的分配制度。公有制中实行按劳分配，私营、外资企业实行按生产要素所有权分配。习近平同志指出："要坚持和完善社会主义基本分配制度……不断缩小收入分配差距"。按照马克思主义政治经济学生产关系决定分配关系的基本原理，我国收入分配差距的过分扩大，出现贫富分化现象，是与公有制被严重削弱，私有制经济占比超过公有制经济相联系的。缩小收入分配过大差距的决定性条件，是应坚持和完善国有经济为主导、公有制为主体多种所有制经济共同发展的基本经济制度。只要真正实行公有制为主体、按劳分配为主体，就不会出现两极分化现象。

马克思主义政治经济学是重视理论创新的学说。改革开放以前，毛泽东和党中央也很重视政治经济学的发展与创新。如毛泽东的新民主主义经济结构理论；《论十大关系》中的诸多经济关系理论；党的八大提出的当前社会主义社会的基本矛盾是人民对经济文化迅速发展的需要同经济文化不能满足人民需要的状况之间的矛盾，因而全国的主要任务是集中力量发展社会生产力的理论；以及关于农业为基础、工业为主导、农轻重协调发展的理论；陈云提出的综合平衡的理论等。其内容都是主要论述怎样更好地发展生产力，发展社会主义经济，怎样更好地处理和发展多方面的经济关系，包括发展和完善社会主义生产关系。

我们在社会主义经济建设事业中，也曾有过违反经济规律人为地拔高生产力和生产关系的重大失误。改革开放以来，总结我国社会主义实践中得失、成败的经验与教训，提出了一系列坚持和发展马克思主义政治经济学的理论观点，并在实践中获得成效。习近平同志列举了八项创新性理论观点。这是示例性说明，并不包括全部。举其要者，例如，社会主义本质理论；判断改革开放和一切工作是非得失的三条"是否有利于的标准"理论；社会主义初级阶段理论和初级阶段的基本经济制度理论；关于用好国际国内两个市场、两种资源的理论；关于提出中国特色社会主义理论、制度、道路的创新观点；关于社会主义市场经济理论、特别是强调使市场在资源配置中起决定作用和更好发挥政府作用的理论；关于促进社会公平正义、逐步实现全体人民共同富裕，强调"共同富裕是中国特色社会主义基本原则"的理论；十八大强调"推动经济更有效率、更加公平、更可持续发展"的理论；中央新提出的关于树立和落实创新、协调、绿色、开放和共享的新的发展理念；关于我国经济发展进入新常态的理论；关于推动新型工业化、信息化、城镇化、农业现代化相互协调的理论，等等，都是结合经济社会发展的新形势、新任务，提出的新的政治经济学创新理论。如果进行分析，这一系列的创新理论，同样都是围绕怎样更快更好地发展社会生产力、发展社会主义经济；怎样更好地发展和完善中国特色社会主义的生产关系，包括民生为重、缩小收入过大差距，使劳动人民全面发展，走社会主义共同富裕的道路。

　　社会主义经济建设事业在不断发展，随着经济实践发展的新成就和出现的新问题，要总结和上升为政治经济学的新理论，用以指导社会主义新的经济建设事业。马克思主义政治经济学和社会主义经济实践相互推动与发展。习近平同志要求揭示新特点、新规律，提炼和总结我国经济发展实践的规律性的成果，把实践经验上升为系统化的经济学说。这个"系统化经济学说"，应具有新的经济学范畴，揭示新的经济规律，具有自己的经济学话语权，要能解析中国特色社会主义经济发展的道路和运行过程。这一经济学说应是整体的、涵盖整个社会主义历史时期并前瞻共产主义高级阶段的、创新性的中国马克思主义政治经济学。

中国特色社会主义政治经济学是创新的马克思主义政治经济学[*]

洪银兴^{**}

中央政治局第 28 次专题集体学习马克思主义政治经济学，习近平总书记在学习会上就学习马克思主义政治经济学作了重要讲话。明确提出，马克思主义政治经济学是我们坚持和发展马克思主义的必修课，并且要求立足我国国情和发展实践，为马克思主义政治经济学创新发展贡献中国智慧。2015 年 12 月的中央经济工作会议又明确提出"要坚持中国特色社会主义政治经济学的重大原则。"

马克思主义政治经济学是中国特色社会主义理论的理论基础。中国特色社会主义政治经济学是马克思主义政治经济学在新的历史条件和社会经济条件下的创新成果。社会主义实践、当代资本主义新变化和经济全球化都在推动着马克思主义政治经济学的当代发展。马克思主义政治经济学中国化的一系列重大理论创新，构建了中国特色社会主义政治经济学的理论体系。

一、政治经济学的研究对象的创新

中国特色社会主义政治经济学的理论创新是从研究对象开始的。政治经济学作为一门经典的经济学科，其研究对象在创立时就是明确的。由于

* 本文为作者主持的马克思主义理论研究和建设工程重大项目，国家社科基金重大项目《中国特色社会主义政治经济学研究》的阶段性成果。

** 洪银兴，南京大学教授。

生产力对生产关系的产生发展和灭亡起着决定性作用。因此以《资本论》为代表的政治经济学对资本主义经济的分析以生产关系为对象。面对生产力和生产关系之间的社会基本矛盾，政治经济学致力于研究一定社会生产关系产生发展和灭亡的规律。应该说学术界对此是基本认可的。而在进入社会主义社会后，面对发展社会主义经济面临着的一系列经济问题，需要在基本理论上取得突破。经济改革和发展的实践推动政治经济学理论研究的深入。由改革开放的实践所推动，中国特色社会主义政治经济学研究首先需要突破的基本理论问题就是研究对象问题，主要有三个方面突破：

一是生产力成为政治经济学研究的重要方面。生产关系作为研究对象的马克思主义政治经济学，虽然也会研究生产力，但一直处于被联系的地位，即联系生产力研究生产关系。在相当长的时期，政治经济学对社会主义经济的研究主要限于生产关系的研究，而不把生产力作为对象。这恐怕同当年斯大林的观点相关。他在《苏联社会主义经济问题》中针对当时关于社会主义政治经济学的研究对象的讨论中有人主张探讨和发展社会生产中生产力组织的科学理论的观点给予了严厉的批评，认为："在社会主义政治经济学中，用生产力组织问题来代替经济问题，这是什么意思呢？这就是取消社会主义政治经济学。""把经济政策问题压在政治经济学上，就是葬送这门科学。"受此影响，不管苏联的政治经济学教科书，还是我国的政治经济学教科书，长期都是回避对生产力的研究，只是限于生产关系的研究。实践证明，只是以生产关系为对象，不研究生产力，政治经济学就难以科学地指导中国的经济发展，最终把自己边缘化了。

中国特色社会主义政治经济学的重大创新是在研究对象上突出研究生产力，并从发展生产力的角度研究生产关系。这同马克思设想的进入社会主义社会后的发展任务是一致的。马克思恩格斯在《共产党宣言》中指出：无产阶级夺取政权以后，任务是要："尽可能快地增加生产力的总量"。其依据是社会主义最终取代资本主义的物质条件是其生产力水平达到并超过了资本主义的水平，贫穷不是社会主义。对我国来说，更为重要的是，当我国进入社会主义社会时，没有完成别的国家在资本主义下完成的生产的社会化、现代化的任务，生产力没有达到发达的资本主义国家水平，社会主义的物质基础没有建立起来。在此条件下，社会主义的本质就是发展生产力。这意味着只有发展生产力才能发展社会主义生产关系。由此决定，中国特色社会主义政治经济学把对生产力的研究放在重要位置，以增进国民财富作为目标和归宿。

中国特色社会主义政治经济学研究生产力，研究什么？邓小平说，一个是解放生产力，一个是发展生产力。需要把两个方面讲全了。习近平同志最近又提出"牢固树立保护生态环境就是保护生产力、改善生态环境就是发展生产力的理念"①。这样，中国特色社会主义政治经济学对生产力的研究就有三个层次的内容：一是解放生产力；二是发展生产力；三是保护生产力。这三个方面结合起来进行研究是政治经济学研究对象和内容的重大突破。中国特色社会主义政治经济学理论体系的构建，就是要建立解放、发展和保护生产力的系统化的经济学说。这样，经济发展理论就成为中国特色社会主义政治经济学的重要组成部分。

二是政治经济学研究多种生产关系和相应的经济制度。马克思主义政治经济学所运用的抽象法的一个重要案例是面对同一个社会中有多种生产关系存在，经济分析抓住占支配地位的生产关系。这就是马克思所说的："在一切社会形式中都有一种一定的生产决定其他一切生产的地位和影响，因而它的关系也支配着其他一切关系的地位和影响。这是一种普照的光，它掩盖了一切其他色彩，改变着它们的特点。"② 因此在相当长的时期中政治经济学社会主义部分只是方向社会主义生产关系。而在社会主义初级阶段的所有制结构特点是公有制为主体，多种所有制经济共同发展。多种非公有制经济充满活力，而且多种所有制经济的混合也成为基本经济制度的实现形式。在此背景下，公有制经济不可能成为掩盖其他所有制色彩的"普照之光"。因此，中国特色社会主义政治经济学对生产关系的研究就不能限于对公有制的研究，其他非公有制经济和混合所有制经济也应成为政治经济学研究的对象。

现实的经济制度是生产关系的具体形式，因此，作为经济改革理论指导的中国特色社会主义政治经济学所研究的生产关系就不能只是几个原则规定，更多的是生产关系的具体形式。最为典型的是社会主义初级阶段基本经济制度的分析，既要研究各种所有制反映的生产关系的基本属性，又要研究各种所有制的实现形式和相互关系，此外还有基本收入制度，土地制度，等等。经济制度不可避免会涉及上层建筑，由此提出的问题是上层建筑或者其中哪一部分成为政治经济学研究对象的问题。虽然上层建筑不

①　2013 年 5 月习近平总书记在中央政治局第六次集体学习时的讲话。
②　马克思：《〈政治经济学批判〉导言》，引自《马克思恩格斯选集》第 2 卷，人民出版社 1995 年版，第 24 页。

是政治经济学的研究对象，但是根据马克思关于经济基础和上层建筑关系的分析，政治经济学研究生产关系的总和即经济基础时也会在一定范围内联系上层建筑，特别是经济制度作为反映社会性质的根本性制度，很大部分属于上层建筑。尤其是当我国明确依法治国以后，许多经济问题的治理离不开法治。

三是政治经济学研究经济运行和相应的经济体制。马克思主义政治经济学以生产关系为对象，属于经济本质的分析。相应地，与生产力发展相关的经济效率的高低都归结为生产关系的优劣，经济效率低就应该从生产关系的不适应来说明，相应地需要调整生产关系。实际情况是，经济效率并不都同生产关系相关，而同经济运行效率和质量相关。资源配置的效率、经济运行的质量并不都反映生产关系的优劣，而是由经济运行方式来说明。经济运行方式不完全是某一社会生产关系的具体形式，不完全是围绕经济制度而建立的。例如，市场经济作为资源配置方式，无论是在社会主义经济中还是资本主义经济中，都是作为经济运行方式而存在。再如宏观调控，面对高失业率和高通货膨胀率，都要采取逆周期的调控方式。像这样的微观经济运行和宏观经济运行并不都是可以用生产关系的性质来说明，但因处理不好所产生的低效率和宏观失控等问题会影响生产力发展并影响社会主义生产关系的发展。因此，经济运行方式进入政治经济学的研究范畴是十分必要的。

经济运行方式即经济体制，如市场经济体制、宏观调控体制、社会保障体制等。经济体制的设计变革，既要反映经济制度的本质要求，还需要反映经济运行的效率和质量的要求。就反映经济制度的要求来说，必须根据社会主义初级阶段基本经济制度的要求改革经济体制。由于经济运行的质量和效率不完全出自经济制度，很大程度上是经济运行方式问题，因此，即使是建立了适应生产力发展的经济制度，但作为其现实形式的经济体制，并不一定都能适应生产力发展的要求，而需要适时根据经济运行规律调整和改革经济运行方式。由于经济体制不是孤立地运行的，总是在一定的生产关系框架内，在经济制度的框架内运行的，因此，对经济运行及其方式的研究不能脱离生产关系和经济制度，如对市场经济的研究、对宏观调控的研究不能脱离社会主义基本制度的本质要求。它们都是在坚持社会主义基本制度的前提下，在经济运行机制方面寻求合适的制度安排。

中国特色社会主义政治经济学在研究对象方面的上述突破，推进了各个方面的理论创新，所取得的重大理论成果，不仅有力指导了我国经济发展实践，而且开拓了马克思主义政治经济学新境界。

二、政治经济学本质属性的创新

经济学有没有阶级性？马克思的回答是明显的：存在代表无产阶级利益的马克思主义政治经济学，代表资产阶级利益的经济学。而对当今的以社会主义经济为对象的经济学是否有阶级性则是有分歧的。有的受"普世价值"的影响，淡化经济学阶级性，强调其提供超阶级的一般经济学理论的一面。事实上在现阶段多种所有制经济存在的社会主义初级阶段，经济学只要涉及经济利益关系，其阶级立场是显然的。有的经济学就声称是富人的经济学，有的则声称是穷人的经济学。中国特色社会主义"既不走封闭僵化的老路，也不走改旗易帜的邪路。"因此，中国特色社会主义政治经济学秉承马克思主义政治经济学的传统，不仅有明确的阶级立场，而且公开声称是以人民为中心的政治经济学。这是与西方经济学的根本区别。

马克思在创立马克思主义政治经济学时，明确了政治经济学的阶级性。马克思指出，代表资产阶级利益的"政治经济学所研究的材料的特殊性质，把人心中最激烈、最卑鄙、最恶劣的感情，把代表私人利益的复仇女神召唤到战场上来反对自由的科学研究"①。马克思创立的政治经济学，公开主张和维护无产阶级利益，为无产阶级和全人类的解放事业服务。他依据劳动价值论，建立了科学的剩余价值理论，发现了资本主义剥削的秘密，由此找到资本主义社会的掘墓人，敲响了资本主义的丧钟。马克思主义政治经济学的阶级性，不仅表现在对资本主义批判，还在于为无产阶级揭示了理想社会。这就是被马克思称为"自由人联合体"的社会主义社会和共产主义社会。马克思在批判资本主义经济关系过程中，合乎逻辑地推导出未来社会的基本经济特征，反映无产阶级对未来社会的向往和为之奋斗的决心。在社会主义社会建立起来以后，马克思主义政治经济学又提供建设新社会的理论武器，反映广大人民群众的根本利益。

无产阶级夺取政权以后，政治经济学的阶级性如何体现？这同无产阶级所追求的根本利益相关。根据马克思主义经典作家的分析，无产阶级的利益代表最广大人民群众的利益。这样，政治经济学的阶级性就表现在，

---

① 马克思：《资本论》第1卷，人民出版社2004年版，第10页。

面对所要分析的资本主义经济，寻求这个社会的掘墓人——无产阶级。面对所要分析的社会主义经济，寻求这个社会的建设者——广大人民群众。因此，中国特色社会主义政治经济学的本质属性就是以人民为中心，服从于人民的福祉和共同富裕。这个属性体现了社会主义的本质要求。

以人民为中心，先要明确"人民"的范围。在不同的历史时期，人民这个概念有着不同的内容。在建设社会主义的时期，根据毛泽东同志的界定："一切赞成、拥护和参加社会主义建设事业的阶级、阶层和社会集团，都属于人民的范围。"① 按此定义，以人民为中心的经济学，既不代表富人的利益，也不代表穷人的利益，而是代表全体人民的根本利益、人民的福祉。这同最大限度地满足人民群众不断增长的物质和文化需要的社会主义生产目的是一致的。由此规定，中国特色社会主义政治经济学需要在以下三个方面取得突破：

一是发展社会生产力，以发展社会生产力为目标建立建设新社会的经济学理论。社会主义初级阶段的主要矛盾是生产力发展水平满足不了人民群众的需要。克服这个矛盾的途径就是发展生产力。发展生产力固然需要不断完善生产关系及其与之相适应的上层建筑，但实践中仅仅是调整生产关系是不够的。在半殖民地半封建社会基础上进入社会主义社会后，面对的现实问题是生产力发展水平没有达到社会主义的要求。因此，实践马克思关于社会主义规定性的基本途径，是创造实现这些规定性的经济条件，特别是依靠发展生产力建立实现社会主义规定性的物质基础。这样，政治经济学要由以阶级斗争为纲转向以经济建设为中心，成为经济建设的理论指导。解放和发展生产力，增进国民财富，达到共同富裕，就成为政治经济学研究的使命。

对生产力人们通常用马克思对劳动过程概括的三要素，即劳动者、劳动资料（生产工具）和劳动对象，但这个概括不能说明当前发展生产力的路径。从而说明发展生产力的要素应该使用马克思关于劳动生产力的决定要素所概括的："工人的平均熟练程度，科学的发展水平和它在工艺上应用的程度，生产过程的社会结合，生产资料的规模和效能，以及自然条件。"② 与这个概括相一致，马克思还把社会生产力发展的来源概括为三个方面："归结于发挥着作用的劳动的社会性质，归结为社会内部的分工，

---

① 《毛泽东选集》第 5 卷，人民出版社 1977 年版，第 182 页。
② 马克思：《资本论》第 1 卷，人民出版社 2004 年版，第 53 页。

归结为脑力劳动特别是自然科学的发展"① 在现代生产力发展中，科学技术成为第一生产力，人力资源成为经济发展的第一资源。

二是逐步实现共同富裕，建立以共同富裕为目标的共享发展的经济学理论。

人民对美好生活的向往是中国特色社会主义的奋斗目标。这是以人民为中心的中国特色社会主义政治经济学的本质属性的具体体现。其中最重要的原则是公平正义和共同富裕。社会主义公平是建立在人民的主体地位的基础上的。共同富裕是目标，由于生产力发展水平的限制，实现共同富裕需要一个过程。在社会主义社会尤其是在其初级阶段，劳动还是谋生手段，各种生产要素参与分配，不可避免会存在先富和后富及富裕程度的差别。这是人们对改革和发展成果的分享存在的差异。在新的发展阶段提出的公平正义，民生为本，突出需要解决低收入群体公平合理地分享经济发展的成果。人民群众能够分享发展的成果，就能支持发展。

三是推进人的全面发展，建立以人的全面发展为目标的人为本的经济学理论。中国特色社会主义是亿万人民自己的事业。人民是发展的动力源泉。人自身的发展水平直接决定经济和社会的发展水平。发展需要以人才为本，随着科技发展和社会进步，人才资源成为发展的第一资源。就像当前的创新和创业需要大众创新、万众创业。以人为本的发展包括人自身的发展，即人的全面发展。人的发展涉及人的素质的提高，即身体素质、文化素质和道德素质的提高。这些人的发展的内容不仅依赖于经济发展水平，还依赖于社会发展水平和环境保护水平。

回顾 30 多年来的发展进程，经济改革和经济发展每前进一步都是政治经济学领域的重大创新推动的。马克思主义政治经济学领域的理论进展及其对中国改革和发展的贡献，也就是中国特色社会主义政治经济学的重大原则。以下分别从经济制度和经济发展两个方面说明中国特色社会主义政治经济学的理论创新。

三、经济制度理论的创新

马克思创立的政治经济学对未来社会基本特征的设想或基本规定性，

---

① 马克思：《资本论》第 3 卷，人民出版社 2004 年版，第 96 页。

对后来社会主义国家的实践起到了方向性指导作用。但是有两个方面原因需要中国的创造。一方面，马克思当时预见的社会主义经济制度与现实的社会主义实践存在很大的差别。因此，在半殖民地和半封建社会基础上建立起来的社会主义中国，在实践马克思关于社会主义的要求时，就不能教条式地搬用这些规定。另一方面，马克思当时只是规定未来社会的基本特征，并没有对未来社会的经济体制作具体规定，这也需要中国创造。这意味着在中国这样的发展中大国建设社会主义，没有现成的理论和经验。需要将马克思主义的基本理论与中国社会主义建设的实际结合，推进马克思主义的中国化，并以中国化的马克思主义来指导中国特色社会主义伟大事业。现实的社会主义经济制度和经济体制的中国创造过程，就是马克思主义关于社会主义的基本原理与中国的实践结合过程，也是马克思主义政治经济学的现代化和中国化。

中国特色社会主义经济制度理论的创新是从确认我国处于社会主义初级阶段开始的。发展中国特色社会主义需要依据中国的基本国情。这个国情就是中国长期处于社会主义初级阶段。在这个阶段，人民群众日益增长的需要同落后的社会生产之间的矛盾是社会的主要矛盾。社会主义初级阶段的历史任务是逐步摆脱不发达状态，基本实现社会主义现代化，由农业人口占很大比重、主要依靠手工劳动的农业国逐步转变为非农业人口占多数、包括现代农业和现代服务业的工业化国家。建设中国特色社会主义不是改变社会主义制度，也不是降低社会主义的要求，而是要使现阶段的社会主义制度安排适应现阶段的生产力发展水平，并有利于生产力的发展，从而推动社会主义事业的发展。社会主义初级阶段理论的提出，不仅明确了社会主义的本质是发展生产力，还为经济制度一系列突破打开了缺口。根据马克思主义政治经济学的制度分析方法，从生产、交换和分配三个维度来指出中国特色社会主义经济制度的重大理论突破：

一是社会主义初级阶段基本经济制度理论。本来，社会主义本质就是消灭私有制、消灭剥削。经典的社会主义经济制度是在发达的资本主义社会基础上建立起来的。而在社会主义初级阶段，为了发展生产力，需要从实际出发，寻求推动生产力发展从而推动社会主义初级阶段社会主义发展的新的动力和新的要素，使各种创造社会财富的源泉充分涌流。因此，以公有制为主体多种所有制经济共同发展，作为社会主义初级阶段的基本经济制度提了出来。多种非公有制经济，如个体经济、私营经济、外商投资经济，与公有制经济在基本经济制度框架内处于平等地位。十八届三中全会把公有制为主体、多种所有制经济共同发展的基本经济制度，进一步明确为中国特色社会主义制度的重要支柱、社会主义市场经济体制的根基，并且明确国有资本、集体资本、非公有资本等交叉持股、相互融合的混合所有制经济是基本经济制度的重要实现形式。公有制与非公有制资本相互持股，从而使多种所有制经济在同一个企业内部共同发展。建立社会主义初级阶段的基本经济制度，是一种制度创新，既坚持了科学社会主义的基本原则，又根据我国的实际和时代特征赋予其鲜明的中国特色，体现了马克思主义基本原理同推进马克思主义中国化结合。

二是社会主义市场经济理论。1992年党的十四大明确建立社会主义市场经济体制的改革目标，并把社会主义市场经济定义为：市场在国家宏观调控下对资源配置起基础性作用。经过十五大、十六大、十七大直到2012年的十八大，这个理论界定一直是指导我国经济体制市场化改革的指导思想。十八届三中全会根据我国市场经济的发展程度，将市场对资源配置所起的作用改为决定性作用。这个修改，回归到了市场经济的本义。如习近平同志所说，理论和实践都证明，市场配置资源是最有效率的形式。市场决定资源配置是市场经济的一般规律，市场经济本质上就是市场决定资源配置的经济。在市场经济前面冠以社会主义，这是中国特有的，有实实在在的内容，指的是社会主义基本经济制度同市场经济的结合。这更多地体现在政府作用，在市场起基础性作用时，强调国家对市场的宏观调控，在市场对资源配置起决定性作用时则要求更好发挥政府作用。

三是社会主义基本分配制度理论。社会主义初级阶段基本经济制度确立以后，按劳分配为主多种分配方式并存的基本分配制度也就得到了确认。这是中国特色社会主义政治经济学的重大理论突破。多种分配方式是指多种生产要素参与收入分配。从党的十四大到党的十六大明确提出，确立劳动、资本、技术和管理等生产要素按贡献参与分配的原则。党的十七大报告和十八大报告都提出，健全劳动、资本、技术、管理等生产要素按贡献参与分配的制度。十八届三中全会在坚持上述生产要素按贡献参与分配的基础上，又提出：各种生产要素的报酬由各自的生产要素市场决定。这些表述意味着各种生产要素参与收入分配的份额，不只是取决于各自的投入，更要取决于各自的"贡献"和供求状况。这种基本收入制度从总体上说是符合发展社会生产力这个社会主义本质要求的。由于多种要素充分发挥作用而增加了社会财富，劳动者绝对收入也较之前明显增加。这也是符合劳动者利益的。但是不同的人拥有的要素存在很大差别。允许一部分人先富起来意味着储蓄能力强的、技术水平高的、经营能力强的，致富能力也强。再加上这些要素的叠加，非劳动要素收入和劳动报酬的差距明显扩大。针对现阶段生产一线的劳动者的报酬在收入中所占比重呈明显下降趋势的问题，体现社会公平正义，提出缩小收入差距的要求。其主要路径有三个：一是在初次分配阶段就要根据社会主义要求处理好公平和效率的关系，劳动报酬与劳动生产率提高同步增长。二是考虑到劳动收入的差距主要由各自拥有的包括技术等方面的要素差异所致，因此通过教育公平等途径缩小各个分配主体所拥有的要素差异，坚持机会的公平，从而缩小分配结果的差距。三是再分配更讲公平，尤其是完善覆盖城乡的社会保障制度。

四、经济发展理论的创新

经济发展进入当代马克思主义政治经济学的研究领域本身就是政治经济学的重大进展。研究中国的经济发展，必须明确所处的发展阶段。发展阶段不仅是指在生产关系上所处的社会主义初级阶段，还指生产力上所处的是低收入阶段还是中等收入阶段。当我国由低收入阶段进入中等收入阶段以后，经济发展理论也就需要随之创新。

经济发展理论创新的基本要求就是遵循经济发展规律。如习近平同志所要求的："实现我们确定的奋斗目标，必须坚持以经济建设为中心，坚持发展是党执政兴国的第一要务，不断推动经济持续健康发展。发展必须是遵循经济规律的科学发展，必须是遵循自然规律的可持续发展。"

改革开放以来，中国特色社会主义政治经济学在经济发展理论方面的突破性进展主要表现在以下几个方面：

一是中国特色的社会主义现代化道路理论。其中包括：将全面小康社会建设包含在现代化的进程中，并作为现代化的具体阶段来推进理论；科学技术是第一生产力理论；包括新型工业化、信息化、城镇化和农业现代化的"四化同步"的现代化道路。

二是科学发展观。其内容包括：发展是第一要义；以人为本是核心；全面协调可持续是基本要求；统筹兼顾是根本方法；资源节约型和环境友好型社会建设。

三是开放型经济理论。其内容包括：社会主义国家需要借鉴资本主义发达国家的先进技术和管理经验，并积极参与国际经济合作和竞争，以增强自身的国际竞争力；需要利用国际和国内两种资源和两个市场，建立互利共赢的开放型经济新体制。

四是转变经济发展方式理论。其内容包括：增长不等于发展；把推动发展的立足点转到提高质量和效益上来，使经济发展更多依靠内需特别是消费需求拉动，更多依靠现代服务业和战略性新兴产业带动，更多依靠科技进步、劳动者素质提高、管理创新驱动，更多依靠节约资源和循环经济推动，更多依靠城乡区域发展协调互动，不断增强长期发展后劲。

十八大以后我国经济发展进入新阶段，其特征是：一方面，中国的经济发展摆脱了低收入阶段进入中等收入阶段，面临的发展问题已不是摆脱贫困问题，而是跨越"中等收入陷阱"，在实现全面小康基础上向现代化迈进的问题。另一方面，经济发展进入新常态，需要适应新常态，引领新常态，需要有新的发展理念，创新、协调、绿色、开放、共享的发展理念是对我们推动经济发展实践的理论总结，也是中国特色社会主义经济发展理论的重大进展。与此相关，经济发展理论取得了新的突破。

首先是关于经济新常态的描述。其内容包括：速度变化——增长速度要从高速转向中高速，发展方式要从规模速度型转向质量效率型；结构优化——经济结构调整要从增量扩能为主转向调整存量、做优增量并举；动力转换——发展动力要从主要依靠资源和低成本劳动力等要素投入转向创新驱动。

其次是创新驱动经济发展理论。其内容包括：第一，创新驱动是新的发展方式。在资源环境供给和低成本劳动力供给严重不足的条件下提出由要素和投资驱动转向创新驱动。其中科技创新起引领作用。第二，科技创新提出自主创新。长期以来我国的技术创新以引进和模仿创新为主，属于跟踪性。然而，跟在发达国家后面模仿创新不可能实现现代化。转向创新驱动需要突出自主创新，并且与发达国家进入同一创新起跑线，与之并跑，甚至领跑，在科技和产业上占领世界制高点。第三，科技创新与产业创新对接，推动产业转向中高端。一方面需要创新绿色技术，创新战略性新兴产业；另一方面进行存量调整，化解过剩产能、淘汰污染和落后产能。调整可能带来"阵痛"，但是"凤凰涅槃"，可以带来"腾笼换鸟"的效果，使服务业和高科技产业得到更快的增长。第四，产学研协同研发和孵化新技术。

再次是需求拉动理论。其内容包括：第一，发展的引擎由外转内。其背景是经济总量达到世界第二，国内市场规模进入世界前列，因为实现经济的持续增长需要足够的总量需求。随着经济增长和全球经济环境的变化，那种主要依靠出口和国外直接投资来推动经济增长的战略的重要性将降低，国内经济成为增长和平等的发动机。第二，发展方式转变。经济增长由主要依靠投资、出口拉动转向依靠消费、投资、出口协调拉动，发挥消费对增长的基础作用，发挥投资对增长的关键作用，发挥出口对增长的促进作用。第三，扩大消费需求成为经济增长的新的动力，但需要培育。其途径包括培育消费力，发展消费经济，发展满足消费需求的新产业和新服务。

最后是供给侧结构性改革理论。实践证明，在发展中国家，即使转向市场经济，但只靠需求并不能有效地拉动经济增长。在多年的需求侧改革并取得明显成效的基础上，要实现质量效率型发展，就需要在供给侧推动经济增长。其内容包括：第一，推动有效供给，克服结构性供给短缺和过剩的无效和低端供给。供给侧改革的目标就是增强供给结构对需求变化的适应性和灵活性，提高供给体系的质量和效率。第二，在供给侧提供增长的动力。增长的动力，不仅有需求拉动，也有供给推动。在供给要素中，除了物质要素投入外，还有技术、结构、效率、制度等要素。全要素生产率的提高可在很大程度上弥补要素投入的不足，创新驱动、结构调整、提高效率都可以成为新的供给推动力。实现路径就是结构性改革，主要涉及科技创新体制，精细化管理体制和激励性制度等。第三，激励各个方面积极性。如果说需求侧突出的是市场选择，提供发展压力；而供给侧则突出经济激励，提供发展的动力。例如，针对无效供给和低端供给，去产能、去库存、去杠杆、降成本，需求侧靠的是优胜劣汰的市场机制，供给侧则采取化解和优化重组的方式。再如对速度下行压力，需求侧采取的是扩张性货币政策；供给侧则是采取给实体经济企业减税减息减负以调动积极性的办法，目的是释放企业活力。

综上所述，中国特色社会主义政治经济学是马克思主义中国化的伟大成果。如习近平总书记所说，我们党把马克思主义政治经济学基本原理同改革开放新的实践结合起来，不断丰富和发展马克思主义政治经济学，形成了当代中国马克思主义政治经济学的许多重要理论成果。这些理论成果，是适应当代中国国情和时代特点的政治经济学，不仅有力指导了我国经济发展实践，而且开拓了马克思主义政治经济学新境界。中国特色社会主义政治经济学是对中国特色社会主义经济制度和经济发展道路的理论概括，也就是以中国的理论讲中国的故事，并且指导中国的实践。在它的指引下，我国的经济体制实现了向社会主义市场经济的转型，国民经济转向又好又快发展的科学发展轨道，人民生活水平正在由总体小康转向全面小康。所有这些转型产生了明显的解放和发展生产力的效应。用中国化的马克思主义政治经济学指导中国的经济建设，必将取得更加辉煌的成就。

主要参考文献

1. 洪银兴主编：《马克思主义经济学经典选读·当代价值》，高等教育出版社2012年版。

2.《马克思恩格斯选集》第2卷，人民出版社1995年版。

3. 马克思：《资本论》第1卷，人民出版社2004年版。

4. 马克思：《资本论》第3卷，人民出版社2004年版。

5.《毛泽东选集》第5卷，人民出版社1977年版。

6. 卫兴华：《中国特色社会主义经济理论体系研究》，中国财政经济出版社2015年版。

发展中国马克思主义的"系统化的经济学说"

顾海良[*]

2014 年 7 月，习近平总书记在主持召开经济形势专家座谈会时指出："各级党委和政府要学好用好政治经济学，自觉认识和更好遵循经济发展规律，不断提高推进改革开放、领导经济社会发展、提高经济社会发展质量和效益的能力和水平。"2015 年 11 月，在主持中共中央政治局第 28 次集体学习时，习近平总书记强调："要立足我国国情和我国发展实践，揭示新特点新规律，提炼和总结我国经济发展实践的规律性成果，把实践经验上升为系统化的经济学说，不断开拓当代中国马克思主义政治经济学新境界。"从"学好用好政治经济学"到发展"系统化的经济学说"，集中体现了习近平总书记关于马克思主义政治经济学是坚持和发展马克思主义"必修课"、要为马克思主义政治经济学新发展贡献"中国智慧"的重要思想，也是对当代中国马克思主义政治经济学发展提出的新的要求和新的任务。

一、"系统化的经济学说"以马克思主义政治
经济学基本原理为理论基础

"系统化的经济学说"就是当代中国马克思主义政治经济学，是马克思主义政治经济学基本原理与中国经济建设和发展实践相结合的理论结晶。建设中国的"系统化的经济学说"，要以马克思主义政治经济学基本

---

[*] 顾海良，教育部社会科学委员会副主任，北京大学中国道路与中国化马克思主义协同创新中心主任。

原理为基础.，这已经为中国改革开放的经济实践和理论发展所证实。

"各个人借以进行生产的社会关系，即社会生产关系，是随着物质生产资料、生产力的变化和发展而变化和改变的。"这是马克思提出的贯穿于唯物史观和政治经济学的基本原理。改革开放之初，邓小平就提出"科学技术是生产力，这是马克思主义历来的观点"，提出"社会主义的首要任务是发展生产力，逐步提高人民的物质和文化生活水平"。后来，他又提出"应该把解放生产力和发展生产力两个讲全了"的思想。"讲全"生产力，就是对马克思主义政治经济学关于生产力和生产关系矛盾运动基本原理的科学把握和运用。在党的十六大，江泽民把"必须高度重视解放和发展生产力"，确立为中国共产党"执政兴国"的要义。在党的十八大，胡锦涛把"必须解放和发展社会生产力"，确立为夺取中国特色社会主义新胜利必须牢牢把握的"基本要求"。

在解放和发展生产力的中国话语基础上，当代中国马克思主义政治经济学不断进取，清楚了社会主义社会的主要矛盾是人民日益增长的物质文化需要同落后的社会生产之间矛盾的理论，增强了社会主义初级阶段经济特征的把握和基本纲领的认识；深化了对社会主义本质的新概括，确立了实现共同富裕这一社会主义的基本目标和根本价值取向；搞清了以经济建设为中心的党在社会主义初级阶段基本路线的理论，确立了以实现社会主义现代化为根本目标的经济发展战略及其相应的战略规划和战略步骤；厘清了社会主义初级阶段生产力布局和经济关系多样性现状的认识，形成了社会主义初级阶段所有制结构和分配体制基本格局的理论；提升了对经济增长和发展关系的认识视野，形成了经济发展方式的转型的基本思路；拓展了对外开放的认识视界，形成了经济全球化背景下国际经济关系认识的新观点，等等。

党的十八大以后，习近平提到，"物质生产是社会历史发展的决定性因素"，解放生产力是为了发展生产力，要在解放生产力中全面持续协调地发展生产力。他提出"解放和激发科技作为第一生产力所蕴藏的巨大潜能"，对科学技术转化为现实生产力的当代意义作出新的判断。在推进生态文明建设中，他提出"牢固树立保护生态环境就是保护生产力、改善生态环境就是发展生产力的理念"。"保护生产力"和"发展生产力"，成为谋划生态文明建设的理论基础和实践指向。在对中国经济趋势性变化和阶段性特征的新的研判中，对中国经济转型格局和发展方向作出新的阐释，提出在新常态经济中，要"努力提高创新驱动发展能力、提高产业竞争力、提高经济增长质量和效益，实现我国社会生产力水平总体跃升"。实现"社会生产力水平总体跃升"，是对经济新常态辩证认识和全面谋划的新的概括。

从"讲全"生产力到"社会生产力水平总体跃升"，刻画了中国经济改革实践发展的基本脉络，是贯穿于中国"系统化的经济学说"的主线，也是中国"系统化的经济学说"的马克思主义政治经济学范式的显著标识。

二、"系统化的经济学说"以中国改革开放的经济实践为事实依据

马克思主义政治经济学从来就主张"从当前的国民经济的事实出发"[①]，即从实际的和现实的经济关系和经济问题出发。"系统化的经济学说"的建设和发展，深刻地立足我国国情和我国社会主义经济改革发展的实践，是对这一实践中形成的规律性成果的揭示和提炼，是对这一实践中积累的经验和理性认识的升华。

实践是理论的源泉。30 多年筚路蓝缕、艰辛探索，为具有鲜明中国特色的"系统化的经济学说"奠定了重要基础，形成了具有中国特色社会主义政治经济学的一系列重要理论观点。如确立以中国社会主义初级阶段经济关系为对象。社会主义初级阶段是当代中国最重要的国情，也是最基本的经济形式和经济事实。"系统化的经济学说"就是以中国社会主义道路为实践基础，以中国社会主义初级阶段的经济关系、中国社会主义经济制度和经济体制为研究对象的。如深化社会主义初级阶段经济制度、经济体制和经济运行的总体研究。"系统化的经济学说"以对经济制度本质研究为前提，以探索社会主义初级阶段基本经济制度为基础，着力于经济体制和经济运行的研究，以社会主义经济制度和市场经济体制结合、发展和完善研究为主线，形成对社会主义初级阶段经济关系的总体研究。

党的十四大以来社会主义市场经济的实践探索，是当代中国马克思主义政治经济学对政府和市场关系认识深化和科学定位的事实依据。党的十五大提出"使市场在国家宏观调控下对资源配置起基础性作用"，党的十

---

① 《马克思恩格斯文集》第 1 卷，人民出版社 2009 年版，第 156 页。

六大提出"在更大程度上发挥市场在资源配置中的基础性作用",党的十七大提出"从制度上更好发挥市场在资源配置中的基础性作用",党的十八大提出"更大程度更广范围发挥市场在资源配置中的基础性作用",直到党的十八届三中全会提出"使市场在资源配置上起决定性作用和更好地发挥政府作用"。理论是以实践发展为依据而得以赓续、完善,实践也以理论创新为指导而得以深化、前行。

市场经济体制必然要与一定的社会基本经济制度"结合起来",这一"结合起来"的中国话语的意蕴就在于:"我国实行的是社会主义市场经济体制,我们仍然要坚持发挥我国社会主义制度的优越性、发挥党和政府的积极作用。"提出处理好政府和市场关系,实际上就是要处理好在资源配置中市场起决定性作用还是政府起决定性作用这个问题。因此,使市场在资源配置中起决定性作用,并不是排斥政府的作用,而是要认识发展社会主义市场经济,既要发挥市场作用,也要发挥政府作用,使市场作用和政府作用这"两手"各司其职又协调互助、相得益彰。显然,从理论上对政府和市场关系的进一步定位,是以中国经济改革实践为依据的,也是对这一实践经验的理性提升,是"系统化的经济学说"的重要呈现。

显然,这些方面的理论成果,是适应中国国情和时代特点的当代中国马克思主义政治经济学,中国马克思主义的"系统化的经济学说"开拓了马克思主义政治经济学的新境界。

三、"系统化的经济学说"在决胜全面建成
小康社会历史进程中的升华

习近平总书记在主持学习时强调:"学习马克思主义政治经济学,是为了更好指导我国经济发展实践,既要坚持其基本原理和方法论,更要同我国经济发展实际相结合,不断形成新的理论成果。"党的十八大以来,按照贯彻实施"四个全面"战略布局的要求,以实现全面建成小康社会为战略目标,在深刻理解和把握当代中国经济关系发展的趋势性变化和阶段性特征、深刻理解和把握当代国际经济关系变化发展的特点和趋势中,驾驭新常态经济,继续保持经济持续平稳发展,中国"系统化的经济学说"得到新的发展。这些"系统化的经济学说"的理论新见解,也是对新中国成立以来特别是改革开放以来经济建设实践经验和理论探索的总结,是对

马克思主义政治经济学原理的新的运用。

一是坚持以人民为中心的发展思想，这是马克思主义政治经济学的根本立场。要坚持把增进人民福祉、促进人的全面发展、朝着共同富裕方向稳步前进作为经济发展的出发点和落脚点，部署经济工作、制定经济政策、推动经济发展都要牢牢坚持这个根本立场。

二是坚持新的发展理念，创新、协调、绿色、开放、共享的发展理念是对我们在推动经济发展中获得的感性认识的升华，是对我们推动经济发展实践的理论总结，坚持用新的发展理念来引领和推动我国经济发展，不断破解经济发展难题，开创经济发展新局面。

三是坚持和完善社会主义基本经济制度，毫不动摇巩固和发展公有制经济，毫不动摇鼓励、支持、引导非公有制经济发展，推动各种所有制取长补短、相互促进、共同发展，同时公有制主体地位不能动摇，国有经济主导作用不能动摇，这是保证我国各族人民共享发展成果的制度性保证，也是巩固党的执政地位、坚持我国社会主义制度的重要保证。

四是坚持和完善社会主义基本分配制度，努力推动居民收入增长和经济增长同步、劳动报酬提高和劳动生产率提高同步，不断健全体制机制和具体政策，调整国民收入分配格局，持续增加城乡居民收入，不断缩小收入差距。要使发展成果更多更公平惠及全体人民，使我们的社会朝着共同富裕的方向稳步前进。

五是坚持发展社会主义市场经济、使市场在资源配置中起决定性作用和更好发挥政府作用的理论，要坚持社会主义市场经济改革方向，坚持辩证法、两点论，继续在社会主义基本制度与市场经济的结合上下功夫，把两方面优势都发挥好。

六是关于我国经济发展进入新常态的理论。认识新常态，适应新常态，引领新常态，是当前和今后一个时期我国经济发展的大逻辑。积极推进各个领域的改革，切实完成转方式、调结构的历史任务，实现经济增长保持中高速、产业迈向中高端。新常态创造了新的战略机遇，提供了新飞跃的要素、条件、方法和环境。

七是推动新型工业化、信息化、城镇化、农业现代化相互协调的理论，坚持走中国特色新型"四化"道路，推动信息化和工业化深入融合、工业化和城镇化良性互动、城镇化和农业现代化相互协调、"四化"同步发展的方向。

八是坚持对外开放基本国策，善于统筹国内国际两个大局，利用好国际国内两个市场、两种资源，发展更高层次的开放型经济，以开放的最大优势谋求中国经济社会的更大发展空间。积极参与全球经济治理，同时坚决维护我国发展利益，积极防范各种风险，提高抵御国际经济风险的能力，确保国家经济安全。

决胜全面建成小康社会的经济发展进程波澜壮阔，蕴藏着中国"系统化的经济学说"创新的难得的历史机遇，我们要在不断开拓当代中国马克思主义经济学的新境界中，为马克思主义政治经济学创新发展贡献中国智慧。

在马克思主义与中国实践结合中发展
中国特色社会主义政治经济学

刘　伟*

坚持运用马克思主义政治经济学原理指导中国社会主义经济发展，坚持在中国特色社会主义经济实践中发展当代马克思主义政治经济学，这是建设中国特色社会主义政治经济学的基本出发点。

一、政治经济学与中国发展的需要

政治经济学是研究经济制度运行规律的学说，特别是马克思主义政治经济学，是以生产方式（狭义的是指资本主义生产方式，广义的则是指各类历史的社会生产方式）产生、发展、灭亡的运动为对象，运用历史唯物主义和辩证唯物主义历史观和方法论，在生产力与生产关系的矛盾运动中揭示生产关系运动规律，从而为解放和发展社会生产力不断创造和完善制度条件，因此，只要存在社会生产关系，只要存在社会生产关系与生产力的矛盾运动，就需要开展政治经济学的研究，尤其是需要马克思主义的政治经济学。

"经济"的古希腊词源是指家庭或庄园的管理，如色诺芬的《经济论》中所说的经济即是指庄园管理。"政治经济学"概念首次提出是在1615年，法国重商主义学者孟克莱田在《献给国王和王太后的政治经济学》中，把"经济"从家庭（庄园）管理层面拓展为国家治理层面，后来逐渐成为英国古典经济学的主题。而古典经济学严格地说就是政治经济

---

* 刘伟，中国人民大学教授。

学。如詹姆斯·穆勒的《政治经济学原理》、李嘉图的《政治经济学及赋税原理》等，均是直接运用"政治经济学"范畴作为其理论的主题。按照古典经济学家的定义（如约翰·穆勒），政治经济学研究对象是关于财富的性质及其生产和分配的规律，近而研究与生产和分配相关的制度、社会、道德和人性等因素。按照这一定义，古典经济学家亚当·斯密的《国民财富的性质及原因》（《国富论》）是政治经济学的集大成，进而斯密也成为古典经济学的典型代表。直到1890年马歇尔的《经济学原理》问世后，"政治经济学"才改为"经济学"。在当代西方经济学中，"经济学"替代古典经济学的"政治经济学"成为主流，"政治经济学"范畴有时还会被使用，但一般限于两种特殊情况，一是指所谓"新政治经济学"，即运用新古典经济学的方法研究政治行为，如选举等；二是所谓"国际政治经济学"，即研究政治与经济之间的相互关系。[①]《新帕尔格雷夫经济学大词典》认为，20世纪以来，虽然"经济学"和"政治经济学"基本上还是可以通用的，但这两个范畴已有所不同，其内涵也已有了变化。可以说，"政治经济学"已不再是资产阶级正统经济理论的主流命题。

之所以有这种变化，是有其思想史和经济史的深刻原因的。政治经济学以社会生产关系为研究对象，社会生产和分配关系的性质是其基本命题，因而价值理论及相应的分配问题成为核心命题，以斯密为代表的古典经济学之所以成为事实上的政治经济学，根本在于其研究的基本内容是价值理论及相应的收入理论，并力图通过这种政治经济学的考察，揭示资本主义生产方式的历史合理性、优越性和必然性。在古典政治经济学产生的时代，资本主义生产方式作为新兴的对封建主义生产方式根本对立的生产方式，并未真正获得历史的承认，资产阶级作为这一新兴生产方式的代表并未获得稳定的统治地位，资本主义生产方式真正赖以存在的生产力基础并未真正形成（产业革命是在资产阶级革命之后），资本主义制度对于解放和推动生产力发展的历史优越性也并未充分显示，因此要求资产阶级的学者，包括哲学家、法学家、社会学家、政治学家、史学家、经济学家等，去论证和分析同一命题：即资本主义制度的必然性和合理性。所以，诸如公平、正义、自由、平等、人性、人权、契约、价值等范畴成为那一时代资产阶级人文社会科学的普遍关注。经济学家是怎样履行这一历史使命的呢？要证明资本主义生产方式的必然性及合理性，从经济学上首先需

---

① 参见刘伟：《今天为何需要政治经济学》，载于《政治经济学评论》2015年第1期。

要证明其公正、平等，而其公正平等重要的经济关系的体现在于其贯彻等价交换的基本市场原则，等价交换的根据又在于其价值基础，因此，价值生产及相应的分配理论便成为那一时代的资产阶级经济学的核心问题。尽管从古典经济学的劳动价值论，到 1840 年萨伊提出后被约翰·穆勒系统化的生产成本价值论（客观效用价值论），再到 1870 年边际革命之后的主观效用价值论，占主流地位的价值理论在资产阶级经济思想史上不断演变，但其根本宗旨始终未变。即通过价值理论的发展和完善充分证明资本主义制度的合理性、必然性、优越性。到 19 世纪末马歇尔为代表的新古典经济学，以均衡价格论（局部均衡）取代了以往经济学的价值论，相应的"政治经济学"也就被称为"经济学"，经济学的基本问题不再是以古典经济学的价值论或者说不再以价值生产及分配理论为核心问题，进而去论证资本主义制度的合理性和必然性，论证为什么需要资本主义，而是以"均衡价格"论为核心问题，去论证如何运用资本主义制度才能使资本实现利益的最大化，论证怎样运用资本主义了。而"均衡价格"是资本实现利益最大化（极值）的最优状态，发现均衡的位置求解极值的存在（利益最大化、效用最大化）便成为经济学的基本问题。这种价格论对价值论核心命题的替代，根本原因在于两方面，一方面从方法论来看，资产阶级学者不具马克思主义的历史唯物主义历史观，不可能彻底从生产力发展的趋势上考察生产关系矛盾运动的规律，在否定封建主义、论证资本主义对封建主义替代的历史趋势时，他们能够从本阶级所代表的先进生产力要求出发，论证资本主义的合理及必然性，但他们不可能从生产力发展的根本趋势出发，承认资本主义制度本质的历史局限和灭亡的必然性，因此当资本主义制度阻碍和束缚生产力发展的矛盾逐渐暴露之后，他们不愿意也不可能继续深入科学地分析资本主义生产关系本质的客观运动规律；另一方面，19 世纪末的资本主义制度在历史上已成为不可逆转的事实，资本主义制度对封建主义的革命已经成为历史必然，资本主义制度赖以存在的物质条件（大机器工业）已经形成，资产阶级作为统治阶级不需要更多地去论证资本主义制度的合理及必然，而需要更多地分析如何运用这一制度实现资本利益最大化，不需要更多地论证为什么需要资本主义，而需要更多地论证如何运用资本主义，不需要考察生产方式有怎样的缺陷，对生产力发展有怎样的束缚，需要怎样的历史变革，因为资本主义制度从根本上说是完美的，应当成为自然的永恒。因此，以研究生产关系矛盾运动、研究价值生产和分配的性质为基本问题的"政治经济学"便让位于研究均衡价格、发现极值位置和实现条件为基本问题的"经济学",古典经济学的传统转变为当代经济学的正统。[①]

　　马克思的经济学说就是政治经济学,其代表作《资本论》的副标题就是"政治经济学批判",其研究对象是资本主义生产关系,正如《资本论》序言中所说,"我要在本书研究的是资本主义生产方式以及和之相适应的生产关系和交换关系。"[②]"最终目的就是揭示现代社会的经济运行规律"[③]在法文版《资本论》中,讲到作为研究对象的"资本主义生产方式"时,为避免混淆生产的自然方式和社会方式,进一步明确为"资本主义制度"。同时,"生产方式是一种特殊的,具有特殊历史规定性的生产方式;它和其他一定的生产方式一样,把社会生产力及其发展形式的一定阶段作为自己的历史条件。"[④]广义的政治经济学作为研究全部人类社会生产关系运动的学说,包含原始社会、奴隶社会、封建社会、资本主义社会、共产主义社会生产方式运动规律。[⑤]

　　马克思的政治经济学是对古典经济学的批判继承,其核心问题同样是社会生产和分配,集中体现为劳动价值论和剩余价值理论。马克思的劳动价值论科学地揭示了劳动与资本的根本对立,阐释了劳动是价值的唯一源泉,为其剩余价值理论奠定了理论和道义的基础;马克思的剩余价值论深刻剖析了资本对劳动的无偿占有关系,运用历史唯物主义方法,从经济学上证明了资本主义制度产生、发展、灭亡并被代表更新生产力发展要求的新制度(共产主义)替代的历史必然,并在批判资本主义制度的基础上,对未来理想社会的生产方式提出了具有深刻历史逻辑和理论逻辑根据的预测。

　　可见,无论是处在历史上升时期的资产阶级政治经济学,还是代表无产阶级根本利益的马克思主义政治经济学,都是以社会生产关系及其运动作为考察对象,都是为自己所代表的阶级利益及所要求的社会生产方式争辩的,这是政治经济学的根本属性和特征。中国特色社会主义建设事业需要从中国历史实际出发,根据解放和发展生产力的要求,努力变革和完善

---

①　马克思称之为从古典经济学到庸俗经济学的转变。

②③　《马克思恩格斯选集》第2卷,人民出版社2012年版,第82页、第207页。

④　《马克思恩格斯全集》第25卷,人民出版社1974年版,第993页。

⑤　对社会生产方式的这种五分法是马克思的重要贡献,也是对人类历史形态最为清晰的划分,西方学者如摩尔根《古代社会》的蒙昧、野蛮、文明三期划分,中国思想家的上古、中古、近古的划分,都显得较为粗糙,在内容上也不精确。

生产关系，不断巩固和完善中国特色社会主义制度，以实现中国现代化发展的成就证明社会主义制度的历史必然和优越性。特别是处于改革发展中的中国特色社会主义，其制度仍处在不断的改革和完善中，其生产力基础仍然落后，与社会主义制度相匹配的超越资本主义社会生产力水平的物质基础尚在创造中，中国特色社会主义制度及其优越性都在探索和逐渐显现中。如何创新、发展中国特色社会主义制度？中国特色社会主义制度有无前途？进而社会主义制度在人类历史上替代资本主义制度有无历史的必然？都是需要迫切回答和深入探索的命题，都还需要我们在理论和实践中付出巨大的努力，而对这些命题的研究，便构成当代中国马克思主义政治经济学说，特别是中国特色的社会主义政治经济学要回答的基本问题。因此，中国发展实践需要中国特色社会主义政治经济学。[①]

二、政治经济学与中国发展的自信

党的十八大报告强调需要树立道路自信、理论自信、制度自信，表明我们仍缺乏足够的自信。中国曾有过非常自信的文化传统，那是建立在强盛的农业封建帝国基础上的文化自信。作为人类三大古文明中唯一未曾中断的文明，源于黄河文明的中华文明一直绵延下来，到 19 世纪初期，尽管西方已发生资本主义商业革命并启动产业革命，但中国的经济规模（GDP）仍居世界首位，达到 32% 以上。在漫长的农耕文明中，中华文明创造了远比欧洲地中海中世纪文明灿烂的成果。[②] 但当西方资本主义革命完成之后，以 1840 年第一次鸦片战争为转折，在与西方近代资本工业文明的对抗中，中国传统文明彻底失败了，由此开启了中华民族近代史以来长期积贫积弱、落后挨打的屈辱史，开始形成了与这种落后屈辱史相联系的文化上的全面自卑，其中就包含深刻的理论自信的缺失。

就经济学而言，作为学科的出现，在中国大体是在 20 世纪初，严格

[①] 参见刘伟：《今天为何需要政治经济学》，载于《政治经济学评论》2015 年第 1 期。

[②] 有统计数据显示，在 16 世纪以前，影响人类生活的重大科技发明约有 300 项，其中 175 项是中国人的发明，参见《伟大的中国梦》，载于《光明日报》2014 年 1 月 10 日。另据史学家麦迪森《世界经济千年史》统计，1820 年中国 GDP 占世界经济总量的 32.9%，西欧各国总和为 23.6%，美国和日本分别占 1.8% 和 3%，参见麦迪森：《世界经济千年史》，北京大学出版社 2003 年版，第 261 页。

地说是从西方引进的舶来品，落后的经济发展现实本身难以产生真正先进的经济学说，尤其是半殖民地半封建社会的经济形态，无以形成源自本土的现代经济理论。为摆脱落后，先进的西方文明的制度和道路自然成为学习和选择的对象，产生于西方资本工业文明的经济理论也就被作为科学引进中国。严复先生翻译了斯密的《国富论》，意味着西方古典经济学开始进入中国。陈启修、郭大力、王亚南等先生翻译马克思的《资本论》，揭开了马克思经济学在中国传播的帷幕，但占据主流的还是西方资产阶级正统经济学。20世纪20年代前后中国著名大学先后设立了经济学系，其课程体系基本上是照搬西方大学的经济学体系，学说思想也是沿袭西方正统经济学传统。这一状况一直持续到50年代初新中国成立之后。

自1952年我国高校院系调整起，我国大学中的经济学系科建设摒弃了西方资产阶级经济学的传统，倒向苏联的学术体系，除在个别大学（如北京大学、武汉大学等）被允许保留部分关于西方资产阶级经济学的课程和师资外，大部分高校都取消了，取而代之的是经苏联改造和解释过的马克思主义经济理论，并据此构建了经济学教学体系。这种倒向本身同样是缺乏理论自信的表现。这种理论自信的缺乏根本原因同样在于落后的经济发展基础上的理论依赖。

可见，自20世纪以来的很长时期里，经济学在中国先后沿袭着两大传统，先是沿袭西方资产阶级正统经济学的学术传统并以此构建学科体系，后是沿袭苏联斯大林模式的马克思主义经济学的学术传统并据此构建学科体系，缺乏自己的经济理论上的自觉和自信。毛泽东在领导中国社会主义建设的实践中，做出艰苦的探索，力图开拓中国的社会主义事业发展的特殊道路、制度和思想理论，对政治经济学和政治经济学教程等的建设和发展也做出深入的思考。但长期被忽略且又十分落后的经济发展现实，使其政治经济学的理论思考总体上并不成功，也难具说服力。①

我们经济学理论上的自信真正开始确立源于改革开放的伟大历史实践。改革开放的伟大实践对经济学理论提出了深刻的挑战，也提出了历史性的要求。在回答这一系列的挑战和要求的探索中，政治经济学在中国获

---

① 毛泽东总结中国特色社会主义经济建设实践经验，写出过诸如《论十大关系》等著名著述，也曾对苏联政治经济学教科书做过深入研究并形成读书笔记，但总体上看，批判性强于建设性，不仅未形成真正理论体系，而且在指导思想上否定经济建设和发展这一根本，在基本方法上背离了生产关系与生产矛盾运动的历史唯物主义规律。

得了极大的进展，对中国的实践产生着重要的影响。中国社会主义经济发展前所未有的成就，也支持着中国特色社会主义政治经济学不断深入探索的理论自信。当然，中国特色社会主义事业建设不断产生的矛盾和问题，更形成了对经济学的巨大的历史需求，推动其不断发展，对这一系列矛盾和问题回答正确与否，也就成为检验中国特色社会主义政治经济发展的根本尺度。正如邓小平针对十二届三中全会的《关于经济体制改革的决定》所说："写出了一个政治经济学的初稿，是马克思主义基本原理和中国社会主义实践相结合的政治经济学"[1]，中国特色社会主义经济发展的历史实践，为丰富和发展当代马克思主义政治经济学创造着重要的历史条件，并不断提出拓展当代中国马克思主义政治经济学说的新的发展要求。党的十八大以来，以习近平总书记为核心的党中央特别强调坚持运用和发展马克思主义政治经济学，强调以此来总结和指导中国特色社会主义改革发展的实践。2014 年 7 月，习近平同志在主持召开经济形势专家座谈会上强调，各级党委和政府要学好用好政治经济学，自觉认识和更好地遵循经济发展规律，不断提高推进改革开放、领导经济社会发展，提高经济社会发展质量和效益的能力和水平。2015 年 11 月，在主持中共中央政治局第 28 次集体学习时，习近平总书记再次强调，要立足我国国情和发展实践，揭示新特点新规律，提高和总结我国经济发展实践的规律性成果，不断开拓当代中国马克思主义政治经济学新境界。2015 年 12 月在中央经济工作会议上的讲话中，强调要坚持中国特色社会主义政治经济学的重大原则。在习近平总书记系列讲话中关于政治经济学的论述中，从提出"学好用好政治经济学"，到明确上升为"系统化的经济学说"，再到强调需要坚持的中国特色社会主义政治经济学的重大原则，构成不断深入的逻辑体系，展示了基于中国改革发展实践的、对建设中国特色社会主义政治经济学理论体系的充分自信，尤其是关于中国特色社会主义政治经济学必须坚持的重大原则的分析，分别从发展中国特色社会主义政治经济学的基本方法、核心命题、主要任务、根本目标等极为重要同时又有深刻内在联系的几个方面，概括了新常态下中国特色社会主义政治经济学逻辑体系和突出特征。[2]

---

① 《邓小平文选》第 3 卷，人民出版社 1993 年版，第 93 页。
② 参见《人民日报》2014 年 7 月 9 日第 1 版；2015 年 11 月 25 日第 1 版；2015 年 12 月 22 日第 1 版。

三、新常态下中国特色社会主义政治经济学的历史观和
方法论：坚持解放和发展生产力的基本原则

1. 坚持解放和发展生产力原则是马克思历史唯物主义和辩证唯物主义的基本方法和历史观的要求，是党在社会主义初级阶段基本路线的根本要求，更是发展和运用中国特色社会主义政治经济学的基本方法和原则。政治经济学是研究社会生产关系运动规律的学说，生产关系运动规律只能从生产力与生产关系的矛盾运动中揭示，生产关系的运动规律源于生产力发展的历史要求及其变化。一是中国特色社会主义政治经济学就是要在分析中国生产力与生产关系的矛盾历史运动中，认识生产关系演变运动特征，根据生产力发展的历史要求，不断推动生产关系的调整和完善，不断推动中国生产力的解放和发展的。否则，中国特色社会主义政治经济学既无科学方法和正确历史价值取向，也无存在和发展的必要。二是中国特色社会主义的历史必然性和优越性，从根本上来说只有通过解放和发展我国社会生产力，并且逐渐实现对当代资本主义社会经济发展水平的超越，才能得到历史的证明。否则，中国特色社会主义制度既无充分的历史根据，也无坚定的道路自信、理论自信、制度自信、文化自信。三是中国特色社会主义制度本质在于解放和发展生产力。这是中国社会主义初级阶段的基本国情和主要矛盾运动的规定。这就要求在整个初级阶段必须以经济建设为中心，坚持总体布局，坚持科学发展。要深刻认识生产关系与生产力矛盾运动规律，认识中国社会主义初级阶段社会发展规律，否则就会偏离中国的客观实际，也会偏离社会主义本质要求。

2. 坚持解放和发展生产力原则是正确认识改革实践的关键，是推动改革的基本动因，更是评价改革的根本标准。改革无疑是中国特色社会主义伟大实践的重要历史内容，是推动中国特色社会主义事业发展的重要动力，因此对于改革的实践经验总结，无疑构成中国特色社会主义政治经济学的重要内容。指导中国特色社会主义改革实践，既为中国特色社会主义政治经济学提出了历史要求，也构成其基本使命。而要正确认识改革，则必须坚持解放和发展生产力原则。一是改革作为生产关系的变革，作为制度创新，其根本动因只能是解放和发展生产力的历史要求，否则就会使改革偏离社会主义本质和根本。不能脱离中国特色社会主义初级阶段生产力

发展的要求盲目改革，不能面对严重束缚和阻碍我国社会生产力发展的制度弊端和政策漏洞，不敢或不想改革。二是根据生产力发展要求把改革理解为生产关系的变革，理解为改革一切束缚和阻碍生产力发展的制度缺陷，否则就难以正确把握改革的实质和使命，不能把改革的本质简单化为"华盛顿共识"所说的私有化下的市场化，不能无视生产关系的实质，否定基本经济制度和经济运行方式改革的必要性，统一公有制为主体多种所有制经济共同发展这一基本经济制度与市场配置资源的决定性作用机制，这既是中国特色社会主义制度的根本特征，更是解放和发展我国生产力的客观要求。三是把解放和发展生产力作为检验和评价改革绩效的根本标准，改革的进展不能以破坏生产力发展为代价。这既是中国落后生产力的发展要求，也是中国改革区别于其他许多转轨国家的重要经验，改革的绩效不能以主观主义的，或者武断地以西方所谓主流价值观，或者僵化地以传统保守的教条来判断，即应以解放和发展生产力的绩效为根本尺度，一切生产关系的变革和完善都应以解放和发展生产力为历史根本特征，这是马克思主义历史唯物主义的基本观点，也是我们对中国经济改革、中国特色社会主义经济发展的自信所在。

改革开放 30 多年来，我国 GDP 总量扩张显著，年均增长 9% 以上。1978～2015 年，按不变价格，扩张近 29 倍，达到 67.7 万亿元左右，折为美元超过 11 万亿，从占全球 1.8%，上升为 14% 左右。从相当于美国的 6.29% 上升为 60% 左右。从世界第 10 位上升为世界第二大经济体（2010 年起）。人均 GDP 从改革开放初期的贫困状态实现了温饱后（1998 年），进入上中等收入阶段（2010 年），到 2015 年为 5 万元左右，折为美元约 8 000 美元，从相当于美国的 1.8% 上升至 14% 左右（同期美国人口增长 42.7% 左右，从 2.2 亿上升到了 3.14 亿，中国人口从 9 亿多上升到 13.7 亿左右，增长 41.2% 左右）。而大多数转轨国家，包括拉美发展中国家和原计划经济转轨国家，按西方"华盛顿共识"推动转型，结果增长速度普遍低于 20 世纪 70 年代之前，增长的不稳定性却明显高于 70 年代之前，甚至大多数国家经济严重倒退。①

同时，中国高速增长的过程伴随着相应的质态改善。一方面，经济结构发生了良性的顺向提升，农业劳动力就业比重从 70.5%（当年低收入国家平均为 72%）下降到 30% 左右（上中等收入国家平均水平），产值比

---

① 参见林毅夫：《新结构经济学》，北京大学出版社 2012 年版。

重从 28% 以上降至 9% 左右；第二产业就业比重从 17.4% 上升至 30% 左右，霍夫曼比例也发生深刻变化，预计在 2020 年实现当代新型工业化；第三产业就业比重由 12.1% 上升至 35% 以上，产值比占 23% 上升至 50% 以上，已经超越第二产业。这些结构变化表明中国改革开放以来经济高速增长的同时有结构质态改善意义上的发展。另一方面，这种质态改善只能用效率提升来解释，而效率提升只能是创新的函数，包括技术创新和制度创新等，而创新在根本上只能通过改革来解释，尽管改革开放本身存在许多矛盾和不足，但的确空前解放和推动了生产力发展。[①]

四、新常态下中国特色社会主义政治经济学的核心命题：
必须坚持社会主义市场经济改革方向

中国特色社会主义政治经济学的重要使命在于指导中国特色社会主义经济改革，中国特色社会主义政治经济学的思想理论活力在于总结中国改革的经验并使之形成系统化的学说。

1. 中国特色社会主义经济改革的根本在于统一社会主义公有制与市场经济机制。这既是中国社会主义市场经济改革的根本特征，也是对传统马克思主义经济理论和改革实践的根本突破，更是中国特色社会主义政治经济学需要深入研究、总结和发展的重要命题，这是一项前无古人的伟大创举。一是统一公有制与市场经济机制，在理论上面临两方面传统的否定，一方面是正统西方经济学的传统，在西方经济学中，只有资本主义私有制才可能建立市场经济机制。从古典经济学到当代西方正统经济学，从 20 世纪初兰格—米塞斯争论到当代"华盛顿共识"及"后华盛顿共识"，无不恪守这一传统并由此否定社会主义公有制这一基本制度与市场经济机制统一的可能，进而否定社会主义资源配置的效率，以此否定社会主义。另一方面是马克思的理论传统。在马克思看来，市场机制只能与资本主义私有制统一，不仅不能与任何形式的公有制兼容，而且不能与非资本主义性质的私有制兼容。因而，在马克思设想的未来共产主义社会里，生产资料所有制是社会共同占有，消灭了一切形式的私有制。相应的人们之间的

---

① 刘伟、张辉：《我国经济增长中的产业结构问题》，载于《中国高校社会科学》2013 年第 1 期。

社会联系和社会再生产不再需要间接的交易方式，而是以直接的社会统一计划协调的方式展开。在马克思经典作家的著述中，无论是从政治经济学的理论逻辑上，还是从历史价值取向上，作为人类未来理想的社会共同占有制的共产主义社会中，市场、商品、价格、交易等是不可能也不应当存在的。因此，力图统一公有制与市场机制的理论与实践，既是对西方正统经济学的传统的否定，也是对马克思传统理论观点的突破。二是对计划经济国家体制转轨理论与实践传统的突破。自传统的斯大林集中计划经济体制模式在理论与实践上确立其统治地位之后，针对其缺陷，相关国家自20世纪50年代先后展开了多种改革，从南斯拉夫的工人自治社会所有制改革，到后来苏联的柯西金改革及利别尔曼的市场社会主义，从兰格等的模拟市场机制到后来的布鲁斯和奥塔·锡克分权式改革模式，等等，都是力图在不改变社会主义生产资料公有制的结构和实现形式的基础上引入市场竞争机制，进而同时获得公有制下的制度公正和市场竞争的资源配置效率，但无论是在理论上还是在实践上都未能获得成功。因此，进入80年代之后，为获得市场竞争效率，他们纷纷放弃了公有制的立场，以各种否定公有制占主导地位的混合所有制来配合市场经济机制。① 我国的经济改革始终坚持社会主义公有制为主体多种所有制经济长期共同发展这一基本制度与市场经济机制在资源配置中起决定性作用的相互统一，是对以往的经济转轨传统的重大突破。三是中国特色社会主义经济改革的难题也正在于如何统一公有制与市场机制。一方面市场机制对生产资料所有制有基本要求，也就是说，在所有制上如果不具备某些基本特征和性质，就难以满足市场机制的基本要求，说到底市场交换机制不过是生产资料所有制的一定的历史运动形式；另一方面，社会生产资料所有制在结构和实现方式上怎样变革才能既不失其公有制根本性质，又能真正适应市场经济机制的基本要求？这就涉及如何使之不改变公有制的根本性质而又能满足市场经济机制对所有制的基本要求的兼容问题。

2. 经济运行机制改革的主线是使市场在资源配置中起决定性作用，解决这一问题的关键在于从经济体制上处理好政府与市场的关系。一是必须清醒地认识到，使市场在资源配置中起决定性作用，是深化经济体制改革的主线。一方面必须不断深入市场化进程，从商品市场化到要素市场

---

① 刘伟、方敏：《中国经济改革历史进程的政治经学分析》，载于《政治经学评论》2016年第2期。

化，从实体经济市场化到金融深化，从市场体系培育构造到市场秩序的完善，等等。另一方面必须转变政府职能提高政府干预效率，有效地缓解市场失灵带来的社会发展矛盾，有效地发挥政府作用。二是必须认识到使市场在资源配置中起决定性作用是对我国几十年改革开放历史经验的深刻总结。改革开放初期阶段，我们在理论和实践上面对的是否定社会主义公有制条件下建立市场经济机制的传统，随着改革的深入，我们先是打破了社会主义与市场经济根本矛盾的"对立论"，指出市场调节是社会主义经济的不可或缺的辅助。即中共十二大指出的计划经济为主、市场调节为辅，打破了社会主义与市场机制根本对立的传统。到中共十三大承认计划和市场都是覆盖全社会的，社会主义经济应是计划经济与市场调节的统一，进一步克服了"主辅论"的局限，提出计划经济与市场调节相结合。到中共十四大则进一步明确改革的目标就是建立比较完善的社会主义市场经济体制，再到中共十八大，特别是十八届五中全会关于全面深化经济体制改革的决议，提出经济体制改革的关键是处理政府与市场的关系，使市场在资源配置中起决定性作用，改革的重点是深化和完善市场机制，使市场体系不完善、市场秩序不规范、政府干预过多的同时政府职能失缺的矛盾得以有效克服，努力缓解市场失灵和政府失灵同时存在的种种矛盾。

中国的经济改革和转型，重要的特点在于在所有制改革与市场机制培育的统一中推进中国特色社会主义市场经济转轨，不是把所有制与市场机制割裂，而是从基本制度和运行机制的结合中推进改革。在所有制改革上，从1982年中共十二大首次承认个体经济，到十三大承认私营经济是社会主义公有制经济必要的和有益的补充，从中共十四大明确社会主义市场经济体制改革目标，到十五大承认公有制为主体、多种所有制经济共同发展是我国社会主义初级阶段的一项基本经济制度，从十六大以后反复强调的"两个毫不动摇"，再到十八大后强调的混合所有制改革，中国特色的以公有制为主体、多种所有制经济有机统一的社会主义社会所有制结构逐渐形成并不断完善，在此基础上，中国特色社会主义的市场经济机制逐渐形成。

3. 社会主义市场经济改革的难点在于真正完善市场经济秩序提升市场经济秩序的质量。市场经济秩序包括市场经济的内在竞争秩序和外部环境秩序。内在竞争秩序主要包括两方面，一方面是企业产权制度，另一方面是市场价格制度。前者是市场竞争的主体秩序，回答谁在竞争？后者是市场竞争的交易秩序，回答怎样竞争？外部环境秩序也主要包括两方面，一方面是市场竞争的法治秩序，另一方面是市场竞争的道德秩序。前者涉及的是法律制度建设和社会法治精神的弘扬。市场经济毕竟是法治经济，其基本的竞争秩序需要法律制度来维护，而法律制度的有效性、权威性则以社会法治精神为基础，法制的有效性依赖于法治的充分性，依赖于对法制的社会尊重和自觉，特别是取决于对公权的法律约束和对立法执法者的权力约束。后者涉及的是道德精神层面对市场竞争的理解，涉及从传统的以"忠诚"为核心的道德世界向现代的以"诚信"为核心的道德秩序的转换，涉及从本国传统的文化精神向现代世界开放的文化精神的融合，涉及是否跌入"道德无政府状态"陷阱。因此，具有极其重要的意义。

五、新常态下中国特色社会主义政治经济学的主要任务：坚持调动各方面的积极性

实际上，政治经济学所要处理的基本问题，就是协调社会经济发展过程中的各种矛盾，就是研究如何有效的以最低的成本化解多种发展摩擦，调动多方面的积极性，缓解和减轻发展与解放生产力的阻力。这也就是最核心的政治。正如毛泽东同志所说的，所谓政治就是使更多的人拥护自己的事业，使反对自己事业的人越来越少。中国特色社会主义政治经济学就是要分析怎样使拥护社会主义制度，以及解放和发展生产力的力量越来越强大，使阻力尽可能减小，其根本在于调动多方面的积极性。

1. 激励和约束机制的统一。这既是调动积极性方面的基本问题，更是转轨中的我国面临的特殊问题。改革说到底是权责利在制度上的变革，权、责、利在制度变革中的重要原则便是三者的相互统一。这是中国特色社会主义政治经济学需要关注的重要问题之一。特别是对于国企领导而言，权利、责任、利益三者在性质上和程度上必须协调，赋予其国有资产的权利，其运用这份权利在制度上就必须能够且应当承担相应的风险责任，否则就不具备获得权利的前提条件。同时，履行了相应的责任，就应当予以相应的利益激励，否则就是对企业家才能的否定。最需防止的是权责利三者的脱节，使得有权利的人可以不负责任，履行责任的人不能获得相应的利益，因而既无效率又无秩序。权利脱离责任的约束不可能有秩序，责任脱离利益刺激不可能有效率。这里涉及的主要是企业治理结构问题。

2. 调动中央和地方两方面的积极性，这是中国特色社会主义政治经济学需要关注的特殊问题之一。中国是一大国，地区之间差异显著，因此即使在新中国成立初期，以苏联的计划经济体制为模式，建立我国经济体制时也是有所不同的。苏联的计划经济体制强调的是中央垂直管理的"部门主义"，各级地方政府在经济的权、责、利上并无多少独立性，突出的是中央集权。而我国则是"条块结合"，在中央垂直管理的同时，给地方政府相当大的独立的经济权利空间。好处在于有利于调动中央和地方两方面的积极性，弊端则在于长期存在条块之争，即中央和地方的矛盾。长期以来我国的经济体制调整和政策演变，重要的便在于缓解这一矛盾。这里涉及的主要是政府治理结构问题。

3. 努力缓解改革发展的阻力。调动多方面的积极性的题中应有之义便是化解各方面的阻力。这是中国特色社会主义政治经济学需要总结也能够总结的中国经验，是为丰富当代中国马克思主义政治经济学提供的中国智慧。包括改革、发展、稳定三者间的关系的协调；增量改革与存量调整关系的处理；改革的可行性与必要性之间的均衡；发展的重点与全局的统一；政策的短期目标与长期目标的衔接；等等。都需要运用中国特色社会主义政治经济学的分析予以明确。我国新时期以来的改革发展，为中国特色社会主义政治经济学总结这方面的经验提供了实践基础。这些既是我国改革发展实践的重要经验，也是中国特色社会主义政治经济学说体系中的重要组成部分。

诸如在政府改革与企业改革的关系上，从企业改革为重点逐渐转向以政府职能转变和改革为重点的转换；在企业改革上，从分配关系的改革上（如放权让利、利改税、承包制等）逐渐向企业产权制度改革（如股份制等现代企业制度）为重点转变；在国企改革发展和乡镇企业发展上，以乡镇企业崛起作为增量改革推动国企改革；在价格改革上，以价格双轨制牵引整个价格体制的逐渐转换；在区域改革关系上，以设立特区示范引领全国的改革，等等，都是中国改革发展的重要经验。这些经验构成中国改革发展对开拓当代中国马克思主义政治经济学发展新境界，提供着中国智慧。

4. 实现共同富裕是调动积极性的根本利益原则。允许一部分人和地区先富起来是我国经济发展阶段和基本国情的客观要求，逐渐实现共同富裕是中国特色社会主义的本质要求，也是中国特色社会主义政治经济学的重要原则。实现这一原则，必须在坚持中国特色社会主义市场经济基本制度的基础上，坚持和完善社会主义基本分配制度。在坚持社会主义按劳分配原则的基础上，统一协调按贡献、按要素和全要素效率分配的激励机制。在政府、企业、劳动者三者初次分配关系上，在地区、城乡、产业之间的分配结构上，在城乡居民内部的收入分配差距上等方面，从制度、机制、政策上予以协调，切实统一效率与公平，切实在有效推动发展的基础上更充分地体现"共享"理念。事实上，"共享"改革发展的成果，不仅是社会主义公平、公正原则的体现，同时也是提高效率的根本保证，否则既无公平也无效率。

六、新常态下中国特色社会主义政治经济学的根本目标：坚持防止陷入"中等收入陷阱"

坚持和运用中国特色社会主义政治经济学的根本目的是推动中国社会经济的成长，在现阶段经济新常态的历史条件下，重要的便在于运用中国特色社会主义政治经济学的科学分析方法，探讨中国经济如何实现穿越"中等收入陷阱"的途径。

1. "中等收入陷阱"的出现是经济发展中的客观历史现象。一方面，"中等收入陷阱"对于战后发展中国家而言是普遍存在的现象，并非"伪命题"。战后 116 个发展中国家真正穿越"中等收入陷阱"的只有 15 个，大部分未能穿越，诸如"拉美漩涡"、"东亚泡沫"、"西亚北非危机"等。另一方面，"中等收入陷阱"产生的经济背景是经济发展进入中等收入阶段后，供给和需求两方面条件发生的根本变化。供给侧成本大幅提升，需求侧系统性疲软，若相应的发展方式仍沿用传统，未发生改变，则会陷入中等收入陷阱。从供给方面看，进入中等收入发展阶段，国民经济总成本全面上升，包括劳动力成本、能源及原材料成本、环境成本、技术进步成本等均大幅度提升，发展方式若不从以往的依靠要素成本低廉的优势进而以扩大要素投入量为主拉动增长的模式，转变为主要依靠要素和全要素效率提高为主拉动增长，则长期呈增长不可持续，短期严重失衡，很可能形成严重的"滞胀"。从需求方面看，进入中等收入发展阶段，就投资需求而言，若在发展中忽视人力资本的积累，长期滞后于物质资本扩张，创新能力弱，即使有大量资本和储蓄，也无以有效实现投资增长，因为缺乏有效的投资机会，缺乏产业升级空间；就消费需求而言，若在发展中忽视收入分配的合理性，收入差距显著扩大，全社会消费倾向会普遍降低，相对于经济扩张形成消费需求相对甚至绝对疲软。如果不从根本上提升创新力和社会公平程度，必然导致长期衰退和危机。在政治上，又超越历史地照搬西方民主化，越现实可能许诺高福利，形成选民对政府的选票倒逼机制，财政赤字高居不下，陷入政治经济僵局。

2. "中等收入陷阱"发生的深层原因在于发展理念的偏差，尤其是创新力不足，包括技术创新和制度创新力的不足、发展方式转变滞后，发展严重失衡，公平与效率难以协调。一是发展方式转变滞后，首先源于技术创新能力低，产业结构难以升级缺乏竞争力；二是经济制度创新滞后，政府与市场关系不协调，市场竞争力不足，秩序不完善、不公正，政府干预过多，市场失灵领域政府又严重缺失，缺乏公平竞争的动力保障；三是法制秩序滞后，对市场经济竞争中的私权缺乏保障，对政府的公权缺乏有效约束和规范；由此便产生普遍的"寻租"，资源配置从根本上脱离市场效率原则，而是根据寻租强度配置资源，既无效率，也无公正。

3. 中国特色社会主义建设穿越"中等收入陷阱"的关键在于努力转变发展方式，切实使经济发展从主要依靠要素投入量扩大转变到效率提升。为此，必须在发展中贯彻新的发展理念，即创新、协调、绿色、开放、共享。贯彻新的发展理念，是认识新常态、适应新常态、引领新常态，破解发展难题，实现穿越"中等收入陷阱"、实现全面小康目标的总对策。而要保证这一总对策得以有效实施，则需要全面深化改革来创造制度条件。一是全面深化经济体制改革，真正处理好政府与市场的关系，使市场在资源配置中起决定性作用，使政府在宏观调控领域、市场失灵领域、社会长远发展目标上起主导作用。二是全面推动依法治国，真正推动中国特色社会主义的民主和法治建设，形成法治中国、法治社会、法治政府的治理格局，使中国特色社会主义建设的民主与法治制度逐步完善。当然，无论是深化经济改革，力争到 2020 年实现全面小康发展目标的同时建立比较完善的社会主义市场经济体制，还是全面推进依法治国，2020 年基本建成法治政府，不断推进建设社会主义法治国家，都需要也只能依靠党的坚强领导。因而全面推进从严治党便成为中国现阶段现代化历史进程的逻辑起点。

可以说，习近平总书记为核心的党中央提出的新常态下的五大发展理念是实现穿越"中等收入陷阱"，保持我国社会生产力可持续发展的关键，是关于中国发展实践对中国特色社会主义政治经济学的经济发展理论的重要贡献；而"四个全面"的贯彻则是实现新的发展理念的基本制度保障，是对中国发展实践经验的系统提升。中国社会主义经济发展需要中国特色社会主义政治经济学指导，中国特色社会主义经济实践为开拓当代中国马克思主义政治经济学创造新境界。

主要参考文献

1. 《邓小平文选》第 3 卷，人民出版社 1993 年版。

2. 林毅夫：《新结构经济学》，北京大学出版社 2012 年版。

3. 刘伟、方敏：《中国经济改革历史进程的政治经学分析》，载于《政治经学评论》2016 年第 2 期。

4. 刘伟、张辉：《我国经济增长中的产业结构问题》，载于《中国高校社会科学》2013 年第 1 期。

5. 《马克思恩格斯全集》第 25 卷，人民出版社 1974 年版。

6. 《马克思恩格斯选集》第 2 卷，人民出版社 2012 年版。

7. 麦迪森：《世界经济千年史》，北京大学出版社 2003 年版。

运用唯物史观 提高对中国特色社会主义规律的认识

——领会践行习近平关于加强学习历史唯物主义的重要讲话

吴宣恭[*]

2013 年 12 月 3 日，中共中央政治局就历史唯物主义基本原理和方法论进行第十一次集体学习。习近平总书记在会上提出，要推动全党学习历史唯物主义基本原理和方法论，更好认识国情，更好认识党和国家事业发展大势，更好认识历史发展规律，更加能动地推进各项工作。2015 年 1 月 23 日，中共中央政治局再次就辩证唯物主义基本原理和方法论进行第 20 次集体学习。他在会上强调，必须不断接受马克思主义哲学智慧的滋养，更加自觉地坚持和运用辩证唯物主义世界观和方法论，增强辩证思维、战略思维能力，努力提高解决我国改革发展基本问题的本领。在短短 13 个月里，总书记两次主持政治局集体学习历史唯物主义基本原理和方法论并发表重要讲话，表明党中央强调要努力学习辩证唯物主义和历史唯物主义，不是一般的号召，而是对马克思主义哲学基本原理和方法真正的高度重视。特别是，总书记指出："马克思主义哲学深刻揭示了客观世界特别是人类社会发展一般规律，在当今时代依然有着强大生命力，依然是指导我们共产党人前进的强大思想武器。""只有坚持历史唯物主义，我们才能不断把对中国特色社会主义规律的认识提高到新的水平，不断开辟当代中国马克思主义发展新境界。"[①]

这些重要讲话对广大干部和民众是重要的指引，对坚持马克思主义的理论工作者是巨大的鼓舞。它为我们指明了提高思想素质，解决当今问题

---

* 吴宣恭，厦门大学经济研究所教授。

① 除了特别标明出处，本文引用习近平总书记的观点均见这两次集中学习时的讲话。

的根本途径和基本方法，而且也为我们根据正确的理论思维，进一步认识和分析社会现实开拓了广阔的空间。理论工作者应该遵循总书记指明的方向和开拓的空间研究我国的情况，继续推动中国马克思主义的发展。

一、坚持一切从客观实际出发

习近平总书记指出："要学习掌握世界统一于物质、物质决定意识的原理，坚持从客观实际出发制定政策、推动工作。""要学习掌握认识和实践辩证关系的原理，坚持实践第一的观点，不断推进实践基础上的理论创新。"

根据辩证唯物主义的基本原理，中国共产党制定了一切从实际出发，理论联系实际，实事求是，在实践中检验真理和发展真理的思想路线。历史经验证实了，凡是遵循和贯彻这一思想路线，革命和建设事业就能走上正道，夺取胜利。鉴于世界是在不断变化的，从实际出发也就是要及时发现客观实际的变化。这对几十年来经历着天翻地覆巨变的中国社会更是如此。在谈到如何认识我国的客观现实时，习总书记认为："既要看到社会主义初级阶段基本国情没有变，也要看到我国经济社会发展每个阶段呈现出来的新特点。""准确把握我国不同发展阶段的新变化新特点，使主观世界更好符合客观实际，按照实际决定工作方针，这是我们必须牢牢记住的工作方法。"党的十一届三中全会重新确立了实事求是的马克思主义思想路线，从当时的实际出发，科学制定了我国的发展方针，开始以经济建设为中心，实行改革开放，走上了建设有中国特色社会主义的正确道路。如今，我们也应该坚持这一正确的思想路线，如实分析我国当前阶段社会经济政治和思想状况的新变化新特点，作为谋划进一步发展蓝图的根据。

经过30多年的改革开放，我国的经济社会关系出现了一系列的巨大变化。除了社会生产力获得超高速的发展之外，最重要的是生产资料所有制社会结构的变化。它从几乎单一的社会主义公有制变为公有制与资本主义私有制和个体私有制同时并存，而且资本主义私有制的比重迅速增大，呈现超过社会主义公有制的强劲势头。生产资料所有制是生产关系的基础，随着生产资料所有制社会结构的巨大变化，我国社会的生产关系以及政治、思想方面也出现新的鲜明的特点。第一，在原有的社会主义体制之外，成长出多达几十万家、总共雇佣了数以亿计劳动者的资本主义私有企业。这些企业与内部关系平等、共享劳动成果的社会主义公有制企业完全不同，实行的是雇佣劳动制度，生产目的是追逐最大利润，存在资本家驱使和剥削劳动者的关系。第二，社会主义国家所有制经过不断深化的改革，内部关系也发生重大的变化，有些实行所有权与经营权适当分离的制度，有些改造为拥有法人财产权的公司制企业。结果，原为全民所有的企业之间在生产资料的占有权、支配权、使用权方面就存在某些差别，由此形成的各自的局部利益也有差异，于是，在国家所有制内部就出现了集体性产权。加上各个企业占有的生产资料在数量和质量上互不相同，在主体和客体上造成了企业之间在产权上的不平等。第三，经过以上的所有制变革之后，包括国有制在内的所有企业，都成为具有不同程度经济权能和利益的独立产权主体，国家对它们已无权下达经济指令了。它们为了发展生产和经营，增进企业的利益，必须适应市场的需要，遵守市场规则，灵活地配置和使用各种资源。从此，市场经济就逐步代替了计划经济制度，成为人们建立经济联系的基本方式和资源配置的决定性机制。第四，我国的社会生产以世界少有的超高速度长期持续发展，过去因百年来经济不发达和技术基础落后造成的产品匮乏、生活贫困，或称"短缺经济"，转变为物产丰富，产品远销世界各地，甚至在许多领域普遍出现产能过剩和产品过剩。第五，改革开放以来，尤其是近十几年，资本主义经济迅猛发展，加以国家对其监督管理乏力，在短期间里使越来越多的富豪迅速聚敛起巨额的财富，另一方面，广大劳动人民的收入增加缓慢，造成显著的分配不公和财产悬殊，使我国的基尼系数跃居世界前列。经济上的两极分化在我国越来越明显，在"三大改造"实现后已经被消灭的资产阶级重新出现，阶级明显分化成为无法回避的事实。第六，与私有经济发展相伴随，以前比较有序、公平、诚信的市场出现许多不正常和混乱的现象，投机、欺诈、蒙骗活动丛生，各个领域大量出现假冒伪劣，甚至有害、有毒产品，巨额游资冲击各种市场，操纵生活必需品物价，破坏正常的市场秩序，掠夺广大群众。第七，随着私有经济追逐暴利行为的扩展，到处出现对自然资源的浪费、滥用和掠夺，严重破坏生态，污染环境，造成几代人都难以解决的自然祸根，严重危害人民的生活与健康。第八，在工人阶级先锋队的共产党和以服务人民为宗旨的政府内部，出现一大批贪官污吏和欺压百姓的新土豪，严重损害党和政府的形象，破坏长期传承的优良党群、政群关系，危害社会安定的政治基础。第九，过去，在长期革命实践中树立和发扬的进步思想深入人心，拥护中国共产党，尊崇马克思主义，团结互助，抵制歪风邪气，成为多数人民的主要行为准则。改革开放后，随着资本主义经济的发展和西方思潮的传入，我国社会思想意识日趋复杂，革命理想和社会主义信念淡薄，马克思主义被边缘化，强调自我、损人利己、追求物质利益成风，过去绝迹多年的卖淫贩毒死灰复燃，抢劫、凶杀、破坏、强奸等案件迅速增多。以上这几方面的重大变化历历在目，鲜明突出。如实承认和充分认识这些变化是坚持党的思想路线，辨清今后的发展道路，制定正确的改革和发展方针，推进中国特色社会主义事业的出发点。

二、正视和分析矛盾，认识和掌握客观规律

习近平总书记指出："要学习掌握事物矛盾运动的基本原理，不断强化问题意识，积极面对和化解前进中遇到的矛盾。问题是事物矛盾的表现形式，我们强调增强问题意识、坚持问题导向，就是承认矛盾的普遍性、客观性，就是要善于把认识和化解矛盾作为打开工作局面的突破口。"他还说："辩证思维能力，就是承认矛盾、分析矛盾、解决矛盾，善于抓住关键、找准重点、洞察事物发展规律的能力。"[1] 这是对待问题和矛盾的科学的方法。我们应该遵循和坚持这种方法，正视和分析当前阶段的社会矛盾。

根据对社会关系的影响程度看，我国经济发展的变化中，最为重要和根本的是生产资料所有制的变化，即资本主义私有制重新出现和迅猛发展，由此形成了生产资料所有制社会结构的二元化。在此基础上，产生了生产关系的二元化，即社会主义生产关系和资本主义生产关系同时并存。这两类生产关系的根本性质不同，社会生产目的迥异，其固有的社会主要矛盾也各不相同。社会主义的社会生产目的是满足劳动人民不断增长的物质文化需要，社会主要矛盾是生产的发展满足不了劳动人民不断增长的需要；资本主义的社会生产目的是追求尽可能多的剩余价值，社会主要矛盾表现为资产阶级和雇佣劳动者的矛盾、企业内部生产有组织与社会生产盲目状态的矛盾以及生产发展与有支付能力的需求相对不足的矛盾。这些矛盾即使在社会主义初级阶段仍然存在，而且日益明显地暴露出来。两类不

---

[1] 习近平在中央党校 2010 年春季学期开学典礼上的讲话。

同性质的生产关系共处于一个社会，虽有互相促进的一面，还有互相争夺、互相对立和矛盾的一面。资本主义的发展除了促进生产增长以外，还带来了一系列社会问题和矛盾。前面列举的种种社会弊端，从无到有、从少到多、从初现到显著，就其数量、范围、影响面和剧烈程度看，都是与资本主义生产关系的发展同步扩大和增强的。我们不能回避和掩饰问题和矛盾，而是要承认它们，重视它们，并认真分析和正确认识它们。首要的是，必须全面、系统地分析这些矛盾产生的客观条件，了解它们内在的、固有的、本质的、必然的、稳定的联系，也就是说，要掌握它们的发展规律，判断它们的变化趋势，才能找到解决问题的正确途径和方法。

习近平总书记指出："在革命、建设、改革各个历史时期，我们党运用历史唯物主义，系统、具体、历史地分析中国社会运动及其发展规律，在认识世界和改造世界过程中不断把握规律、积极运用规律，推动党和人民事业取得了一个又一个胜利。历史和现实都表明，只有坚持历史唯物主义，我们才能不断把对中国特色社会主义规律的认识提高到新的水平，不断开辟当代中国马克思主义发展新境界。""要加强调查研究，坚持发展地而不是静止地、全面地而不是片面地、系统地而不是零散地、普遍联系地而不是单一孤立地观察事物，准确把握客观实际，真正掌握规律，妥善处理各种重大关系。"这些讲话阐述了掌握规律对准确认识客观实际的重要作用，为分析我国当前经济局势，明确发展方向和道路，解决存在问题和矛盾指明正确的方法。

经济规律是在一定生产资料基础上发挥作用的，是一定生产关系运行的客观必然性。由于我国社会主义初级阶段存在所有制和生产关系的二元化，社会上便有社会主义和资本主义两类截然不同的经济规律体系同时在发挥作用，使经济规律也出现了二元化。在社会主义生产关系中，劳动者是生产资料的共同主人，也是生产过程和劳动产品的共同主人，这就使社会生产的目发生历史性的根本变化。它不再为独占生产资料的少数人牟取利益，而是为了最大限度满足全体人民不断增长的物质和文化需要。相应地，劳动者不存在因所有制差别而引起利益矛盾和争夺，为了实现共同目的，在单位内部结成平等和谐的协作关系，在社会中共同分享各种经济信息，在国家计划下互相配合发展生产，消除了社会生产的盲目竞争和无政府状态；劳动成果在作了必要的社会扣除后，按个人提供的劳动进行分配，消除了一部分人无偿占有别人劳动成果的剥削关系。在这种生产关系中，发挥作用的主要经济规律有社会主义基本经济规律、劳动者平等协作规律、社会生产有计划按比例发展规律、按劳分配规律等等。社会主义生产关系的优越性及其规律的积极作用，是我国经济持续快速发展的最重要因素。与社会主义生产关系截然不同，在资本主义生产关系中，资产阶级占有和支配全部的生产要素，以取得最大利润为目的，有组织地指挥和监督工人进行生产，尽力加强对工人的剥削，获得包括剩余价值在内的全部的劳动成果；在市场中，不同的资本家根据被私有制分割的局部信息，采取各种手段，为攫取最大利益互相争斗。这样，支配他们活动的只能是剩余价值规律、资本积累规律、市场盲目竞争规律、贫富悬殊的分配规律。这些规律随着资本主义经济势力的壮大发挥着日益显著和增强的作用，造成社会生产的盲目无序状态，产生一系列生产失调、生态破坏、人民利益受损的问题，不利于国家产业结构的优化和升级，不利于国民经济的全面协调和可持续发展，最终不利于社会进步和改善民生。

两种生产关系和经济规律并存于我国社会，必然互相影响。社会主义公有制经济，特别是国有经济对私有经济起着一定的正外部效应。主要的是：国有经济中劳动者存在平等协作关系，根据按劳分配规律享有自己创造的部分剩余，对私有经济可能发挥重大示范作用，有助于限制私营企业的剥削程度；国有经济控制国民经济关键部门，在贯彻国家政策和履行社会责任方面起带动作用，在实现国家宏观调控目标中发挥重要作用，支撑、引导和带动整个社会经济的发展，有助于减少私人逐利冲动对社会生产协调发展的破坏作用；国有经济在科技创新、社会经济结构调整、生态环境保护中起着带头作用，有利于引导私有经济转换发展方式。同样的，资本主义的规律对社会主义的公有经济也产生巨大的影响，主要是妨碍社会主义经济规律作用的发挥。有如：第一，面对资本主义经济的竞争压力，国有企业也要争取更多的利润，以求自身的增强，难以承担更多的社会责任，无法更好实现社会主义的社会生产目的。第二，资产阶级追求最大利润的一些不良行为也会影响某些国有企业，使其为了增加企业利益而进行一些不合理的投资和不规范活动，不利于有效配置社会资源和协调国有企业间的协作关系。第三，为了应对私有企业的竞争，国有企业也要设法降低成本，不能过多提高工资和福利，难以充分显示按劳分配对比按生产要素分配的优越性。第四，私有经济的劳动者的收入和购买力低下，必然拖累与它共处于同一个市场的国有经济，使一些国有企业的产品也由于内需不足而销售困难，出现本来只是资本主义特有的生产相对过剩。第五，在私有企业主获取暴利和奢侈生活的物质诱惑下，特别是受到不法厂商的拉拢腐蚀，有些国有企业管理人员堕落腐化，或是导致大量国有资产流失，或是使一些企业应有的平等协作关系受到破坏，甚至在性质上发生异化或蜕变，出现类似私有企业的劳资矛盾，在市场上产生一些类似不法私商的错误行为，违背了社会主义的生产目的。第六，很大部分的私营企业为了牟取暴利，从事种种不法活动，使广大人民深受其害，严重干扰了社会主义基本经济规律的实现。必须重视的是，在共处于一个社会的两类经济规律中，必有一方占主导地位，当社会主义生产关系有足够强大的力量，社会主义经济规律就能发挥主导作用；随着资本主义势力不断增强，资本主义经济规律的作用就日趋明显；一旦它在社会中占有优势，资本主义经济规律就将成为支配社会的主要经济规律了。

如果要问为什么在社会主义社会还会出现一系列与社会主义本质格格不入的行为和现象，那就要了解它们存在的条件，分析它们产生和发展的过程，找出一些必然的因果联系，亦即研究决定它们的规律。只要对照我国经济的历史资料就不难看到，上述那些非社会主义行为和现象的出现和加剧，正是与资本主义私有制和资本主义生产关系的重生和扩大同步出现、并肩发展的，是资本主义经济规律作用加强而社会主义经济规律受影响削弱的必然结果。

三、应对形势，调整发展战略

近年来，我国深层次矛盾和经济问题日益增多显现，经济增长速度出现明显下滑态势。今年上半载 GDP 增速为 7%，比 2014 年降低 4 个百分点；PMI 降至 47.1，创 2009 年 3 月以来最低；PPI 连续 39 个月同比下降；1 季度财政收入增速 2.4%，创 24 年来新低。党政领导已经看到问题所在，也提出不少解决的措施，但这些问题互相影响，交叉循环，错综复杂，往往是打算解决某个问题，却加剧了另一些问题，首尾无法相顾，权衡全局利弊之后，只好半途作罢，结果什么也解决不了。前几年高调平抑房价最后无果收场就是一例。习近平总书记说得好："我国社会各种利益关系十分复杂，这就要求我们善于处理局部和全局、当前和长远、重点和非重点的关系，在权衡利弊中趋利避害、作出最为有利的战略抉择。""面对复杂形势和繁重任务，首先要有全局观，对各种矛盾做到心中有数，同时又要优先解决主要矛盾和矛盾的主要方面，以此带动其他矛盾的解决。"① 必须按照这些讲话的精神，认识和掌握当前阶段的经济规律，抓住主要矛盾，从解决全局性问题入手，解决其他问题。

发展是第一要务。"我们要坚持发展仍是解决我国所有问题的关键这个重大战略判断。"然而，在任何社会，发展自身不是目的而是手段。社会主义发展的目的是为了更好满足广大人民的物质文化需要，只有达到这个目的，发展才有实际的意义，社会主义基本经济规律才能实现。认识这一点非常重要，只有认识了它才能抓住社会的基本矛盾。如今，我国生产的发展已经取得举世瞩目的成就。我国人口不到世界人口的 1/5，却生产了世界一半左右的工业消费品和工业基础产品，以此推算，我国工业产品的人均产量是世界人均产量的 4 倍以上。制造业是生产力水平最集中的反映，中国制造业的物质基础和理论水平与世界制造业强国差异不大，在量上还高出一筹，早在 2011 年，中国制造业产值就高出美国 15.2%，成为世界第一的工业大国。这个强劲的生产力按理说完全足以大幅度改善我国人民的生活，但现实却没有这么美好。纠结在于，我国生产的成果很大部分归国内外的资本家所有，它们不仅不会让广大劳动人民分享，反而被作为进一步剥削劳动者的手段。广大劳动者的收入不仅不能随着经济增长而增加，它在 GDP 中的占比反而日益下降。生产快速增长与有支付能力的需求相对缩小的矛盾就此在我国出现，并且愈演愈烈，造成大量的产品过剩和产能过剩。大量过剩导致销售困难增大，市场竞争加剧，利润率下降，抑制了投资意愿，妨碍长远的技术创新，助长了虚拟经济泡沫，最后造成实体经济资金短缺和融资成本增大，经营困难。虽然政府出台各种优惠、资助措施扶持中小企业，但由于它们仍然局限在私有经济的狭隘框框里，收效不大而负面作用难以消除。

审视我国经济增长减速的三大因素：外贸出口由于我国劳动密集型产业优势逐渐丧失和国际经济不景气，增速减缓，今年 3 月我国出口额更是比去年同期下降 14.6%。这就大量增加了滞留国内的产品，加大长期低迷的内需的压力。内需不足的关键则在于社会财富过度集中在少数富豪，劳动人民收入和购买力偏低，消费不了充斥市场的产品。大量过剩就像肠梗阻一样妨碍了社会机体的正常运行，出现了"生产发展成为生产进一步发展的障碍"的悖论。在这个因素的制约下，投资只会增加产能和产品的过

---

① 习近平在中央党校 2010 年春季学期开学典礼上的讲话。

剩，扩大生产和消费的矛盾，无法发挥促进生产普惠民生的功能。因此，权衡之下，产品产能过剩显然是迟滞我国增长速度的主要矛盾。它与财富悬殊的加剧和市场秩序的恶化一起，表明资本主义的主要社会矛盾已在我国加快发酵，并成为其他一系列社会矛盾的根源。如果忽视这个主要矛盾，不对症下药，任何鼓励扶持措施都不可能奏效，而且还会如前所述，波及社会主义的公有经济，妨碍社会主义基本经济规律作用的发挥，加深社会主义社会主要矛盾。

我国社会日趋严重的经济问题和矛盾打破了30年来的发展常态，暴露了生产力和生产关系的矛盾已经发展到新的阶段，表明改革开放以来一直得到鼓励和支持的私有经济，其促进经济发展的作用逐步消减，而其局限性和弊端日益彰显，对它的过度依赖可能形成国民经济进一步发展的羁绊。在这种新的条件下，必须见微知著，认真考虑我国发展的战略部署。最根本和最重要的是，必须在实际行动而不是在口头上改变不分主次对待公有经济和私有经济的做法，扭转实际挤压公有经济而偏护私营经济并使其比重不断增大的局面，真心实意地搞好国有经济，发展壮大国有经济，增强国有经济的活力、控制力和影响力。生产资料公有制，尤其是国家所有制是社会主义经济规律发挥作用的基础，只有增强这个基础，才能较好地克服资本主义经济逐利性、盲目性、分散性、自发性带来的弊病，减少单纯依靠市场可能产生的局限性，充分利用国家所有制的力量，弥补国家宏观调控力量的不足，增强国家调控的力度，实现社会经济的协调发展和发展方式的转换。同时，发展和完善国有经济，可以更好发挥国有企业在实施创新驱动发展战略和制造强国战略中的骨干和表率作用，弥补私有企业研发力量和研发动力的不足，主导和带动各种性质和类型的企业，组成开拓创新的强大集群，转战环球产业链高端，推进国民经济的全面现代化。随着国家所有制和其他公有制经济的壮大，社会主义的分配规律将扩大和增强其作用，分配不公和贫富悬殊的主要根源会逐步受到限制，"让发展成果更多更公平惠及全体人民"，劳动者的积极性、主动性的再度焕发将成为振兴华夏的无比强大的力量。

最近时期，习近平总书记多次明确指出："国有企业是推进现代化、保障人民共同利益的重要力量，要坚持国有企业在国家发展中的重要地位不动摇，坚持把国有企业搞好、把国有企业做大做强做优不动摇。"① "国

① 习近平2015年7月17日在吉林调研时发表的重要讲话。

有企业特别是中央管理企业，在关系国家安全和国民经济命脉的主要行业和关键领域占据支配地位，是国民经济的重要支柱，在我们党执政和我国社会主义国家政权的经济基础中也是起支柱作用的，必须搞好。"① 这是进入新时期以来，总书记针对经济形势发出的高瞻远瞩的宣示。"做大做强做优国有企业"，是运用历史唯物主义方法，掌握中国特色社会主义经济规律，对国有经济重要作用的充分肯定，不仅是对具有超赶世界先进水平潜力的东北的巨大鼓舞，更是解决当前各种经济问题和矛盾的新的战略部署，具有重大的意义，一定要毫不动摇地贯彻实施。

---

① 习近平2014年8月18日在中央深化改革领导小组第四次会议的讲话。

构建中国特色社会主义经济理论新体系

黄泰岩* 张晓晨**

构建中国特色社会主义经济理论新体系，是开拓当代中国马克思主义政治经济学新境界的时代任务，也是引领我国经济发展新常态的时代需要，从而成为中国经济学人必须担当的时代责任。

一、构建中国特色社会主义经济理论新体系的时代需要

进入经济发展新常态的中国经济，应对当前"三期叠加"的复杂经济形势，面临着完成以下三大任务的严峻挑战。

第一，全面建成小康社会。全面建成小康社会的发展目标，一是从经济总量来看，到2020年实现国内生产总值和城乡居民人均收入比2010年翻一番。为达到这一目标，就需要保持年均经济增长速度在6.5%以上，实现经济增长的中高速，在国内外错综复杂的形势下，稳增长面临经济下行的巨大压力。二是从经济质量来看，全面小康一定是惠及全体人民的小康，是一个都不能少的小康。这是共同富裕的社会主义本质要求，是坚持以人民为中心发展思想的具体体现。但实现这一目标的任务更为艰巨，如我国2015年城乡收入差距为2.73倍；东部地区的人均GDP为中西部地区的1.7~1.8倍；我国现行标准下还有7 000多万人口尚未脱贫；还要贫困县全部摘帽，解决区域性整体贫困。

第二，全面深化改革。全面深化改革，在改革的内容上，从以往主要

---

* 黄泰岩，中央民族大学教授。
** 张晓晨，中国人民大学中国经济改革与发展研究院博士生。

是经济体制改革转向同时推进经济体制改革、政治体制改革、文化体制改革、社会体制改革、生态体制改革和党的建设制度改革，这就要求更加注重改革的系统性、整体性、协同性。在改革的方式上，从以往"摸着石头过河"转向顶层设计和发挥人民群众创造性相结合，顶层设计需要上下形成共识。在改革的目标上，到 2020 年形成系统完备、科学规范、运行有效的制度体系，使各方面制度更加成熟更加定型。改革进入深水区，攻坚期，需要有"壮士断腕"的决心和"背水一战"的信心。

第三，全面跨越"中等收入陷阱"。2015 年我国人均国内生产总值达到 7 924 美元，按照世界银行的国家分类标准，我国已进入上中等收入国家行列。中国经济的进一步发展，将面临跨越"中等收入陷阱"的严峻挑战。从世界各国的发展经验来看，一国进入中等收入发展阶段后，经济发展会出现两种截然不同的结果，一是继续保持稳定增长，最终进入高收入国家行列；二是经济停滞、徘徊，甚至倒退，陷入"中等收入陷阱"。而且非常不幸的是，据统计，"二战"以来，全世界先后有 101 个经济体进入中等收入阶段，但到 2008 年为止，只有 13 个经济体成功进入高收入经济体行列。中等收入国家陷入"中等收入陷阱"成为大概率事件。

从陷入"中等收入陷阱"的典型国家经验来看，它们都表现出了以下共同特征：在产业结构升级上，如马来西亚长期过度依赖低劳动成本优势，发展中低端产品的出口加工业、天然资源贸易等产业，忽略发展高科技工业、专业服务等高附加值产业；在制造业的发展上，阿根廷、智利、巴西、墨西哥和马来西亚等国，在进入中等收入阶段后，制造业均未获得充足发展；在技术进步上，如研发经费占 GDP 的比重阿根廷 1996 年仅为 0.4%，墨西哥为 0.3%，马来西亚为 0.2%，而且从 1996～2009 年的 10 多年间，阿根廷徘徊在 0.4%～0.6% 之间，墨西哥徘徊在 0.3%～0.4% 之间，马来西亚徘徊在 0.2%～0.7% 之间，没有发生质的飞跃；在收入差距上，基尼系数较高，如马来西亚为 0.492（1997 年），墨西哥为 0.531（1998 年），智利为 0.571（2000 年），巴西为 0.553（2001 年）。我国目前也都不同程度存在以上发展特征，因而财政部部长楼继伟在清华大学的演讲中就直言，我国陷入或跨越"中等收入陷阱"的概率各占一半。可见形势之严峻。

以上三大任务集中表现出以下两大特点：一是系统性。每一个项任务都是一个巨大的系统工程，有总量问题，更多的是结构问题；有经济问题，还要统筹政治、文化、社会、生态等问题；有增长的数量问题，还有增长的质量、效率和公平问题。它们相互交织，错综复杂。二是战略性。我国经济总量稳居世界第二位，人均国内生产总值达到中上等收入国家标准，第三产业增加值占国内生产总值的比重超过第二产业，常住人口城镇化率达到56.1%，全国居民恩格尔系数降至30.6%。这标志着我国已经完成了作为一个发展中国家从低收入国家向中等收入国家的跨越，进入从中等收入国家向高收入国家跃升的新的历史发展阶段，从而经济发展将面临新形势、新特点、新任务。

没有科学理论指导的实践是盲目的实践。经济发展新常态下的新实践，就呼唤新理念的引领和新理论的科学指导。

第一，经济发展新常态下的系统工程需要系统的理论加以指导。随着中国经济发展从以往的重点突破转向整体推进，指导经济发展的理论也要从单一理论转向系统理论，提供整体的解决方案，这就需要开拓当代中国马克思主义政治经济学新境界，形成新学说，构建新体系。例如，1978年我国实行改革开放时，面对国民经济的落后和几亿人没有解决温饱的基本国情，邓小平同志果断提出"发展是硬道理"。在这一理念引领下，我国克服了底子薄，特别是传统计划经济体制的严重束缚等难题，实现了30多年的高速增长。当经济发展进入新常态，我国虽然还要必须坚持发展是硬道理，但发展不仅仅要GDP规模的扩张，而且还要实现更高质量、更有效率、更加公平、更可持续的发展，这就需要根据新阶段、新形势、新特点，推进发展理念的创新。习近平总书记提出的创新、协调、绿色、开放、共享的新发展理念，就是一个五大理念之间相互联系、相互作用、缺一不可的有机发展理念体系，引领我国决战全面小康社会。在这个发展理念体系中，创新是引领发展的第一动力，必须把创新摆在国家发展全局的核心位置；协调是持续健康发展的内在要求；绿色是永续发展的必要条件和人民对美好生活追求的重要体现；开放是国家繁荣发展的必由之路；共享是中国特色社会主义的本质要求。对我国经济发展新常态下的发展目的、发展动力、发展道路、发展条件、发展机制提供了全的系统引领。

第二，经济发展新常态下的新实践需要新的理论加以指导。在全国经济工作会议上，习近平总书记明确指出，在"十三五"时期，我国经济改革与发展需要遵循政治经济学的重大原则。这就意味着在"三期叠加"的极其复杂的新发展阶段，中国经济改革与发展需要科学的政治经济学理论加以指导。作为发展经济学最具代表性的刘易斯二元经济发展理论，一直被推崇为指导发展中国家从落后状态过渡到工业化、现代化状态的经典理论模式。我国实行改革开放以来的 30 多年间，经济发展在一些方面自觉或不自觉地就遵循了这一理论模式，如把农民工工资长期保持在较低水平上，借助人口红利加速推进工业化等。但是，随着我国发展成为世界第二大经济体，以及人均收入达到中高收入国家水平，以主要研究发展中国家从低收入阶段向中等收入阶段跨越为己任的发展经济学理论，面对我国从中高收入阶段向高收入阶段跨越所面临的经济转型等难题，就失去或部分失去了解释力和应用价值，这也是一些中等收入国家未能及时推进经济转型而陷入"中等收入陷阱"的理论原因。这就需要构建能够指导跨越"中等收入陷阱"的新理论体系，开拓当代中国马克思主义政治经济学新境界。跨越"中等收入陷阱"，核心是推进经济的转型升级，从而需要从以下五个方面构建经济转型的新理论：一是从要素驱动转向创新驱动，引领经济增长实现中高速，产业结构迈上中高端；二是从不平衡发展转向平衡发展，推进经济结构的优化和协调；三是从不可持续发展转向可持续发展，突破资源环境的天花板制约；四是从注重"引进来"的单向开放转向"引进来"和"走出去"并重的全方位开放，构建开放型经济新体制；五是从允许一部分人先富起来转向走共同富裕道路，把增加人民福祉作为发展的出发点和归宿。

二、构建中国特色社会主义经济理论新体系的现实可能

随着中国经济发展进入新阶段、新常态，开拓当代中国马克思主义政治经济学新境界，形成中国特色社会主义经济理论新学说、新体系，就具有了现实的可能性和可行性。

第一，具备了构建中国特色社会主义经济理论新体系的基本理论元素。构建新的理论学说和体系，首先需要在长期的实践中，面对问题、解释问题、解决问题，从实践经验中总结、提炼出新的概念、范畴、理论，并揭示出不同概念和范畴之间的逻辑关系、因果关系。然后在此基础上，将这些概念、范畴、理论系统化为理论学说和体系。

在长期的中国特色社会主义道路探索、经济建设、制度创新进程中，特别是改革开放以来，我们党在丰富的中国经验基础上已经总结提炼出了一些中国特色社会主义经济理论的新理论新观点，如社会主义初级阶段理论、社会主义的基本矛盾、社会主义基本经济制度、社会主义基本分配制

度、社会主义市场经济理论、改革开放理论、转变经济发展方式理论、创新驱动发展理论、新型工业化理论、新型城镇化理论，等等。这些理论的形成和不断完善发展，就为构建中国特色社会主义经济理论新体系奠定的基础和前提。社会主义初级阶段理论揭示了中国特色社会主义经济建设的长期性和艰巨性；社会主义基本矛盾要求中国特色社会主义经济建设的核心任务是解放和发展生产力，确定了中国特色社会主义经济理论体系的研究对象和研究主线；社会主义基本经济制度奠定了中国特色社会主义经济理论体系的制度基础和本质规定；社会主义基本分配制度明确了把增进人民福祉、促进人的全面发展作为发展的出发点和落脚点；社会主义市场经济理论设计了中国特色社会主义经济理论体系的运行体制机制；改革开放和创新驱动则是中国特色社会主义经济建设的强大动力；新型工业化和新型城镇化理论指出了中国特色社会主义经济建设的正确道路。可见，今天我们已经具备了将这些理论和观点系统化为理论体系或学说的条件，从而可以将当代中国马克思主义政治经济学推上新的境界。

第二，中国经济发展实践验证了中国特色社会主义的理论科学性、制度优越性和道路正确性。回顾中国经济近200多年的发展史可以发现，中华民族经历了一个由强变弱又由弱变强的"V"字型发展进程。在1800年左右，中国GDP占世界GDP总量的比重超过30%，是名副其实的世界第一经济大国。肯尼迪估算了1750～1900年世界工业生产的相对份额，中国在1800年所占比重高达33.3%，超过整个欧洲，到1830年还为29.8%，远高于英国的9.5%、美国的2.4%、日本的2.8%和法国的5.2%。[①] 麦迪森按照1990年的美元价值计算，1820年，中国GDP占世界总量的28.7%，高居世界首位，而同年，英国、日本和美国的GDP分别占世界GDP总量的5.2%、3.1%和1.8%。[②] 但1840年鸦片战争的爆发，使中国进入了百年屈辱，中国经济也随之进入下降通道。1820～1870年的50年间年均下降0.37%，1913～1949年的36年间年均下降0.02%，中国GDP占世界GDP的总量到1949年也迅速下降到5%左右。新中国成立后，特别是改革开放以来，我国实现了30多年年均近10%的高速增长，到2010年GDP总量超过日本，成为世界第二大经济体。2014年GDP总量进入10万美元俱乐部，是日本的2倍。中国GDP总额占世界GDP的比重

---

① 肯尼迪：《大国的兴衰》，中国经济出版社1989年版，第186页。
② 麦迪森：《世界经济二百年回顾》，改革出版社1997年版，第11页。

2015 年达到 14% 以上。在世界经济发展史上，没有一个国家能够做到在如此之长的时间中实现如此之快的发展速度，从而创造了"中国奇迹"。这一方面充分证明了中国特色社会主义经济制度和社会主义市场经济体制能够创造出比其他制度和体制更高的生产力和发展速度，使我们具有了中国特色社会主义的道路自信、理论自信和制度自信；另一方面充分说明了世界上还没有一个理论学说和体系能够解释中国的发展经验，能够指导中国未来的发展，从而为构建中国特色、中国风格、中国气派的经济理论新体系注入了坚定信念和理论勇气。

第三，中国经济的成功发展理应孕育着与之相匹配的中国特色社会主义经济理论学说和体系。美国作为世界最发达的国家，有与之相匹配的西方主流经济学，有众多的诺贝尔经济学奖获得者；日本作为后发达国家，有与之相匹配的产业经济学。我国作为一个成功发展的世界上最大的发展中国家，理应孕育着指导发展中国家推进工业化、现代化的中国经济学。西方学者运用西方经济学的理论思维和范式，针对发展中国家面临的发展难题，提出了许多有价值的理论和学说，但毕竟他们身处发达国家，缺少发展中国家的亲身体验和感受，提出的理论难免会不适应发展中国家的实际，这也是近些年来西方发展经济学不景气的一个重要原因。中国经济学人具有难得的历史机遇，亲身经历和参与了中国经济改革与发展的大潮，积累了丰富的经验和教训，又有对马克思主义经济学的继承和发展，以及对西方经济学的借鉴和吸收，理应创造出与中国经济成功发展相匹配的中国特色社会主义经济理论学说和体系，对经济学的发展做出这个贡献，显示中国经济学的软实力。

经过 30 多年的快速发展，我国经济总量已经稳居世界第二，成为全球第一货物贸易大国和主要对外投资大国，中国增长对世界经济的贡献达到 30% 左右，成为名副其实的世界经济增长第一引擎。按照"十三五"规划设定的发展目标，未来五年我国经济将保持年均 6.5% 以上的增长速度，到 2020 年 GDP 总量将从 2015 年的 67.7 万亿元增加到 93 万亿元左右，达到美国目前的发展水平。如果再保持同样的速度发展 5 年左右，我国就将超越美国成为世界第一大经济体。同时我国人均 GDP 到 2020 年将会从目前的 8 000 美元上升到 12 000 美元左右，达到目前高收入经济体的发展水平。中国经济的成功发展，归根结底是因为我们找到了中国特色社会主义道路、理论和制度。虽然中国特色社会主义经济理论还需要在未来的经济发展中得到进一步的验证和完善，但它已经成为解释中国经验、解决中国难题最科学的理论。有了这一科学的理论，我们就可以在此基础上界定范畴，规范概念，创新方法，优化表达，构建体系，形成中国特色和得到国际认可的话语体系，获取经济学世界的中国话语权。

三、构建中国特色社会主义经济理论新体系的基本框架

构建中国特色社会主义经济理论新体系，首先需要解决以下几个关键问题，以形成其基本理论框架。

1. 研究对象。马克思把政治经济学的研究对象界定为研究社会生产关系及其发展规律，但由于生产关系与生产力存在着辩证统一关系，所以必须联系生产力研究生产关系。其实，马克思对政治经济学研究对象的确定，是由马克思揭示资本主义经济制度产生、发展、灭亡的运动规律这一时代任务所决定的。我国已进入社会主义初级阶段，中国特色社会主义经济理论所面临的历史任务已经发生了根本性的改变，即它不再是破坏一个旧世界，而是要建立一个新世界，特别是在一个仍处于社会主义初级阶段的发展中大国建设社会主义，实现中华民族伟大复兴的"中国梦"，发展就成为硬道理，成为执政党的第一要务，成为解决我国所有问题的关键。因此，中国经济学再把自己的研究对象局限在仅仅联系生产力研究生产关系就不够了，需要依据它所要完成的历史使命与时俱进地加以扩展，把生产力纳入到研究对象中，从而发展马克思主义政治经济学。当然，把生产力作为研究对象，并不意味着对生产关系的研究就不重要了。这是因为，全面建成小康社会，实现社会主义现代化，实现中华民族伟大复兴，最根本最紧迫的任务是解放和发展社会生产力。发展生产力，就需要联系生产关系解释生产力的发展规律；解放生产力，就需要全面深化改革，形成有利于引领经济发展新常态的体制机制，这就是改革生产关系。由于我国还处在向社会主义市场经济新体制的制度转型过程中，揭示制度转型的规律是中国经济学不同于其他经济学的一个重要特征。这样，中国经济学既要研究作为社会主义基本经济制度的生产关系，研究作为基本经济制度表现形式和实现形式的经济体制、运行机制，也要研究生产力和资源的有效配置。当然，这里所说的生产力，不是指生产力的技术方面，而是生产力的社会方面，如实现经济的科学发展、转变经济发展方式、实施创新驱动战略等。

2. 研究主线。构建中国特色社会主义经济理论体系，就需要找到贯穿这一理论体系的核心主线。我认为这个主线应该是发展，这是因为：

一是由社会主义初期阶段的主要矛盾决定的。党的八大报告明确指出，我国国内的主要矛盾，已经是人民对于先进的工业国的要求同落后的农业国的现实之间的矛盾，已经是人民对于经济文化迅速发展的需要同当前经济文化不能满足人民需要的状况之间的矛盾。党和全国人民当前的主要任务，就是集中力量解决这个矛盾，把我国尽快地从落后的农业国变为先进的工业国。虽然我国经过 60 年的建设发展，已经成为世界第二大经济体，但是，我国仍处于并将长期处于社会主义初级阶段的基本国情没有变，人民日益增长的物质文化需要同落后的社会生产之间的矛盾这一社会主要矛盾没有变，我国是世界最大发展中国家的国际地位没有变。因此，把发展作为中国特色社会主义经济理论体系的主线，既是发展中国家的共同任务和要求，体现了中国作为发展中国家的特点，也是社会主义经济制度确立后的首要任务，体现了中国作为社会主义国家的性质。

二是由社会主义制度的优越性决定的。我们之所以坚持社会主义，就是因为社会主义能够创造出比资本主义更高的生产力，能够使全体人民过上更加幸福的生活，从而具有资本主义不可比拟的制度优越性。对此，邓小平明确讲道："讲社会主义，首先就是要使生产力发展，这是主要的。"[1] 发展生产力包含了三方面的要求：第一，要创造出比其他一切资本主义国家的发展速度都要快的发展速度，只有这样，才能体现社会主义制度的优越性；第二，必须毫不动摇坚持以经济建设为中心，推动科学发展；第三，把是否有利于生产力的发展作为检验一切工作成败得失的唯一标准。

三是由中国经验总结提升的中国理论性质决定的。中国经验的最大特色或最大亮点在于实现了成功的发展，因而引起世人广泛关注的中国经验、中国道路、中国模式的核心要义就是发展。因此，中国经济学，不是一个地域或国家的概念，而是用中国来标志我们所创立的经济学是在中国经验基础上总结提炼出的适用于发展中国家推进工业化、实现现代化的一般理论和道路。从这个意义上说，中国特色社会主义经济理论就是中国特色社会主义经济发展理论，是对发展经济学的世界贡献。

3. 研究框架。以发展为主线构建中国特色社会主义经济理论体系，

---

[1] 《邓小平文选》第 2 卷，人民出版社 1994 年版，第 314 页。

应该包括以下几方面的主要内容：

一是发展理念。发展理念是引领和推动经济发展的价值体系、指导思想，要用创新、协调、绿色、开放、共享的发展理念体系系统化已有的概念、范畴和理论，形成系统化的理论和学说；解释我国的发展经验，总结和提炼经济发展规律，创新经济理论体系；破解我国未来的发展难题，引领我国经济科学发展。

二是发展目的。我国经济发展的最终目的就是增进人民福祉，促进人的全面发展，实现共同富裕。这是中国特色社会主义经济制度的本质要求和体现。

三是发展动力。创新是引领发展的第一动力，必须把创新摆在国家发展全局的核心位置。从跨越和陷入"中等收入陷阱"的典型国家经验来看，是否依靠创新驱动经济增长，是决定能否跨越的首要因素。据诺贝尔奖得主麦克·斯宾塞领导的增长委员会的研究，第二次世界大战以来，13个经济体成功跨越"中等收入陷阱"，就是充分利用后发优势实现技术创新，从而推动了7%以上的经济增长达25年之久。驱动我国经济发展的创新包括理论创新、技术创新、制度创新和文化创新四大基本要素，它们构成了缺一不可的四位一体创新体系。

四是发展道路。我国必须走出一条工业化、信息化、城镇化、农业现代化协调发展的新路子，即协调工业化与信息化，走新型工业化道路；协调工业化、信息化与城镇化，走产业集聚、人口集聚和智慧城市建设协调互动的新型城镇化道路；协调工业化、信息化与农业现代化，走用工业化和信息化改造传统农业的新型农业现代化道路；协调工业化、城镇化、农业现代化与信息化，通过工业化、城镇化和农业现代化为信息技术的广泛运用提供巨大市场，为信息化快速发展开辟广阔道路。

五是发展资源。发展首先表现为资源的投入和资源利用效率的提高。利用好国际国内两种资源，以及通过制度创新和技术创新提高资源的利用效率，是我国实现30多年经济高速增长的重要经验。引领我国未来的经济发展，就需要突破资源和环境的"天花板"约束，实现经济增长与资源节约、环境改善的并行不悖。据测算，2009年，我国单位GDP能耗是美国的2.9倍、日本的4.9倍、欧盟的4.3倍、世界平均水平的2.3倍。这就意味着，我国完全可以在不增加甚至减少能源消耗和碳排放的情况下实现GDP总量翻番，突破资源和环境对跨越"中等收入陷阱"的"天花板"制约。

六是发展环境。就是要建立全方位开放的新体制，为经济发展提供国际国内两个市场、两种资源。这就需要超越以往把开放主要理解为引进外资、引进技术、引进管理的局限，形成"三个并重"的全方位开放经济新体系：在开放空间布局上，从注重沿海开放转向沿海开放与沿边开放并重；在开放对象上，从主要对发达国家开放转向对发达国家开放与发展中国家开放并重；在开放资源流向上，从主要是"引进来"转向"引进来"与"走出去"并重。

七是发展制度。我国的经济发展，必须坚持以公有制为主体、多种所有制经济共同发展的基本经济制度，坚持社会主义市场经济的改革方向。这既得到了过去 30 多年高速增长经验的验证，也是我国决胜全面小康，全面深化改革，跨越"中等收入陷阱"的有力制度保障。

八是发展文化。我国 30 多年的经济快速增长是在继承和发展我国传统文化的基础上实现的，突破了只有在西方文化的背景下才能实现工业化、现代化的理论假定。因此，通过文化继承和创新，为我国的科学发展创造出强大的文化软实力。

经济新常态与新常态经济学：范式转向的视角

盖凯程[*]

作为一个内在逻辑严谨、体系结构严密的理论系统须不断接受真实世界的检验，真实世界的变化推动着经济学理论的发展。金融危机后世界经济周期性调整与中国阶段性因素叠加促动中国经济进入增速回落的新常态时期。认识新常态，适应新常态，引领新常态是今后中国经济发展的大逻辑。把握这一逻辑及其蕴含的内在规律，从中国经济改革与发展之实"事"中求解其所"是"，推动中国经济学的创新发展与范式建构，构筑中国经济学理论体系和学术话语体系，是时代赋予政治经济学的重大命题。

一、范式：经济学的框范标尺

作为"科学实践的公认范例"[①]，范式是常规科学所赖以运作的理论基础和实践规范，是科学共同体的价值约定、共有范例以及普遍接受的一组理论假说、概念、准则和方法的总和。在外延上，范式由观念范式（理论体系里稳定的信仰、认知、思维和假说等的规定）、规则范式（理论假设、概念、公理、定律、规则、程序等约定集合）、操作范式（模型、语汇、符号、注解等工具性表达式）构成。范式既是科学研究的必要条件，也是科学发展成熟的标志和先导。当科学家们拥有了共同的理论框架、研究趋向和分析工具，才能去接受吸收并同化由观察和实验所提供的材料进

---

* 盖凯程，西南财经大学经济学院教授。

① 托马斯·库恩：《科学革命的结构》，金吾伦等译，北京大学出版社 2012 年出版，第 8 页。

而充实和发展该理论框架。库恩（1962）认为，如果没有范式，科学就无法开展活动。而一旦形成范式，"它们的成就空前地吸引一批坚定的拥护者，使他们脱离科学活动的其他竞争模式"，与此同时这些成就又"足以无限制地为一批重新组成的一批实践者留下有待解决的种种问题"[1]。

范式之于经济学的内在恰接性及其新颖的总体性概念构架使之成为校准经济学规范性的标尺，赋予了经济学以科学的普适性。作为理论约定集合和思维表达方式，经济学范式关乎经济学家共同体对经济研究领域的基本判断以及由此衍生的概念体系和分析方法并以此作为交流思想的共同工具。观念范式、规则范式和操作范式蕴含的核心思想、研究架构和操作符号搭建起经济学学科知识增长和思想演绎的平台。不同的经济学范式以其迥异于范式竞争对手的构造路径、理论要素、概念体系、分析框架、检验标准和解题工具等的内容特质和联结形式划定自身的理论边界，并在各自的逻辑演绎空间里不断演进。

经济学思想演进和学科知识发展背后隐含着经济学范式转换的深层命题，循着"范式形成—常规科学—反常—危机—新范式"的基本路径。常规科学时期经济学家遵循一致的范式"解谜"以稳定地拓展经济科学知识的精度和广度。新的科学发现则源于现实经济世界"以某种方法违反支配常规科学的范式所做的预测"，实践之于范式的非一致性例外事件不断积累，既有的范式之于现实世界解释性和预测性下降导致范式危机。面对危机，经济学家共同体在现有范式逻辑空间下通过调整工具设定、渗入新的解释变量以期对其进行扩展性解释，但当努力无效而导致"政策失败"时，原有范式趋弱和认同度下降的必然结果就是范式转换。这种转换一直到经过调整后的范式理论使得反常和例外变成与解释性预测和预测性解释相符时为止。显然，范式转向的触动因素"问题意识"，而"问题意识"既包含现实经济问题的挖掘，也包括经济学理论的自我反省。

经济学通往真理的路上要打通两道关卡：内在逻辑的自洽性以及建立在真实可信假设前提下的逻辑与实践的相验（符）性。在世界和中国经济进入新常态的时代嬗变背景下，经济运行的传统逻辑发生改变，经济新常态衍生出经济学范式"失真"与"校准"的新命题，现实世界之于理论的摩擦成为经济学范式转向和理论创新的契机。不同经济学范式在各自构筑的逻辑空间和理论空间中进行自适性调整，但无论何种经济学范式，其

在学科知识和话语体系竞争中胜出的根本路径在于按照世界的本来面目理解、分析和描述世界。只有能反映时代要求、解释经济现实、预测社会未来的经济学范式才能最终成为时代显学。

二、世界经济新常态下西方主流经济学范式危机与转向：宏微观经济学同态一体化

1987～2007 年全球经济经济增长的长周期被称为世界经济旧常态时期，呈现出以科技创新、经济金融化、资源配置全球化以及新型经济体为发展新引擎的世界经济大繁荣、大稳定特征。2008 年金融危机后全球经济格局和治理结构发生重大变化，经济增长乏力、复苏缓慢，面临再平衡、去杠杆化以及资产负债表重新修复等一系列新选择，世界在找寻新的增长引擎和发展动力，全球产业重构、结构调整、要素重组等新特征表明世界经济步入了新常态时期。

在理论范式的对应上，20 世纪 80 年代"滞涨"危机的时序语境下，新古典范式关于市场有自净功能的原教旨主义凭借资本全球化渗透而得以兴起，世界经济旧常态下资本主义长达 20 年的经济大繁荣则从根本上奠定了新古典范式（货币主义、理性预期、有效市场假说、真实经济周期等）的支配性主流地位，塑造了其"别无选择"（TINA）的"经济学帝国主义"地位。世界经济新常态下，真实世界的问题拷问和金融危机倒逼则使得新古典范式的逻辑困惑和现实悖谬展露无遗。逻辑困惑表现为：空间纬度普适性困惑、时间纬度兼容性困惑、价值中立客观性困惑、工具主义逻辑刚性困惑等；[1] 现实悖谬包括个体理性与群体非理性悖谬、"均衡假设"与资本市场的结构耗散悖谬、经济模型的共时性诉求与虚拟资本市场的历时性特质悖谬、稳定性偏好与富于弹性的经济运行体系悖谬、微观单位均衡静态分析与宏观体系运行的非线性和动态性特征悖谬等。

以"逻辑为纲"的新古典范式致力于追求一致性的完美表达。共同体力图通过经济现象的"可测量性"表达经济学的优越性，却模糊了逻辑表达和现实描述的边界。当数学公式推演代替经济思想演绎被误认为是通往

---

[1] 王晓林：《经济学范式：逻辑困惑、现实悖论及其可能出路》，载于《经济评论》2006年第6期。

真理的唯一路径，历史、制度和社会事实特征统统被蠹空时，“这一不大关注现实世界的……偏好，让经济学家偏离了至关重要的整体性观察的轨道”①。新古典范式危机在于其致力于追求形式逻辑精致化的同时却又无法满足于理论与经验的相符性检验；偏好于关注假设前提到分析结论思维行程的严谨性却又屏蔽掉现实世界的现象性与理论假设的互恰性；过分注重经济现象的现象描述解释却又消解掉了经济本质与经济现象间的适融性；有心凸显经济政策的价值中立却又刻意淡化了经济政策的利益导向。

新古典范式无疑表达了经济学家力图通过经济理性以驾驭市场体系运行的理想期许，然而过分追求严谨的完美理性和一致性表达在保证了思维形式的必然性同却导致了思维内容的或然性。类似于一个自组织系统，市场在竞争机制作用下自动趋于均衡的简单性背后，无法掩盖其不确定性、非均衡性、非还原性的复杂性本质。以理性预期假说为例，个体理性预期影响宏观政策的有效性被置于新古典学派观念范式之中，而宏观政策之于个体理性预期的反作用——如政策调整会引致非理性预期——则被排除在外。“经济学的主流模型奇怪地假设人们不仅是理性的而且还是超级理性的”②，在形而上的工具主义方法论下，理论模型的逻辑刚性与现实经济的逻辑弹性之间的冲突就不可避免。简单的新古典范式与复杂的市场经济愈益背离的致命缺陷使其理论范式的“系统性风险”和“理论负荷”暴露无遗。经济科学的本质——探究和观察经济世界一般规律基本因果结构和深层运行机制——一旦被遮蔽，剩下的唯一选择也只能是“非理性地相信市场的理性，超逻辑的建构市场的逻辑”③。

在反思传统经济学思维范式本质性缺陷过程中，经济学思想形态的触角由此伸向了经济新常态下经济学范式的转向上。作为西方经济学的两大主体形态，新古典和凯恩斯在范式竞争的动态博弈演化过程中趋向融合的态势日趋明显，微观和宏观在综合过程中努力寻找统一的逻辑基础，宏微观理论同态一体化演化的“合作范式”成为新常态下西方经济学范式转向的一个趋势性特征。

自希克斯《凯恩斯和古典经济学：一种解释建议》以 IS - LM 模型试

① 《全球经济危机的“女王难题”》，http://business.sohu.com/20090917/n266795778.shtml。

② 约瑟夫·E·斯蒂格利茨：《自由市场的坠落》，李俊青等译，机械工业出版社 2011 年版，第 220 页。

③ 盖凯程：《“市场的逻辑”的逻辑》，载于《马克思主义研究》2011 年第 12 期。

图将宏观经济学构筑在瓦尔拉斯一般均衡基础上，两大范式的耦合就一直在进行着。萨缪尔森致力于将新古典微观比较静态分析和凯恩斯宏观动态分析统一于一个经济学体系。其后"淡水派"和"咸水派"① 都试图建构一个新的统一的分析框架。斯蒂格利茨以信息变量的嵌入拓展了微观经济分析的视域，"淡水派"也认可信息不完整之于自由市场的功能障碍，这为双方理论范式耦合提供了契合点②。"淡咸之争"更像"家庭内部矛盾"，与老凯恩斯主义者不同，除了勉强拒绝了"市场连续出清"——这是判断新凯恩斯主义是否与凯恩斯保持血缘关系并继承其思想衣钵的最重要依据——假设外，新凯恩斯主义既拥抱了理性预期假设，也欣然接受了弗里德曼的自然失业率假设，从而几乎接受了新古典"2/3"的假设。剩下的"1/3"的区别只在于新古典强调价格和工资弹性，而新凯恩斯强调价格和工资粘性。

双方的分歧在于："淡水派"倾向于将宏观经济学建立在微观竞争均衡理论基础上，在其理论隐含里，微观范式是完美无缺的，关键是发展出一套与之相匹配的宏观经济学。"咸水派"则认为现代经济学真正弱点不是宏观经济学，恰是所谓精致的微观经济学。因此，关键是发展出一套与宏观范式相适融的微观经济学。从范式互补的视角看，微观经济学长于在高度简化抽象的假设前提下构建严谨的理论模型，却短于其理论假设与现实的高度不相关性；宏观经济学强在微观假设上更贴近实际，但却弱于缺乏严谨的理论模型和统一的分析框架。金融危机宣告卢卡斯等基于微观范式建构宏观分析框架的努力失败，反过来会刺激经济学家在宏观经济学框架下建构新的微观支撑："经济学研究面对的挑战就是要发展出一套与宏观经济学相匹配的微观经济学。"③

---

① 由于新凯恩斯主义与新古典主义者所处地理位置的不同，罗马大学教授罗伯特·沃德曼将其比喻为"淡水派"（又称芝加哥学派，作为新古典大本营，芝加哥地处密西根大湖的"淡水区"）和"咸水派"（因其代表人物曼昆、布兰查德等所在的哈佛大学、麻省理工学院和加州大学伯克利分校均邻近海边"咸水区"）。

② 究其根由，两大范式貌似势不两立，实则为基于共同立场的学术共同体，服从和服务于资本主义国家主体意识。维护巩固资本主义的制度基石——私有制及由其衍发出来的自由市场制度——是新古典范式与凯恩斯范式共同的思想根基，是双方共同的价值信仰和道德坚守，也是争论时不约而同的理论底线。其根本性分歧不在要不要，而在于如何更好地维护这两块基石。

③ 约瑟夫·E·斯蒂格利茨：《自由市场的坠落》，李俊青等译，机械工业出版社2011年版，第230页。

三、中国经济新常态与新常态的中国经济学范式

改革开放以来，在中国经济改革和发展实践的推动下，中国经济学取得长足发展。改革路径演进的复杂性表达了对多维（向）度理论的渴求，从而为各种经济理论符码提供了充分的思想孕育空间。在理论符码的嬗变中，中国经济学研究逐步挣脱"苏联范式"的桎梏，在吸收消融现代经济学科学营养成分的基础上努力推进经济学研究的规范化和本土化，大大拓展了经济学的研究范围，呈现或规范、或实证、或逻辑思辨、或理性判断的多元方法论格局，构建起初具雏形的新体系结构，写就了一部"政治经济学的初稿"，初步具备了独特的中国经济学品质。

然而，实践总是走在理论前面，正如马克思所说，"对人类生活形式……的科学分析，总是采取同实际发展相反的道路。这种思索是从事后开始的，……是从发展过程的完成的结果开始的。"[1] 与中国经济的快速发展相比，中国经济学理论难掩其体系建构的相对滞后和思想蕴涵的相对贫瘠：

第一，在价值取向上，重实用性政策研究，轻基础理论探索，进而导致经济学的实践功能有余，而范畴体系抽象度不足。经济改革与发展中的实践性课题纷至沓来，经济理论界不得不致力于直接为经济改革与发展出谋划策，这当然也是经济理论界必须担负的历史使命，但却造成了理论界注意力的倾斜。这就是，过多地进行实证分析、对策研究，而在高层次理论研究方面工夫下得不够。"中国经济学家对中国经济崛起过程的解释远没有经济崛起本身那样成就卓然"[2]，近年经济发展及改革的踯躅与经济学思想的滞后以及缺乏真正属于中国的经济理论有密切关系。[3] 从已有的基础理论研究看，虽取得了诸多公认的成果，但不同成果学术话语表达方式迥异，呈现出板块式、碎裂化的非系统性特征，未能形成一个解释中国经济问题的系统的概念框架、完整的理论结构和严谨的逻辑体系，有待于

---

① 马克思：《资本论》第 1 卷，人民出版社 1975 年版，第 92 页。

② 白永秀：《新中国经济学 60 年学术话语体系的演变及其重建》，http：//www.docin.com/p–218817745.html。

③ 赵凌云：《富国裕民的梦寻：经济学的进化与当代图景》，天津教育出版社 2002 年版，第 383 页。

向深层领域和协同创新方向大力拓展。

第二，在解题工具上，重形式逻辑而轻辩证逻辑，偏好于运用短链条式逻辑方法分析经济问题，而疏于运用长链条式逻辑思维方式观察现实中国。逻辑并非是"关于思维的外在形式的学说，而是……关于世界的全部具体内容以及对它的认识的发展规律的学说，即对世界的认识的历史的总计、总和、结论"①。由于缺乏历史、现实与未来的宽广视野和世界观，偏好于对中国经济改革实践和社会整体性演化历程进行碎片化、切片式地观察，使得一些研究结论带有明显的片面性和形而上的理论色彩。

第三，在学术话语权上，存在明显的"学术话语逆差"②。在借鉴现代西方经济学解释中国问题时有亦步亦趋的倾向。在这一教条化的认知偏见里，"中国经济改革的理论研究只不过是考察主流经济学框架里的一些特殊的制度约束和扭曲罢了。"③应当看到，西方主流经济学这一根植于西方国家实践土壤的理论之树有其特定适用的时序空间和制度环境依托。脱离这一依托，忽略其演化发展的历史背景，蠹空中国经济实践的制度特质，遮蔽中国改革演进路径的复杂性，不以理论为事实的结果，反以事实去迁就理论，削足适履，必然导致"普罗克拉斯提斯之床"的悲剧④。正如恩格斯所说："人们在生产和交换时所处的条件，各个国家各不相同，而在每一个国家里，各个世代又各不相同。因此，政治经济学不可能对一切国家和一切历史时代都是一样的……谁要想把火地岛的政治经济学和现代英国的政治经济学置于同一规律之下，那么，除了最陈腐的老生常谈以外，他显然不能揭示出任何东西。"⑤

新常态不仅仅指向经济运行层面，更是经济学理论建构层面的。作为中国经济学观察、解释和分析对象的中国经济进入了新常态，与中国经济转型升级命题并行的是中国经济学体系建构和研究范式的转型升级。经济

---

① 《列宁全集》（第55卷），人民出版社1990年版，第77页。

② 引申国际贸易术语，意即在建构中国经济学范式过程中，不恰当地过分"进口"西方经济学的概念、术语、工具、体系等，同时中国经济快速崛起的理念、话语体系不能以有效的方式和途径向外传播和"出口"。

③ 邹恒甫：《现代经济学前沿丛书》，序言，（2007-12-11），［2014-6-23］，http：//zouhengfu. blog. sohu. com/73130159. html。

④ 普罗克拉斯提斯是希腊神话里的一个好心人，但却有一特殊癖好：劫持旅客后使身高者睡短床，斩去身体伸出的部分；使身体矮小者睡长床，然后强拉其与床齐。意喻套用西方所谓时髦和高深的理论，而不关注中国现实，只能让事情变得更糟。

⑤ 《马克思恩格斯选集》（第3卷），人民出版社1972年版，第186页。

新常态意味着中国经济向着内涵更丰富、分工更复杂、形态更高级、结构更优化、运行更成熟的阶段演化，意味着系统完备、科学规范、运行有效的制度体系逐渐定型，意味着社会主义市场经济实践脉络越来越清晰，这为创作一部完整系统的中国经济学理论精品提供了丰富的实践素材和现实条件。

为此，必须对社会主义市场经济的实际运行状态和约束条件进行科学分析和理论抽象：首先要实证研究其产生和发展的背景、过程、线索、机制；其次在实证基础上抽象出规范的、科学的、开放融通的新概念、新范畴、新表述；最后全面实现马克思主义与中国实际、中国经济改革与发展的历史逻辑与理论逻辑、中国经济理论与中国经济具体实际等诸多方面的有机结合①，提升理论阐释的深刻性、校准现实的精确性、理论结构的完整性，从逻辑起点、概念框架、研究范围、逻辑体系、研究方法等方面努力构建起中国特色、中国风格、中国气派的中国经济学理论体系和学术话语体系。

1. 奠定逻辑始点。中国经济改革和实践的演进路径显然是独特的，这一"世界历史 500 年未有之转型"内嵌于其自身特有的制度框架和特定的历史传承中。"历史从哪里开始，思想进程也应当从哪里开始。"② 中国经济改革发端于农村生产方式变革，循着"生产关系适应生产力"的政治经济学"观念范式"。其后 30 余年改革实践虽其横切面错综复杂，但其纵切面的核心逻辑以及未来改革的演绎方向皆可在这一"观念范式"及其拓展出来的规则范式和操作范式里得到科学解释和合理预测。基于此，中国经济学范式与中国经济实践的内在逻辑张力首先必须在马克思主义视域下找寻最有效的契合点，这是新常态下马克思主义经济学中国化命题的前置条件，也是中国经济学范式建构的理论逻辑始点。

2. 构造概念框架。概念与范畴是科学的基本构成要素。作为对经济系统矛盾展开的集中的本质抽象或理论规定，核心概念对于经济学范式构建意义重大，如"剩余价值"之于马克思范式的促成、"边际效用"之于新古典范式的促成、"交易费用"之于新制度范式的促成等。围绕核心概念展开的具体概念与之一起构成为概念框架。"经济范畴只不过是生产的

---

① 赵凌云：《富国裕民的梦寻：经济学的进化与当代图景》，天津教育出版社 2002 年版，第 388 页。

② 《马克思恩格斯选集》（第 2 卷），人民出版社 1995 年版，第 43 页。

社会关系的理论表现，即其抽象"①。中国经济学概念范畴的创新过程是一个随时代条件变化而对传统概念体系不断扬弃和由具体而抽象的过程，其基本构造路径有：其一，赋予传统政治经济学概念（如资本、劳动、剩余价值）以新含义，拓展其内涵规定性和外延规定性；其二，借鉴现代西方经济学能反映现代市场经济一般规律的概念范畴（如产权、竞争、完全信息、效用、消费者剩余、公共产品、交易成本、生产函数等）并将其中国化、本土化；其三，根据中国经济新常态运行新特征，概括提炼出全新的概念范畴。概念范畴的产生，是一个"极其艰难地把各种形式从材料上剥离下来并竭力把它们作为特有的考察对象固定下来"②的过程，新常态中国经济学必须在已有尝试性概念展开与改造的过程中去探究发现和规定新的概念的可行性，从社会主义经济运行和新常态中剥离出具有一般本质规定性的核心概念并依此构建起一个概念框架。在概念框架的形成过程中，需要注意基于统一的逻辑框架去把握其内涵和调整其外延，以保证概念框架的严谨性和逻辑自洽性。

3. 拓宽研究范围。新常态经济学以研究和揭示社会主义初级阶段经济制度结构和运行方式的基本规律为根本任务，但同时其研究对象不能仅限于生产关系本身。必须适应中国发展阶段性新特征，拓展其研究范围，特别是所有制结构的改革、经济体系结构的优化以及经济组织形式的创新，回答新常态下的新问题，如资源配置方式转换、经济增长动力转换、新常态制度基础、创新驱动和大众消费、经济福祉包容共享等，揭示出新常态经济发展的新规律，形成新的经济命题和论断。更进一步地，经济新常态折射出经济运行系统的新矛盾和新情况，经济发展中技术基础变化引致的经济活动组织形式变化、体制结构变化引致的微观组织运行机制调整和政府经济职能的优化、经济活动引致的经济效率效应、社会公正效应、环境与生态效应、社会福利效应、人的道德素质效应③等皆应纳入新常态经济学的研究范围。

4. 搭建体系结构。作为马克思主义理论体系最深刻、最全面、最详细的证明和运用，政治经济学与中国改革实践的创造性耦合，实现了对传

①　《马克思恩格斯选集》（第1卷），人民出版社1972年版，第108页。
②　《马克思恩格斯全集》（第46卷下），人民出版社1980年版，第383页。
③　刘诗白：《走向21世纪的新时期政治经济学研究之我见》，载于《学术月刊》1999年第3期。

统"苏联范式"和西方主流范式的突破和超越，形成了中国经济学理论体系结构的基本雏形。以"生产力→经济制度关系→经济体制关系→经济运行关系"为基本分析范式，突出"经济制度—经济体制—经济运行"三位一体的整体理论架构，形成了以"经济制度本质、经济体制改革、经济发展、对外开放"为主导型理论，[①] 衍生出"经济本质论、基本经济制度论、分配理论、体制改革论、市场经济论、现代企业制度论、经济发展论、对外开放论、自主创新论"[②] 等理论板块。

中国经济改革的核心命题是实现社会主义基本制度与发展市场经济的结合，这是中国经济学范式理论体系所应遵从的逻辑主线。以此为核心主线，就可以将已有理论板块有效地契合起来，从而形成一个内在逻辑自洽的且与中国改革发展历程外恰的整体理论体系结构。（1）社会主义与市场经济的契合：微观基础。这一社会主义"微观经济学"应从市场主体结构角度厘清经济体制改革中微观单位（企业、居民、农户）主体财产权构建的脉络，构筑社会主义与市场经济结构性调适、功能性匹配、机理性融合的微观基础。（2）社会主义与市场经济的契合：宏观框架。这一社会主义"宏观经济学"包含着对社会主义经济运行的总量（结构）分析和宏观观察，蕴藏着政府与市场的关系边界、宏观经济结构平衡和价值平衡以及经济增长与发展的自变量和应变量。（3）社会主义与市场经济的结合：制度架构。制度分析（所有制、分配制度、社会体制）是在宏观和微观经济学之间搭建统一逻辑基础的关键性构件，可以有效弥合个体理性与社会理性、效率与公平、资源配置与可持续发展的二元裂隙，也是构筑宏观经济政策微观传递机制、统一不同利益主体（政府、企业、居民）的利益目标函数、实现资源配置在国家战略意识和市场竞争之间有效契合的最重要解释变量。

5. 革新研究方法。方法论是经济理论体系稳定范式形成的先导和标志，"经济学革命"的实质是经济学方法的革新[③]。应当看到，中国当代政治经济学者在自觉地吸纳现代西方主流和非主流经济学方法论的有益成

[①] 顾海良：《中国特色社会主义经济学的时代篇章》，载于《经济理论与经济管理》2011年第7期。

[②] 张宇：《马克思主义经济学中国化的集中表现》，载于《学术月刊》2008年第3期。

[③] 从思想史的角度看，"马克思主义经济学革命"的实质是以辩证法取代形而上学；"边际革命"的实质是以边际分析方法取代传统抽象演绎方法；"凯恩斯革命"的实质则是以总量分析取代个量分析，等等。

分，而政治经济学方法论价值也逐渐被一些西方范式拥趸所认可。这就使得中国经济学范式构建具备了从分割走向融合的方法论基础。其方法论含义是以辩证历史唯物主义统摄科学主义、历史主义、达尔文主义和复杂性科学，政治经济学的研究方法与现代经济学的表达工具和检验手段结合起来，对其进行创造性融合：（1）坚持辩证法，善于运用洞察事物本质的思辨性思维和辩证逻辑来解释和把握中国经济改革实践的历时性特征和共时性结构。（2）运用科学抽象法，在"具体—抽象—具体"的思维行程中，"主体，即社会，也必须始终作为前提浮现在表象面前"①，提炼经济学话语体系的中国元素与社会蕴涵；运用逻辑与历史的方法，静态分析与动态分析相结合，局部均衡与一般均衡结合，重视经济系统的非线性和不确定性特质，导向于将经济系统和环境、认识主体和对象关系内生化，求解新常态经济复杂运行表象背后的内在结构和深层源码。（3）在处理好规范分析与实证分析、定性研究与定量研究关系基础上，尊重和借鉴西方经济学的先进形式逻辑思维和数理逻辑分析工具，在"假设的真实性"基础上，形成公理化的程式和规范化的术语表达、精细化的学术结构，增强科学性和实践功能。同时审慎处理好经济学思想性与工具性的关系②。

四、结　束　语

经济新常态触发了经济学范式的系统性反映，经济学范式呈现出多元演进的趋势特征。世界经济新常态折射出新古典范式的逻辑困惑和实践悖谬，在反思其思维范式的本质性缺陷过程中，促动了宏、微观理论同态一体化演化的合作范式转向。

中国经济学范式与中国经济改革实践的内在逻辑张力衍生出了经济新常态下构建新常态经济学的命题。新常态中国经济学应在马克思主义观念范式统摄下，既推动马克思主义经济学的中国化，也促成西方经济学中科学合理成分的中国化，在开放竞争的复杂演化过程中，构建中国经济学的

---

① 《马克思恩格斯选集》（第3卷），人民出版社1972年版，第433页。

② 在经济学与数学关系上，学界争论焦点放在了经济学滥用数学上。但正如韦德·汉兹所说，数学在经济学中运用多或少不是问题的关键，其实质关乎"数学哲学"的问题：一方面，数学本身作为一个工具本身发展到什么程度需要探究；另一方面，数学之于经济学的特性和实质作用是什么才是问题的关键。

规则范式和操作范式，使中国经济学的现代化始终沿着科学的轨道前行。

中国经济学理论体系和学术话语体系的构建，必须基于对现实经济世界判断的问题导向，顺应历史时代思潮变化趋势与学科发展方向来探寻经济学现代转向的路径，并同经济学知识系统之外的其他思想形态相契合，特别是与当代主流化的哲学观、方法论相适应。顶天且立地，方可增加经济学话语体系中的中国元素，变"学术话语逆差"为"学术话语顺差"。

主要参考文献

1. D. 韦德·汉兹：《开放的经济学方法论》，段文辉译，武汉大学出版社 2009 年版。

2. 洪银兴：《马克思主义经济学在社会主义初级阶段的时代化和中国化》，载于《经济学动态》2011 年第 10 期。

3. 胡家勇：《建构基于创新实践的政治经济学》，载于《人民日报》2015 年 4 月 13 日。

4. 刘诗白：《构建面向 21 世纪的中国经济学》，西南财经大学出版社 2001 年版。

5. 逢锦聚：《论中国经济学的方向和方法》，载于《政治经济学评论》2012 年第 3 期。

6. 斯蒂格利茨：《自由市场的坠落》，李俊青等译，机械工业出版社 2011 年版。

7. 斯基德尔斯基：《重新发现凯恩斯》，秦一琼译，机械工业出版社 2011 年版。

8. 托马斯·库恩：《科学革命的结构》，金吾伦等译，北京大学出版社 2012 年版。

9. 张宇：《关于构建中国经济学体系和学术话语体系的若干思考》，载于《学术与探索》2015 年第 4 期。

10. 朱富强：《中国经济学范式思考：两个层次的契合》，载于《财经研究》2008 年第 5 期。

一般均衡理论：缘起、证明与质疑

吴遵杰　　陈　勇[*]

一、美国金融危机质疑西方主流经济理论

在物理学中，伴随着原子弹的爆炸声，科学家和普通公众关于 $E = MC^2$ 的意义的质疑被永远地解决了。但在经济学中，这样正面的验证却很少见。2007 年夏季，美国爆发 20 世纪 30 年代大萧条以来最严重的金融危机。英国女王曾于 2008 年 11 月视察颇负盛名的伦敦经济学院，向经济学家们提问："为什么当初就没有人预见到它（危机）？"一部分经济学家于次年的 7 月 22 日给女王上书，就女王的提问作了回答。但另外一部分经济学家则在同年 8 月 10 日联名上书女王，指出前一部分经济学家回答的缺陷之一是"它没有提到主流经济学家广泛宣传的广遭质疑的'理性'和'有效市场假说'"[①]。这也就提出了另外一个相关的话题，正如诺贝尔经济学奖获得者阿玛蒂亚·森所说的，今天需要什么样的经济学？特别是在目前的经济危机情况下，该如何评估学院经济学家中所教授所推崇的内容对我们经济政策的指导意义？

那么，学院经济学家所教授、所推崇的经济学究竟是什么呢？"若论对经济学的特点的描述，最清楚不过的，要数入门教材里写的东西，其后

　＊　吴遵杰，深圳大学经济学院教授；陈勇，深圳大学经济学院教授。
　①　吴易风：《当前金融危机和经济危机背景下西方经济思潮的新动向》，中国经济出版社 2010 年版，第 103 页。

延伸到理论前沿上的宏观反而说明不了什么问题。"① 整个西方经济学所宣扬的东西就是经济均衡理论。这一点正如熊彼特在评价瓦尔拉斯时所说，"这一伟大理论那水晶般清澈透明的思路，用一束基本原则的强光，照亮了纯经济关系的结构。在洛桑大学为纪念他而竖起的那座纪念碑上，只镌刻着这样几个字：经济均衡。"②

确实，在19世纪中期之前，经济学始终围绕"价值"来讨论问题，包括价值的含义、价值的来源、价值的分配等。无论是威廉·配第，还是亚当·斯密，大卫·李嘉图等，他们的学说的一个基本但粗糙的主线就是劳动价值理论。而自19世纪70年代开始，严格来说，从瓦尔拉斯开始，经济学的主题便转向了"均衡"。用数学化、模型化包装起来的均衡理论，看上去非常严谨，但在模型与事实的一致性，模型的预测能力方面则广受质疑。无论是30年代大危机，还是70年代的"滞胀"以及这次的金融危机，都雄辩地证明了这样一个事实，均衡理论外表看上去很优美，但它毕竟不是真理。

二、一般均衡理论是西方经济学中的核

（一）西方经济学界定

这里指的是西方国家中各个时期的主流经济学，特别是指美国各派，这里的各派既包括美国东西海岸附近的哈佛、麻省理工、斯坦福等"盐水"经济学家，也包括芝加哥、罗彻斯特、明尼苏达等"淡水"学术机构的经济学家。前者主要是新凯恩斯主义，后者则主要为新古典宏观经济学。当芝加哥大学的卢卡斯在1980年的一篇题为《凯恩斯主义经济学之殇》的论文中揶揄：在40岁以下的自称凯恩斯主义者的经济学家中找不到一位好的，人们甚至为与凯恩斯主义者有关而进行辩解，在研讨会上，人们不再严肃讨论任何一点有关凯恩斯主义的东西。③ 可以想象，当年的

---

① 引自罗德·希尔：《主流经济学教科书的荒谬》，金城出版社2011年版，第11页。
② 《熊彼特选集——对十大经济学家的评价》，上海财经大学出版社2010年版，第55页。
③ N. Gregory Mankiw, 2006, The Macroeconomist as Scientist and Engineer, *Journal of Economic Perspectives*, Volume 20, Number 4, pp. 29 – 46.

卢卡斯一定是志得意满，这位"理性预期学派"的主要代表人物，因提倡"卢卡斯批评"而声名远播的"新古典宏观经济学"的旗手，不仅承袭了芝加哥大学的传统，其思想更连接100多年前的瓦尔拉斯。在麻省理工的布兰查德，这位新凯恩斯主义的主将，在2008年的《宏观状况》① 一文中宣称：宏观状况不错。而且他还认为，过去那些年的论战已经结束，经济学家们日益表现出一种"认识上的广泛趋同"②。我们有理由认为，新凯恩斯主义无疑接受了"理性预期"等一些理念，新古典宏观经济学无疑成为了新时期西方经济学中的主流。

（二）瓦尔拉斯一般均衡是西方经济学的内核

作为主流的新古典宏观经济学体系建立在两个基本假设基础上，这就是价格和工资的灵活性假设和理性预期的假设。前一个假设意味着经济体系中的各类市场是完全竞争或接近完全竞争的市场，当商品市场和劳动力市场出现暂时的供求失衡时，价格和工资可以迅速地调整，保证市场连续出清，从而使经济具有瓦尔拉斯一般均衡的性质。而理性预期假说则意味着：在经济决策过程中，当事人会有效地利用他所获得的信息来形成对于未来结果的预期，在相同的条件下，经济当事人关于未来结果的主观概率分布与客观概率分布相一致。这两个基本假设实为新古典宏观经济学的精髓之所在。有了这两个基本假设，则无论是作为经济当事人的生产者，还是消费者，都可利用充分信息来最大化他们的利润或效用目标，以达到瓦尔拉斯均衡，而该均衡是一个最优化的结果，无疑也是帕累托最优的。

著名科学哲学家库恩（Thomas Kuhn）认为，任何理论或学说都是建立在某种"范式"基础上的。范式为"观察世界和实践科学的方法"，范式与一系列假设密切相关，尤其是与关于世界根本属性的假设相关。范式这个术语的两个重要方面，即学科矩阵（Disciplinary Matrix）和范例（Exemplars）。前者表示"一个给定的群体中各成员所共有的一个信仰、价值、技术体系等"，而后者表示具体问题或谜题的解③。而拉卡托斯（Imre Lakatos）主张用"科学研究纲领"（Scientific Research Programmes, SRPs）作为标准来划分不同的理论体系，评价科学的进步。通过提出了主要由硬核（Hard Core），正面启发（Positive Heuristic）以及一个巨大的辅

---

① ② Olivier J. Blanchard, 2008, The State of Macro, Working Paper, 14259.
③ 斯诺登等：《现代宏观经济学指南》，商务印书馆1998年版，第28页。

助性假说保护带（Protective Belt of Auxiliary Hypotheses）构成的科学研究纲领结构，拉卡托斯使库恩范式得到客观上的重建。研究纲领的特点正在于其硬核。这个硬核给出了关于世界的一套基本判断，由那些传统上被认为不可反驳的深刻而又内涵丰富的假说构成。人们不能直接地检验硬核，尽管可以检验的理论是围绕它建立起来的。宏观经济学中的硬核命题的例子有：凯恩斯取代古典和新古典对以确定性为基础的理性经济计算的信念；正如莱荣霍夫德所说，货币主义包含着这样一个"信念"或硬核命题，即经济系统表现出向各真实变量的均衡值相当迅速地收敛的强烈倾向，而这些均衡值（尤其是就业和真实利率）与一般的货币和财政稳定政策是无关的（至少可以近似地这样说）。而一个研究纲领的正面启发法告诉我们沿着哪一条研究路线去探索；它提供了一个未来的研究框架，战略或程序，从而成为指导具体的理论研究的驱动力。所谓保护带，是指一组附属性假说或假设，这些假说或假设可以通过科学研究或经验证据来加以检验，证伪或拒绝。保护带本身可以被修改、调整和替换，以保卫硬核不受经验事实的反驳或否定。

瓦里安也在他的《微观经济学》（高级教程）中写道："瓦尔拉斯均衡属于核"，"它是帕累托有效集的推广"①。另一位西方经济学家也认为："宏观经济学的硬核研究，作为最常见的研究生教授项目和出现于权威期刊，始于新古典增长模型，该模型已发展成为随机型。其早期版本叫做真实经济周期（RBC），因为其关键冲击出现在技术场合。"② 形成于 20 世纪 70 年代的新古典宏观经济学，又叫"新古典主义"、"货币主义 II"，是由货币主义和理性预期学派发展演化而来的一个经济学流派。其早期代表人物有卢卡斯、萨金特等人；第二代代表人物主要有巴罗、基得兰德、普雷斯科特等人，他们在理性预期的基础上，提出了真实经济周期理论。我们不难得出这样一个结论：无论是弗里德曼等人的货币主义 I，卢卡斯等人的货币主义 II，还是基得兰德、普雷斯科特等人的真实经济周期理论，尽管这三代之间有些细微的差别（如货币是短期中性，还是长期中性等），但他们有一个共同的核，就是承袭瓦尔拉斯而来的一般均衡理论。

---

① 哈尔·瓦里安：《微观经济学》，经济科学出版社 1997 年版，第 412 页。

② Ricardo，Caballero，2010，Macroeconomics Affer the Crisis：Time to Deal with the Pretense-of-knowledge Syndrome，*Journal of Economic Perspectives*，Volume 24，Number 4，pp. 85 – 102.

（三）一般均衡的观念一直可以追溯到亚当·斯密

考察亚当·斯密的著述，"看不见的手"这一术语在《天文学史》、《道德情操论》和《国民财富的性质和原因的研究》中各出现过一次。当然，著作不同，语境也会不同。在斯密留给后人的遗产里，除了"看不见的手"这一术语外，"自然价格与市场价格"是非常重要的另外两个概念。关于"自然价格"，他说，"一种商品价格，如果不多不少恰恰等于生产、制造这商品乃至运送这商品到市场所使用的按自然率支付的地租、工资和利润，这商品就可以说是按它的自然价格的价格出售的。"① "商品通常出卖的实际价格，叫它的市场价格。"② "自然价格可以说是中心价格，一切商品都不断受其吸引"③，"各种商品的市场价格，虽可说有趋向自然价格的趋势，但有许多商品，有时由于特殊的意外事故，有时由于天然的原因，有时又由于特殊政策的规定，其市场价格能在相当长时期内大大超过其自然价格。"④ 对亚当·斯密来说，吸引力也好，看不见的手也好，都只是个粗糙的比喻，用来再现竞争在市场稳定过程中所起的作用。

然而，正是亚当·斯密的"看不见的手"这样一个粗糙而天真的比喻，却深深地影响了《国富论》出版以来两个多世纪的经济学家。正如罗纳德·科斯在其1991年诺贝尔经济学奖获得者讲演中所说，《国富论》出版以来，经济学家们的一大任务是将亚当·斯密的这个术语形式化。给定的因素是技术和消费者的偏好，遵从他们自己的利益的个人在选择中受一个物价体系的支配。"经济学家们发现了如果亚当·斯密的结果得以实现所必需的条件，实际上在世界中找不到这些条件，为了使这些条件出现，他们为此而设计了种种变革。这是在教科书中所发现的东西。"⑤ 爱因斯坦说："发明科学概念，并且在这些概念上面建立起理论，这是人类精神的一种伟大创造特性。"⑥ 确实，在将"看不见的手"这一术语的精致化分析过程中，有两种不同而又交织在一起的活动。其一就是将想象的内容概念化，把想象中的各种组成成分以准确的概念来加以固定，给它们一定

① 亚当·斯密：《国民财富的性质和原因的研究》上卷，商务印书馆1983年版，第49页。
② 亚当·斯密：《国民财富的性质和原因的研究》上卷，商务印书馆1983年版，第50页。
③ 亚当·斯密：《国民财富的性质和原因的研究》上卷，商务印书馆1983年版，第52页。
④ 亚当·斯密：《国民财富的性质和原因的研究》上卷，商务印书馆1983年版，第54页。
⑤ 《诺贝尔经济学奖获得者讲演集》，中国社会科学出版社2008年版，第364页。
⑥ 《爱因斯坦文集》第1卷，商务印书馆1977年版，第628页。

的标志或名称以便于识别，同时用定理或命题确定它们之间的关系；其二就是获得更多的经验资料（事实），借以丰富和核对原先已掌握的资料。为了概念化需要获取更多的事实，而新发现的事实（如商业周期），又反馈回来和加以概念化。这样一个不断取舍的过程贯穿在不断精致化一般均衡理论的过程中，使其从瓦尔拉斯一般均衡理论（未加严格证明），到了阿罗—德布鲁严格证明了一般均衡理论，再到新古典宏观经济学的动态随机一般均衡理论（DSGE）。应该指出的是，亚当·斯密的"看不见的手"这一术语，作为一份留给后人的经济学遗产，"并不是整个社会，甚至也不是任意一部分人把科学知识的财产传下去的，而是一个或多或少确定的专家集团，不仅把他们的方法与结果，而且把有关今后发展的方向、手段的意见传授给继起的后代。"[1] 这里的"专家集团"，正如我们前面所指出的，表示"一个给定的群体中各成员所共有的一个信仰、价值、技术体系等"。至于他们在概念化的过程中，丢掉了什么，为什么不能反映真实的世界，当然更不能对未来加以预测，则是我们在文中第三部分要回答的问题。

（四）瓦尔拉斯发展了一般均衡

按照熊彼特的说法，《国富论》第七章《论商品的自然价格与市场价格》是亚当·斯密很粗浅的"均衡理论"，它是斯密"提出来的最优秀的经济理论，实际上预示了萨伊的理论，并通过萨伊的著作，预示了瓦尔拉的理论。19世纪，人们在很大程度上正是依靠对这一理论的改进，才使经济理论得到了发展"。[2] 照这么说，斯密这样一位优秀的古典经济学家成为了一般经济均衡分析的先驱人物，我们对这样一种观点持有不同的看法，在本文第三部分也会加以说明。不过，作为新古典经济学的奠基者之一的瓦尔拉斯，无疑是一般经济均衡分析的奠基者。他从其父老瓦尔拉斯那里继承了一些概念和观点，如价值源于稀缺；度量标准；资本品与其服务品之间的区别以及资本家与企业家之间的区别（老瓦尔拉斯是从法国经济学家萨伊那里引入关于企业家这种观点的）。他的原创性工作计划起因于以下三者之间的区别：（1）交换规律。虽然它涉及人性事实而不是自然事实，但仍可以拿来和物理学研究类似的自然规律相比较，这是纯粹经济

---

① 熊彼特：《经济分析史》第1卷，商务印书馆1996年版，第78页。
② 熊彼特：《经济分析史》第1卷，商务印书馆1996年版，第287页。

学的研究对象。(2) 财富的生产。它涉及分工和工业组织，它是应用经济学的研究对象。(3) 分配问题。也包含伦理学问题，应是社会学的研究对象①。瓦尔拉斯对后世影响甚巨。首先，他致力于研究交换规律，即所谓的纯粹经济学，受本国学者奥古斯丁·古诺（Augustin Cournot）的影响，开始用数学的语言清晰地表述概念。在概念的基础上进行逻辑演绎，使数学证明的简洁优美开始在经济学中大行其道。他所使用的概念如有效供给、有效需求、市场平衡（即均衡），从效用函数推导出个人需求函数、交换方程等，都是留给后世的宝贵遗产。这就保证了一般均衡理论的逻辑一致性。其次，瓦尔拉斯在论述生产时，把现实经济生活抽象为一个"企业家经济"。这个企业家可以是一个自然人或一个公司，他（它）从其他企业家那里购买原料，从地主那里租赁土地，从工人那里雇佣个人才能，从资本家那里租用资本货物，同时为自己出售由以上要素的服务相互合作或组合所生产的产品（熊彼特语）。这里的企业家也就是经济学理论中的"经纪人"，它来决定生产什么，生产多少？诚然，这里有生产要素的供需双方，可以用生产函数和需求函数来加以刻画，但市场是如何达成均衡的？瓦尔拉斯用了一个法语词汇，"摸索"（Tatonnement），类似于巴黎证券交易所的拍卖人的喊价，连续叫卖各种证券，为每种证券提出一个价格并确定相应的需求和供给，这种情况下的趋向均衡的调节过程远比纯粹交换模型情况下复杂，以至于后来瓦尔拉斯在1900年的《纯粹经济学要义》第4版中要引入"书面保证"机制。这就使他的理论与现实生活严重脱节。再次，瓦尔拉斯在探讨完纯粹交换、生产和交换后，开始引入资本和货币。这样，瓦尔拉斯的市场体系的第一层是消费品市场，第二层是生产和生产服务品市场，第三层是资本货物市场，第四层是"流动资本"即存货市场，各个市场是连成一体的。货币只不过是存货表中的一个特殊项目，提供给养服务，货币的这种给养服务是用于交换的服务，这种服务的价格是以特殊方式进入所有其他商品与服务的需求与供给方程的。用他自己的话说，货币流通方程式实际上就将"处于决定经济均衡的方程组的外部"。瓦尔拉斯的体系实质上是一个"实物"体系或计价商品体系，该体

---

① 阿列桑德洛·荣卡格利亚：《西方经济思想史》，上海社会科学院出版社2009年版，第329页。

系本身是完整的，货币只不过是披在上面的一块"面纱"①，它并不影响均衡的稳定性。他作了一个形象的比喻："市场，它不断地走向平衡，——市场除了借助于摸索以外，没有别的方法接近平衡，——市场就像是被风力激动着的一池春水，它不停地要趋向于水平。"② 他对均衡这样的一种信念，或对市场经济的这样一种预期也深深地影响了后来的经济学家。

从瓦尔拉斯将均衡比为风平浪静后的湖泊可以看出，他是非常看重均衡的稳定性的意义的。但正如上面所分析的，当一般经济均衡的解即存在性都存在问题时，遑论其唯一性和稳定性。以今天的眼光看，在瓦尔拉斯的年代，能借以建立一般均衡这座大厦的数学工具尚未具备，其中最为本质的布劳威尔不动点定理到1911年才问世。瓦尔拉斯之后，帕累托、希克斯、诺依曼、萨缪尔森、阿罗—德布鲁及麦肯齐等一代又一代的经济学家开始研究关于均衡的存在性、唯一性和稳定性的问题。

（五）希克斯与阿罗—德布鲁试图重构一般经济均衡理论

希克斯只使用了微积分工具，但此后拓扑学和公理化方法出现在经济学领域中。公理化方法是一些训练有素的数学家（如阿罗和德布鲁等）进行其经济分析的一种典型方法，其最大特点是数学形式化。所谓公理化，就是选择原始概念，形成有关假设，运用与任何对原始概念的主观解释毫无关系的数学推理工具，从那些假设中推出结论。公理化方法首先是用形式术语反映问题，经济学中通常是所谓约束条件下的最大化或最小化，如效用最大化、成本最小化等，然后用形式术语表达一组确定的基本假设，如生产理论中等产量曲线凸向远点，消费理论中无差异曲线凸向远点等，最后用形式术语定义所期望得到的结果，如一组非负的价格和数量变量的值的确定，以满足所研究问题。

在阿罗—德布鲁模型中③，假定有 L 种商品，m 个消费者和 n 个生产者。这意味着商品空间是个 L 维空间，记作 R^L。每个消费者都有一个消费集 $x_i(i=1, 2, \cdots, m)$。它们都是商品空间 R^L 的子集，记作 $x_i \subset R^L$，

---

① 凯恩斯的《就业、利息与货币通论》敏锐地抓住了这点，深刻地阐述了货币的非面纱或非中性特征。

② 瓦尔拉斯：《纯粹经济学要义》，商务印书馆1989年版，第404页。

③ 参见史树中：《数学与经济》第3章，大连理工大学出版社2008年版，第122～146页。

$(i=1, 2, \cdots, m)$。消费者的行为由定义在其消费集上的偏好关系来刻画，记定义在 x_i 上的偏好为 $\geqq_i$ $(i=1, 2, \cdots, m)$。而每个消费者开始时都掌握一定的商品，它称为消费者的初始持有，记作 $e^i \in R^L$ $(i=1, 2, \cdots, m)$。每个生产者都有一个商品空间 R^L 中的生产集 $Y_j \subset R^L$ $(j=1, 2, \cdots, n)$。这是一个比生产函数更广的概念。$y \in Y_j$；对 j 个生产者来说意味着一种生产活动，$y=(y_1, y_2, \cdots, y_l)$ 中的正分量代表生产活动中的产出（这里以上标作为向量分量的编号，下标将作为向量自身的编号），而负分量则代表生产活动中的投入。如果价格为 $p \in R^L$，那么 $P \cdot y = \sum_{h=1}^{L} P^h y^h$，还将代表这一生产活动的利润。以 $\theta_{ij} \in [0, 1]$ 表示第 j 个生产者分配给第 i 个消费者的利润份额。如果在价格为 p 时第 j 个生产者的生产活动是 $y_j \in Y_j$，则这第 j 个生产者所得到的利润为 py_j；而第 i 个消费者将分得 $\theta_{ij} \in (py_j)$ 作为收入。另外，还要求每个生产者的利润将全部分给消费者。在数学上即为 $\sum_{i=1}^{m} \theta_{ij} = 1$。

这样就形成了一个抽象经济，记作：

$\varepsilon = [(X_i, \geqq_i, e^i), (\theta_{ij}), (Y_j)]$，$(i=1, 2, \cdots, m; j=1, 2, \cdots, n)$

如果 $x_i \in X_i (i=1, 2, \cdots, m)$，$y_j \in Y_j (j=1, 2, \cdots, n)$，$p \in R^L$，那么 $((x_i), (y_j), p)$ 就称为经济 ε 的一个状态，如果状态 $((x_i^*), (y_j^*), p^*)$ 满足

（a）对于每个 i，x_i^* 是集合 $\{x \in X_i \mid p^* \cdot x \leqslant p^* \cdot e_i + \sum_{j=1}^{n} \theta_{ij} p^* \cdot y^*\}$ 中关于偏好 $\geqq i$ 的最优元；

（b）对于每个 j，y_j^* 使利润 $p^* \cdot y_j$ 在 Y_j 上达到最大；

（c）$\sum_{i=1}^{m} x_i^* - \sum_{j=1}^{n} y_j^* \sum_{j=1}^{n} e_j = 0$

那么它就称为 ε 的一个均衡。这里的条件（a）是就消费者在其经济能力许可的情况下，进行了最优消费；其掌握的财富由两部分组成：初始持有及各生产者分给他的利润份额。条件（b）是说生产者达到了最大利润。条件（c）则是说供需达到了均衡。经典阿罗—德布鲁定理是说，在一定条件下存在经济的均衡状态。

在一般均衡的简单模型中，其存在定理与布劳威尔不动点定理是等价的。但没有任何经济学上的理由来假设需求映射和供给映射是单值的。同样一个价格体系，生产者和消费者可能作出的最优决策都不一定是唯一

的，即一个 φ 可以对应多种，甚至无限多种需求和产出。用数学术语，前面瓦尔拉斯均衡中的 D(P) 与 S(P) 都应该是集值映射，也就是一个点对应一个集合的映射。这样，在证明瓦尔拉斯均衡时，需要使用角谷静夫不动点定理。[①] 这是不动点定理对集值映射情形的推广，取单值就变成布劳威尔不动点定理。阿罗—德布鲁也曾通过对策论的观念，把所有的消费者和生产者都看成多人博弈的一方，每个人都有各自的利益函数。这时对策论中的纳什（Nash）均衡存在定理的推广就可断言一般经济均衡的存在。[②]

（六）新古典综合调和凯恩斯对均衡理论的质疑

1929～1933 年间西方世界爆发了一场久治不愈的特大经济危机，这一事实本身就说明一般均衡理论的破产。凯恩斯以此为背景，加上美国"新政"的经验，于 1936 年发表《就业、利息和货币通论》，系统地阐述了他对经济危机的看法，并给出了一套与理论分析逻辑一致的具体政策措施。凯恩斯主义政策在战后获得了巨大的成功，20 世纪从"二战"后到 70 年代初"滞胀"出现之前，西方资本主义国家经济持续繁荣达 1/4 世纪，不能不说凯恩斯主义政策在其中发挥了重要作用。但凯恩斯在《通论》中前后几处对新古典经济学的一般均衡理论的评论是矛盾的。一方面说，"古典学派所假设的情况是各种可能的均衡状态中的一个极端之点。……如果我们企图把古典理论应用于来自经验中的事实的话，它的教言会把人们引入歧途，而且会导致出灾难性的后果。"[③] 另一方面又说："如果我们的中央控制机构能够成功地把总产量推进到相当于在现实中可能达到的充分就业水平，那么，从这一点开始，古典学派的理论仍然是正确的。"[④] 凯恩斯的这种模棱两可的话，为新古典综合派将凯恩斯宏观经济学与一般均衡理论为代表的微观经济学综合起来提供了依据。而宏观经济计量模型则为"卢卡斯批评"提供了一个靶子。

1937，希克斯写了《凯恩斯先生与古典学派》一文。希克斯认为，尽管凯恩斯对古典学派进行了尖锐抨击，但事实上仍缺乏一种令人满意的比较基础，希克斯的目的是想"孤立凯恩斯的创新，从而揭示处在争论中的

---

① ② 《诺贝尔经济学奖获得者讲演集》，中国社会科学出版社 2008 年版，第 167 页。

③ 凯恩斯：《就业、利息和货币通论》，商务印书馆 2004 年版，第 7 页。

④ 凯恩斯：《就业、利息和货币通论》，商务印书馆 2004 年版，第 392 页。

真正问题是什么"①。为此他提出了一个大胆的宏观模型，这个模型随后被称之为 IS—LM 模型。他认为，凯恩斯的《通论》应该表述为：

$$M = L(Y, i), \ I = I(i), \ S = S(r), \ I = S$$

M 是名义货币供给，Y、I 和 S 是名义收入、投资和储蓄，i 是利率。这个模型一直是主流宏观经济学的主体构件之一，可以用来分析主要宏观经济变量（国民收入和利率）的决定，产品市场和货币市场失衡的原因以及经济如何由失衡走向均衡，也可用来分析财政政策、货币政策对利率和国民收入的影响及其效果。模型中的收入 Y 和利率 i 同时被 IS 和 LM 方程（或两条曲线）决定。在希克斯做了这个改进后，"凯恩斯就追回到马歇尔传统学说。"② 莫迪格利亚尼（1944）则明确地将劳动力市场引入到一个类似的宏观模型中，并同时允许价格和工资发生变化。在他的古典模型中，劳动力供给和需求都取决于实际工资，并且经过调整达到古典均衡，从而构建劳动 L 在古典均衡中实现"充分就业"③。"就在希克斯和莫迪格利亚尼这样的理论家忙于发展凯恩斯模型以适用于教学时，克莱因这样的计量经济学家则忙于应用模型以便于数据检验和政策分析。"④ 这些模型被广泛用于经济预测和政策分析。尽管有些模型在细节上存有不同看法，但相似点毕竟多于不同点。"它们本质上都拥有凯恩斯主义结构。回望模型构造者的想法实与今天相同。IS 曲线反映财政状况、货币政策及与 GDP 的关系，LM 曲线当货币供求均衡时以决定利率水平。某种形式的菲利普斯曲线则刻画价格水平如何对经济的变化作出反应。"⑤ 确实，一段时间以来，人们曾广泛接受这样一个观念：通货膨胀与失业之间存在着稳定的权衡取舍关系。货币政策当局能够降低失业率，其代价是某种程度的高通货膨胀率；也能只降低通货膨胀率，但高失业率则会不期而至。

（七）弗里德曼的现代货币主义是建立在"自然失业率"上的均衡

20 世纪 60 年代末，通货膨胀与失业同时出现上升，挑战了菲利普斯

---

①② Hicks, J. R., 1937, Mr. Keynes and the Classics: A Suggested Interpretation, *Econometrica* 5 (2): pp. 147 – 159.

③ Modigliami, F., 1944, Liquidity Preference and the Theory of Interest and Money, *Econometrica* 12 (1): pp. 45 – 88.

④⑤ N. Gregory Mankiw, 2006, The Macroeconomist as Scientist and Engineer, *Journal of Economic Perspectives*, Volume 20, Number 4. pp. 29 – 46.

曲线所刻画的宏观经济状况。弗里德曼（1968）和菲尔普斯（1968）坚持认为，持续的通货膨胀不会对经济产生任何影响，因为人们关心的是真实的数量而非名义上的。[①] 一旦人们预期到了持续的通货膨胀，就会在价格、就业和寻找工作等各方面将通货膨胀考虑进来而加以调整，使得通货膨胀与真实的经济决定无关。持续的通货膨胀不能带来持久的失业率降低。弗里德曼强调：在通货膨胀率的持久变化方面，人们的预期调整是缓慢的。这种缓慢调整暗含着当经济受到扩张性货币政策刺激时，失业率可以暂时下降。但货币扩张终究会使经济过滤（穿行）在高物价上，失业率也会回落到由真实基础力量所决定的水平。也就是弗里德曼的所谓"自然失业率"水平。他在这里讨论的依旧是一个新古典情形。其中就业决定于劳动的需求和供给，劳动供给者在不知道价格水平相对于货币工资率已经上升时，从而劳动供给比知道这一点时多一些，这样就会出现就业水平膨胀的假均衡。而菲尔普斯则认为，"在一个信息不完备的环境下，人们相信所有的价格变化都反映货币的波动，它取代了人们所服务的行业或部门的相对价格的变化。"[②] 作为新凯恩斯主义学派建筑师的菲尔普斯也坦承，他自己的理论比弗里德曼的解释更好一些。因为在弗里德曼的理论中没有任何关于失业的东西，自己的则有宏观经济均衡条件下的失业理论为基础。但无论如何，弗里德曼和菲尔普斯类似的成果激起了经济学家在20世纪70年代的重新思考。

瓦尔拉斯在论述他的一般均衡理论时，是从纯粹交换开始的，接着探讨生产和交换，最后引入资本和货币。在市场走向"均衡"的过程中，货币只不过是披在真实经济上的一块"面纱"。在阿罗—德布鲁的一般均衡模型中根本就没有货币。弗里德曼在批判"菲利普斯曲线"时，认为该曲线所描述的通货膨胀与失业的替换关系只在短期存在，在长期内，菲利普斯曲线是垂直的。货币政策的作用只在短期内有效，或者说，货币在短期内是非中性的，劳动供给者在不知道价格水平相对于货币工资率已经上升时，劳动供给会比知道这一点时的多，导致出现就业水平膨胀的假均衡；长期内，真实力量会驱动经济在"自然失业率"水平上达到均衡。

---

① Friedman and Milton, 1968, The Role of Monetary Policy, *American Economic Review*, 58, pp. 1 – 17; Phelps and Edmunds, 1968, Money – Wage Dynamics and Laboor – Market Equilibrium, *Journal of Political Economy*, 76, pp. 678 – 711.

② Phelps and Edmunds, et al., 1970, *The New Microeconomics in Employment and Inflation Theory*, New York: Norten.

（八）卢卡斯利用"迭代模型"复活瓦尔拉斯—般均衡

尽管卢卡斯在复活古典经济学中的实物经济与货币经济二分法时，增加了"理性预期假说"，但正像罗伯逊所说："高深的见解像一只被追赶的野兔，如果你站在原地或其附近，可以确信它会绕一个圆圈又回到你的身旁。"①

卢卡斯 1972 年的那篇论文"预期与货币中性"，本意是要批判凯恩斯主义的财政与货币政策交替使用以应对经济周期的方法。他设问了一个自大卫·休谟以来近两个半世纪困扰经济学家们的古老命题：货币政策行为是怎样影响通货膨胀、产出和失业的？换言之，宏观经济学的一个主要问题是：货币政策是否可以和应该用于减缓商业周期的波动？卢卡斯把自己的讨论建立在较早时期由著名凯恩斯主义者，新古典综合派的奠基者萨缪尔森所开发的"迭代模型"（The Overlapping Generations Model）基础上。

在萨缪尔森的"迭代"框架中②，人们生活在两个时期，任何时期的经济都有两个不同的人群：年轻人和老年人。每期终了，老年人去世，年轻人变老，新一代出生。只有年轻人工作和生产一种产品，年轻人和老年人都要消费它。该产品不能储存。在这样一个高度抽象的经济中，现在和未来的一代人如能设想出一种机制将每期生产的部分产品转移至他们年老时无疑能使他们活得更好。一个明显的制度是社会保险（Social Security）。萨缪尔森注意到还有另外一种制度也能起到同样的作用，这就是货币。它能提供老年人所要求的由年轻人所生产的部分产品。每代年轻人为获得这些货币也心甘情愿地放弃部分他们所生产的产品，因为他们相信下一代也从事用产品交换货币的交易。假设货币的数量固定且为最初的第一代老年人所持有，每一代年轻人是同样的情况。最简单的办法是考虑这个经济中人们的行为是竞争性的，人们接受以货币表示的价格，不受影响地独自决定生产和消费多少。老年人提供他们握有的全部货币并消费市场所提供的物品，年轻人的选择更为有趣，要选择将多少他们生产的物品供应市场，他们需要预测他们成为老人时货币的价值。货币的价值取决于再下一代人

---

①　Roberston, D. H., 1954, Thoughts on Meeting some Important Persons, *Quarterly Journal of Economics*, May.

②　Samuelson, Paul, 1958, AN Exact Consumption-loan Model of Interest with or without the Contrivance of Money, *Journal of Political Economy*, December, 66, pp. 467–482.

的决定，从而取决于他们的预测。由今天的年轻人所作出的理性的决定要求预测其他人的预测。

这又回到了"均衡"的概念。用博弈均衡来描述应该更准确一些。均衡要求分析哪些难以驾驭的问题，要求对未来价格的预期或预测等同于到时实际表现的价格。在这个"迭代"模型里，均衡是每一期的价格和由年轻人做出的向市场提供多少物品的决定，是年轻时价格为给定而年老时由他们来定价，如同这里的货币总量由老年人带去市场，而又恰好是年轻人希望携往未来的。"这最后的均衡有时就描述了市场出清的状况。"①

在这样一种货币经济中，单位物品的价格对人们所关心的产出没有影响。正如将用美元标价的改用美分，其后果是价格会上涨但仅为原来标价的1%。这样一种特性我们又叫做价格的"零度齐次性"（Zero Degree Homogeneity）。它意味着一旦我们使最初一代老人手中所持有的货币翻番，则以后每期的价格也会翻番。这种特性的货币经济为"中性"（Neutrality）。说货币是中性，是指名义数量的成比例改变导致价格的成比例变化而对真实的数量没有影响。在萨缪尔森的模型中，最初一代老人手中的美元数量一旦改变，则使名义数量和所有价格发生相对应成比例改变，这样一种货币注入是中性的。

其他形式的货币注入可能是非中性的。货币当局按固定比例持续不断地扩张货币并将其一次支付给老年人，这种不受约束的货币总量为老年人所持有，人们会预期这种货币投放带来物品价格持续地上涨即通货膨胀。于是年轻人发现当他们年老时货币的购买力下降，这降低了他们工作的报偿致使自愿工作的愿望和产出跌落。由这种形式的货币扩张所引起的通货膨胀所起的作用正如征税。通货膨胀税是现实经济中的一个重要特征，但在这里的语境中，预期到的货币扩张的含义是抑制了当前的经济活动。不过，卢卡斯在这里是要借用萨缪尔森的"迭代"模型创立一个框架：当前的货币量的扩张开始时时引起真实活动的变化，但长期仍是中性的。无论如何，这里有其他的货币注入方式，它导致持续的通货膨胀，但并不改变人们生产和消费多少数量的真实决定。

由于卢卡斯"对以数学形式清楚表达的一般均衡模型有着强烈的偏

---

① V. V. Chari, 1998, Nobel Laureate Robert E. Lucas, Jr., Architect of Modern Macroeconomics, *The Journal of Economic Perspectives*, 12, 1; ABI/INFORM GLOBAL, P. 171.

好"[1]，故精心构造了一个总供给曲线的不完全信息模型[2]。为了强调信息机制所扮演的中心角色，假设（货币的）改变是成比例的，刚开始可考虑一种货币改变是随机的情况。上述"迭代"经济中的一个有趣情况是，即便年轻不知道现期货币改变的比例，货币依旧是中性的。原因是在竞争市场中，年轻人可以在做出生产决策之前观察物品的价格，在均衡时，价格显示了货币量的改变，故结果是均衡点上，价格在每期由于货币量的变化小幅上升，但真实的（资源）配置完全不受影响。换言之，当总价格水平上升时，为什么产出有时也会上升？按标准微观经济学的答案，厂商通常只在他们自己的市场中观察价格。高的价格可能归因于高的需求，或者也许只是反映了总价格水平的上升。若是前者，厂商乐于增长；若是后者，价格的变化应是中性的，产量应当不会改变。由于信息不完全，厂商看到其产品价格提高时，它没法判断是高需求还是总价格的上升。理性的行为是少量的提高产出，可能两种原因都有。为了把这样的经济理念形式化，卢卡斯选择了用优雅的方程来描述。假设经济由不同的市场组成，每一个市场都位于一个孤岛（Island）上。有一个集市供每个孤岛的居民交易其产品。若 i 岛居民预期其产品售价 P_i 高于经济中的总价格水平 P，他们愿意提供更多的时间，这时 i 岛的产量为：$y_i = a(P_i - P)$。若 i 岛可得信息既定情况下其预期价格水平为 $E(P/island_i)$，则供给函数为 $y_i = a[(P_i - E(P/island_i)]$。对 i 岛产品支付的价格取决于总价格水平 P 和对该岛产品的需求冲击 Z_i。若是岛的居民知道本地价格 P_i，却不知需求冲击与总价格水平。看来只能从 P_i 来推导出总价格水平[3]。P_i 高可能因为 Z_i 高，或者是 P 高。对 P 的最好猜测是：

$$E(P/P_i) = R_o + 1/\alpha \cdot \beta P_i \quad 0 < \beta < 1$$

这里的 $E(P/P_i)$ 表明，当地价格 P_i 是用来猜测的唯一信息。a 是一个常数，反映供给曲线与需求曲线的斜率。截距 R_o 没有任何特定意义，其出现只是出于技术上的原因。若本地价格 P_i 的变化主要来源于总价格水平 P 的变化，则 β 将接近于 1，若变化的大部分动因来自需求冲击 Z_i，则 β 将接近于零。β 的值是决定总供给曲线斜率的关键。若 $\beta = 1$，总供给

① 布赖恩·斯诺登：《现代宏观经济学指南》，商务印书馆 1998 年版，第 265 页。

② Robert E. Lucas, Jr., 1972, Expectation and the Neutrality of Money, *Journal of Economic Theory*, 4, pp. 103 – 124.

③ 多恩布什等：《宏观经济学》，中国人民大学出版社 2000 年版，第 165 页。

曲线将是垂直的。于是，供给函数可以重写为：

$$y_i = a\left[P_i - (R_o + 1/\alpha \cdot \beta P_i)\right] = a\left[(1 - \beta/\alpha)P_i - R_o\right]$$

由于对 i 岛产品的需求既取决于总的 GDP_y，还取决于对 i 岛产品的需求冲击 Z_i 以及 i 岛产品的相对价格 $P_i - P$。故 $y_i = y + Z_i - Y(P_i - P)$。市场要出清，则供给与需求相等可求得一个岛上的均衡价格，故：

$$a\left[(1 - \beta/\alpha)P_i - R_o\right] = y + Z_i - Y(P_i - P)$$

在卢卡斯的理念里，任何一个孤岛都是总体经济的代表。岛与岛之间的区别在于各自独有的冲击，而总体经济则是各个单独岛屿经济的平均情况。所以，总产出 y 是各个 y_i 的平均数，总价格水平 P 是各个 P_i 的平均数，各个 Z_i 的均衡为零。对上式两边进行平均后，可得 $P = 1/\alpha$ $(1 - \beta) \cdot (y + \alpha R_o)$。多年以后，卢卡斯在谈到自己的关于预期的分析时还说："人们可以把经济体描述为一系列随机函数所构成的方程组，各种参数可以从时间序列中估计出来"，而人们运用信息技术以及相应的数据搜集与处理技术的能力就是构建"一般均衡的精确的数学模型"①的能力。

确实，"二战"后西方国家由于推行凯恩斯主义政策，在经济增长等方面取得一些积极成果的同时，也由于资本主义基本矛盾的作用，伴随着经济增长的过程出现了物价持续上涨，而失业率不断攀升的所谓"滞胀"现象。这一现象用凯恩斯主义理论没法解释，采取凯恩斯主义政策也没法消除。于是在 20 世纪 60 年代末 70 年代初，各种反凯恩斯主义的力量，以复兴古典经济学的名义卷土重来。而一般均衡理论作为自亚当·斯密、瓦尔拉斯以来古典经济学的所谓核心思想，被重新粉刷与包装，其理论含义是市场会自动出清，否认凯恩斯"非自愿失业"等非均衡概念，政策上反对政府干预。不过，同样是打着复兴古典学派的旗帜，其内部也是派系林立，花样不断翻新。我们在本文的前面部分也提到，经济学理论中的概念框架非常重要，对它的阐述有时就会形成一个经济学流派。我们即以预期为例。凯恩斯特别强调预期的作用，他的整个经济周期理论都建立在长期预期的不稳定性基础上。正因为强调长期预期的不稳定性和不确定性，使凯恩斯的核心思想背离古典均衡模型。凯恩斯在《通论》中阐发的投资的"羊群效应"、"选美效应"等思想，表明预期虽然重要，但它可以被

---

① Robert E. Lucas, Jr., 1980, Methods and Problem in Business Cycle Theory, *Journal of Money Credit and Banking*, 12: pp. 696 - 715.

看做是外生地影响模型，而不是由模型的运转内生地决定的。因此，凯恩斯强调的预期是一种外生预期。而发源于穆思，由卢卡斯发扬光大的理性预期假说不但不同于凯恩斯的外生预期，而且也不同于此前由弗里德曼等采用的适应性预期假说（Adaptive Expectation Hypothesis）。所谓适应性预期，是指经济当事人以过去的经验为基础并根据他们以前的预期误差来修正每一期的预期。在 $(t-1)$ 期对 t 期的价格水平所做的适应性预期可定义为：$P_t^e = P_{t-1}^e + \beta(P_{t-1} - P_{t-1}^e)$　$(0 < \beta < 1.)$。在这里 β 为适应性系数，它决定了预期对过去的误差进行调整的速度，"适应性预期在形式上相当于权数呈几何级数递减的滞后分布，但是并没有什么理由证明实际经济生活中存在这样的权数。"[①]　于是，t 时期的预期价格 P_t^e 的滞后分布的一般形式为：$P_t^e = \sum W_{R-1} P_{t-R}$。这里，$W_{R-1}$ 为任意权数，$R = 1, 2, 3, \cdots, \infty$。$W_{R-1}$ 具有总和收敛的特性。所以，"适应性预期的概念里包含了任意权数以描述预期是怎样形成和校正的。"[②]　而前述理性预期的概念里则给方程强加了许多约束。第二，理性预期假说相较于适应性预期假说对凯恩斯主义的打击力度更大。因为西方很多学者认为凯恩斯宏观经济学不具备微观基础，而理性预期假说以经济当事人的个人利益最大化为逻辑出发点，既将微观动机与宏观行为结合起来，又克服了适应性预期假说与理性人假说相矛盾的不足。作为理性人，经济当事人必定会充分利用一切可以获得的信息来追求自身利益最大化，而根据适应性预期假说，经济当事人在形成预期时却不考虑当前的信息，这意味着当事人会持续和系统地犯认识上的错误，这和理性人的假说相矛盾。第三，存在均衡点的观念迫使人们进行理性预期。而卢卡斯最著名的成就，据说"就是他证明对总量不稳定有可能形成一个均衡解释"。[③]　总供给依赖于相对价格的假说是新古典学派解释产量和就业波动的中心环节，厂商和劳动者都会有预期误差，对失察的普遍的价格上升做出正向反应，即分别提高产品和劳动的供给。其结果总产量和就业都将暂时高于它们的自然水平。一旦当事人意识到相对价格没有变化，产出和就业就会回到其长期（完全信息）均衡水平。这不同于弗里德曼的劳动者被愚弄模型。

---

①　方福前：《当代西方经济学主要流派》，中国人民大学出版社 2004 年版，第 139 页。

②　V. V. Chari, Nobel Laureate Robert E. Lucas, Jr., 1998, Architect of Modern Macroeconomics, *The Journal of Economic Perspectives*, Winter, 12, 1; ABI/INFORM GLOBAL, P. 171.

③　布赖恩·斯诺登：《现代宏观经济学指南》，商务印书馆 1998 年版，第 235 页。

卢卡斯的论文启发了不少西方经济学家对货币与产出的关系进行经验性研究。巴罗和萨金特等人利用美国的时间系列数据就预期到的和未能预期到的货币变动对产出的影响进行了测试，大多数经验数据并不支持货币（均衡）经济周期理论，即产出的"价格惊奇影响是微弱的"①。于是，正如曼昆所言，就有了新古典经济学的第三次浪潮。大约从20世纪80年代初开始，对总量的不稳定解释转向到了真实冲击而非货币冲击。这就是由卡内基—梅隆大学的芬恩·基德兰德和明尼苏达大学的爱德华·普雷斯科特等所鼓吹的真实经济周期理论。

（九）RBC 与 DSGE 是一般均衡理论的现代版本

真实经济周期（RBC）也是建立在价格迅速调整以出清市场的假设之上，这也使得这三波浪潮能与凯恩斯主义区别开来。不过，不同于弗里德曼和卢卡斯等从需求和货币的角度来解释经济周期或波动，真实经济周期理论以20世纪70年代的石油价格冲击为背景，从供给和技术的角度来讨论和解释经济波动。通过研究美国的数据，真实经济周期理论家们提出了GDP 的随机游走（Kaudom Walks）假说②。之前的传统方法是设想经济沿着由索洛模型描述的反映潜在的趋势增长率的轨迹演进，而围绕趋势（一条平滑线）的短期波动主要由需求冲击决定，但无论如何，产出对趋势的偏离是暂时的，是会"趋势复归"的。不过，凯恩斯主义认为这种偏离是剧烈的而且会持续较长时间，因此需要政府采取矫正性行动。而弗里德曼和卢卡斯等人则认为无此必要，因为他们深信市场具有保持均衡的能力。不过，真实经济周期理论家们认为趋势并不是这样的平滑，而是要经常遭受大的冲击，这些冲击对 GDP 水平具有持久性影响。在他们的模型里，GDP 被描述为随机游走的统计过程演进，产出被看作是由一个趋势（Trend），即长期成分（Secular Component）和一个周期成分（Cyclical Component）所构成。趋势是增长的结果，如果在增长过程和经济周期之间存在重要的相互作用，那么将增长理论与波动分析隔离出来的传统研究方法就显得不合逻辑。于是通过整合增长理论与波动理论，他们"改变"

---

① V. V. Chari, Nobel Laureate Robert E. Lucas, Jr., 1998, Architect of Modern Macroeconomics, *The Journal of Economic Perspectives*, Winter, 12, 1; ABI/INFORM GLOBAL, P. 171.

② Charles R. Nelson and Charles I. Plosser, 1982, Trends and Random Walks in Macroeconomic Time Series: Some Evidence and Implications, *Journal of Monetary Economics*, Vol. 10, No. 2, pp. 139 – 162.

了经济周期理论。为了使真实经济周期理论解释总量波动中观察到的就业的大幅变动，他们又必须有闲暇的跨时间替代，由于在模型中假设价格和工资是完全灵活的，故劳动市场也总是处于均衡状态。这样，经济危机期间的高失业率就被解释成是由工人正确选择享受闲暇的时间引起的，从凯恩斯主义的角度讲，大量失业意味着劳动市场没有出清，劳动供给广泛过剩，工人不能在通行的工资水平上找到工作。但在真实经济周期理论家那里，解雇被伪装成假期，大萧条成了大休假。这样一种用理论裁剪现实，"削足适履"式的宏观经济学理论由于更多地结合了微观经济学的分析工具，因而显得更加严格和学术化。"真实经济周期理论的假定前提镶嵌在精心建构的数学模型中"，由于采用了模型"校准"（Calibration）的方法，"模型在描绘现实数据时运用了复杂的统计技术，该理论开始统治许多大学的宏观经济学教学。"[1]"真实商业周期理论其实是阿罗—德布鲁一般均衡理论的具体化和动态化的例子"[2]，而且由于强调自己在研究方法论上的贡献，它们经常会以"动态随机一般均衡理论"（DSGE）的招牌出现。

三、一般均衡理论批判

一般均衡理论（GE）作为西方微观经济学的主要内容和内核（Core），在各种版本的教科书中充斥着。由于主张宏观经济学要有微观基础，宏观经济学必须以微观经济学导出，因而建立在理性预期假说和一般均衡理论基础上的新古典宏观经济学成为西方宏观经济学的主流。其主要代表人物，诺贝尔经济学奖获得者罗伯特·卢卡斯在 2003 年美国经济年会上宣称"防止经济萧条的核心问题已经解决了"。但 2008 年的这一次危机使"这一切都破碎了"。[3]我们究竟应该怎样来评判经济理论呢？

贝克豪斯曾指出，完美的理论应当具备逻辑一致性、与事实保持一致

---

[1][3]　Paul Krugman, 2009, How Did Economists Get It so Wrong? The New York Times September 6.

[2]　N. Gregory Mankiw, 2006, The Macroeconomist as Scientist and Engineer, *Journal of Economic Perspectives*, Volume 20, Number 4, pp. 29 – 46.

性和成功的预测三个方面的特征。[①] 一般均衡理论符合几样特征呢？

首先来看逻辑一致性。毋庸置疑，这是西方新古典宏观经济学家最引以为自豪的东西。在经济学中（无论微观还是宏观）由于最广泛地运用了复杂高深的数学，这既使得经济学与其他社会科学区别开来，同时仿佛自身因此而更像自然科学，更具备逻辑一致性。曼昆就此打趣说："经济学家们总喜欢摆出一副科学家的架势。……有意识地把经济学描述成一门科学，……用精致的数学阐释理论，收集大量的个人和总体行为数据，利用高深复杂的统计技术以获得没有偏见和意识形态的实证结论。"[②] 这些都刻画了经济学家们在使经济理论逻辑一致性方面所作出的努力。

为什么谈到理论的逻辑一致性就要扯上数学？这当然是由数学本身的特点所决定的。数学方法的精髓在于引入基本概念，在一个抽象概念中涵盖那个概念所涉及的所有物理呈现的本质特征。如数学上的直线必须涵盖拉紧的琴弦，直尺的边，田地的边界和光线的路径等。数学最显著的特征是其运用的推理方法。其基础是一套公理，并运用演绎推理于其上。公理（Axiom）一词源于希腊文，意思是"认为有价值"。公理的概念表示的是真理，没有人能够怀疑它。有了这些真理，我们的推理就建于其上。不管概念和公理多么根本，从公理得出的推论允许我们获得全新的知识，以此校正我们的感官知觉（因为我们的感官知觉常会出错）。在归纳、类比和演绎等众多类型的推理中，只有演绎推理能保证结论的正确性。在中学数学的几何篇中，我们就曾反复训练过这样的类型：给出公理和约束条件，运用逻辑演绎，推论出定理（实为证明）。这样的一套方法实为数学的公理化方法。我们在本文第二部分提到的诺贝尔奖获得者德布鲁，将这种方法引入一般均衡分析，从而为一般均衡提供了"严格的数学化表述"。那么所谓的公理化，就是选择原始概念，形成有关假设，运用与任何对原始概念的主观解释毫无关系的数学推理工具，从那些假设中推出结论。同样以阿罗—德布鲁定理为例，德布鲁在他的《价值理论》开篇就说："本书的分析是……围绕定义在商品空间的价值函数这一概念展开的。"所谓定义在商品空间上的价值函数，实际上指的就是整个经济的一般均衡的"价格体系"。有了原始概念后，接下来就是假设条件的形成，如我们在第二

---

① 谢拉·C·道：《经济学方法论》，上海财经大学出版社 2005 年版，第 64 页。

② N. Gregory Mankiw, 2006, The Macroeconomist as Scientist and Engineer, *Journal of Economic Perspectives*, Volume 20, Number 4, pp. 29 – 46.

部分中的描述：消费者在其经济能力许可的情况下，进行了最优消费（实为效用最大化）；生产者利润最大化等。当然这里的消费者和生产者就是"理性经济人"。再下来就是进行数学推理，最后得到一般均衡价格体系的"存在性"和"最优性"结论。当然，数学方法的另一个主要特征是符号体系的运用，这不仅仅是一个技术性的问题。经济社会现象是如此的复杂，以自然文字符号表示时，会出现信号流过长，增加个体处理复杂信号的难度，降低理解效率。如果没有符号体系，数学将迷失在文字的荒原中。所以在《价值理论》的第一章"数学基础"中，德布鲁介绍了后面要用到的全部数学概念和结论，这一章使用的数学概念和符号也被经济理论家当作范本。

因而，"从理论研究角度看，借助数学模型至少有三个优势：其一是前提假定用数学语言描述得一清二楚。其二是逻辑推理严密精确，可以防止漏洞和谬误。其三是可以应用已有的数学模型或数学定理推导新的结果，得到仅凭直觉无法形成或不易得出的结论。"① 无怪乎100多年前，新古典学派的马歇尔就曾指出：数学训练的重要性在于它可以使各种关系的表达和经济学的推理变得更加简洁、严谨和清晰。美国密歇根大学教授瓦里安认为，德布鲁的《价值理论》一书，提供了对适用于今天的一般经济均衡理论的最简洁、最优美的表达。

其次是与事实保持一致性。这个问题是一般均衡理论的软肋。如前所述，为追求逻辑一致性而使用数学（模型），就自然含有数学的另外一个特征：理想化。数学家在研究直线时有意忽略粉笔线的宽度来加以理想化，或者在一些问题中将地球看成是一个完美的球形。因而，经济学家们在研究一般均衡理论时，也构造了他们心目中的理想状态或假定：（1）市场是完全竞争的，有无数的买者或卖者，他们都是价格承担者（决策对价格没有影响）；（2）产品是同质的。所有厂商生产相同的产品；（3）资源的完全流动性，厂商一旦看到盈利机会就会自由地进入市场，而一旦亏损就会退出市场；（4）完全的信息。消费者对其偏好、收入水平、产品的价格和购买的商品质量拥有完全的信息。厂商对其成本、价格和技术也拥有完全的信息。现在，新古典宏观经济学教科书都把这些假定甚至是理想的假定当作实际的东西（而斯蒂格利茨等的不完全信息等新的理念尚未渗透到大学教科书的核心层面），因而体现了与事实的不一致性。

---

① 钱颖一：《理解现代经济学》，载于《经济社会体制比较》2002 年第 2 期。

很多人都认为一般均衡理论的源头始自亚当·斯密的那只"看不见的手"①，"一个经济的许多主体作出独立的决策，并不创造极端混乱而实际对产生一个社会最优状态作出贡献，这就提出一个极为重要的真正科学问题。回答它的尝试激发了每个经济系统必须解决的几个问题。例如资源配置的效率、决策分散化、决策人的激励、信息的处理。"② 德布鲁的这个看法是与他的前辈弗里德曼相通的："斯密在当今之所以极为重要，还在于他的'看不见的手'的学说。……这是斯密最伟大的成就。这只'手'是对一种方式的想象，在这种方式中，千百万人的自愿行动可通过价格体系来协调，而不需要指导中心。这是一种极其成熟而敏锐的见解。"③ 我们在本文的第二部分说过，亚当·斯密作为英国古典学派的伟大代表，英国资产阶级古典政治经济学体系的建立者，他的《国富论》是一部百科全书式的著作。"看不见的手"这一概念在斯密的三部著作中各出现过一次。在《国富论》中，斯密确实说过："他通常既不打算促进公共的利益，也不知道他自己是在什么程度上促进那种利益。……他只是盘算他自己的安全，…他所盘算的也只是他自己的利益。在这场合，像在其他场合一样，他受着一只看不见的手的指导，去尽力达到一个并非他本意想要达到的目的。"④ 这段话的意思是说，以追求个人的最大利益为目的的资本主义制度能使整个社会得到最大的好处，斯密的目的无非是用该原理来反对封建主义和论证资本主义的必要性，并且根据它来提出增加整个国家的财富的方针政策。在斯密生活和写作的年代，资产阶级属于有利于生产力发展的先进阶级，所以斯密的"看不见的手"的原理在当时是具有进步的意义的。即便按弗里德曼、德布鲁等人的说法，"看不见的手"是"一般均衡理论"的早期作品，但亚当·斯密在论述的时候是坚持了与事实一致性的原则的。在写作时他既要搜集材料，又要整理材料。一方面必须把搜集到的材料进行整理，应用抽象力，从感性认识跃进到理性认识，进行理论上的分析和概括；另一方面又限于把这些搜集到的材料按照原来的样子，加以描写、分类、归纳，在语言和思维过程中重新表现出来。正如马克思所说："一方面，他探索各种经济范畴的内在联系，或者说，资产阶级经济制度的隐蔽结构。另一方面，他同时又按照联系在竞争现象中表面上所表

---

① ② 《诺贝尔经济学奖获得者讲演集》，中国社会科学出版社 2008 年版，第 175 页。

③ 米尔顿·弗里德曼：《亚当·斯密与当今的联系》，载于《挑战》1977 年 3～4 月号。

④ 亚当·斯密：《国民财富的性质和原因的研究》上卷，商务印书馆 1983 年版，第 27 页。

现的那个样子，也就是按照它在非科学的观察者眼中，同样在那些被实际卷入资产阶级生产过程并同这一过程有实际利害关系的人们眼中所表现的那个样子，把联系提出来。"① 斯密著作中的科学与庸俗方法的同在，使其理论中不可避免地产生许多相互矛盾和相互对立的观点，但他基于对资本主义生产的目的和动机的深刻了解，还是善于运用前一种科学方法，揭示出资本主义社会的一些经济规律。譬如，在探讨市场机制的作用时，就不可避免地要论述分工社会中交换的基础是什么？这自然要引出价值理论，并对劳动价值论作初步的科学探讨；他发现在资本积累和土地私有制产生以前，即简单商品生产条件下，价值才决定于生产商品所必要的劳动，而在资本积累和土地私有制出现以后，即资本主义生产条件下，价值不再决定于生产商品所必要的劳动。斯密的探讨是具有一定的历史感的。这些都说明斯密在探讨经济科学规律时，是尽量使理论与事实一致，而不作非现实的理想假设。

但到了一般均衡理论的最早论证者瓦尔拉斯那里，情况已经有了很大变化。理论越来越抽象的同时，也越来越远离实际，如要论证供求的均衡，斯密论述中的三大阶级即土地所有者、雇佣劳动者和资本家被消费者和生产者所替代；市场价格围绕自然价格上下波动的调整过程被瓦尔拉斯"拍卖者"取而代之等。在萨缪尔森和卢卡斯的"迭代"模型里，使用了"岛屿"这样的概念，更进一步远离现实世界。正如萨默斯所说，通过假说经济中只有鲁宾逊·克鲁索一人来回避问题的做法对于许多经济学家而言并不是一个可取的研究策略。②

同样，真实经济周期（RBC）理论家们为了能得到他们的新牌均衡理论，首先要构造一个古典的总量经济均衡模型，然后提供具体的生产函数和消费决策函数的代数式。其中，家庭（消费者）要做好几个决策。第一是消费和闲暇的替代决策，由于牵涉到真实工资，因而与劳动的边际产出相关；第二是消费与储蓄的决策，这牵涉到现在和未来的消费，又与厂商（生产者）根据生产函数最优化使用劳动和资本有关。在这里，具有理性预期能力的经济当事人（家庭与厂商）不仅被假设为会最大化地利用信息，而且还被假设为会利用正确的理论与经济学模型来作出预期。他们仿

① 《马克思恩格斯全集》第 26 卷 Ⅱ，人民出版社 1974 年版，第 181～182 页。

② Summers, L. H., 1986, Some Sceptical Obserations on Real Business Cycle Theory, *Federal Reserve Bank of Minneapolis Quarterly Review*, Fall pp. 23－27.

佛生活在一个无摩擦（Friction）的世界里。末了，真实经济周期理论家还发展了一个所谓的"校准"（Calibration）方法。用由一带有随机数字发生器的计算机产生的一个随机技术冲击序列对模型进行模拟，冲击对主要的宏观经济变量的影响然后被记录下来，以使其结果能够和主要的宏观经济时间序列的实际行为进行比较。这种对关键参数进行校准的做法完全是"超现实的"[1]。"偏好与生产函数不能代表任何人但却能出现在任何一本入门微观教科书里。现在（真实经济周期理论）有一整套习惯性和不可思议的参数评估值，用严密的微观理论以分析这个'人造的世界'（Artifical World），但却不能用可靠的东西来分析这个特定的'真实的世界'（Real-world）。"[2]

一般均衡理论能够经受得住成功的预测这一标准的检验吗？这正是英国女王之问。而且，一般均衡理论本身的含义也排除了危机发生的可能性。从亚当·斯密开始，主流经济学家都致力于研究市场的良好运作机制。作为一般均衡理论的源头，斯密的"看不见的手"说的就是：无数的经济个体在追求自己私利的同时，却促进了稳定、自我调节的经济体系（公共利益）的产生。个体选择行为看似混乱，背后则隐藏着稳定和秩序。亚当·斯密之后的主流经济学家，以瓦尔拉斯为代表，用庞大的数学模型来证明亚当·斯密的观点，市场具有基本的自我调节功能，并总能奇迹般地实现均衡。在历史上，能够准确分析和预测经济危机的经济学家一般被称为非主流，如马尔萨斯、西斯蒙第、马克思等。

弗里德曼认为能够做出成功的预测是理论选择的主要标准[3]。卢卡斯也曾在一篇文章中调侃非主流经济学家帕廷金，借弗里德曼的口说帕廷金的理论是空洞的，（帕廷金的）模型中什么事情都有可能发生。其实这个话用在新古典宏观经济学（含真实经济周期理论）身上倒是正好。

从理论上说，20世纪30年代的大萧条应当终结主流经济学家们对一般均衡理论的迷恋。但"好了伤疤忘了痛"，"二战"后特别是70年代后的金融与经济学界给古老的理论注入了新的"生机"，理性预期学派的崛起，真实经济周期（RBC）理论的诞生，动态随机一般均衡（DSGE）理

---

①② Ricardo J. Caballero, 2010, Macroeconomics After the Crisis: Time to Deal with the Pretense-of-knowledge Syndrome, *Journal of Economic Perspectives*, Volume 24, Number 4, pp. 85 – 102.

③ Friedman, M., 1953, The Methodology of Positive Economics, in *Essays in Positive Economic*, Chicago University Press pp. 3 – 43.

论的提出，尤其是在著名的芝加哥大学经济系，尤金·法玛教授和一些新自由主义经济学家，他们在萨缪尔森第一次（1965 年）用数学公式建立一套严格的有效市场理论的启发下，在随后的 70 年代把理论和经验证实结合起来，为有效市场假说提供了有说服力的例证。他们建立了大量精巧复杂的数学模型，旨在证明市场的理性有效。在他们看来市场上的所有信息总是会及时准确地反映到资产价格上去，任何价格变动都预示着出现了新的信息。因此，预测资产价格是枉费心机。市场的效率越高，重建均衡的速度就越快。由此可以看出，一般均衡理论及其在金融市场上的变种有效市场假说，根本就没有为危机的发生提供解释机制，何况危机的预测。

一般均衡理论从其最初的提出，到早期的论证和公理化证明，再到 RBC（真实经济周期理论）、DSGE（动态随机一般均衡理论）、EMH（有效市场假说）等让人眼花缭乱的表现形式，它究竟要表达一个什么意图？也许基得兰德和普雷斯科特代表了西方主流经济学家想要证明的一个问题："存在经济周期吗?"[1] 因为使用"经济周期"一词是一种不幸[2]。在普雷斯科特等人的文章里，一般不说经济周期，而宁可说经济周期现象。经济周期现象不过是刻画一组重要的宏观经济学总量时间序列的一些统计性质。

尽管变换了概念，但资本主义制度的基本矛盾决定了危机是不可消除的。这一点凯恩斯的认识远较西方其他主流经济学家清楚："要想使我们的说明符合要求，被我们称之为经济周期的另一特点必须加以解释，即解释危机的现象。"[3] 在 20 世纪 30 年代大危机使资本主义制度面临崩溃的情况下，不仅诞生了凯恩斯宏观经济学和宏观经济政策，而且凯恩斯宏观经济学一度成为西方主流宏观经济学。同样是 70 年代，西方经济社会的变化使新古典宏观经济学成为主流，90 年代的东欧剧变更加剧了西方经济学家们对资本主义制度的信心。很多人都相信经济周期已经被终止了。"我们深信通过精明的政策和新技术，包括更好的通讯和存货控制方法，

---

①　Kydland, F. and Prescott, E. C., 1982, Time to Build and Aggregate Fluctuatious, *Econometrica*, Vol. 50, No. 6, pp. 1345 – 1370.

②　Prescott, E. C., 1986, J. M. Keynes and the Real Balance Effect, The Manchester School, Vol. 54, No. 1, pp. 22 – 30.

③　凯恩斯：《就业利息和货币通论》，商务印书馆 2004 年版，第 326 页。

经济周期被征服了。"①

但 2007 年从美国爆发，2008 年演变成为全球性的金融危机告诉我们，这一切都还没完。人们对这次危机的根源已有了充分的认识。我们关心的是，一般均衡理论作为西方经济学教科书的核心内容，它反映的是西方主流经济学家对资本主义市场经济运行的信仰，而这场危机使"人们对资本主义体系的信仰（Belief）存在崩溃的风险"②。作为社会经济制度不同于西方的中国，我们该如何评价一般均衡理论？我们的观点或许同当下的中国经济学界主流不同，那就是：为我们所用的不在其基本原理，而在一些实用的地方，如数据的搜集、建模的技术等。

一般均衡理论是西方主流经济学的基石和内核。其地位相当显赫，以至于不少人认为，一般均衡学说被简单地等同于一条准绳，人们用它来判断或衡量其他任何经济理论是否可以成为一种特例。③ 整个西方经济思想史似乎只是一条逐渐发展并巩固这一理论的道路。人们遵循这一道路，在阐述古典经济学家的观点时，认为他们所研究的经济学问题就是市场这只"看不见的手"运行。这只手不仅能够确保经济体足够规律地运行，而且它还能保证趋向均衡这一系统性趋势的存在。在均衡的情况下，哪怕存在着众多商品和众多经济行为人，每种商品的供给和需求之间仍然可以达到完全相等，即市场是"出清"的。

诺贝尔经济学奖一般是授予在经济学基础理论、研究方法或理论应用等方面取得重大贡献的经济学家。在诺奖中，给一般均衡领域的奖项最多，这反映了评奖委员会对该理论的偏爱。如 1970 年保罗·萨缪尔森的获奖，因其"发展了静态和动态经济理论"；1972 年肯尼斯·阿罗和约翰·希克斯获奖，因为他们对"一般均衡经济理论以及福利经济学的贡献"；1983 年热若尔·德布鲁获奖，因其对"一般均衡理论以及在一个抽象经济中存在一般均衡条件的理解"方面的突出贡献；1988 年莫里斯·阿莱获奖，因其"依靠严谨的数学模型有可能研究在一个由独立的消费者们和生产者们作出分散决策的经济中达到社会效率、均衡和稳定"。瑞典斯德哥尔摩大学国际经济学院阿萨尔·林德贝克教授认为，这些获奖的"经济学家们在一般均衡理论方面的贡献大大地完善了一般均衡理论模型

①② Daron Acemoglu, 2009, The Crisis of 2008: Structuaral Lessons for and from Economics, MIT Working Paper, January 6.

③ 阿列桑德洛·荣卡格利亚：《西方经济思想史》，上海社会科学出版社 2009 年版，第 272 页。

的经济结构，使得模型之间有了比较正式的区分，也使得决定经济体系的稳定性、效率、均衡，以及协调性的不同方面有了区别"。① 经济学家们的杰出工作也使得一般均衡理论成为经济理论分析的基础方法。不仅如此，他们用数学方法证明了市场经济中的任何经济状态是一个最大效率状态。反之，任何一个最大效率状态都是市场经济中的一般均衡状态。由此，一般均衡理论成为西方主流经济学中体系最完善、论证最严谨、应用最广泛的"基础科学"。

让我们回到前面英国女王所提出的问题，为什么没有经济学家能够预见到此次金融危机？这个问题貌似简单，实则含义深刻，它关系到我们对一个理论的评判标准问题。好的理论不但要能解释问题，还要能预测问题。世界经济发生了自 20 世纪 30 年代"大萧条"以来最大的经济危机，而作为西方主流经济学基石的一般均衡理论既不能解释，更不能预测，因此它不可能是一个科学的理论，而是一个应当抛弃的无用的经济学范式。

还是回到贝克豪斯吧。他认为一个好的理论应当具备逻辑一致性、与事实保持一致性和成功预测三方面的特征。② 若以此标准来检验一般均衡理论，我们发现，其之所以不能成功预测此次金融危机，实在是因为它为了追求逻辑一致性，忽视了经济学的人文精神，用高深的数理表达，精巧的建模技术，严格的前提假定，使经济学逐渐脱离了经济现象发生的政治、历史、文化、伦理等人文因素，用理论来裁剪事实，丧失了理论与事实的一致性，故不但不能解释现实，何谈预测未来。

（一）一般均衡理论数理化过程中与现实的距离越来越远

德布鲁在其诺贝尔奖获奖演讲中说："当代一般经济均衡理论的发展以瓦尔拉斯作为他们的出发点，但是瓦尔拉斯的有些思想有很长历史，包括亚当·斯密的深刻见解。斯密的思想，一个经济的许多主体作出独立决策，并不创造极端的混乱而实际对产生一个社会最优状态作出贡献，这就提出一个极为重要的真正科学问题。"③ 瑞典皇家科学院在给阿莱颁奖时也认为，"阿莱的出发点是亚当·斯密在 1776 年所著的《国富论》中最初陈述的关于市场系统如何动作的一些重要直觉。按照斯密的意见，消费者

---

① 阿萨尔·林德贝克：《诺贝尔经济学奖世纪回眸》，载于《比较》2002 年第 1 期。

② 谢拉·C·道：《经济学方法论》，上海财大出版社 2005 年版，第 64 页。

③ 《诺贝尔经济学奖获得者演讲集》，中国社会科学出版社 2008 年版，第 175 页。

和企业以他们自己的利益行动，与一切经济决策是协调的事实之间没有矛盾。这是依靠一个运作良好的价格系统'看不见的手'创造均衡的。"①不可否认，这确实是对亚当·斯密"看不见的手"的一种解读。但我们不要忘记，亚当·斯密首先是一位道德哲学教授，在《国富论》出版之前，就已出版了《道德情操论》（1759）。且在《道德情操论》开篇就说："无论人们会认为某人怎样自私，这个人的天赋中总是明显地存在着这样一些本性，这些本性使他关心别人的命运，把别人的幸福看成是自己的事情，虽然他除了看别人幸福而感到高兴以外，一无所得。这种本性就是怜悯或同情，就是当我们看到或逼真地想象到他人的不幸遭遇时所产生的感情。"②但斯密经济思想的利他（同情心）元素被新古典经济学家渐渐地抛弃了。在数学建模时，他们找到的是斯密《国富论》中的利己心，并将这种元素抽象为经济人，作为他们理论的逻辑出发点。"我们不说唤起他们利他心的话，而说唤起他们利己心的话"。③因为，"他如果能够刺激他们的利己心，使有利于他，并告诉他们，给他做事，是对他们有利的，他要达到目的就容易得多了"。④"他通常既不打算促进公共的利益，也不知道自己是在什么程度上促进那种利益。……他只是盘算他自己的安全……他所盘算的也只是自己的利益。在这场合，像在许多其他场合一样，他受着一只看不见的手的指导，去尽力达到一个并非他本意想达到的目的。……他追求自己的利益，往往使他能比在真正出于本意的情况下更有效地促进社会的利益。"⑤

在亚当·斯密那里，经济人的利己与利他两种属性是有机统一的。但在一般均衡理论的证明过程中，经济人的利他属性被抽去了，而利己属性则发展到极致。这是因为，"西方世界的经济学，总是被同时代西方对自然界的理解所奴役，自然科学方法的理想形象在塑造经济理论中的经济行为人的形象中，仍然发挥着支配性的作用"。⑥将经济人的利己属性作为

---

① 《诺贝尔经济学奖获得者演讲集》，中国社会科学出版社 2008 年版，第 267 页。

② 亚当·斯密：《道德情操论》，商务印书馆 2010 年版，第 5 页。

③ 亚当·斯密：《国民财富的性质和原因的研究》（上卷），商务印书馆 1983 年版，第 14 页。

④ 亚当·斯密：《国民财富的性质和原因的研究》（上卷），商务印书馆 1983 年版，第 13 页。

⑤ 亚当·斯密：《国民财富的性质和原因的研究》（下卷），商务印书馆 1983 年版，第 27 页。

⑥ 马克·图尔：《进化经济学》第 1 卷，商务印书馆 2011 年版，第 67 页。

理论演绎的逻辑出发点，而"逻辑的含义被解释为数学公理化"。[①] 这里的经济人只是一个有理性、会算计、有创造性并能获得最大收益的人。"完全理性的经济人有预测将会发生的每件事和有选择最优行动方式的能力"。[②] 这种最优行动即最大化利益行为。在主流经济学中，经济人要扮演两个角色：消费者和生产者。作为消费者，要追求效用最大化。为此，要叙述消费者偏好，在偏好是完全的、可传递的、所消费的商品都是好的基本假定条件下，用无差异曲线来刻画消费者的偏好；要"写出"效用函数，阐述边际效用递减原理；在给定收入约束的情况下论证消费者实现效用最大化的条件。生产者追求利润最大化。为此要测度各种成本，给定生产函数，推导成本函数。在技术约束的条件下，论证生产者追求利润最大化的条件是，边际成本等于边际收益。于是，企业被简化为生产函数，消费者则被视为效用函数。在制度外生给定的条件下，优化行为是无处不在的。"经济学中最有影响的均衡幻想，是有正斜率的供给曲线和负斜率的需求曲线唯一相交为特征的自稳定设置。它保证了均衡的唯一性。它可以从不存在规模报酬递增的经济体中通过效用函数和生产函数的最优化推导出来。"[③] 问题是，"人的行为远比经济学家模型的个人效用函数所包括的内容更复杂，有许多情况不仅是一种财富最大化行为，而是利他和自我施加的约束，它们会根本改变人们实际作出选择的结果"。[④]

剥离了经济人的利他属性，虽有利于进行数学演绎，但由于丧失了经济学的人文性质，使经济学逐步走上与现实脱节之路。因为就经济学而言，它必须满足逻辑性与经验性兼而有之的特征。仅有逻辑检验和演绎并不能保证经济学的科学性，它还必须能够进行经验检验。新古典经济学在一般均衡理论的证明过程中，将人类行为发生的其他场景都抽去，仅保留一个狭窄的自利偏好，当然不能给出人类行为的合理解释，这是与事实不一致的。

（二）一般均衡理论证明过程中存在的问题

在描述竞争的市场如何解决生产什么、如何生产和为谁生产的问题

---

① 马克·图尔：《进化经济学》第 1 卷，商务印书馆 2011 年版，第 69 页。

② 齐默尔曼：《经济学前沿问题》，中国发展出版社 2004 年版，第 121 页。

③ 陈平：《均衡幻象，经济复杂和经济分析的演化基础》，载于《演化与创新》2011 年第 1辑，第 45 页。

④ 诺思：《制度、制度变迁和经济绩效》，上海三联书店 1997 年版，第 123 页。

时，"通过让供给曲线和需求曲线决定所有的价格和产量，市场机制同时解决许多相互依赖的生产什么、如何和为谁的问题。这样一系列相互依赖的均衡价格和产量就是由供给和需求决定市场的一般均衡。在这里就好像在许多不同市场上，有着许多同时行动的拍卖者，每一个市场都达到了供给和需求曲线的均衡点。"① 如前所述，作为经济人的消费者，其目标是追求效用最大化，但要面临个人收入预算的约束。然而要追求最大化效用，势必要追求收入最大化，这也是一种市场竞争行为，必然要与其他经济人的行为互相影响、互相制约以同时达到所有市场的均衡。在给定收入预算约束的条件下，则无疑限制了竞争。若"此时再分析商品市场的竞争无疑是在不允许竞争的条件下研究竞争，如此将收入最大化与消费效用最大化分离，将个人行为孤立化、封闭化，使理论陷入了循环论证的逻辑错误"。② 也就是说，在假定收入均衡，同时也就等于假定了消费效用均衡的前提条件下再来分析消费效用最大化。这种论证过程的内在逻辑就是以均衡为前提演绎均衡的结论，即以均衡达到均衡，根本就没有逻辑证明。

一般均衡理论的源头虽可上溯到亚当·斯密，但什么是斯密思想中的真实的均衡含义呢？斯密本人在《国富论》第七章"论商品的自然价格与市场价格"中回答了这个问题。商品通常出卖的实际价格，叫做它的市场价格。"每一个商品的市场价格，都受支配于它的实际供售量，和愿支付它的自然价格（或者说愿支付出售前所必须支付的地租、劳动工资和利润的全部价值）的人的需求量这二者的比例。愿支付商品自然价格的人，可称为有效需求者，而他们的需求，可称为有效需求。因为，这种需求也许使商品的出售得以实现"。③ 可见，供求均衡是以有效需求作为前提的。有效需求是指有支付能力的需求，而没有支付能力的需求则不在有效需求之列。"一个贫民在某种意义上也许可以说有一辆六马拉大车的需求，他这种需求不是有效需求，因为那马车绝不是为要满足他的这种需求而送往市场出售的"。④ 斯密在论价格的均衡时，始终是以市场上商品的供售量与有效需求的对比来加以论述的。也就是说，所谓"市场的均衡，并不是所有消费者与生产者之间的均衡，而是有支付能力的消费者和生产者之间

---

① 萨缪尔森、诺德豪斯：《经济学》（上册），中国发展出版社1992年版，第118～119页。

② 王国成：《从一般均衡到对策均衡》，载于《天津社会科学》2000年第1期。

③④ 亚当·斯密：《国民财富的性质和原因的研究》（上卷），商务印书馆1983年版，第50页。

的均衡"。① 斯密的思想非常深刻，这应该是凯恩斯后来"有效需求"不足论的最早萌芽，非均衡理论也应该在这里找到它的源头，尽管斯密在这里并没有使用"均衡"这样的词语，但均衡的含义昭然若揭。

在阿罗·德布鲁对一般均衡理论的证明过程中，消费者之所以能进行最优消费，是因为其掌握的财富由两部分组成：初始持有及各生产者分给他的利润份额。相信这是为了得出均衡的必要收入条件。问题是，这不是西方社会生活的真实分配情况（2001 年发生在美国的占领华尔街运动，后来又蔓延到了欧洲，对此作了辛辣的讽刺）。为了得到均衡的稳定性，需要"假定偏好不随时间的变化而发生根本性的变化；同时也假定，富人和穷人之间，即使来自于不同社会和文化的人们中间，偏好也没有很大的差异"②。这就把作为消费者的经济人抽象为同质的人了，但贫富之间隔着收入的巨大鸿沟，假定偏好一样又有什么意义呢？其实，美国发生金融危机的真正逻辑是财富的两极分化，资本主义的基本矛盾并没有因为人类进入信息社会而消失。"截至 2008 年金融危机爆发，如果将通货膨胀考虑进去的话，普通美国人的工资在 30 年内几乎没有任何上涨。""2007 年的美国经济要比 30 年前强大得多。如果经济发展的收益能够均等地在美国人民中得到分配，那么一个典型的美国人将会比同期富裕 60%。那么，这些收益所去何方？"原因是，在 1928 ~ 2007 年，流入 1% 最富裕的美国人手中的财富都达到了顶峰，超过国民总收入的 23%。同样的现象在 0.1% 最富裕的人口中（2007 年时为 13 000 户家庭）也得到了体现：他们手中握有的财富在 1928 ~ 2007 年同样达到顶峰，超过国民收入的 11%。这才是真实世界中美国资本的分配逻辑，它远没有阿罗—德布鲁定理中的生产者向消费者"分配"利润的和谐。唯其如此，我们也才能明白：按照一般均衡理论，是不可能发生金融危机的，当然也就谈不上预测危机的。

（三） 一般均衡理论的现代复活是基于对资本主义自由竞争的信仰

20 世纪 70 年代以来，以卢卡斯为代表的新古典宏观经济学取代了凯恩斯主义一跃而成为西方主流经济学。理性预期和为宏观经济学重建微观基础是新古典宏观经济学的旗帜。卢卡斯的芝加哥大学的同事尤金·法玛

---

① 吴鹤：《供求均衡假说的虚拟性质探索》，载于《经济纵横》2011 年第 9 期。

② 贝克尔：《人类行为的经济分析》，格致出版社 2008 年版，第 7 页。

提出了"有效市场假说"（EMH），这是一个按照新古典经济学范式的标准处理方法针对资本市场均衡所得出的概念。理论上，股票价格完全反映所有信息应当是一个均衡调整的结果。由于有效市场假说新古典的均衡分析性质，因此它同大多数新古典分析模型一样，描述的是一种理想状态下的结果，而且这个均衡是在瞬间实现的。从边际角度看，由于所有投资者都在利用他所掌握的边际信息从市场获利，在"无摩擦"的交易市场假定前提下，均衡的结果是边际利润为零。这也是芝加哥学派大师弗里德曼在20世纪50年代一篇文章的观点①，即理性的套利者能够将非理性的（制造不稳定的）交易者逐出市场，于是市场竞争中能生存的只有理性交易者。这也意味着，周期运动和不稳定结构在竞争市场是不可能存在的。这种市场竞争过程中对赢家策略的模仿能在瞬间把边际利润拉到零的假设存在着几个基本困难，低买高卖的战略只有投资波动的转折点是可以精确预测时才有效，但时间测量的误差和频率测量的误差存在此消彼长的关系，两者是不可能同时测准的；另外从时间序列分析的复杂性来源看，既有不完备信息（有噪声和时间滞后的），又有相互冲突甚至是歪曲的信息模糊，更有不可预见的事件（如金融危机和结构变迁）等，这些复杂性都增添了模仿策略的难度。换言之，有效市场假说没有定量分析的依据。

卢卡斯建立在萨缪尔森迭代模型基础上的岛屿（孤岛）经济模型，是一个把复杂的多体问题转化为代表者（Representative Agent）模型的经典例子。当经济里有三个或更多参与者的时候，社会可能产生多种均衡和动态演化。不同个体间复杂的相互作用使整体必然大于部分之和，这些非均衡现象超越了均衡理论的传统视野。在卢卡斯的岛屿经济模型里，经济运行是受到产品需求冲击的，但各需求冲击的均值为零。这个经典例子是在告诉我们：大规模相关的价格运动，如繁荣和萧条的周期动荡或金融危机是不大可能产生的。这也是在说，有效市场假说和理性预期的精髓是市场运动存在唯一稳定的均衡。这是阿罗—德布鲁定理的又一个现代版本。

一般均衡理论是新古典宏观经济学（当代主流经济学）的基石和核心。它自身没有为危机的发生提供解释机制，何谈危机的预测。因提出了动态一般均衡理论（DSGE）而获得诺贝尔经济学奖的基得兰德和普雷斯

---

① Friedman, M., 1953, The Case of Flexible Exchange Rates, in *Essays in Positive Economics*, University of Chicago Prss.

科特怀疑过："存在经济周期吗?"[①] 因为经济周期一词是一种不幸,[②] 他们宁可说经济周期现象。因为经济周期现象不过是刻画一组重要的宏观经济学总量时间序列的一些统计性质。主流经济学家们大多相信,经济周期已被终止了。"我们深信,通过精明的政策和新技术,包括更好的通信和存货控制方法,经济周期被征服了"。[③]

但经济危机还是不期而至。当年凯恩斯就远较西方其他主流经济学家清楚:"要想使我们的说明符合要求,被我们称之为经济周期的另一特征必须加以解释,即解释危机的现象。"[④] 2008 年的这场危机使"人们对资本主义体系的信仰(Belief)存在崩溃的危险"。[⑤] 对于新古典宏观经济学而言,是到了抛弃均衡幻象,打开新视野,接受其他新思想的时候了。

主要参考文献

1. 阿列桑德洛·荣卡格利亚:《西方经济思想史》,上海社会科学出版社 2009 年版。

2. 阿列桑德洛·荣卡格利亚:《西方经济思想史》,上海社会科学院出版社 2009 年版。

3. 阿萨尔·林德贝克:《诺贝尔经济学奖世纪回眸》,载于《比较》2002 年第 1 期。

4.《爱因斯坦文集》第 1 卷,商务印书馆 1977 年版。

5. 贝克尔:《人类行为的经济分析》,格致出版社 2008 年版。

6. 布赖恩·斯诺登等:《现代宏观经济学指南》,商务印书馆 1998 年版。

7. 陈平:《均衡幻象,经济复杂和经济分析的演化基础》,载于《演化与创新》2011 年第 1 辑。

8. 多恩布什等:《宏观经济学》,中国人民大学出版社 2000 年版。

9. 方福前:《当代西方经济学主要流派》,中国人民大学出版社 2004 年版。

10. 弗里德曼:《亚当·斯密与当今的联系》,载于《挑战》1977 年 3 ~ 4 月号。

11. 哈尔·瓦里安:《微观经济学》,经济科学出版社 1997 年版。

12. 凯恩斯:《就业、利息和货币通论》,商务印书馆 2004 年版。

[①] Kydland, F. and Prescott E., 1982, Time to Build and Aggregate Fluctuations, *Econometrica*, November.

[②] Prescott, E., 1986, J. M. Keynes and the Real Balance Effect, The Manchester School, March.

[③] Daron Acemoglu, The Crisis of 2008: the Structural Lessons for and from Economics, MIT Working Paper, January 6, 2009.

[④][⑤] 凯恩斯:《就业、利息与货币通论》,商务印书馆 2004 年版,第 326 页。

13. 罗德·希尔：《主流经济学教科书的荒谬》，金城出版社 2011 年版。

14. 《马克思恩格斯全集》第 26 卷 Ⅱ，人民出版社 1974 年版。

15. 马克·图尔：《进化经济学》第 1 卷，商务印书馆 2011 年版。

16. 《诺贝尔经济学奖获得者讲演集》，中国社会科学出版社 2008 年版。

17. 诺思：《制度、制度变迁和经济绩效》，上海三联书店 1997 年版。

18. 齐默尔曼：《经济学前沿问题》，中国发展出版社 2004 年版。

19. 钱颖一：《理解现代经济学》，载于《经济社会体制比较》2002 年第 2 期。

20. 萨缪尔森、诺德豪斯：《经济学》（上册），中国发展出版社 1992 年版。

21. 史树中：《数学与经济》，大连理工大学出版社 2008 年版。

22. 瓦尔拉斯：《纯粹经济学要义》，商务印书馆 1989 年版。

23. 王国成：《从一般均衡到对策均衡》，载于《天津社会科学》2000 年第 1 期。

24. 吴鹤：《供求均衡假说的虚拟性质探索》，载于《经济纵横》2011 年第 9 期。

25. 吴易风：《当前金融危机和经济危机背景下西方经济思潮的新动向》，中国经济出版社 2010 年版。

26. 谢拉·C·道：《经济学方法论》，上海财经大学出版社 2005 年版。

27. 熊彼特：《经济分析史》第 1 卷，商务印书馆 1996 年版。

28. 《熊彼特选集——对十大经济学家的评价》，上海财经大学出版社 2010 年版。

29. 亚当·斯密：《道德情操论》，商务印书馆 2010 年版。

30. 亚当·斯密：《国民财富的性质和原因的研究》上卷，商务印书馆 1983 年版，第 49 页。

31. 亚当·斯密：《国民财富的性质和原因的研究》下卷，商务印书馆 1983 年版。

32. Charles R. Nelson and Charles I. Plosser, 1982, Trends and Random Walks in Macroeconomic Time Series: Some Evidence and Implications, *Journal of Monetary Economics*, Vol. 10, No. 2, pp. 139 – 162.

33. Daron Acemoglu, 2009, The Crisis of 2008: Structuaral Lessons for and from Economics, MIT Working Paper, January 6.

34. Friedman. M. , 1953, The Methodogy of Positive Economics, in *Essays in Positive Economic*, Chicago University Press, 3 – 43 .

35. Friedman, Milton, 1968, The Role of Monetary Policy, *American Economic Review*, 58, pp. 1 – 17; Phelps, Edmunds, 1968, Money – Wage Dynamics and Laboor – Market Equilibrium, *Journal of Political Economy* , 76, pp. 678 – 711.

36. Friedman, M. , 1953, The Case of Flexible Exchange Rates, in *Essays in Positive Economics*, University of Chicago Prss.

37. Hicks, J, R. , 1937, Mr. Keynes and the Classics: A Suggested Interpretation, *Econometrica*, 5（2）: pp. 147 – 159.

38. Kydland, F. and Prescott E. , 1982, Time to Build and Aggregate Fluctuations,

Econometrica, Vol. 50, No. 6, pp. 1345 – 1370.

39. Modigliami, F. , 1944, Liquidity Preference and the Theory of Interest and Money, *Econometrica*, 12（1）: pp. 45 – 88.

40. N. Gregory Mankiw, 2006, The Macroeconomist as scientist and Engineer, *Journal of Economic Perspectives*, Volume 20, Number 4, pp. 29 – 46.

41. Olivier J. Blanchard, 2008, The STATE OF MACRO, Working Paper 14259.

42. Paul Krugman, 2009, How Did Economists Get It so Wrong? The New York Times September 6.

43. Phelps, Edmunds et al. , 1970, The New Microeconomics in Employment and Inflation Theory, New York: Norten.

44. Prescott, E. , 1986, J. M. Keynes and the Real Balance Effect, The Manchester School, March.

45. Ricardo Caballero, 2010, Macroeconomics Affer the Crisis: Time to Deal with the Pretense-of-knowledge Syndrome, *Journal of Economic Perspectives*, Volume 24, Number 4, pp. 85 – 102.

46. Roberston, D. H. , 1954, Thoughts on Meeting some Important Persons, *Quarterly Journal of Economics*, May.

47. Robert E. Lucas, Jr. , 1972, Expectation and the Neutrality of Money, *Journal of Economic Theory*, 4, pp. 103 – 124.

48. Robert E. Lucas, Jr. , 1980, Methods and Problem in Business Cycle Theory, *Journal of Money Credit and Banking*, 12: pp. 696 – 715.

49. Samuelson, Paul, 1958, AN Exact Consumption-loan Model of Interest with or without the Contrivance of Money, *Journal of Political Economy*, 66, pp. 467 – 482.

50. Summers, L. H. , 1986, Some Sceptical Obserations on Real Business Cycle Theory, *Federal Reserve Bank of Minneapolis Quarterly Review*, Fall.

第二篇

经济发展的新布局与思路

中国新常态应该开始实行新战略

简新华[*]

一、中国经济发展从 2012 年开始进入新常态

中国经济发展开始进入新常态，现在已经成为普遍看法，但是新常态究竟从什么时候开始的呢？现在还没有见到明确的判断。为了正确认识这个问题，我们首先看看近几年中国经济发展状态的几个重要方面发生了什么样的变化。从经济增长速度来看，中国的 GDP 增速由 2010 年的 10.3%下降到 2011 年的 9.3%，接着又下降到 2012 年的 7.7%，随后再下降到 2013 年的 7.8%、2014 年的 7.4%，表明中国经济开始告别 10%左右的高速增长，进入 7%左右的中高速增长阶段；从产业结构的变动趋势来看，在多重因素的作用下，中国服务业出现新的发展势头，2012 年全国的 GDP 第三产业增长 8.1%，超过了第二产业的 7.9%，2013 年第三产业的增长速度也最快，达到 8.3%，比第二产业的 7.8%快 0.5%，在全国 GDP 中所占的比重达到 46.1%，首次超过第二产业，实现了历史性的突破，2014 年第三产业在全国 GDP 中所占的比重继续上升到 48.2%，在三大产业中保持最高，增长速度为 8.1%，也保持最快，表明中国从 2012 年开始由以制造业为主导的工业化中期进入向以服务业为主导转变的工业化中后期；从城乡结构演进和城镇化发展的态势来看，与上述两种变化相对应，2011 年中国城镇化率首次超过 50%，达到 51.27%，城镇人口首次超过农村人口，也实现了历史性的突破，表明中国开始进入初步实现城镇化的新

---

* 简新华，武汉大学经济发展研究中心教授。

阶段。基于经济增长速度、产业结构、城乡结构这三个基本方面的实际情况和发展态势，我认为，中国经济发展新常态应该是从 2012 年开始的中国经济发展新阶段的新状态。之所以没有以 2011 年或者 2013 年作为起始时间点，是因为经济增长速度的转变以 2012 年为标志，而经济增长速度的变化是新常态的第一表现。经济增长速度、服务业比重和城镇化率这三个重要指标，之所以在 2011 ~ 2013 年间几乎同时发生标志性变化，绝不是偶然的，表明中国经济发展的确进入了一个新阶段。

经济发展战略必须适应并且引领经济发展状态，中国经济发展状态现在发生重大变化，开始进入新常态，也需要实事求是评估和合理调整转变原来的战略，提出和实施新战略，以适应和引领新常态。适应和引领新常态，需要调整优化的战略很多，这里主要探讨基本经济制度和重要发展领域的战略转变和需要实施的新战略。

从基本经济制度和重要发展领域来看，中国改革开放三十多年来，在不同所有制经济发展上，实施的是主要大力发展各种非公有制经济的战略；在收入分配上，采取的是让一部分人、一部分地区先富起来的战略；在农业改革和发展上，实行的是邓小平所说的"第一个飞跃"。我认为，中国现在已经到了开始实行这三个重要战略转变的时期。

第一个战略转变，是在不同所有制经济发展上，由更重视发展各种私有制经济、公有制经济比重不断下降的战略转向更重视壮大公有制经济、公有制经济比重开始止跌回升的新战略。

第二个战略转变，是在收入分配上，由强调让一部分人、一部分地区先富起来的战略转向强调合理缩小贫富差距、逐步走向共同富裕的新战略。

第三个战略转变，是在农业改革和发展上，由实现"第一个飞跃"的战略转向逐步实现"第二个飞跃"的新战略。

实现这三个战略性转变的关键，是在继续发展私有制经济的同时更要做大做强做优公有制经济。

这些是由中国的现状、面临的突出问题和建设中国特色社会主义的方向决定的。

二、不同所有制经济发展的战略转变和新战略

改革开放以来，适应社会主义初级阶段的国情和发展市场经济的需要，中国的所有制结构发生了重大变化，私有制经济得到长足的发展，一大批公有制中小企业通过转机改制实行了私有化，应该说这是近 30 年来中国经济得到巨大发展的重要原因之一。虽然公有制经济在产值和资产总量上也取得了较大增长，但在整个国民经济中的比重已经由 99% 下降到30% 左右，私有制经济（包括三资企业）则得到巨大的发展，在整个国民经济中的比重由几乎为零上升到 60% 以上（这可能是海外一些像科斯、张五常这样的著名经济学家认为中国改革是在发展资本主义的重要依据）。虽然从控制力上看，包括国有经济在内的公有制经济依然发挥着主导作用，控制着国民经济的命脉，把握着中国经济发展的方向，但是从数量比重上看，无论是产值还是资产总量，中国公有制经济都已经不占主体地位，并且存在比重不断下降的趋势。这种情况给我们提出了一个严峻的重大问题：坚持建设中国特色社会主义方向的中国，在继续坚定不移发展私有制经济的同时，还要不要做大做强做优公有制经济、能不能让公有制经济的比重继续下降下去？我认为，不能再下降了！中国公有制经济的比重已经下降到了底线。如果继续下降，公有制经济掌握的对国民经济的控制力也会丧失，必将从根本上改变中国社会主义的性质。

当然，本文强调要实行做大做强做优公有制经济的新战略，并不是主张依靠政府人为实行"国进民退、公进私退"，不是要限制私有制经济的发展、总量上的增加，更不是要"均贫富"、再来一次"社会主义改造运动"、剥夺私人合法资产，而是强调在市场公平竞争的前提下，在继续发展私有制经济的同时，还必须采取各种有效措施，做大做强做优公有制经济，不仅在总量上要扩大，而且在比重上要提高、改变下滑的趋势。现在的问题是，多数学者都是在为发展私有制经济大声疾呼、献计献策，很少听到、看到有学者为做大做强做优公有制经济鼓而呼、出谋献策，这是不正常的，本文也是想要弥补一点这方面的不足。这应该是坚持、创新和发展马克思主义经济学的学者义不容辞的责任。公有制经济不逐步做大做强做优，坚持社会主义方向只会是空话、假话！

真正做大做强做优公有制经济，现在面临两大基本任务：一是大力发

展农村集体经济（本文第四部分将专门论述），二是切实解决国有企业存在的问题和缺陷，做大做强做优国有经济。虽然我们提出要做大做强做优国有经济、反对国有企业私有化，但是也决不能否定目前国有企业存在的问题和缺陷。现在国有企业存在的主要问题和缺陷是，管理体制不健全、企业制度不完善、经营机制不灵活、民主监督缺失、腐败现象严重、国有资产流失、垄断经营、与民争利、经济效益低下、收入分配不合理等，如果不有效解决这些问题、克服这些缺陷，国有经济不可能做大做强做优。如果只是空讲大道理、口头上反对和批判国企私有化、主张做大做强做优国有企业，对国有企业存在的问题和缺陷，采取否认、回避、视而不见、听之任之的态度，不去认真探讨、有效解决，其结果不仅会动摇人们对"国有企业能够搞好"的信心和决心，而且最终可能导致私有化。重要国企、央企的高管一个个，甚至一串串成为腐败分子，面对这种情况，连普通老百姓都可能难以相信国有企业能够搞好！因此，必须迎难而上、实事求是地深入分析国有企业存在的问题和缺陷及其产生的原因，明确这些问题和缺陷到底是不是公有制（国有企业性质）本身不可避免、无法解决的必然产物，提出具有针对性、可操作性、切实有效的对策，真正做大做强做优国有经济。

三、收入分配的战略转变和新战略

改革开放以来，在收入分配上我们贯彻邓小平让一部分人先富起来的战略方针，有效地克服了平均主义的偏差，调动了各个方面的积极性，极大地推动了经济的发展，但是邓小平也指出，"我们允许个体经济发展，还允许中外合资经营和外资独营的企业发展，但是始终以社会主义公有制为主体，社会主义的目的就是要全国人民共同富裕，不是两极分化。如果我们的政策导致两极分化，我们就失败了；如果产生了什么新的资产阶级，那我们就真是走了邪路了。"[①] 邓小平1992年在"南方谈话"中还指出："走社会主义道路，就是要逐步实现共同富裕。共同富裕的构想是这样提出来的：一部分地区有条件先发展起来，一部分地区发展慢点，先发展起来的地区带动后发展的地区，最终达到共同富裕。如果富的愈来愈

---

① 《邓小平文选》第3卷，人民出版社1993年版，第111页。

富，穷的愈来愈穷，两极分化就会产生，而社会主义制度就应该而且能够避免两极分化。解决的办法之一，就是先富起来的地区多交点利税，支持贫困地区的发展。当然，太早这样办也不行，现在不能削弱发达地区的活力，也不能鼓励'吃大锅饭'。什么时候突出地提出和解决这个问题，在什么基础上提出和解决这个问题，要研究。可以设想，在 20 世纪末达到小康水平的时候，就要突出地提出和解决这个问题"。[①] 虽然不能说中国现在已经出现了"导致两极分化因而改革失败了"的局面，但是贫富差距的确也够大了，造成了内需不足且难以扩大、严重挫伤劳动者生产经营积极性、劳资冲突不断、经济增长的动力减弱、无法维持社会稳定、难以实现社会公平正义和社会主义共同富裕的本质要求等多重危害，已经到了由让一部分人、一部分地区先富起来转向着力解决贫富差距、逐步实现共同富裕的时候了。

实行合理缩小贫富差距、逐步走向共同富裕的新战略，主要应该采取以下战略措施：（1）合理发展公有制经济；（2）完善市场机制，规范市场行为，防止垄断和不正当竞争；（3）调整优化产业结构，进入世界产业价值链高端；（4）转变发展方式，增加就业机会，提高经济效益；（5）实行工业反哺农业，城市支持农村；（6）完善企业制度特别是公司治理结构，降低生产经营成本，增加收入，收入分配合理向职工倾斜，恰当增加工薪收入；（7）下决心切实有效改革收入分配制度，兼顾公平和效率，取缔非法收入，保护合法收入，调节过高收入，扩大中等收入比重，提高过低收入；（8）合理开征包括财产税、遗产税、房产税、财产收益税、累进所得税在内的各种收入和财产调节税，适当增加对弱势群体和落后地区的转移支付和扶持帮助，加大扶贫的力度；（9）切实转变政府职能，加强民主法治监督约束，降低行政成本，提高行政效率，坚持惩治腐败；（10）加快社会保障制度改革步伐，建立健全城乡统一公平合理的社会保障制度。

四、农业改革发展的战略转变和新战略

邓小平在 20 世纪 90 年代提出了发人深思的中国农业改革和发展的"两个飞跃"理论，指出"中国社会主义农业的改革和发展，从长远的观

---

① 《邓小平文选》第 3 卷，人民出版社 1993 年版，第 373 ~ 374 页。

点看，要有两个飞跃。第一个飞跃，是废除人民公社，实行家庭联产承包为主的责任制。这是一个很大的前进，要长期坚持不变。第二个飞跃，是适应科学种田和生产社会化的需要，发展适度规模经营，发展集体经济。这是又一个很大的前进，当然这是很长的过程。"① 也就是说中国农业最终还是要走规模化、集体化的道路。

中国现在已经发展到了开始逐步实现邓小平晚年提出的"第二个飞跃"的阶段。因为，家庭承包经营责任制虽然克服了人民公社制的缺点，适合农业生产的现状和特点，满足了农民对土地经营使用权的要求，使农民拥有了比较充分的自主权，形成了农地经营得越好农民家庭收入越多的激励机制，极大地调动了农民生产经营的积极主动性，有利于农户增加农业投入，降低生产经营成本，使农业生产适应市场需求，有效地促进了农业生产的发展，基本上保证了城乡农产品的供应，以较低成本满足了工业化和城镇化对劳动力和土地的基本需求，有力地支持了工业化、城镇化和整个国民经济的发展，同时给农民提供了最后一条保障线，避免了农村大量"三无农民"（无地、无业、无社会保障）的产生、严重的贫富两极分化和大面积的城市"贫民窟"出现，维持了包括农村在内的社会的基本稳定，但是中国现行的农地制度和经营方式也存在许多不足或缺陷：经营分散，规模狭小，应对自然风险、市场风险、经营风险和家庭生活风险的能力差，不易解决人地矛盾（人多地少）、小生产与大市场的矛盾、小规模分散经营与规模经济的矛盾，难以实行农业的规模经营和集约经营，不能从根本上解决小农经济生产分散、小规模、效率低的缺陷。应该说，中国现行的农地制度和经营方式这些缺陷的存在，是现在"三农问题"特别突出、农业现代化严重滞后的重要原因。如果说中国现行的农地制度和经营方式完美无缺，仅靠现行的农地集体所有制和家庭承包经营制就能不断地促进农村经济的大发展，也就不会出现如此严重的"三农"问题和农业现代化滞后的局面。国际经验和中国实践都表明，长期依靠现行的农地制度和经营方式已经不行了，必须深化改革、逐步完善。中国现在深化农村改革的方向，就是创造条件，逐步实现农业的"第二个飞跃"。

人们现在似乎忘记了邓小平的这个重要论断，甚至有人认为中国农业的"第二个飞跃"应该是农地私有化、市场化、农业经营家庭农场化！这是不正确的。邓小平所说的中国农业的"第二个飞跃"，是要实行适度规

---

① 《邓小平文选》第3卷，人民出版社1993年版，第355页。

模经营、发展集体经济，绝不是相反！

自从实行家庭承包经营责任制以后，特别是取消农业税以后，除了土地在法律上、名义上还是集体公有之外，许多农村的集体经济都名存实亡了。如果再将农地完全私有化，农村集体经济将彻底瓦解，结果将会与邓小平晚年提出的从长远的观点看中国还是要"发展集体经济"的看法完全相反。

特别值得指出的是，全能神等邪教之所以能在农村蔓延，打麻将赌博成风，干群关系不和谐，与农村集体经济的削弱、农民组织化程度的下降、农村精神文化生活的贫乏不无关系，如果再将农地完全私有化，大家都只"各顾各"，只会有过之而无不及。

中国农业应该怎样实行适度规模经营、发展集体经济，如何实现邓小平所讲的"第二个飞跃"？从理论上来看，有人主张应该像欧美发达国家那样，实行以土地私有制为基础的家庭农场制；也有人认为应该实行土地流转，鼓励资本下乡，建立农业企业；还有人觉得应该以家庭承包为基础，实行多种形式和内容的农业合作制。在实践上，中国现在出现了家庭农场、种田大户、农业合作社、农业企业、集体经营和国有农场等多种规模经营方式。笔者认为，中国农民数量庞大、地区差别显著，农业规模经营形式不能"一刀切"，肯定应该实行多种规模经营方式，但是主要不是家庭农场、种田大户、资本下乡建立的农业企业。因为，农地向农场主、农业企业主等所谓农业企业家等少数人手中集中，会产生两种严重的后果：一是实行规模经营而增加的收入将会主要落入资本和少数人之手，广大农民得到的有限，更严重的是会造成数以亿计的失地无业农民（中国人多地少、农民数量庞大，即使中国像发达国家那样，城镇化率达到80%，也还有几亿农民要留在农村，无法被城镇吸纳，而且按照发达国家现代农业的规模经营情况，中国18亿亩耕地，最多只要几千万农业劳动力就足够了。2010年，美国拥有可耕地24.45亿亩，农业就业人口只有284.6万人，即使中国农业劳动生产率只是美国的1/10，18亿亩耕地实现规模经营最多也只需要2 000多万劳动力，将会有数以亿计的农民失地失业，需要在农村另找出路）；二是农村集体经济就不仅不能发展，反而会彻底瓦解，如果农民难以收回承包权或经营权，最终可能导致土地私有化，会改变中国社会主义制度的所有制基础，农民也不可能走向共同富裕。农地主要应该向新农村集体流转集中，实行集体经营或者合作经营。在社会主义新农村内部，实行分工合作、企业化民主化管理，由新农村的种田能手组成农业专业队，采用现代技术和设备从事大规模的农业生产，实现邓小平所说的中国农业的"第二个飞跃"。

农地主要实行社会主义新农村集体规模经营，这表面上好像是主张退回到人民公社制度、似乎是传统保守观点！其实不然。社会主义新农村集体规模经营绝不是要走回头路、退回到以往的人民公社制度，而是新的既坚持社会主义性质又适应市场经济要求的新型农村集体经营方式。只有主要实行新型农村集体经营方式，中国农村集体经济才能真正发展壮大，还能够使得集体所有、农户承包制度中存在的集体成员的平等权利要求"减人减地、增人增地"与农地稳定经营要求"减人不减地、增人不增地"的悖论自然消失。新农村种地之外多余的农民怎么办？除了尽可能进城务工经商之外，在农村延长农业产业链，进行农产品深加工、搞特色农业、绿色农业、精细农业、科技农业、优质农业、高效农业、农村旅游业和服务业，实行产业多样化经营，从而走向共同富裕，避免上述其他方式可能产生的两种严重后果。

五、三大战略转变的关键及其原因

三个战略性转变的关键，是不同所有制经济发展战略的转变。因为，如果不做大做强公有制经济，搞完全私有化，既不能改变收入差别扩大的局面，甚至会引起严重的贫富两极分化，从而导致改革的失败。不能否认私有制经济的比重大幅度上升、公有制经济比重的大幅度下降是造成中国现在工薪收入（劳动收入）比重偏低、贫富差距过大的重要原因，中国富豪榜排名位居世界第二、数量增长最快、上榜的都是民营企业家（私人企业主）就是明证。不壮大公有制经济、提高公有制经济的总量和比重，这种分配局面难以改变，会继续造成甚至加剧贫富差距扩大，必然产生种种严重危害。而且邓小平所说的中国农业的"第二个飞跃"就是适度规模经营、科学种田、发展集体经济，也就是要做大做强做优农村集体经济。由此可见，没有在不同所有制经济发展上的战略转变，在收入分配上的战略转变和农业的"第二次飞跃"都不可能实现，所以说，实现上述三个战略性转变的关键，是在发展私有制经济的同时更要壮大公有制经济。

值得指出的是，改革总设计师——邓小平的许多指导三十多年改革开放和发展的理论和主张得到了高度重视、广泛关注、认真贯彻执行，但是邓小平涉及未来 20 年、30 年改革和发展的具有超前性、预见性的论述和见解，特别是关于发展公有制经济、防止贫富两极分化、实现农业改革发展的"第二个飞跃"等与坚持四项基本原则相关的、前瞻性的重要论断，却没有得到足够的重视、认真深入的研究探讨，这种状况必须尽快改变。重点研究如何切实有效克服目前公有制经济存在问题和缺陷、发展公有制经济、防止贫富两极分化、成功实现农业改革发展的"第二个飞跃"、使得全体国民逐步走向共同富裕，应该是坚持、创新、发展马克思主义经济学的学者们现在面临的主要任务，必须努力完成。

新常态下中国经济增长的源泉

杨蕙馨　王　军[*]

一、引　言

　　1978 年改革开放以来，中国经济取得了巨大成就，实现了三十多年的高速增长。1978 年，中国的 GDP 总量仅有 3 650.2 亿人民币，人均 GDP 仅为 382 元人民币。改革开放减少了对经济的束缚，使中国经济焕发生机，到 1986 年中国 GDP 首次突破 1 万亿元人民币，1991 年突破 2 万亿元人民币。邓小平"南方谈话"和党的十四大确立社会主义市场经济建设目标之后，中国经济进一步释放出先进生产力，到 2006 年 GDP 总量登上 20 万亿元人民币台阶，2007 年中国经济首超德国，成为全球第三大经济体。2010 年 GDP 总量再次翻番，超过 40 万亿元人民币，并且超过日本成为世界第二大经济体。2014 年中国 GDP 高达 63.6 万亿元人民币，以美元计首次突破 10 万亿美元大关，已经是日本 GDP 的两倍，与美国差距迅速缩小。2014 年，中国人均 GDP 为 46 531 元人民币，2014 年全年人民币平均汇率为 1 美元兑 6.1428 元人民币，据此可计算出 2014 年全国人均 GDP 为 7 575美元，比 2013 年的人均 6 629 美元增长 14.3%，2013 年中国人均

　　* 杨蕙馨，山东大学管理学院教授；王军，山东大学管理学院副教授。基金项目：国家社科基金重大项目"构建现代产业发展新体系研究"（13&ZD019）；教育部创新团队"产业组织与企业成长"（IRT13029）；山东省软科学重大项目"蓝、黄国家战略下山东省产业升级创新驱动机制与对策研究"（2014RZE27003）。

GDP 全球排名第 86 位①。

从增长速度看，1979~2013 年平均每年 GDP 增速为 9.8%，1991~2013 年平均每年增速为 10.2%，2001~2013 年平均每年增速为 10.0%，2011~2013 年的平均增速为 8.3%，2014 年中国 GDP 增长 7.4%，创 24 年以来新低。2008 年国际金融危机以来，中国 GDP 增速呈逐年下降趋势，除了 2010 年由于宏观经济政策效应达到 10.6%，其他各年 GDP 增速均低于 9.6%，2012 年和 2013 年 GDP 增速为 7.7%。

中国经济高速增长是有目共睹的，有人甚至用奇迹描述中国的经济增长（林毅夫、蔡昉和李周，1999）。相反，2014 年全球 GDP 增长 2.6%，其中发达经济体 GDP 增长 1.6%，发展中经济体 GDP 增长 4.3%；金砖国家中，印度增长 7.4%，南非增长 1.4%，俄罗斯增长 0.7%，巴西仅增长 0.1%。② 2014 年，"新常态"开始成为对中国经济全新的诠释。中国经济呈现出新常态，从高速增长转为中高速增长已然成为各界人士的新共识。那么，经济增长基本逻辑应该是怎样的，中国经济过去三十多年的高速增长的根本原因是什么，新常态下经济增长面临怎样的挑战以及未来经济增长的驱动力是什么以及怎样发挥驱动作用，这些问题亟须得到解答。

二、经济增长的逻辑

新古典经济学用生产可能性曲线解释一个国家或地区如何在既定资源投入和技术条件下分配其相对稀缺的生产资源，进而实现最有效的资源配置。生产可能性曲线以内的任何一点，均说明还有资源未得到有效利用，存在资源闲置或生产效率过低问题；生产可能性曲线以外的点是现有资源和技术条件无法实现的；只有生产可能性曲线上的点，才是生产最有效率的点。生产可能性曲线上点的移动意味着资源重新配置，可以寻找资源配置和生产效率最优的点。

如果生产可能性曲线内的一点向外移动至生产可能性曲线上，或者在

---

① 如没有特殊说明，文中使用的 2013 年及以前数据均来源于国家统计局对应年份的《中国统计年鉴》，2014 年数据来源于国家统计局官方网站公布的《中华人民共和国 2014 年国民经济和社会发展统计公报》。

② 数据来源：国家统计局官方网站发布的《2014 年世界经济形势回顾与 2015 年展望》，http://www.stats.gov.cn/tjsj/zxfb/201502/t20150227_686531.html。

生产可能性曲线上移动寻找资源配置最有效的点，那么最终产品的市场价值会增加进而实现经济增长，这是由资源配置效率提升所导致的经济增长。资源配置效率是指生产要素从边际生产率低的地方流向高的地方，由此带来产出的增加。能否实现资源配置效率，宏观层面上取决于一个国家或地区对资源配置的基本制度安排是否能够使各种生产要素以最低的交易成本在各部门、各区域之间顺利流动；微观层面上则取决于生产单位能否在不同的产品之间进行资源配置，进而实现产品生产的边际成本与社会消费该产品的边际收益相等。

如果生产可能性曲线本身向外移动导致了经济增长，那么可能有两个原因：一是经济增长源于资源投入的增加，如劳动力和生产设备等投入的增加而导致的产出的增加。单纯依靠投入增加带来的经济增长虽然短期内有效，但往往会给环境和资源带来巨大压力，是不可持续的经济增长。二是经济增长源于技术创新，即技术创新导致的生产效率提升或者新产品的增加，进而导致社会最终产品的市场价值增加带来的经济增长。

如果从更宽泛的范畴理解创新，除了技术创新之外，还应该包括制度创新、管理创新、商业模式创新等。制度创新实际上是促进资源配置在宏观层面上的进一步优化，而管理创新和商业模式创新则是资源配置在微观层面上的进一步优化。因此，创新驱动经济增长本质上仍然还是通过资源配置效率和生产效率的提升带动经济增长。

三、中国过去三十多年的经济增长

中国过去三十多年实现了经济高速增长，主要来源于资源配置效率的提升，即改革开放促进了资源的流动，资源配置不断优化。

首先，人力资源使用不断得到优化。改革开放以前，物品按人口凭票供应，人口无法流动。企业招工也只面向本地企业户籍人口。改革开放以后，企业用工制度、票证制度、户籍制度等都发生了巨大的变化，人口流动限制逐步放宽，直到今天除了户籍制度仍然存在外，众多限制人力资源流动的条条框框均得以取消。随着人口流动限制的放宽，大量农民进入工业生产领域，释放出很大的生产力。2014 年全国农民工总量为 27 395 万人①，他们活跃在城市的各个领域，为经济增长做出了巨大贡献。显然，人口得以自由流动使得人力资源可以由边际生产率低的部门或地区向边际生产率高的部门或地区流动，人力资源得到优化配置，进而促进了经济增长。肖卫（2013）采用 2001～2013 年的数据实证研究发现，随着中国劳动力基于市场机制在城乡之间的流动，逐步减少城乡产业之间劳动报酬差异实现了人力资源优化配置，对经济增长具有显著的正向影响。另外，随着非国有企业的发展，企业家能力得以施展，企业家资源得以有效配置也是推动我国经济增长的重要因素。

其次，经济结构的调整促进了资源配置优化。改革开放以来，中国三次产业间的比例关系得以有效改善，产业结构不断优化。第一产业占 GDP 中的比重呈不断下降趋势，由 1978 年的 27.9% 下降到 2014 年的 9.2%；第二产业占 GDP 的比重长期稳定在 40%～50%，1978 年为 47.9%，2014年则为 42.6%；第三产业占 GDP 的比重处于不断上升的过程之中，由1978 年的 24.19% 上升为 2014 年的 48.2%。工业内部结构得以改善，改革开放前中国经济以发展重工业为主，到 1978 年轻工业和重工业的比重分别为 43.1% 和 56.9%。改革开放以后为矫正重工业倾斜发展战略，1978 年至 20 世纪 80 年代前中期，国家开始扶持轻工业发展，轻纺工业被放在经济发展的优先地位，轻工业比重得以迅速提升，轻纺工业和耐用消费品工业的发展推动经济增长的同时，也改善了轻重工业的比例关系，促进了工业内部的资源配置优化。2000 年后，中国重工业比重再次大幅度上升，这是适应新时期经济发展需要进行的经济结构优化。实践中并没有最优的经济结构，但经济结构不断调整优化，以适应社会需求的变化，实际上是不断发挥资源配置效率，进而提升生产力促进经济增长。

再次，市场经济的发展促进了分工，提高了效率。中国的改革和市场经济发展是如影随行的。从最初的有计划的商品经济到商品经济再到市场经济，虽然每一次改革都举步维艰，但最终中国走上了市场经济道路，使得资源配置由价格机制起主导作用，这在当时是巨大的制度创新。虽然有时会出现市场失灵，但各国经济发展的经验仍然证明市场是资源配置最有效的方式。市场经济的发展促进了社会分工，社会分工有利于专业化生

---

① 数据来源：国家统计局官方网站发布的《2014 年全国农民工监测调查报告》，http://www.stats.gov.cn/tjsj/zxfb/201504/t20150429_797821.html。

产，能够进一步提高生产效率，有利于生产各方发挥各自的比较优势，通过交易增加社会总产出。市场交易通过价格机制最终实现资源配置效率，新古典经济学认为完全竞争市场条件下的市场均衡是社会生产产品的边际成本等于社会消费产品的边际收益，实现了资源配置效率。虽然市场经济条件下并不存在完全竞争市场，但价格机制下的资源配置显然比政府计划下的资源配置更有效率。亚当·斯密在《国富论》中指出，市场经济中每个人都在追求自己的利益，但"看不见的手"使每个人在追求个人利益的同时为他人创造价值。为了追求个人利益，企业不断创新，通过降低成本或者推出更符合市场需求的新产品展开竞争，在这个过程中增加了社会价值，同时也带来了经济增长。

最后，对外开放发挥了国内比较优势，做大了经济盘子。国际贸易是市场分工和交易跨境发挥作用的重要途径。通过国际贸易，各国或地区能够发挥各自的比较优势从而通过国际市场交易将经济盘子做大，然后在贸易中依据竞争优势分得经济利益。1978年，中国进出口贸易总额只有206.4亿美元，到2014年高达4.3万亿美元。在拉动经济增长的"三驾马车"中，出口一直都扮演着重要的角色。通过出口带动经济增长也是通过交易实现了资源配置效率，不过国际贸易是全球范围内的资源配置，最终资源配置效率提升带来的收益究竟分得多少取决于国家竞争优势。虽然中国是国际贸易的受益者，但由于长期以来以出口劳动密集型产品为主，国际分工中处于价值链的低端，分得的利益并不多。对外开放还体现在大量外商直接投资上，将国际资本由边际生产率低的国家或地区吸引到中国来，做大经济盘子，也是中国改革开放以来经济增长的重要原因。

总之，人力资源流动、经济结构优化、市场经济发展以及对外开放都是中国过去三十多年经济高速增长的重要原因，其本质都是实现了资源配置效率的提升。这并不否认改革开放以来中国技术创新带来的经济增长，但由制度创新所引致的资源配置效率提升是主因。

四、新常态下经济增长面临的挑战

新常态在表面上看是 GDP 增速告别了两位数，经济潜在增长率下降，背后却是促进经济增长的因素发生了变化。这些变化本质上是影响资源配置效率和生产效率的因素在发生变化，新常态下的中国经济增长面临重大挑战。

（一）人力资源变化的挑战

以往中国城乡二元经济结构导致了农村劳动力供应充足，价格低廉。随着改革开放逐步打破二元经济结构，大量农村人口转移到城市。2012 年的调查数据显示，农村 25 岁以下的劳动力已经有 70% 不在农村了[①]，以往供应充足的农村劳动力条件不再存在，这种改变使得中国工人工资增速全面提升。以往经济高速增长以来的人口红利伴随着 2004 年出现的民工荒和工资上涨为标志的"刘易斯拐点"逐渐丧失了（黄群慧，2014）。2011 年中国 16～59 岁人口达到峰值 94 072 万人后开始逐年下降至 2014 年的 91 583 万人，年均下降 0.88%[②]。2014 年的数据显示中国西部地区的工资增长速度已经超过中东部地区[③]，低成本制造业受到挑战，潜在经济增长率下降成为必然。伴随着人工成本的上升，中国劳动密集型产品的比较优势逐步下降，部分产业开始向越南、印度尼西亚等劳动力成本更低的东南亚国家转移，这无疑加重了对中国经济增长的挑战。

当然，这种转变并非一无是处。部分产业转移到越南、印度尼西亚等东南亚国家体现出这些国家在劳动密集型产品上的比较优势明显，但仍然存在着劳动效率比较低、产业配套不健全、政治制度不稳定等不利因素。转移出去的产业大都属于价值链低端的生产加工阶段，而且大都对劳动力需求比较大。中国人工成本上升的背后是生产率的不断提升，2014 年中国全员劳动生产率为每人 72 313 元。因此，如何利用新的比较优势推动企业转型升级，提升中国企业在国际分工中价值链的位置，是新常态下经济增长首先要破解的难题。

同时，人口老龄化现象日益凸显，"未富先老"对中国经济增长形成挑战。作为一个拥有 14 亿人口基数的人口大国，随着老龄化程度不断加深，老年人口数量不断增加，65 岁及以上人口数量从 1982 年的 4 991 万人增加到 2014 年的 13 755 万人，占总人口比重由 4.9% 增加到 10.1%。根据联合国开发计划署驻华代表处与中国社会科学院城市发展与环境研究

---

① 曹远征：《新常态下中国经济的新变化》，载于《经济日报》2014 年 9 月 8 日。
② 国家统计局发布的对应年份的《国民经济和社会发展统计公报》。
③ 张震：《2014 年中国地区薪酬增长预测分析》，http://blog.sina.com.cn/s/blog_9d0912f90101dyrc.html。

所共同撰写的《2013 中国人类发展报告》预测显示，到 2030 年，我国 65 岁及以上的老年人口占全国总人口的比重将提高到 18.2% 左右[①]。根据莫迪利安尼的生命周期消费理论，社会中的年轻人与老年人所占比例大，则社会的消费倾向就较高、储蓄倾向就较低；中年人比例大，则社会的储蓄倾向较高、消费倾向较低。虽然胡翠和许召元（2014）的研究并未完全支持生命周期假说，但史晓丹（2010）的研究则发现老年抚养比与储蓄率呈负相关关系，且提高劳动参与率及提高劳动生产率可以减少人口老龄化对储蓄率减少过快的影响。随着中国人口结构的不断变化，储蓄率下降的潜在压力是存在的，而储蓄率下降意味着投资来源的下降，这会对中国投资驱动型的经济增长带来巨大挑战。

（二）工业发展模式的挑战

中国经济以往以高投入、高增长、低成本出口为导向的工业发展模式面临挑战。中国经济长期以高投入带来高增长和低成本比较优势出口导向为特征，而随着中国进入工业化中后期阶段，这样的工业发展模式日益受到挑战。黄群慧和贺俊（2013）长期跟踪中国工业化发展阶段的研究表明，2010 年中国工业化水平综合指数已经达到工业化后期阶段标准。与此同时，工业高耗能、高污染、高耗水、高噪音、占地多、事故多的特征引发了工业"劣质产业论"和"地位下降论"，工业产能全面过剩和经济"新常态"则加剧了对工业发展的挑战（潘爱民、刘有金和向国成，2015）。根据工业化发展理论，工业化后期依靠高投资、重化工业主导发展而支撑的经济高速增长难以为继（黄群慧，2014），工业发展模式必须接受"新常态"的现实，逐步向中高速、主要依靠创新驱动的发展模式转型。

2008 年全球金融危机以来，世界经济陷入低速增长阶段，发达国家的再工业化战略调整也减少了对中国产品的进口，出口高速增长再也难以维持。另外，由于人工成本上升导致中国制造的比较优势逐渐降低，加剧了国际市场对中国产品需求的减少。2008 年以来的 7 年中，除了 2008 年和 2010 年货物和服务净出口需求对中国 GDP 增长的贡献率是正值之外，其

---

① 联合国开发计划署驻华代表处官方网站：《2013 中国人类发展报告》，http://www. cn. undp. org/content/dam/china/docs/Publications/UNDP－CH－HD－Publication－NHDR_2013_CN_final. pdf。

他5年均为负值，2009年的贡献率更是达到了负的37.4%。沿海发达地区原来出口导向的企业遭遇到了前所未有的业务下滑，许多企业更是生存维艰不得不关闭生产。

一方面是国内市场需求不足，导致国内产能过剩；另一方面是国际市场需求不足导致出口增速放缓。消费需求增速平稳下降将成为新常态。2014年全社会消费品零售总额262 394亿元，同比名义增长12.0%，实际增长10.9%。2006年至2013年全社会消费品零售总额名义增速分别为13.7%、16.8%、21.6%、16.5%、14.8%、11.6%、12.1%、13.1%。从中长期看，如果没有消费需求支撑，新增投资将进一步加剧产能过剩；但消费需求增速放缓的同时，消费结构呈现明显加快升级趋势，表现在农村消费持续快速增长、中西部地区消费需求增长快于东部地区、消费方式多样化趋势加速等三个特征（黄群慧，2014）。显然，消费需求降速为中国经济增长带来挑战，消费结构升级又为中国经济可持续增长带来机遇。国外市场需求不足带给出口导向企业的挑战是空前的，只有转向国内市场才能解决生存问题。加快产业转型升级以适应国内需求变化是出口导向企业脱离困境的重要途径。

（三）资源环境的挑战

资源环境约束是新常态下中国经济增长不可回避的前提条件。中国经济增长面临的资源环境约束压力越来越大，这种压力不仅来自市场供求关系和资源价格的不断上升、来自社会舆论和民众呼吁，而且也来自国际社会对中国的抱怨（金碚，2011）。在以往的经济增长中，资源是廉价的，环境甚至是不要钱的。但是，现阶段我们的土地资源、水资源、能源已经非常紧张。国家环保部发布的《2013年中国环境状况公报》指出，中国目前耕地质量问题凸显，区域性退化问题较为严重，农村环境形势依然严峻，近些年耕地面积一直处于净减少状态；2013年，全国地表水总体为轻度污染，部分城市河段污染较重；全国657个城市中有三百多个属于联合国人居环境署评价标准中的"严重缺水"和"缺水"城市。雾霾的大面积发生也使人们意识到环保的重要性[①]。中国能源资源总量比较丰富，但人均能源资源拥有量在世界上处于较低水平。煤炭和水力资源人均拥有量

---

① 国家环保部官方网站：《2013年中国环境状况公报》，http://jcs.mep.gov.cn/hjzl/zkgb/2013zkgb/。

相当于世界平均水平的50%，石油、天然气人均资源量仅为世界平均水平的1/15左右[1]。中国石油集团经济技术研究院发布的《2014年国内外油气行业发展报告》称，2014年中国石油和天然气的对外依存度分别达到60.0%和32.5%[2]。

面对资源环境的约束，节能减排、污染治理不得不加快进度，这给经济增长带来巨大挑战。在经济减速的背景下，政府和企业由于资金缺乏而无法投资治污设备，即使投资了治污设备也未必能够正常运行。一些地方政府为了完成环保指标强制要求一些企业关停，这进一步加剧了经济下滑。同时，随着东部地区部分传统产业加快向中西部转移，能源消耗和环境污染正发生空间转移。因此，如何在新常态下既能保持经济持续增长又能化解资源环境约束带来的挑战，是新常态经济增长必须跨越的一大障碍。

上述种种挑战不断压缩中国资源配置效率发挥的空间，如果能够通过制度创新将资源配置效率进一步释放，仍然能够带动中国经济持续增长。同时，寻求中国未来经济增长新的源泉则是改变中国经济增长模式，跨越中等收入陷阱的重要任务。

五、寻求未来中国经济增长的源泉

中国改革开放以来三十多年的经济高速增长主要来源于资源配置效率，随着国际和国内环境变化，中国GDP增速告别两位数，潜在增长率下降而进入新常态。在经济新常态下，中国经济增长面临着诸多挑战，资源配置效率改进空间日益收敛，通过技术创新提高生产效率成为中国经济增长的战略选择。然而，王海兵和杨蕙馨（2015）的研究表明，中国创新驱动发展现状不容乐观。因此，需要协调资源配置效率和生产效率的关系，激发中国经济增长潜力，确保经济增速下台阶后能够在新的台阶上站稳脚步，以实现可持续增长。当前，中国经济最迫切的问题就是，继续挖潜

①　国务院新闻办公室官方网站：《中国的能源状况与政策》，http：//www.scio.gov.cn/zfb-ps/gqbps/2007/Document/848516/848516.htm。

②　中国石油集团经济技术研究院官方网站：《2014年国内外油气行业发展报告》，http：//www.cnpc.com.cn/cnpc/jtxw/201501/412c3b78f5a541cbbd3ef1d62ab3d4fe.shtml。

以制度创新为特征的资源配置效率，把资源配置到能够依靠创新带动生产效率提升的经济领域，将制度创新和技术创新作为未来经济增长的新源泉。

（一）企业家资源挖潜

未来经济增长需要借助制度创新向企业家资源挖潜。经济增长，说到底是企业生产出的最终产品或服务的市场价值的增加，企业是经济增长的主体。企业的根本目标是获取利润，企业间的竞争可以为消费者创造更大的消费者剩余。企业创造更大的消费者剩余需要依靠创新，市场竞争就是看哪家企业更有能力提供新的产品，创造出更多的市场需求，或者运用新的生产方式生产出成本更低的产品，或者是发现并使用新材料、采用更有效的组织形式为消费者创造更高的价值（张维迎，2010），企业创新则来源于企业家的冒险精神和创新精神。

诚然，企业家并不是创新活动具体执行者，但只有企业家精神才能将更多的创意转化成生产力。互联网条件下的开放式创新造就了大众创新，众多的创新能否最终变成产品并且转化成生产力，仍然需要企业家凭借敏锐的对未来的判断力和对风险的把控力将一个个大众创新进行优化组合，将能够给消费者带来最大价值的产品呈现到市场中。当前，政府鼓励大众创业，旨在鼓励具有企业家才能的人脱颖而出。然而，多年来中国技术主要以引进和模仿创新为主，自主创新为辅，究其根本仍然是没有通过制度创新激发出企业家的创新精神。众所周知，由于中国众多政策限制或者政策保护，那些以技术引进或者模仿创新的企业仍能得以生存且获得不错的利润。如果进行自主创新，则需要投入大量资源但创新成功率并不高，且创新成果由于制度原因保护不力容易被模仿，因此，自主创新在以前是费力不讨好的事情，有些企业甚至因为自主创新而最终被市场淘汰。

市场最终仍然是垂青于那些敢于创新和坚持创新的企业。由全球管理咨询公司思略特（原博斯公司）联合荷比卢商会、德国商会、中欧国际工商学院、浙江大学管理学院共同发布《2014 中国创新调查》，华为、腾讯、阿里巴巴、小米科技、联想集团、海尔集团、百度、比亚迪、魅族科技、招商银行等被评为 2014 年十大最具创新精神的中国企业，其中高科技企业占了 8 家，在这些企业的背后都有一个大家熟知的富有创新精神的企业家，而且这些企业在推动经济增长和解决就业方面都有不俗的表现。随着中国技术水平不断提高而日趋接近国际先进水平，技术模仿的差距空间显著收敛（金碚，2011），唯有激活企业家精神，通过企业家能力将资源配置到更有效的领域，中国经济才能获得持续增长。

（二）制度创新护航技术创新

未来中国经济增长需要借助制度创新为技术创新保驾护航，通过搭乘第三次工业革命快车提升竞争优势。国际上第三次工业革命正在发力。人工智能、数字制造和工业机器人等技术积累和创新的成熟以及成本下降催生了"第三次工业革命"，它正以数字制造和智能制造为代表的现代制造技术对既有制造范式进行改造，能否把握第三次工业革命的脉动，抓住这次机会，是中国实现"弯道超车"，技术路线从模仿走向前沿创新的关键时期。

新技术的产生和发展会逐步替代原有技术，进而发生革命性的变化。然而，旧技术对新技术的替代是漫长的过程，同时充满了新旧技术之间的利益博弈，旧技术的既得利益者并不情愿率先使用新技术。技术进步往往是不可逆的，大量企业希望通过新技术参与市场竞争并最终引领市场发展。例如，柯达最早发明数字照相技术，但为了原来胶片照相业务的利益，没能将新技术应用于市场开拓。后来，佳能、尼康、索尼等率先使用数字照相技术进入照相机市场，最终替代了来原有的柯达和富士两家企业，柯达最终落得破产的下场。

通过制度创新保证技术创新者能够获得超额利润，是实现经济增长向创新驱动转变的重要前提。一方面，政府应该进一步加强知识产权保护，保护创新者的利益，才能吸引更多的企业参与到技术创新中来。另一方面，还要通过制度创新为新技术的应用扫清障碍。例如，太阳能、风能等发电技术就需要通过制度创新尽快破除部门利益的阻碍，将太阳能发电尽快上网，推进新能源的使用；页岩气技术则需要通过制度创新吸引更多的企业参与到页岩气开发中进而提升页岩气技术水平；三网融合迟迟没有实质性进展也是由于部门利益难以协调，无法让新技术得以应用，而挫伤了部分企业技术创新的积极性。

还需要通过制度创新向科技产业园挖潜，促进技术创新。很多地方政府都想通过政府直接支持打造当地"硅谷"，打造科技孵化器。然而，中国地方政府的科技园并未真正推动科技创新。因为这些科技园通过招商，引进一些著名科技公司来设立分公司，这些公司大都有原来的生态系统，园区内的公司之间很少有科技合作，园区自身无法形成生态系统，也就很难有好的科技创新产出，最终成了生产基地。当前，中关村创业大街正致力于构建服务功能完善的创业生态，打造一个有"创业投融资＋创业展示"两大核心功能，以及"创业交流＋创业会客厅＋创业媒体＋专业孵化＋创业培训"五大重点功能的创业街区，这种转变是可喜的。科技产业园区需要通过制度创新向科技创新生态系统平台转化，才能真正实现推动科技创新的功能。

（三）创新驱动经济结构调整和传统产业转型升级

经济结构调整仍能释放配置效率。当前我国东部地区部分传统产业正加快向中西部转移，以进一步降低人工成本和资源环境成本释放资源配置效率。如果沿用原有的发展模式，除了将企业转移过去之外，还会把高污染、高能耗、高投入也转移到中西部地区，长此以往将得不偿失。因此，产业空间转移之初就需要科学规划，对污染、能耗和投入进行科学评估，提高产业能耗、水耗和环保等技术门槛，对那些落后的生产技术要零容忍。

所有制结构的不断优化，可以不断激活非国有制经济活力，中国改革开放的实践已经证明了这一点。然而，目前国有企业仍然在一些竞争性经济领域进行低效率竞争，无法将国有资源配置到更有效率的经济领域。需要通过制度创新进一步调整所有制结构，让非国有经济成为最有活力的经济增长点，让国有经济成为能够带动自主创新和切实保障国家安全的经济增长点。

产业转型升级是产业素质不断提升的过程，在微观上表现为企业的技术水平、生产效率的提高和能力的增强；在宏观上表现为产业结构从劳动密集型向资本、技术密集型的转变、生产效率的提高以及能耗、水耗和污染物排放的降低；在全球分工体系中表现为对产业的控制力提高或国外装备、核心零部件依赖程度的下降、获得的价值比重增加。

通过技术创新改造传统产业一方面可以提高生产效率，另一方面可以化解资源环境约束，使传统产业向现代产业转化。例如，通过农业生产组织形式创新、农业科技创新体系构建和农业保护支持体系改革推动传统农业向现代农业转变；通过技术改造和价值链重构推动传统工业向新型工业转化；通过创新驱动制造业生产服务化以及传统服务业向现代服务业转化，使现代服务业成为经济重要的增长点等。

创新驱动经济结构调整和传统产业转型升级其根本目标是要形成现代产业发展新体系。现代产业发展新体系将以基本要素结构升级为支撑，以创新驱动为动力，以市场需求为导向，以战略性新兴产业、先进制造业和现代服务业等重点领域发展为主题，实现产业的结构升级与业态创新的统一，突破能源、资源、生态与环境的约束，增强产业创新能力，提高产业科技化和信息化水平，形成科学性、自主性、可持续的产业调整升级机制。

主要参考文献

1. 陈清泰：《自主创新和产业升级》，中信出版社 2011 年版。

2. 胡翠、许召元：《人口老龄化对储蓄率影响的实证研究——来自中国家庭的数据》，载于《经济学（季刊）》2014 年第 4 期。

3. 黄群慧、贺俊：《"第三次工业革命"与中国经济发展战略调整——技术经济范式转变的视角》，载于《中国工业经济》2013 年第 1 期。

4. 黄群慧：《"新常态"、工业化后期与工业增长新动力》，载于《中国工业经济》2014 年第 10 期。

5. 金碚：《中国工业的转型升级》，载于《中国工业经济》2011 年第 7 期。

6. 李晓华：《中国工业的发展差距与转型升级路径》，载于《经济研究参考》2013 年第 51 期。

7. 里夫金：《第三次工业革命：新经济模式如何改变世界》，中信出版社 2012 年版。

8. 联合国开发计划署驻华代表处与中国社会科学院城市发展与环境研究所：《2013 中国人类发展报告》，中国出版集团公司、中国对外翻译出版有限公司 2013 年版。

9. 林毅夫、蔡昉、李周：《中国的奇迹：发展战略与经济改革》，上海人民出版社 1999 年版。

10. 刘世锦：《在改革中形成增长新常态》，中信出版社 2014 年版。

11. 吕政、郭克莎、张其仔：《论我国传统工业化道路的经验与教训》，载于《中国工业经济》2013 年第 1 期。

12. 潘爱民、刘有金、向国成：《产业转型升级与产能过剩治理研究》，载于《中国工业经济》2015 第 1 期。

13. 史晓丹：《我国人口老龄化趋势对储蓄率的影响研究》，载于《南方经济》2013 年第 7 期。

14. 王海兵、杨蕙馨：《创新驱动及其影响因素的实证分析：1979～2012》，载于《山东大学学报（哲学社会科学版）》2015 年第 1 期。

15. 肖卫：《中国劳动力城乡流动、人力资源优化配置与经济增长》，载于《中国人口科学》2013 年第 1 期。

16. 亚当·斯密：《国民财富的性质和原因的研究》，商务印书馆 2004 年版。

17. 张维迎：《改革的逻辑》，世纪出版集团、上海人民出版社 2010 年版。

18. Wadhwa V., Why it's China's Turn to Worry about Manufacturing, Washington Post，2012－01－11。

从生产力水平到生产力容量：
一个经济发展的新机制

乔　榛[*]

一、引　言

提高生产力水平，获得更多的物质财富，实现社会经济发展，这一直以来都是人类社会追求的重要目标。然而，在漫长的人类社会演进中，这一目标始终是一个不断更新的话题，留下的人们探索的足迹更是无法计数。人类社会为什么要困扰于这一问题？归根结底，这是因为人类无法停下自己对财富的超越性追求的脚步。因此，不同的社会，同一个社会的不同阶段，都在寻求实现经济增长或发展的最有效机制。然而，历史事实表明，人类社会在多数情况下难以找到一个实现有效增长的途径或机制，而一直以来的单向度增长导致的成本越来越大且令人们难以承受。这是否表明，人类该对自己的增长方式进行反思，也该为实现增长方式转型或寻求新的发展机制作出更多的努力。

人类社会进入 20 世纪 70 年代，一个叫做"罗马俱乐部"的学术组织向国际社会提交了一份对后来有着广泛影响的研究报告——《增长的极限》。此报告在西方发达国家正处于经济高速增长，社会普遍繁荣的所谓"黄金时代"发出了一个震惊世界的警告，即人类社会正面临着一系列全球性问题，包括人口、粮食、资源和环境污染问题，这些问题影响到人类

＊乔榛，黑龙江大学经济与工商管理学院教授。国家社会科学基金重点项目"我国收入逆向转移影响分配差距的机制及控制研究"（14AJY011）阶段性成果。

社会经济的可持续发展，一个理想的出路便是实行"零增长"。然而，人类充满自信的天性并没有为这一警告所惊醒。科学技术进步带来的无限可能，以及人类仍然不能满足的需求，使罗马俱乐部的警告被抛到脑后。增长的愿景以及不断的突破，为世界上绝大多数国家特别是发达国家带来越来越多的财富。直到进入 21 世纪以后，一系列被罗马俱乐部列举的全球性问题，以无可辩驳的事实给世界上的所有国家都带来不同程度的甚至是灾难性影响。这时，许多国家、许多有识之士，开始进一步检讨人类的增长方式，以及人类的自信所带来的困境。

对于转变人类的增长方式，一个是继续在发展生产力的方式上做文章，通过寻求生产力发展的新动力来实现经济增长方式转变。一个普遍的观点便是，用技术进步或提高要素生产效率来形成生产力发展动力（王小鲁等，2009；陈继勇等，2008）。另一个是探索生产力发展的新型关系，在关注生产力发展环境的前提下建立一种"包容"或"和谐"的经济增长方式。一个代表性的观点是，用发展低碳经济的方法来实现经济增长方式转变，并建立一种低碳经济发展方式（付允等，2008）。对人类的自信，一个严重的打击是，随着科学技术越来越发展，技术革命不断地酝酿，不断地突破，但我们面临的资源、环境和生态问题却越来越严重。当然，我们还可以列举更多的相关观点，也可以不断地调动起人们的情绪。但是，从生产力自身出发，探讨生产力标示的变化，或许能够为实现经济增长方式转变找到一个新的出路。

二、从生产力水平到生产力容量：一个历史性的解读

生产力水平是指创造财富的能力。这在人类社会不断地追求更多财富的目标下成为最重要的发展指标。人类以自身的活动作用于自然界，从而获得自己生存和发展需要的生活和生产资料，形成了人类社会的经济史。回顾这一历史，我们可以明显地看到社会生产力演进并逐步提高的轨迹。过去，人们关注更多的是提高生产力水平以获得更多的物质财富。然而，随着生产力水平不断提高，生产力内含着的人与人以及人与自然的关系出现了根本性的改变。对此，笔者的一个概括是，生产力的发展线索从一种单一的"水平"取向逐步向一种综合的"容量"取向转变。

笔者提出生产力容量这一概念并不是单纯地追求所谓的创新，而是想

以此反映当前生产力发展的方向。在已有的关于生产力发展线索的讨论中，出现过将生产力发展归结为供给约束和需求约束两个不同阶段（乔榛，2010）。所谓供给约束是指生产力的发展主要是打破生产能力不足的限制，而由此演绎的生产力发展途径主要是增加生产要素的规模和提高生产要素的效率。所谓需求约束是指在生产力水平达到一定程度后，相对于生产的物质财富来说，人们的有效需求不能满足这些物质财富的价值顺利实现的要求，因此出现了生产的相对过剩，从而潜在的生产力得不到发挥，也就是生产力的发展受到限制。为此，发展生产力需要通过提高有效需求，即扩张投资、增加消费和扩大净出口来实现。这种对生产力发展线索的归纳，尽管可以反映人类社会生产力发展的两个最具特征的阶段，但对目前生产力发展的状况来说，如此程度的认识并没有完全反映生产力发展的复杂性或新特征。有鉴于此，我们需要对生产力发展的当今现实作新的概括。当然，这种概括绝不能是主观的臆想，而应该有深刻的历史根据。

在漫长的生产力发展历史中，人类社会在很长时间处于生产力水平极低的阶段。生存的需求难以得到满足，社会发展的不同阶段以及现实中的许多国家都为生产力的不发展所困扰。在可以追溯的历史中，农业是人类摆脱对自然界完全依赖而创造的第一个真正意义上的经济活动。农业的生产力发展最简单的形式是，人们借助简单的工具耕种土地，以获得生存最基本的食物需求。不过，简单的生产工具严重地制约了人们对土地的开发，而且在农业生产方式下人们生活方式的封闭和固化的特点，会导致的一种结果便是"马尔萨斯陷阱"，即人口与食物呈不同数量级增长，使人们的生活水平始终处在停滞或贫困的状态。农业经济时代的这种生产力发展停滞，还有另外一种解释。作为农业生产的主要产品——粮食，它可以成为人们自给自足的基础，但也可能成为限制商品经济发展的条件。事实上，在人类社会很长的时间里，生活在农业经济时代的人们，主要以一种自给自足的生活方式而生存。这样的生活方式决定了人们生产的目标是获得产品的使用价值，因而，发展生产力的动力不够强劲。这正如马克思所指出的："在一个社会经济形态中占优势的不是产品的交换价值，而是产品的使用价值，剩余劳动就受到或大或小的需求范围的限制，而生产本身的性质就不会造成对剩余劳动的无限制需求。"①

在生产力发展处于如此停滞状态，生产力水平对于人们来说是一个比

---

① 马克思：《资本论》第 1 卷，人民出版社 1975 年版，第 263 页。

较纠结的对象。一方面提高生产力水平的手段和途径匮乏；另一方面提高生产力后又缺少消费生产剩余的机制。这样的状态直到商品经济在资本主义生产方式下才得以改变，而且生产力获得了爆发式的增长。马克思为这种生产力发展所做的一个经典概括是："资产阶级在其不到一百年的阶级统治中所创造的生产力，比过去一切时代所创造的全部生产力还要多，还要大。"① 是什么原因引起了资本主义生产力发展的新态势？对此，我们可以找到许多的解释甚至比较成熟的理论。但按照生产力发展的历史事实所包含的逻辑，可以把资本主义生产力发展的特殊性归结为商品经济和分工的互动在资本主义生产方式下得到加速强化。商品经济使人们的生产目的发生了改变，即人们生产产品并不一定是为了满足自己的需求，更重要的目的是希望由自己生产的产品获得最大的价值。商品经济的这种价值追求代替自然经济的使用价值追求，为人们的生产赋予无限的动力。而商品经济的这一机制又是以社会分工为基础的，也就是社会分工的发达程度决定了商品经济的上述机制发挥作用的程度。当商品经济与社会分工加速地互动起来，商品经济借助社会分工发展而日益发达起来，社会分工受商品经济的推动形成不断提高的生产力水平。

人类社会的生产力水平在经历了漫长的积累后形成的发展机制，最终打破了提高生产力水平的困境，即人们不仅找到了一种发展生产力的手段，而且也找到了消化生产产品的渠道。这标志着社会生产力发展直接表现为一种供给和需求的循环。生产力水平提高增加了对人们需要的产品的供给，而人们不断扩大的需求又激发了生产者的供给，如此，生产力发展得到了两个方面的动力。然而，这种循环也会遇到一个瓶颈，就是供给和需求的商品经济或市场经济的中介，使得供给并不是与人们的需求相匹配，而是要同人们的有效需求相适应，因此供给的增加或生产力的发展会因为社会的不平衡而导致生产过剩，马克思把这称为经济危机。而现代社会的许多国家应对经济危机的主要手段便是需求管理的经济政策。从实际情况来看，这种政策的实施在一定程度上解决或缓解了经济危机所带来的各种严重问题，但这远不是使现代社会走向经济和谐的有效途径。因此，这种经济危机把人们的注意力引向了需求管理和供给管理的理论和实践的争论或对立。难道现代社会的生产力发展就陷入这种供给和需求关系的困

---

① 马克思：《共产党宣言》，引自《马克思恩格斯选集》第 1 卷，人民出版社 1972 年版，第 256 页。

境吗？笔者认为，这种满足理论简单化需求的思路并没有考虑到当代社会的复杂现实，也没有基于当代复杂现实进行理论的创新。归结起来，就是对生产力水平或发展应该有一个新的认识，而用生产力容量这一术语创新可以更好地反映现实生产力发展状况，也可以更好地解释当代社会生产力发展的新机制。

笔者引入生产力容量这一术语，主要想对当代生产力发展的现状予以新的概括。生产力发展经历了从单向度地提高生产力水平，到基于供求互动的双向推动生产力进步。但最新的生产力发展形成一个新格局，生产力发展或经济发展不仅仅取决于生产力水平的高低，而主要决定于生产力容量的大小。对生产力容量这一术语的理解，可以概括为以下几个方面：(1) 需求的规模。这是现代经济学关注的一个重点，即生产的产品只有为各种需求所消化后才能够顺利地进行再生产。需求的规模取决于消费、投资和净出口几个部分，这也是现代经济学研究的重点并有着非常丰富的内容。除此之外，把需求作为生产力容量来看待，还要关注需求的潜在规模。当生产力达到较高水平时，这种潜在的需求借助一些有效的机制会成为支撑生产力发展的重要因素。(2) 资源环境的承载量。这是现代经济发展越来越凸显的一个问题，也是生产力水平达到一定程度后提出的一个尖锐问题。生产力体现为劳动者、劳动资料和劳动对象的某种结合状态。如果把劳动资料作为劳动力的一种延伸的话，那么生产力也就是反映人与自然的一种关系。人类的生产活动就是将自然资源通过劳动转化为可以满足人们需求的产品，这个过程不仅要消费自然界的各种资源，而且还会对自然环境造成一定的影响。在生产力水平较低时，这个问题并不突出，当生产力发展并积累到一定程度后，也就是生产活动对自然资源的使用和对自然环境的破坏超出了自然的自我恢复能力时，资源和环境问题就会凸显并成为对生产力的最大制约。(3) 社会和谐程度。这是现代经济活动中人与人之间的关系越来越成为生产的重要条件和发展环境的一个指标。生产力发展离不开一种相适应的生产关系的支持，这是马克思对人类社会发展规律揭示而形成的一个基本原理。然而，在现代经济中，生产关系对生产力的意义得到进一步的延伸，生产关系并不能代替人与人关系在生产发展中的地位，一种更加广泛的社会关系显示出对提高生产力的意义。对此，一个概括的表述就是社会和谐对于支撑生产力的发展具有越来越明显的作用。

对人类社会生产力发展的历史线索进行的这一梳理，可以发现生产力的进步体现为一个从单向度演进到双向推动的过程。而且在双向推动生产力发展的机制中，我们又发现来自需求方面的内容不断增加并超越了现代经济学单一的有效需求的概念，而扩展为生产力容量。用生产力容量标示的生产力发展与过去有什么不同？从生产力容量的角度分析生产力发展又有着怎样的新机制？这些需要我们进一步探讨。

三、从生产力容量到经济增长生态：一种发展新机制

从生产力水平到生产力容量，这一生产力发展的历史性转变势必产生一种经济发展的新机制。这种新的机制超越了生产要素对生产力的推动作用，也超越了有效需求对生产力的拉动作用，而形成了一种经济增长生态。在这种经济增长生态中包含了一个新的经济发展机制。

在生产力水平较低的阶段，生产力容量有着无限的潜力，但这种潜力并不构成对生产力发展的拉动作用。不仅自然资源受到人类开发能力的影响很小，甚至忽略不计，而且人们的需求甚至基本需求都得不到满足。这个阶段生产力容量主要表现为社会关系对生产的制约。因为生产力水平较低会引起人们为很小的利益空间而争夺甚至冲突，这在历史上的表现是，所有国家都会在自然灾害等原因引起的贫困时刻爆发大规模的冲突或战争，进而导致朝代更替，生产力又回到了过去的低点。随着一个新朝代产生，往往会采取休养生息，这使得生产力开始恢复并进入一个新的发展期。

随着生产力的发展和积累，特别是在资本主义生产方式下生产力有了巨大突破并开启了持续增长的趋势后，生产力容量的问题才凸显出来，其内部结构也发生了变化。

自然资源在巨大的生产开发能力面前开始显示出短缺的特征。土地在人类的不断扩张中不再是无限的，不仅优等地开发殆尽，而且劣等地也得到开发。因此，土地逐步对粗放的农业生产力达到了承载的极限。森林不断地被开采，且开采的速度远远超过森林的自然生长速度，导致森林资源的枯竭。越来越多的资料和数据表明，地球上的越来越多的森林富集地因过度开采而消失。水这一过去被认为可以无限使用的资源，现在因浪费性使用和污染变得越来越稀缺，甚至可能成为未来最可能爆发大规模冲突的一个诱因。矿藏资源也因为人类开发能力的提高和使用的快速增长而枯

竭，这为越来越多资源枯竭型城市的出现所证明。自然资源随生产力提高变成对生产力进一步发展的制约，还由于其延伸的一种影响也成为生产力发展的制约，这就是所谓的环境问题。对自然资源的过度使用会引起各种各样的"三废"的排放。这不仅污染了环境，对人类的生存质量以及生命产生越来越不利的影响，而且大量的温室气体排放成为最近全球性气候变暖的一个主要原因，由此带来的一系列恶劣的气象变化，更是成为人类生存的越来越严重的威胁。

这种生产力容量内部结构的变化除了表现为自然资源和环境问题外，还有来自有效需求方面的制约。这个问题是随着资本主义生产方式产生以后，成为生产力发展的一个重要因素。转化为生产力容量后，有效需求所处的地位也比较突出。当然，该问题是宏观经济学的一个主要研究课题，而且也是现代生产力发展的一个着力点。但从生产力容量来考虑有效需求的作用，则可以对它有新的解读。有效需求是宏观经济运行的一个关键性环节。在宏观经济运行的循环系统中，生产的产品只有实现了其价值才能够进行再生产，也就是总供给和总需求达到平衡，宏观经济才能够顺利地运行。无论是供给大于需求，还是供给小于需求，都意味着宏观经济出现失衡。在现代社会，生产力达到了比较高的水平，生产的产品越来越多，而在商品经济或市场经济的环境下，这些生产出来的产品又必须以实现价值的形式转化为人们的需求，因此，对这些产品的有效需求就变得十分重要了。自20世纪四五十年代开始的发达资本主义国家普遍采取的需求管理就是适应这一背景所做的选择。不过，这种有效需求作为生产力容量的一部分并不完全。对于生产力容量来说，有效需求并不能反映生产力容量的需求方面的全部内容。潜在需求也是生产力容量的需求部分的一个内容。当然，就潜在需求本身来说，对它的理解也不能是概念性的，而要有一定的现实性，即这种潜在需求必须是可实现的需求，而不仅仅是一种愿望。如发展中国家相对于发达国家来说有着较大规模的潜在需求，但并不是所有发展中国家的这种潜在需求都具有现实性。只有那些进入增长的轨道并在内部形成接续发展态势的发展中国家，其潜在的需求才具有现实性，而且也标志着该发展中国家的生产力容量具有增长的空间。与此相应地，发达国家目前普遍陷入"增长的陷阱"，一种重要的原因就是，它们因为发达而具有的潜在需求比较低，其生产力容量也难以扩张，因此其发达的生产力并没有相应的实现空间。这虽然有经济全球化的补充，但依然不能全部释放其生产力，经济增长变得较为困难。

生产力容量内部结构中的社会和谐的内容在现代社会中也具有新的意义。如前所述，在生产力水平比较低的阶段，生产力容量较少受需求和资源环境的影响，社会关系的状况则成为生产力容量的主要内容。在一个和平稳定的社会环境下，经济通常表现得比较繁荣，而当社会出现动荡，经济就会遭到极大破坏，并表现为一片萧条。现代社会虽然在一定程度上也有生产力容量的这一表现，但具有的意义已不尽相同。社会和谐在现代经济中对生产力发展的意义也越来越突出，一个重要的表现是，人们对于社会公正的追求与对经济利益的追求越来越趋于同等的地位。能否实现社会公正对于人们从事经济活动的选择来说，具有的考量权重越来越突出，因此，社会公正也成为经济发展动力的一个源泉，相应地，社会公平正义的程度也是承载生产力发展的一个重要空间。而且，社会公正或社会和谐对于生产力容量的另一个意义便是，在经济全球化的今天，社会和谐以及由此决定的社会稳定，是世界生产力流动的一个重要考量因素。这意味着社会和谐程度可以为生产力容量开辟更大的空间。

我们将人类社会生产力发展的线索归结为从生产力水平到生产力容量的转化。而生产力容量在现代社会对于生产力发展的意义也在越来越多内容中体现出来。从这一角度看，现代社会的经济发展有着一个新的增长生态，也就是反映生产力容量的不同内容相互促进，共同构成一种新的发展机制。

把生产力容量归结为需求规模、资源环境承载量和社会和谐程度这三个方面，这意味着从生产力容量解释生产力发展并不是一个简单的各因素拉动问题，而变成了一种增长的生态。人类社会的生产力确已达到了非常高的水平，虽然还不能说控制了自然，但可以很轻松地改变自然的平衡。在这样的生产力水平下，生产力发展或经济增长就需要千方百计地消化这种生产能力。为此，扩张需求自然是一个出路，这也是宏观经济学进行需求管理的基本依据。但由生产的供给和需求互动扩张的生产能力，势必对自然资源和环境造成越来越大的影响或破坏。这虽然构成生产能力实现的一种约束，但往往又是一种软约束，因为这里有较大的"搭便车"空间。这样的情形一定会引起经济增长与资源环境的矛盾越来越尖锐。因此，经济增长的生态也变得日益恶劣。当经济增长供需机制引起资源环境问题凸显，又表明经济增长已陷入了一种结构性不平衡，即经济增长的成果为少部分人获得，而引起的成本则要所有人承担。由这种经济增长的结构性不平衡，以及因此延伸的诸多社会不和谐，最终也会成为经济增长的制约因素。

由生产力容量引起的经济增长生态，不仅表明生产力容量的大小可以影响生产力发展或经济增长，而且也可以表明这种生产力发展或经济增长有两种状态，一种是在经济增长生态良好的环境下实现生产力发展，这是指在资源环境友好、社会和谐的状态下生产的供需良性互动的经济增长；另一种是在经济增长生态恶化的环境下实现生产力发展，这是指在大量耗费资源、不断破坏环境、社会不甚和谐的状态下实现的经济增长。如此看来，从生产力容量理解经济增长，我们可以发现经济增长的机制会在不同的增长生态下发挥作用。因此，现代社会的经济增长有不同的选择，是在一个良好的增长生态下实现经济增长，还是在一个恶化的增长生态下实现经济增长。

四、中国改革后经济增长历程：一个增长生态的典型诠释

中国经济自改革开放后保持了一个持续高速增长的态势，并演绎了一个"增长的奇迹"。对于这样的经济增长该如何解释，这被人们称为是一个可以使经济学发生重大创新的课题。研究中国经济增长这一巨大挑战也激发了国内外学者的学术热情，因此，各种各样的解释充斥了几乎所有的学术传媒。诸如改革红利、人口红利、开放红利，以及技术进步、结构调整、政府的经济主体功能，等等，都被学者们作为解释中国经济增长的变量。从研究的角度来看，这些变量对于中国经济增长都有一定的解释力。无论是逻辑分析，还是经验实证，都能够发现这些变量影响中国经济增长机制和显著性特征。然而，缺乏原理论的解释，使我们觉得这些观点还有些不足。如果把经济增长作为生产力发展的一种表现，那么从生产力容量的角度对中国经济高增长加以解释或许能够让我们看到它的另一面。

从20世纪七八十年代开始的中国经济体制改革和对外开放，是一个满足"天时、地利及人和"三个条件的选择。所谓天时，可以概括为当时的整个世界政治经济形势有利于我们。当时的苏美两霸势均力敌，在国际舞台上针锋相对、互不示弱。而中国处于一个十分微妙的地位。之前苏美两国都孤立我们，但到了70年代后，中国成为唯一置身苏美争霸之外的一种力量。因此，苏美两霸的竞争使得中国成为一个可争取的对象，这直接引起70年代苏美两国都积极寻求与我国改善关系。除了这种国际政治形势外，七八十年代世界经济也进入一个全新的时代。一方面以芯片发明

为标志的信息革命取得了突破性的发展；另一方面经济全球化的进程开启了一个新的阶段。在这种十分有利的国际政治经济形势下，中国打开了自己的国门，这意味着我们迎来了一个全新的发展机遇。所谓地利，可以概括为当时的国内政治经济形势有利于改革。70年代后期，中国结束了"文化大革命"，这意味着中国的政治气候发生了根本改变。"以阶级斗争为纲"的基本路线随着"文化大革命"的结束而终结了。这带给中国的一个巨大变化是，人们可以不再为一些政治的大帽子所制约，可以为发展经济进行新的探索。除了这一政治形势的改变外，经济形势也以一种倒逼机制形成了对发展经济的强烈需求。"文化大革命"的十年使中国经济遭受了巨大挫折，国民经济濒于崩溃的边缘。如果不改变当时的经济发展战略和政策，那么中国就有可以陷入更大的经济和政治困境。所谓人和，可以概括为当时呈现出来的一种普遍的变革心态。"文化大革命"造成的巨大的经济发展困境，给人们的生活也带来的极大的影响，人们普遍地处于温饱水平，更有许多人处于绝对贫困状态。据统计，改革开放前夕，中国的贫困人口达2.5亿人，占到当时总人口的1/4。这对于有着22年社会主义经济建设经历的中国来说，是不应该发生的。中国的改革之所以从基层开始，就是一种穷则思变的民心推动的变革。作为当时中国民心的还有一种表现，就是人心思稳。"文化大革命"以及1958年的"大跃进"、"人民公社"，不仅没有给人们带来生活的改善，而且还使人们生活在动荡之中，因此，当时人们的普遍心态便是稳定，这又决定了中国的改革开放绝不能以发生动荡或不稳定为代价。因此，中国的改革走了一条渐进式的道路。

中国改革开放具有的这三个条件，为中国实现经济增长创造了非常有利的环境。一方面，中国因此获得发展生产力和实现经济增长的要素条件；另一方面，中国也开拓了生产力发展的巨大容量。

随着对外开放的不断扩大，来自发达国家或地区的先进生产力向我国转移。这种技术创新使我国具有的生产要素优势得到有效的整合，并形成了不断增长的生产力。而这种增长的生产力提供的不断增加的新产品，又使我国长期压抑的需求得以释放。20世纪80年代，人们为买一台电视、冰箱都得"托关系"、"找后门"的情形至今还让经历过的人难以忘怀。这样的形势反映了一种全新的发展态势，即不断提高的生产力，在一个有着巨大生产力容量的空间中得以持续释放，从而形成了一种史无前例的生产力供需互动的机制。不仅如此，新中国经济发展的不平衡，在新的经济发展形势下也为生产力容量的扩张提供了条件。新中国的经济建设推行的是一条工业或重工业优先发展的战略。这使得人们的消费资料严重不足，而重工业发展尽管缺乏效率，但为后来的经济发展积累了重要的工业基础。这种不平衡为改革开放后不断引进的生产力提供了具有很大潜力的消费需求，以及表现为非常渴望的投资需求。再加上中国发展水平低和地区发展不平衡，这无论是现实的需求，还是潜在的需求，都意味着中国有着巨大扩张生产力容量的空间。

中国生产力容量的需求方面在改革开放后获得了特殊机会，从而形成巨大的扩张潜力。与此同时，在自然资源和环境方面也为实现迅速提高的生产力提供重要保障。中国是一个"地大物博"的国家，尽管这个曾让我们自豪的禀赋在今天发生了较大变化，甚至有人对其产生质疑，但是，在改革开放之初，我国地大物博的自然禀赋确实为生产力发展提供了重要条件。而且该条件的性质，不仅作为生产力的要素发挥作用，而且巨大的建设空间为国外过剩的生产力转移和国内不断提高的生产力提供了充分释放的基地。回顾我国改革开放以后经济快速增长的经历，自然资源和环境对于经济增长的意义呈现了一个渐次凸显的趋势。在改革开放之初，我国的生产力水平还比较低，相对丰富的自然资源对于将要起飞的经济来说，有着较大的支撑作用，因而体现出"物博"给经济带来的积极意义。随着生产力水平的不断提高和生产能力的迅速积累，有更多更大的生产力释放空间显得更为重要，而这一要求使"地大"的优势得以显现。城市需要发展，农村更需要发展；先进地区要追赶发达国家，落后地区还要赶超先进地区。如果不存在过剩的生产力或生产力不能进入快速增长的渠道，那么这种"地大"以及不平衡可能成为经济发展的负担。但是，当有过剩的生产力需要消化且经济开始快速增长时，这种"地大"以及不平衡就变成巨大的生产力容量，进而支撑经济快速增长。

除了需求扩大和资源环境之外，体现出中国改革开放后生产力容量扩大的还有一个因素，即社会和谐和稳定。它对于中国自20世纪80年代以来的生产力发展和经济快速增长也具有特殊的意义。中国的经济体制改革是人们自愿作出的一种选择，因此，人们从一开始就对改革有着较高的认同。这种认同可以取得的一个效果是，使改革在一种社会和谐的状态下推进。而这种社会和谐对于发展生产力的意义主要在于能够消化由生产力最初发展带来的一些不平衡问题。中国改革开放后，过去的平均主义逐渐被不断扩大的差距所代替，但渐进式改革的帕累托改进效应，使人们对这种差距表现出较高容忍度。随着改革的不断深入，生产力继续发展带来的不平衡问题和结构性矛盾不断积累并演化为一定的社会矛盾，这无疑是经济继续增长的一些不稳定的因素。然而，中国特色的社会主义制度内含的特殊的社会稳定功能，可以最大限度地缓和或控制这些矛盾的恶化，因此形成了一个相对稳定的社会结构，创造了一个稳定发展的环境。这使迅速积累起来的生产力得到了相对稳定的社会环境的支持。

综上所述，我们可以看到，中国改革开放以来的经济持续高速增长有着一种特殊的发展机制。这种机制的全面内容来自于生产力供需两方面的良性互动，但最为特殊的一个内容便是在一种生产力过剩或成熟的国际环境下，中国的生产力容量的巨大空间为这种生产力的释放提供非常好的条件。而且中国改革开放后体现出来的巨大生产力容量包含了一个较为良好的经济增长生态，即需求规模、资源环境承载量、社会和谐程度都良性的状态下构筑了生产力容量空间。但是，这种生产力容量以及由此形成的增长生态并不是永远保持一致，或者说生产力容量的扩大与增长生态的良性化之间呈正相关演进。随着生产力不断提高，需要释放的生产能力越来越大，这对生产力容量也提出更高的要求。因此，对增长的生态也是一种考验。首先，需求规模扩张的空间越来越小，这需要改变需求结构来增加规模。其次，资源环境问题越来越突出，使增长的生态不断恶化，这需要寻求绿色增长的出路。最后，社会和谐也遇到越来越多的新问题，这需要转变发展理念，实现经济国家向社会国家的转变。目前，中国经济增长进入了一个比较特殊的阶段，生产力发展的潜力还没有充分挖掘，体现在中国的城乡之间的差距、地区之间的不平衡，意味着还有较大的发展空间，但是，资源和环境问题已经非常突出，社会和谐需要付出较大成本去维持。因此，增长生态出现了失衡的局面，即一方面生产还有潜力，生产力容量还有扩张的空间，但另一方面各个生产力容量之间出现了不协调关系。如果我们还要继续快速增长，那么也有一定的潜力可挖。但是，这会导致生产力容量的不协调进一步恶化。目前，对于中国的经济发展来说，面临着一种较难的抉择。经济还可以增长，但需要在不协调增长生态下实现这种增长。而我们要还是不要这样的增长？是否存在一种新的发展机制以重塑我国增长生态的平衡？这不仅是生产力演进引起的一种带有规律性的选择，而且也是中国经济发展必然带来的一种新的选择。

主要参考文献

1. 陈继勇、盛杨怿：《外商直接投资的知识溢出与中国区域经济增长》，载于《经济研究》2008 年第 12 期。

2. 付允等：《低碳经济的发展模式研究》，载于《中国人口、资源与环境》2008 年第 18 期。

3. 乔榛：《供给、需求和环境不同约束下的经济增长机制研究》，载于《求是学刊》2010 年第 6 期。

4. 王小鲁、樊纲、刘鹏：《中国经济增长方式转变和增长可持续性》，载于《经济研究》2009 年第 1 期。

我国水资源能够支撑中高速增长吗

张培丽　王晓霞　连映雪[*]

我国经过三十多年的高速增长，资源环境面临巨大压力。高速增长对世界资源的大量需求不断引发世界"谁来养活中国"的担忧，甚至美国放言必须遏制中国的发展。虽然我国主动调整进入中高速增长新常态，对资源环境的压力有所减轻，但我国仍需要解决实现中高速增长的资源环境问题。本文试图运用新的预测方法探讨我国水资源对中高速增长的支撑强度。

一、用水数据的选取及其依据

我们改善我国水资源需求预测方法缺陷的基本思路是，选用日本和韩国实现工业化、城市化和现代化进程中的用水数据，通过构建用水系数，即用水量增长率与实际 GDP 增长率的比值，表示出在经济发展的每一个时间点上实际 GDP 增长一个百分点用水量增长的百分比，勾勒出实现工业化、城市化和现代化进程中用水系数的变化规律。然后运用不同发展阶段用水系数的规律变化，描绘我国实现工业化、城市化和现代化进程中用水量的变化规律。最终根据我国新常态下经济发展速度的要求，测算出支撑我国中长期经济增长的水资源需求。

---

* 张培丽，中国人民大学中国经济改革与发展研究院副教授；王晓霞，中国人民大学环境学院；连映雪，国家进出口银行。感谢国家社科基金青年项目保障国民经济可持续发展的水利投资最优规模研究（12CJL065）和教育部人文社科青年基金项目迈过"中等收入陷阱"的水资源支撑问题研究（11YJC790276）支持。

　　这里的关键是，为什么选取日本和韩国实现工业化、城市化和现代化进程中的用水数据作为预测我国未来用水量变化的依据。对此，我们主要基于以下考虑：

　　1. 日本和韩国都是后发国家。作为后发国家都有一个加快发展，追赶发达国家的历史任务，从而在经济运行上表现出不同于先发国家的特征和规律，而且日本和韩国在现代化的追赶过程中都跨越了"中等收入陷阱"，先后实现了现代化。我国虽然现在还是发展中国家，但根据"两个一百年"的奋斗目标，到 2050 年左右将基本实现现代化，成为中等发达国家。我国与日本、韩国的跨越"中等收入陷阱"，实现现代化的追赶进程具有相似性。

　　2. 日本和韩国都经历了 20~30 年的高速增长。日本从 1956~1973 年的 18 年间，年均增长率超过 9.2%，其中有 7 个年份实现了两位数的增长。1967 年日本国民生产总值超过英国和法国，1968 年超过西德，成为在总量上仅次于美国的世界第二大经济体。但到 1974~1990 年，日本年均增长率降为 3.8%。1990 年后的 21 年间，年均增长率跌至 0.99%。韩国从 1963~1991 年近 30 年间，年均经济增长率达到 9.6%，如果剔除因为国内政治动荡导致经济受到严重影响的 1980 年[1]，年均增长率高达 10.4%。1992 年后的 20 年间，韩国经济增长速度有所下降，年均增速降为 5.2%。我国也已经历了三十多年的高速增长，现正处于 7% 左右中高速增长的新常态阶段。相同的高速增长经历对用水量的需求具有相似性。

　　3. 日本和韩国在经济发展过程中都经历了经济转型的过程，并实现了经济转型的成功。进入中等收入发展阶段的国家，要跨越"中等收入陷阱"，都需要完成经济转型升级，或者说，是否完成经济转型升级，是跨越还是陷入"中等收入陷阱"的分水岭。我国正处在跨越"中等收入陷阱"的发展阶段，正在加快经济转型升级，主要依靠创新驱动经济增长。目前各种转型升级的趋向表明，我国无疑将跨越"中等收入陷阱"。我国完成经济转型升级的发展历程就与日本和韩国的发展具有相似性。

　　4. 日本和韩国都是亚洲国家，具有文化上的相似性。文化作为非正式制度安排，对一国的经济发展和生活方式具有约束性，形成独有的特

---

　　① 1980 年，由于韩国爆发"光州事件"，经济受到严重影响，当年经济增长率为 -1.9%。

征。我国与日本和韩国同属儒家文化，具有文化上的同一性，从而也就决定了经济发展和社会生活具有很大的相似性。

在数据的选取上，我们使用了日本总务省统计局1963～2002年经济和用水数据测算其用水系数变化，使用了韩国国土交通部国家水资源管理综合信息系统1965～2010年水资源数据和韩国银行经济增长数据测算其用水系数变化，该时间段涵盖了日本和韩国工业化和后工业化的部分时期。该时间段可以清晰刻画日本和韩国用水量在不同经济发展阶段的变化情况，揭示用水系数的变动规律。

我们构建用水系数的目的，在于找到在不同的发展阶段上，GDP每增长一个百分点，用水量增长的百分比。这样就可以剔除经济增长速度高低变化对用水总量的影响，找到用水量变化的最基本单位。然后，以此为单位，就可以更加准确地预测我国在不同发展阶段上GDP增长对用水的需求量。由于在经济发展的不同阶段上，用水系数是不同的，这样我们根据不同的用水系数，可以对用水量进行分段计量，最后加总出我国基本实现现代化所需要的用水量，这样就可以避免对用水总量进行简单的线性预测。

二、用水需求的变化规律

根据以上研究思路，我们分别对日本和韩国的用水变化做出归纳总结，然后从中提升出用水需求的变化规律。

（一）日本用水的变化

1. 用水增长率。1963年以来，日本的用水总量先是快速上升，然后增速有所放缓，1994年后基本保持不变（见图1）。然而，日本用水增长率却表现为逐步下降，尤其自1973年开始，用水增长率出现大幅跳水，从之前的6%～10%区间下降至2%～4%区间，1974～1983年的10年间，日本用水增长率频繁波动，1984年后下降至2%以下，1994年后进入零增长阶段（见图2）。

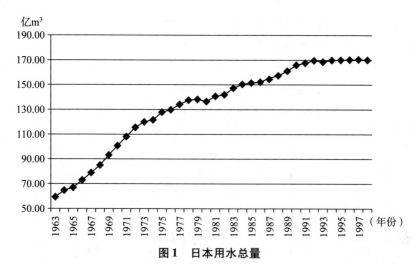

图 1 日本用水总量

资料来源：日本总务省统计局（http：//www. stat. go. jp/）。

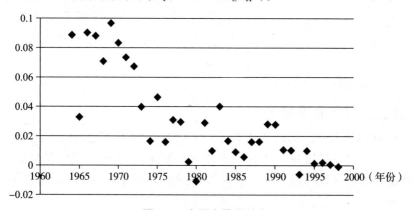

图 2 日本用水量增长率

资料来源：根据日本总务省统计局（http：//www. stat. go. jp/）计算。

2. 用水系数。当我们将日本经济增长与用水量进行关联，测算用水系数时发现，日本用水系数表现出明显的规律性变化（见图 3）。

（1）从 1964～1973 年，日本用水系数基本稳定在 0.5～1 的区间内，平均值为 0.85，即实际 GDP 每增长 1 个百分点，用水总量增加 0.85 个百分点，这是 20 世纪 60 年代以来用水系数较高的时期。而该时期恰恰正是日本快速工业化和城市化，实现经济高速增长的时期，1973 年是日本经济高速增长结束的时间点。

（2）从 1974～1983 年，日本用水系数呈现不规律的较大幅度波动，平均值为 0.61，是 1964～1973 年的 72%。该段时期是日本工业化结束，并开始向后工业化社会过渡的时期，经济增长由高速下降至中速，10年间年均经济增长速度约为3.4%。

（3）从1984～1994年，日本用水系数相对比较平稳，基本维持在0～0.5的区间内，平均值为0.43，仅为1964～1973年的51%左右。

（4）1994年以来，日本需水量基本保持零增长，需水系数为0，进入用水零增长阶段。

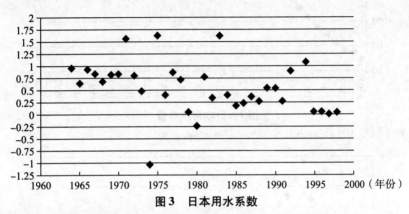

图3　日本用水系数

资料来源：根据日本总务省统计局（http：//www.stat.go.jp/）计算。

（二）韩国用水的变化

1. 用水增长率。韩国用水总量①以1996年为界，之前表现为明显的上升趋势，之后保持稳定或有所下降（见图4）。然而，与日本相比，由于韩国用水量基数要远远高于日本②，而用水增长率整体上要低于日本。

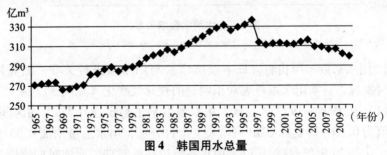

图4　韩国用水总量

资料来源：韩国国土交通部国家水资源管理综合信息系统（WAMIS）

---

①　由于韩国农业用水量统计中包含有效降雨量，因此每年农业用水数据差异巨大，为保持数据可比，农业用水量以邻近5年平均水平处理使用。

②　日本1963年用水总量为59亿立方米，而韩国1965年则已经达到271亿立方米。

韩国用水增长率先是在波动中不断加速的，该趋势一直持续到 1990 年，增长率从 1966 年的 0.28% 上升到 1990 年的 1.74%；1990 年之后韩国用水增长率转为波动中不断下降；2001 年开始，大部分年份表现为负增长（见图 5）。

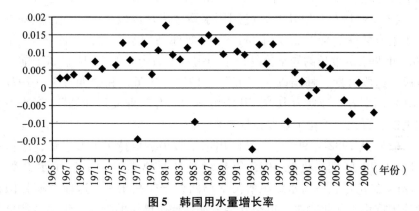

图 5　韩国用水量增长率

资料来源：根据韩国国土交通部国家水资源管理综合信息系统（WAMIS）资料计算。

2. 用水系数。将用水与经济增长关联测算韩国的用水系数发现，与日本相比，韩国用水系数较日本更低，即每单位 GDP 增长所需水资源增长幅度更小，约为日本用水系数的 1/10 左右[①]，但也表现出了与日本相同的变化特征（见图 6）。

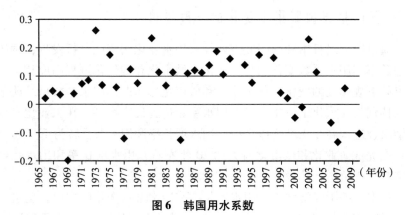

图 6　韩国用水系数

资料来源：根据韩国国土交通部国家水资源管理综合信息系统（WAMIS）资料计算。

---

①　韩国需水系数普遍低于日本的原因，很可能在于韩国早期用水粗放，用水量相对较高，水资源增长空间相对较小造成的。由于这并非本文重点，另文进一步考察具体原因。

（1）从 1966～1972 年，除个别年份外，用水系数基本稳定在 0.02～0.085的区间内，剔除 1969 年负增长的异常值外，平均值为 0.05，即实际 GDP 每增长 1 个百分点，用水量增长约 0.05 个百分点。这是韩国加速工业化和经济高速增长时期，该时段韩国年均经济增长高达 9.8%。

（2）从 1973～1981 年，韩国用水系数表现出较大的波动，但基本延续了上升势头，而且部分年份出现突变性高用水系数，剔除 1977 年和 1980 年两个负增长的异常值外，平均用水系数为 0.125，明显高于前一个阶段。这段时期，韩国以"三五"（1972～1976）和"四五"（1977～1981）两个五年计划为中心，开始实施"重化工业发展计划"，耗水较多的钢铁、石化等重化工业取得快速发展。

（3）从 1982～1990 年，韩国用水系数仍然保持了上升态势，维持在 0.11～0.19 区间，剔除 1985 年负增长的异常值外，平均用水系数为 0.121，经济增长所需水资源增长率仍然处于较高水平。这段时期韩国仍然处于重化工业化阶段，也是其经济平均增速最快的阶段，年均经济增长达到10%。

（4）1991 年韩国工业化和城市化基本结束，从此开始韩国的用水系数开始转为下降，但下降幅度较小。1991～1998 年间大部分年份用水系数仍然处于与上一时段相当的区间之内，到 1999 年才开始大幅下降，进入 2001 年之后，大部分年份用水系数为负值。

（三）后发国家用水变化的一般规律

通过以上对日本和韩国经济增长与用水变化的实证分析发现，两国用水增长率和用水系数变化均与工业化、城市化和现代化进程高度相关，表现出如下规律性的变化：在工业化和城市化加速期，用水系数持续明显上升，特别是在重化工业化阶段，用水系数达到最高水平；在工业化和城市化结束、进入高收入经济体之后，用水增长率和用水系数转为下降（见表1）；在完成工业化和城市化后大约 20 年左右，用水增长率和用水系数进入零增长或负增长阶段。

日本、韩国经济增长与用水增长率和用水系数变化的规律，也进一步验证了库兹涅茨倒"U"曲线的存在，同时也表明日本和韩国的用水变动，虽然在具体发展阶段上表现出不同的特征，但就总的趋势而言是符合世界各国共同的用水变动特征的，因而我们就将日本、韩国经济增长与用水增长率和用水系数变化的规律，称为后发国家用水变化的一般规律。这一规律对其他类似后发国家的用水变化也具有指导性。

表 1　　　　　　　　日本、韩国用水变化与发展阶段的对应

日本			韩国		
时间	需水系数	发展阶段	时间	需水系数	发展阶段
1964~1973	0.5~1	加速工业化时期	1966~1972	0.02~0.09	加速工业化阶段
1974~1983	较高位波动，均值为0.61	工业化和城市化完成，现代化实现[①]，向后工业社会过渡	1973~1981	高位波动，均值为0.125	重化工业大发展
1984~1994	0~0.5	后工业化	1982~1990	0.11~0.19	加速工业化阶段
1994年以来	0	后工业化	1991年以后	波动下降	工业化、城市化完成，现代化实现[②]
—	—	—	1999年以后	下降至较低区间或零增长	后工业化

注：①根据世界银行标准，一般认为人均国民收入超过1万美元即实现了现代化。日本于1978年人均国民收入超过1万美元。
②韩国于1995年人均国民收入超过1万美元。

三、用水系数变动的内在机理

用水系数之所以会表现出以上一般规律性的变化，主要是由三方面原因引起，即产业结构演进、城市化率的提高和现代化的生活方式。

（一）产业结构演进

用水主要由四部分构成，农业用水、工业用水、生活用水和生态环境用水，在一国经济体中，一般来说，农业和工业是水资源密集型产业，在用水结构中占比最大。以我国2012年为例，总用水量为6 131亿立方米，其中农业用水占63.65%，工业用水占22.52%，生活用水占12.06%，生态环境用水占1.77%，农业用水占比远远高于其他各类用水总和。很显然，农业和工业在经济中所占比重变化将会引起用水量的较大变动。

一国产业结构的升级，表现为两个前后不同的发展阶段：在工业化推进过程中，工业比重不断提高，农业比重趋于下降，三次产业表现出二、三、一的结构；工业化完成后，服务业比重不断提高，三次产业表现出

三、二、一的结构。工业作为水资源密集型产业，其在三次产业结构中所占比重的不断提高，必然带动用水量的不断增长；工业化完成后，随着其所占比重下降，用水量也随之下降。日本和韩国的用水量变化，都表现出明显的产业结构变化关联特征。第二次世界大战后，日本工业占比不断提升，到 1970 年上升至 43.5% 的最高水平，并一直持续到 1973 年，这期间用水量不断上升；1973 年工业化完成，工业占比逐步下降，用水量也随之大幅下降。韩国自 20 世纪 60 年代中期开始，工业占比不断提高，到 1991 年达到 42.6% 的峰值，这期间用水量不断上升；1991 年工业化完成后，工业占比微幅下降，但仍然保持在 40% 以上水平，这期间用水量在高位波动；到 1999 年工业占比明显下降，用水量也随之下降。

杰弗瑞·爱德华兹等（Jeffrey Edwards et al.，2005）运用 1980～1999 年世界银行数据，从另外一个视角对以上关系作出了进一步的验证。他们根据 Falkenmark 指数区分不同水资源短缺程度，考察水资源短缺与经济增长的关系发现了一个看似令人困惑的结论，即越是水资源短缺的国家，其经济增长、投资和人均 GDP 反而具有较高的水平。究其原因，他们发现，缺水国家表现出明显的劳动力从水资源密集型产业——农业部门转向非水资源密集型产业——服务部门的趋势，而水资源丰富的国家则往往服务业增长缓慢。中国投入产出学会课题组曾经通过分析用水投入产出表对我国国民经济 37 个部门水资源消耗及用水系数进行测算也验证了以上关系。从各部门完全用水系数看，农业用水系数远远高于其他所有行业，总用水系数达到 0.1659，除此以外，用水系数较高的部门大部分集中在工业部门，高用水系数前 10 的部门中，工业就占了 8 个，服务业中只有住宿餐饮业用水系数在前 10 位。[①]

（二）城市化率的提高

城市化的过程就是农民市民化的过程，随着城市化率的不断提高，居民生活用水也随之增长，这主要是因为农村居民和城市居民的用水量存在较大差异。例如，我国 2004～2012 年，每年城镇人均日用水量与农村人均日用水量的差距均在 110 升以上（见表 2）。

[①] 国家统计局国民经济核算司：《2006～2009 年中国宏观经济运行轨迹》，中国统计出版社 2010 年版，第 357～366 页。

表 2　　　　　　　　　　　城镇和农村人均用水量

年份	城镇人均 用水量（L/d）	农村人均 用水量（L/d）	城镇人均用水量 - 农村人均用水量（L/d）
2004	212	68	144
2005	211	68	143
2006	212	69	143
2007	211	71	140
2008	212	72	140
2009	212	73	139
2010	193	83	110
2011	198	82	116
2012	216	79	137

资料来源：根据历年水资源公报整理。

根据城市化发展规律，一般认为城市化率超过 70% 意味着城市化进程基本结束。按此标准，日本于 1969 年达到 70.43%，韩国于 1988 年达到 70.24%，分别于工业化结束之前 3～5 年基本完成城市化①，之后城市化速度有所减缓，城市化推进对居民生活用水影响逐步减小，当绝大部分农民转入城市，城市化率基本稳定时，生活用水也趋于稳定。

（三）现代化的生活方式

随着经济发展和人均收入的增长，必然带来人们生活方式的改变，并影响着居民生活用水的变化。以日本与用水相关度较高的洗衣机为例，随着人均收入提高，洗衣机等耐用消费品普及率逐渐上升。1964 年，日本家庭洗衣机的普及率为 61.4%，随后该数据不断提升，到 1973 年已经达到 97.5%，到 1979 年达到 99%，基本实现全覆盖。这个时点基本与日本实现现代化的时间点吻合。

四、我国中长期水资源需求预测

（一）我国用水变化所处的发展阶段

1. 用水总量和增长率。1979 年前我国用水量增长较快，从 1949 年的

---

①　数据来源于《1999 年世界银行发展指数》。

1 031 亿立方米快速增长到 1979 年的 4 767 亿立方米，30 年增加了 3 736
亿立方米，翻了两番，年平均增长速度为 5.24%。用水量的快速攀升与我
国以农业为主的产业结构密切相关。到 1979 年，我国农业产值在三次产
业中的比重高达 30% 左右，农业用水量占总用水量的 88%，工业用水占
11%，生活用水仅占 1%。1980 年以后，随着农业比重逐步下降，用水量
增长幅度明显下降。从 1980 年的 4 437 亿立方米增加到 2012 年的 6 142 亿
立方米，年均增长仅为 1.2%。同时，用水增长率也呈现逐步下降态势。
1980 ~ 1993 年的 13 年间，用水量从 4 437 亿立方米增加到 5 198 亿立方
米，年均增长 1.23%；1998 ~ 2011 年的 13 年间，用水量从 5 435 亿立方
米增加到 6 107 亿立方米，年平均增长速度为 0.9%（见图 7）。这期间农
业用水量所占比重不断下降，从 83.4% 下降到 61.3%，下降了 20 多个百
分点，工业用水比例不断上升，从 10.3% 上升到 23.9%，上涨了一倍多，
生活用水量从 1% 上升到了 12.9%，大规模增加。

单位：亿m³

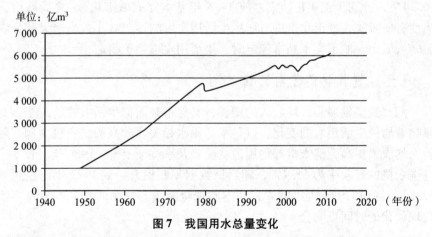

图7　我国用水总量变化

资料来源：1949 ~ 1996 年数据来源于中国工程院"中国可持续发展水资源战略研究"课题：
《水资源现状评价和发展趋势分析》，中国水利水电出版社 2001 年版；1997 ~ 2012 年数据来源于
中国水利部历年《中国水资源公报》。

2. 用水系数。1997 年我国水利部开始发布《水资源公报》，进行用水
量的统计，用水数据时间相对较短。但是，由于我国长期处于农业社会，
早年用水量与农业用水具有很强的相关性，而 1997 年以后我国已经完全
进入工业化时期，因此，运用这段时间用水数据，与其他国家具有可
比性。

从我国用水系数变化来看，1997~2004 年很不稳定；从 2005 年开始，用水系数基本稳定在 0~0.2 的区间内，2005~2012 年用水系数的平均值为 0.12（见图 8）。我国这个时期的用水系数相当于韩国 1973~1990 年重化工业化发展阶段的水平。

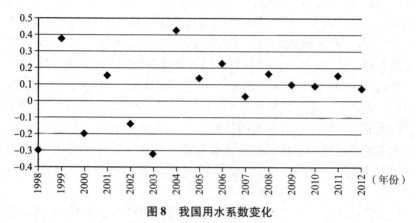

图 8 我国用水系数变化

资料来源：根据历年《水资源公报》数据和国家统计局数据计算。

根据用水变化的一般规律，在我国工业化、城市化和现代化还远没有完成的情况下，用水量还将进一步增加，用水系数在重化工业化之后会处在高位稳定状态。但是，从 2013 年开始，在我国的三次产业结构中，服务业首次超过第二产业，达到 46.9%，这是我国产业结构优化具有里程碑意义的变化。这意味着我国用水量增长率将趋于下降，不过由于第二产业所占比重仍高达 40% 以上，这个下降幅度会小而缓慢。

（二）我国中长期水资源需求预测

根据我国"两个一百年"的奋斗目标，在中国共产党成立一百年时（2020 年左右）实现国内生产总值和城乡居民人均收入比 2010 年翻一番，全面建成小康社会；在新中国成立一百年时（2050 左右）人均 GDP 达到中等发达国家水平，建成富强民主文明和谐的社会主义现代化国家。如果从工业化、城市化和现代化的时间点来看，2020 年基本实现工业化；2030 年城市化率达到 70%，基本实现城市化；2050 年基本实现现代化。

根据我国实现工业化、城市化和现代化的时间节点，运用后发国家工业化、城市化和现代化进程中用水的一般变化规律，对我国中长期水资源需求可做出以下预测：

在 2030 年前，我国经济将处在年均 7% 左右的中高速增长阶段，虽然在 2020 年已基本实现工业化，服务业比重不断提高，工业比重趋于下降，但还没有完全实现工业化和基本实现城市化，用水量既有增加的因素，也有减缓的趋势，特别是考虑到产业结构的快速升级和技术进步，以及我国早期用水粗放的现实，中长期用水系数将会保持基本稳定，即年均用水系数 0.12 左右。假定到 2030 年，我国年均经济增长率为 7.5%，2012 年用水量为 6 131 亿立方米，递推计算，用水量将每年增加 0.9%，到 2020 年需水量约为 6 598 亿立方米，2030 年将进一步达到 7 217 亿立方米。2030 年以后，随着工业化和城镇化的全面实现，用水系数将趋于下降，用水增长也逐渐下降，按照日本和韩国的经验，工业化和城市化实现大约 20 年后，用水量开始进入零增长或负增长阶段，这意味着我国将在 2050 年左右达到用水高峰。此后，用水量将转入库茨涅茨倒"U"曲线的下降拐点。

从我国这几年经济发展的实际情况来看，2013 年人均 GDP 就已达到 6 700 美元左右，如果依据近几年我国人均 GDP 的增加速度，到建党一百年时（2020 年左右），我国人均 GDP 将突破 10 000 美元大关。再按此推算，并考虑世界银行每年调整国家发展水平分类标准的提高程度，我国大约会在 2030 年前人均 GDP 进入高收入国家的行列。依照这样的发展速度，我国的工业化、城市化和现代化可能会提前实现，从而使得我国的用水高峰在 2050 年前就可能到来。

五、我国中长期水资源的供需缺口及应对

（一）中高速增长的水资源供需缺口

2010 年国务院批复的《全国水资源综合规划》指出，到 2020 年，全国用水总量力争控制在 6 700 亿立方米以内，2030 年全国用水总量控制在 7 000 亿立方米以内。这也成为 2012 年国务院发布的《关于实行最严格水资源管理制度的意见》中用水总量红线控制目标。对比上述根据用水系数得出的预测结果，到 2020 年，我国用水总量能够支撑经济增长，到 2030 年，用水总量将存在 217 亿立方米的缺口。这一测算结果，虽然与其他一

些机构和学者的预测相比，显得有些乐观，但我们认为这可能更符合我国的实际，特别是考虑了我国加快经济转型的实际。那些比较悲观的预测，主要问题就是没有考虑到我国政策的重大转变和产业结构的历史性变化。例如，麦肯锡和水资源集团的研究认为，如果政策没有重大调整，到2030年，中国的用水需求与实际供给之间将出现25%的缺口。这一预测结果就是以没有重大政策调整为前提，从而把加快转型升级的重大政策和产业结构的升级忽略了。

当然，用水总量缺口不大，并不意味着我国水资源支撑中高速经济增长可以无忧了。实际上，我国水资源对中高速经济增长的支撑还面临着另外两个缺口的挑战和压力：

一是结构缺口。我国是一个水资源分布严重不均的国家，南方水资源相对丰富，北方水资源相对匮乏，相当多地区水危机非常严重。我国600多座城市中，400多座城市缺水，130多座城市严重缺水。以北京为例，北京年均水资源量仅为21亿立方米，但是年均水资源需求却高达36亿立方米，年均水资源缺口达到15亿立方米。为满足经济和社会发展用水，北京不得不超采地下水和依靠跨区域调水。北京水源结构中，57.7%来自地下水及应急水源地，9.6%来自河北调水，22%来自再生水，仅有10.7%来自地表水。为此，世界银行驻北京的水资源专家蒋礼平指出：严重缺水已成为妨碍中国北方社会和经济发展的一大问题。

二是水污染缺口。水污染成为加剧我国水危机的另一大重要原因，尤其是加剧了丰水地区的水危机。以湖泊为例，2012年水利部对全国开发利用程度较高和面积较大的112个主要湖泊进行了水质评价，结果显示，全年总体水质为Ⅰ～Ⅲ类的湖泊数量占比为28.6%，Ⅳ～Ⅴ类的占49.1%，劣Ⅴ类水质占22.3%。[①]中国科学院水资源研究中心主任夏军对英国《金融时报》表示，"即便在那些不缺水的地区，污染也非常严重，可能使那里的水不可用。"中国主要江河39%的水体毒性过大，不适合与人体有任何接触。麦肯锡也指出，我国的工业化和水污染会使得21%的地表水资源无法运用于农业和生活，考虑水源质量，供需缺口更为严重。如果放任对水资源的污染，水体污染持续恶化，很有可能出现即使有水，也无水可用的局面。

---

① 参见水利部：《2012年水资源综合公报》。

（二）解决水资源供需缺口的政策选择

根据以上预测结果，并结合我国水资源供需的实际，在我国实现工业化、城市化和现代化的进程中，只要我国坚持稳增长、调结构、惠民生的政策思路不动摇，加快经济发展方式转变、促进产业结构优化升级、创新驱动经济增长，我国水资源总量对经济发展的支撑就不是主要问题。因此，我国解决水资源供需缺口的主攻方向就应是解决结构缺口和水污染缺口。

1. 加大区域间水资源的合理配置。经济增长的水资源总量缺口不大，就为加大区域间调水工程建设提供了可能和现实性；同时也为区域间调水工程建设是否会造成目前水资源丰裕地区缺水的担忧提供了新的解释；也进一步证明了目前我国正在进行的大规模南水北调工程建设，在解决水资源供需结构缺口方向上的正确性和及时性。这也意味着，以解决结构缺口为主要目的的区域间调水工程建设投资将会是我国水利工程投资的重要方向。2008年以来，在建水资源配置投资占全部在建项目投资的比重不断上升，从2008年的13.02%上升到2013年的21.53%。

在加大区域间调水工程建设投资的同时，还需要加快建立和完善区域间调水工程运行的体制和机制问题，如调水过程中水质的保护、调出地区和调入地区利益协调、工程运营管理、水价形成、成本分担等问题，用良好的体制和机制保证区域间调水工程发挥最大的效益。

2. 提高用水效率和充分利用雨水。由于区域间调水成本高，周期长，对生态环境存在许多未知的不确定性影响，因此解决水资源的结构缺口，不能单纯依靠区域间调水工程建设，还要依靠严重缺水区域通过提高用水效率和充分利用雨水进行自救。

提高用水效率，我国具有巨大的发展空间，尤其是农业用水。据统计，目前我国农业灌溉用水有效利用系数为0.523，黄河流域部分地区可达0.6，而发达国家农业灌溉用水有效利用系数达到0.7到0.8。如果我国农业灌溉用水有效利用系数达到0.7的发达国家水平，一年就可以节约991亿立方米的水资源，相当于南水北调工程调水量的2倍。同时，我国生活用水浪费现象也非常普遍，水资源浪费惊人。以自来水为例，我国平均漏失率为15.7%，有些地方甚至高达30%以上，而发达国家最高水平是6%~8%。管道漏失导致我国每年流失自来水70多亿立方米，相当于一年"漏"掉一个太湖，足够1亿城市人口使用（陆娅楠，2013）。

提高用水效率，就需要做到：一是加大节水技术的引进、消化、吸收和再创新，以及节水技术的联合创新和自主创新，依靠创新驱动用水效率的提高。二是加快水资源的价格改革和管理体制改革，通过价格杠杆调节水资源的节约利用；通过管理体制改革，特别是在水资源管理中引入有效竞争机制，不断提高水资源的管理水平，从管理中要效益。三是加大城市水资源管网基础设施的维护和建设投资，由于这一投资具有巨大的外部性和公益性，需要加大政府的投资力度，不能单纯由市场调节。四是加强居民的节水教育，增强居民的节约意识和形成节约光荣的社会氛围和风尚。

充分利用雨水，也是解决水资源结构缺口的重要有效途径。发达国家，如德国、日本、澳大利亚等很多国家都采取了大量雨水回收利用的措施，甚至采取法律手段强制进行雨水回收，雨水资源得到较好利用。例如，德国通过对雨水的收集利用，为家庭节水50%。而我国目前大部分雨水都随污水排走，没有被很好回收利用，从而导致雨水对水资源的补充作用非常有限，造成极大浪费。充分利用雨水，这就做到：一是要转换观念，提高意识，充分认识雨水作为重要水资源的地位。二是在城市基础设施建设规划建设中，增加雨水回收基础设施建设和改造，使其成为城市基础设施的一个必不可少的组成部分。三是加快雨水回收利用技术研发创新，提高雨水利用率。四是出台相关规定和办法，鼓励修建和运用雨水收集利用设施。

3. 严控水资源污染。严控水资源污染，就需要做到：一是坚持既要金山银山，也要绿水青山的发展思路不动摇，把经济发展与建设资源节约型和环境友好型社会统一起来。二是实施最严格水资源管理。世界上很多国家，即使是部分水资源丰富的国家都已经很早就开始了严格的水资源管理，但我国水资源管理起步较晚，水资源管理制度不够完善，水资源管理水平相对较低。2009年出台的《全国最严格水资源管理》可以看作我国综合水资源管理的首个纲领性文件，2011年的1号文件进一步将最严格水资源管理制度纳入地方政府和相关部门的考核制度，推动了水资源管理制度的不断完善。这就要求我们严格执行《全国最严格水资源管理》中提出的水污染红线，将控制污染的指标分解落实到各地区，完善水资源污染排放和治理相关法律法规，加大污染排放管理和惩治力度。三是加快污染产业的调整。对污染产业进行分类治理和调整，对处于严重产能过剩行业的污染企业，要依据化解过剩产能的要求，强制关闭；对那些产品符合市场需要的污染企业，要加大技术改造和污染治理的力度。

主要参考文献

1. 埃里克·迈耶：《中国宏伟的水计划》，载于《福布斯》双周刊网站 2014 年 10 月 28 日。

2. 陈佳贵、黄群慧、吕铁、李晓华：《工业化蓝皮书：中国工业化进程报告 (1995～2010)》，社会科学文献出版社 2012 年版。

3. 陈家琦：《在变化环境中的中国水资源问题及 21 世纪初期供需展望》，载于《水利规划》1994 年第 4 期。

4. 陈素景、孙根年、韩亚芬、李琦：《中国省际经济发展与水资源利用效率分析》，载于《统计与决策》2007 年第 22 期。

5. 程建兰：《南水北调了，北京还缺水吗?》，中国新闻网，2014 年 7 月 18 日。

6. 国家统计局国民经济核算司：《2006～2009 年中国宏观经济运行轨迹》，中国统计出版社 2010 年版。

7. 何丽：《中国梦：缺水而枯》，载于《金融时报（中文网)》，2013 年 5 月 22 日。

8. 何希吾、顾定法、唐青蔚：《我国需水总量零增长问题研究》，载于《自然资源学报》2011 年第 6 期。

9. 侯培强、任珺、赵乃妮、王朝旭、寇永纲：《上海市用水量与经济发展的关系研究》，载于《环境科学与管理》2008 年第 2 期。

10. 贾绍凤：《经济结构调整的节水效应》，载于《水利学报》2004 年第 3 期。

11. 贾绍凤、张士锋、杨红、夏军：《工业用水与经济发展的关系－用水库兹涅茨曲线》，载于《自然资源学报》2004 年第 3 期。

12. 贾绍凤、张士锋：《中国的用水何时达到顶峰》，载于《水科学进展》2000 年第 4 期。

13. 柯礼丹：《人均综合用水量方法预测需水量－观察未来社会用水的有效途径》，载于《地下水》2004 年第 1 期。

14. 库兹涅茨：《现代经济增长》，北京经济学院出版社 1989 年版。

15. 李周、包晓斌：《资源库兹涅茨曲线的探索：以水资源为例》，载于《中国农村发展报告 No. 6》，社科文献出版社 2008 年版。

16. 刘昌明、陈志恺：《中国水资源现状评价和供需发展趋势分析》，中国水利水电出版社 2011 年版。

17. 刘渝：《中国农业用水与经济增长的 Kuznets 假说及验证》，载于《长江流域资源与环境》2008 年第 4 期。

18. 陆娅楠：《管网漏损自来水一年"漏"掉一个太湖》，载于《人民日报》2014 年 10 月 20 日。

19. 沈福新、耿雷华、曹霞莉、王建生、钟华平、徐澎波：《中国水资源长期需求展望》，载于《水科学进展》2005 年第 4 期。

20. 孙振宇、李华友：《北京市工业用水影响机制研究》，载于《环境科学动态》2005 年第 4 期。

21. 汪奎、邵东国、顾文权、岑栋浩、谭学智、杨丰顺：《中国用水量与经济增长的脱钩分析》，载于《灌溉排水学报》2011 年第 6 期。

22. 姚建文、徐子恺、王建生：《21 世纪中叶中国需水展望》，载于《水科学进展》1999 年第 2 期。

23. 张亮：《未来十年中国水资源需求展望》，中国经济新闻网，http：//www. cet. com. cn/wzsy/gysd/919560. shtml，2013 年发布。

24. 张培丽：《经济持续高速增长时限的理论假说及其验证》，载于《中国人民大学学报》2014 年第 4 期。

25. 张培丽：《我国经济持续稳定增长下的水资源安全》，载于《经济理论与经济管理》2011 年第 9 期。

26. 中国工程院"21 世纪中国可持续发展水资源战略研究"项目组：《中国可持续发展水资源战略研究综合报告》，载于《中国工程科学》2000 年第 8 期。

27. 中国社会科学院经济学部课题组：《我国进入工业化中期后半阶段》，载于《中国社会科学院院报》2007 年 9 月 27 日第 002 版。

28. Barbier B. Edward, 2004, Water and Economic Growth, *Economic Record*, 80 (248)：pp. 1 – 16.

29. BWCHINESE 中文网，2011：《水资源匮乏制约着中国的发展》，http：//www. bwchinese. com/article/1020123. html.

30. Cole A. Matthew, 2006, Economic Growth and Water Use, *Applied Economics Letters*, 11 (1)：pp. 1 – 4.

31. Consonery N. , 2010, A ＄123 Trillion China? Not Likely, *Foreign Policy*, http：//www. foreignpolicy. com/articles/2010/01/07/a_123trillion_china_not_likely.

32. Jeffrey Edwards, Benhua Yang, Rashid B. Al – Hmoud, 2005, Water Availability and Economic Development：Signs of the Invisible Hand? An Empirical Look at the Falkenmark Index and Macroeconomic Development, *Natural Resources Journal*, 45 (4)：pp. 953 – 978.

33. Robert Fogel, 2010, ＄123,000,000,000,000 China's Estimated Economy by the Year 2040：Be Warned, Foreign Policy , 177, http：//foreignpolicy. com/ 2010/01/04/ 123000000000000/.

34. The 2030 Water Resources Group, 2009, Charting Our Water Future, Report from McKinsey & Company.

金融化与现代金融资本的积累

陈享光[*]

金融化是与货币化、货币资本化和资本虚拟化相联系的一种经济现象。金融化的快速发展极大地强化了金融部门通过货币和非货币金融工具的创造进行资本集中和积累的能力，使金融领域的资本能够快速扩展其活动领域和范围，同时借助于货币资本化和资本虚拟化把社会不同部门纳入积累轨道，使得资本得以在不同形式上进行积累并在不同形式上转换。然而，过度金融化必然造成金融资本的过度积累，造成发展的陷阱，要警惕过度金融化和金融资本过度积累造成的陷阱。

一、金融化与金融资本

金融化研究的相关文献，包括了放松金融管制、金融市场相对于以银行为基础的金融制度地位的上升、金融工具的创新和金融交易的膨胀、国际金融市场的形成、各种信贷的增加等一系列不同的现象。戈拉德·A·爱泼斯坦把金融化理解为"金融动机、金融市场、金融行为者和金融机构在国内国际经济中的地位不断上升"[①]。另一种典型的观点把金融化定义为一种积累模式，认为"在这种模式中，利润主要是通过金融渠道而非贸易和商品生产生成。"[②] 根据这种观点，所谓金融化，就是非金融企业日

---

[*] 陈享光，中国人民大学经济学院教授。

① Gerald A. Epstein, 2005, Introduction: Financialization and the World Economy, *in Ancialization and the World Economy*, Edward Elgar, Chapter1。

② 格·R·克里普纳：《美国经济的金融化（上）》，载于《国外理论动态》2008 年第 6 期。

益通过金融途径而非贸易和商品生产途径获取利润的积累模式①。第三种观点把金融化定义为"资本主经济重心从生产到金融的长时间的转向。这一转变反映在经济的方方面面：（1）金融利润在总利润中的比重越来越大；（2）相比于 GDP，债务越来越多；（3）金融、保险和房地产（FIRE）在国民收入中的比重上升；（4）出现许多奇怪的金融工具；（5）金融泡沫的影响扩大。"② 第四种观点认为，"所谓经济金融化是指，依靠增加企业、家庭、公共部门、众多发展中国家债务负担维持市场需求，通过持续性资产通胀（泡沫）使金融机构和机构投资者及其控股企业获取金融性收益的虚拟资本市场发展为'金融资本主义'体制。"③

　　显然，学界对金融化还没有一个普遍接受的定义。不过有一点是可以肯定的，那就是金融化是一个与货币化、货币资本化和虚拟资本化发展相联系的经济现象。

　　货币具有垄断性的购买力，是一般财富的代表。货币化构成金融化的一般基础。货币本来是从商品世界中分离出来充当等价物，货币要适应商品生产和商品交换的发展。但随着现代商品经济的发展，纳入市场交易的商品和商品化了的有形、无形产品不断扩大，不断扩大了货币的购买对象和作用范围，客观上促成了货币化发展。与之相伴随的是货币拜物教不断发展，这反过来成为推动货币化发展的力量。从理论上说，货币就是货币，货币不是资本，但在现代货币经济中，货币到资本的转化不存在任何困难。资本市场的发展，货币在持有者手里随时作为资本、作为货币资本使用。二级银行体制下，商业银行吸收存款，通过信贷业务创造新的货币，央行向商业银行提供由央行储备做保证的信用货币以满足公众对货币的需求，"创造新货币与信贷扩张之间的这样一种联系使货币本身变成了金融资本，一种更特殊的、利息计在商业银行头上的借贷资本。"④ 货币还作为储藏货币发挥职能，这些储藏通过纸币和存款的形式，由银行积累起来并转化为生息资本。"资本的一定部分，必须不断作为储藏货币，作为可能的货币资本存在，这就是：购买手段的准备金，支付手段的准备金，一种在货币形式上等待使用的闲置的资本；而且资本的一部分不断以

---

　　①　戈拉德·A·爱泼斯坦：《金融化与世界经济》，载于《国外理论动态》2007 年第 7 期。

　　②　裴白莲、刘仁营：《资本积累的金融化》，载于《国外理论动态》2011 年第 7 期。

　　③　高田太久吉：《国际金融危机与现代资本主义的困境》，载于《国外理论动态》2010 年第 7 期。

　　④　弗朗索瓦·沙奈等：《金融全球化》，中央编译出版社 2001 年版，第 54 页。

这种形式回流。"① 作为价值的储存，货币取得了固有的购买力，并且通过 $M-M'$ 的循环，获得了自我扩大的价值．转化为生息资本，通过信用成为生产扩张的强有力的手段。而生产的扩张和积累的扩大增加了货币储藏的形成并开始进一步的信用货币的扩张，直至国家货币基数所施加的约束。所以弗朗索瓦·沙奈等认为，信用货币既包含了借贷资本也包含了虚拟资本。"货币显然是一种资本形式。实际上人们可以把货币看作纯粹形式下动态资本的化身，因为今天的任何投资都是一种支出形式，为的是将来实现利润。此外，信用货币也肯定代表金融资本。"②

货币资本伴随货币的资本化不断积累，并且越来越采取虚拟资本的形式。虚拟资本本质上说来，只是代表已积累的对于未来生产的索取权或权利证书。无论是货币资本还是虚拟资本，都不等于现实资本，它们的积累也不等于现实资本的积累。货币资本的积累实际上是积累者以货币的形式或对货币的直接索取权的形式占有资本和收入，大部分不外是对生产的索取权的积累，是这种索取权的市场价格即幻想资本价值的积累。虚拟资本的积累同样不过是证券形式表示的这种索取权或权利证书的积累，是这种索取权幻想的资本价值的积累。如果说货币资本能够以货币或货币索取权的形式占有资本和收入，那么虚拟资本则以非货币金融资产的形式占有资本和收入。在马克思看来，由于借贷货币资本很大程度上是以货币索取权的形式存在着，其相当部分也是虚拟的。因此，货币资本积累和虚拟资本的积累，推动了资本的虚拟化发展，特别是金融创新不断催生着各种金融衍生工具，使虚拟资本获得了前所未有的地位。

我们把金融化理解为伴随货币化、货币资本化和资本虚拟化出现的一种经济现象，所谓金融化，就是人们日益以货币或货币资本和虚拟资本的形式进行资本和收入的占有与积累，通过金融渠道沟通人们之间的经济联系。金融化使得金融领域的资本日益广泛地渗透到物质和非物质生产领域与这些领域的资本结合，并且具有了自我扩张、自我循环的机制，同时使得金融资本发展到一个新的历史阶段。

我们知道，"金融资本"这一概念是由拉法格在1903年发表的文章《美国托拉斯及其经济、社会和政治意义》中最早提出的。拉法格指出，随着工业资本的扩张，产业部门的资本日趋集中，进而推动了银行资本的

① 马克思：《资本论》第3卷，人民出版社1975年版，第353页。
② 弗朗索瓦·沙奈等：《金融全球化》，中国编译出版社2001年版，第66页。

集中，两类资本相互渗透，相互结合便形成了金融资本。真正对"金融资本"理论进行了系统阐释的则是马克思主义理论家鲁道夫·希法亭（Rudolf Hilferding），他在《金融资本》一书中写道，"产业资本的一个不断增长的部分不属于使用它的产业资本家了。他们只有通过代表同他们相对立的所有者的银行，才能获得对资本的支配。另外，银行也不得不把它们资本的一个不断增长的部分固定在产业之中。因此，银行在越来越大的程度上变为产业资本家。"于是，希法亭把"通过这种途径实际转化为产业资本的银行资本，即货币形式的资本，称为金融资本。"① 简言之，希法亭的金融资本就是指归银行支配的和由产业资本家使用的资本。1917 年，列宁对希法亭的金融资本概念提出了批评，他指出，希法亭"这个定义不完全的地方，就在于它没有指出最重要的因素之一，即生产和资本的集中发展到了会导致而且已经导致垄断的高度。"② 也就是说，尽管希法亭注意到了垄断组织在资本主义经济社会中的作用，并且论述了随着产业垄断化的发展，金融资本势力范围的不断上升，但是在界定金融资本概念的时候，却没有明确地把这一重要因素包括进来。这个疏忽或者遗漏，削弱了金融资本的理论和分析价值，因为"生产的集中；从集中生产起来的垄断；银行和工业日益融合或者说长合在一起，——这就是金融资本产生的历史和这一概念的内容。"③ 列宁对金融资本的分析，特别强调了银行和银行的新作用，垄断阶段，形成垄断的工业资本和垄断的银行资本，银行由普通的中介人变成万能的垄断者，金融资本是"与工业家垄断同盟的资本溶合起来的少数垄断性的最大银行的银行资本。"④

　　20 世纪 70 年代以来随着金融化的发展，一些学者对希法亭和列宁的金融资本理论提出质疑。斯威齐在 1995 年的一篇文章⑤中指出，80 年代末，传统的由金融机构支撑着的生产体系已经让位于一种新的经济形态，在这种经济形态中，金融部门急剧膨胀，并且高高凌驾于实体经济之上，金融部门和实体部门之间的反向变动关系成为理解当前世界经济发展新趋势的关键。这些质疑实际上反映了金融化发展产生了新情况和新问题，需要对金融化引起的新情况和新问题作出新的理论概括和总结。

---

① 希法亭：《金融资本——资本主义最新发展的研究》，商务印书馆 1997 年版，第 252 页。
②③ 列宁：《帝国主义是资本主义的最高阶段》，人民出版社 2001 年版，第 39 页。
④ 列宁：《帝国主义是资本主义的最高阶段》，人民出版社 2001 年版，第 82 页。
⑤ Paul M. Sweezy, 1995, Economic Reminiscences, *Monthly Review*, May.

在马克思的著作中，并没有对金融化和金融资本的直接论述，但是马克思对生息资本和虚拟资本的研究，为我们理解金融化和现代金融资本的矛盾运动提供了许多有价值的思想洞见和理论启示。马克思指出，资本在历史上起初到处是以货币形式，作为货币财产，作为商人资本和高利贷资本出现的，现在每一个新资本仍然是作为货币出现在舞台上，经过一定的过程，这个货币就转化为资本①。因此，资本是由货币转化而来的，是货币借以扬弃自身的最后形式。而作为资本的货币是超出了作为货币的货币的简单规定的一种货币形式，是更高的实现，就像猿发展为人一样②。现代金融资本的规定性就蕴含在货币与资本的区别与联系之中。

一般来说，在商品交换中，货币形成了垄断性的购买能力，具有高度的流动性；而资本以自身为目的，在经过生产过程的迂回之后，在没有限度的、不断更新的运动中会发生价值的增值，流动性和增殖性分别成为货币与资本最突出的特点。经济的金融化，无论它借以实现的方式和手段如何，在本质上追求的是货币和资本的等同或同一性，也就是，或者使货币具有资本的增殖性，或者使资本具有货币的流动性。

在马克思的分析中，资本以诸多具体形式存在着，如货币资本、生产资本、商品资本、生息资本、借贷资本、虚拟资本等，前三者构成职能资本（产业资本或商业资本）的循环，后三者与银行资本密切相关。货币资本，最精确的含义就是货币形式的资本价值③；生产资本是固定在不变资本和可变资本上的资本，以生产资料和劳动力工资的形式表现出来；商品资本在客观形态上表现为包含价值和剩余价值的商品，代表"可能的货币资本"④，需要完成"惊险的跳跃"，才能完成从商品资本到货币资本的转化；生息资本、借贷资本在马克思那里内涵几乎是一致的⑤，是用来作为商品出售的（贷放）、作为商品的资本；虚拟资本是以国债、股票、债券等有价证券形式表现的资本，是每一个有规则的会反复取得的收入按平均利息率来计算所幻想出来的资本，在作为可能的货币资本的意义上，虚拟资本与商品资本具有某种共同之处。

---

① 马克思：《资本论》第 1 卷，人民出版社 1975 年版，第 168 页。
② 《马克思恩格斯全集》第 30 卷，人民出版社 1995 年版，第 206 页。
③ 马克思：《资本论》第 2 卷，人民出版社 1975 年版，第 459 页。
④ 马克思：《资本论》第 3 卷，人民出版社 1975 年版，第 558 页。
⑤ 区别仅在于"生息资本只有在借贷资本实际转化为资本并生产一个余额时，才成为生息资本"。马克思：《资本论》第 3 卷，人民出版社 1975 年版，第 428 页。

从流动性方面来看，货币、货币资本的流动性最强，其次是商品资本、生息资本和虚拟资本，生产资本的流动性最差，因为资本一旦被束缚在生产过程之中，由于专用性等因素，几乎排除了流动性的可能；从增殖性的角度来说，生产资本的增殖性最高，价值的转移和剩余价值的创造是在生产过程中完成的；生息资本和虚拟资本次之；货币、货币资本、商品资本就其静止的实物形态——货币和商品来说，并不会自行发生价值的增值，因为在商品资本和货币资本实际执行职能时，商品资本仅仅起商品的作用，货币资本仅仅起货币的作用①。

金融化大大促进了货币资本化和虚拟资本化，导致了现代金融资本的快速扩展和膨胀，并使之具有了新的特点。既然金融化追求的是货币流动性与资本增殖性的某种结合，那么，很显然，在资本的诸多形式中，只有生息资本和虚拟资本满足这一要求，而恰恰是在生息资本的形态上，资本关系取得了最表面、最富有拜物教性质的形式，创造价值、提供利息，成了货币本身的属性，表现为资本的真正果实，就像生长表现为树木固有的属性、梨树的属性是结梨一样②。正因为如此，我们把生息资本（或借贷货币资本）和虚拟资本的总和，称为现代金融化资本。这一定义一方面与希法亭的理解相区别，另一方面排除了职能资本家自己拥有的、用于购买生产资料和劳动力的货币资本。考虑到货币资本是一个比生息资本、虚拟资本更为宽泛的概念，马克思在某些地方也不加区别地将生息资本和货币资本混合使用，并且指出，"一切借贷资本，不管它们的形式如何……都永远只是货币资本的一个特殊形式"③，所以，我们把扣除职能资本家用于参与现实资本循环的货币资本之后的货币资本，称为狭义的货币资本即借贷货币资本；把包含职能资本家使用的货币资本的货币资本，称为广义的货币资本。这样，现代金融资本也就有广义和狭义之分，狭义的金融资本就是指狭义的货币资本与虚拟资本的总和，广义的金融资本就是指广义的货币资本与虚拟资本之和。现代金融资本也可以称之为金融化资本。金融化时代，主导积累的是金融化资本，这种金融化资本能够依赖金融的扩张把积累的触角扩展到社会生产的各个角落，它把包括生产领域的剩余在内的社会所有剩余和收入都被当作了积累的来源和对象，而不仅仅是产业

---

① 马克思：《资本论》第 3 卷，人民出版社 1975 年版，第 383 页。
② 马克思：《资本论》第 3 卷，人民出版社 1975 年版，第 441、443 页。
③ 马克思：《资本论》第 3 卷，人民出版社 1975 年版，第 385 页。

资本提供的剩余价值。金融化资本在很大程度上摆脱了对产业资本积累的依赖，能够在任何有收入流的领域或环节快速生成，从而推动金融化资本快速独立积累，使得社会积累由产业资本主导变成金融化资本积累主导，这意味着一个新的历史发展阶段的形成。

在新的历史阶段上，货币资本的积累构成虚拟资本积累的基础，而虚拟资本的发展又反过来促进货币资本的积累，两者相互促进，相互强化，使得资本能够超越时间、空间和物质形态上的局限实现利润最大化。然而这又必然促成脱离现实资本和实体经济的货币资本和虚拟资本的过度积累，这种过度积累不仅使资本原有的矛盾不断发展，而且不可避免地带来新的矛盾和问题，在一定条件下导致金融危机的发生。

二、金融化与货币资本的积累

作为运动中增值的价值，资本总是力求获得增值性和流动性的统一性。资本的本性驱使其不断冲破各种限制获得与其本性相适应的存在形式和运动形式。最初，资本更多地采取职能资本的形式，在职能资本运动中游离出来的资本形式通常是与产业资本结合在一起的，但在其发展中这些资本形式由于受产业资本运动的限制和产业资本运动中阶级矛盾的限制，存在一种脱离产业资本物质形式和阶级矛盾限制的运动趋势。

货币资本的相对独立运动造成了不同于也不依赖于现实资本的货币资本的积累，特别是货币脱离了金本位约束，货币资本的积累更不受生产活动和产业资本的羁绊。随着信用制度的发展，单纯的货币，不管是代表已经实现的资本，还是代表已经实现的收入，都会通过单纯的出借行为，通过货币到存款的转化，而变为借贷资本。货币在资本主义生产的基础上转化为资本，并通过这个转化，由一个一定的价值变为一个自行增殖、自行增加的价值。但货币资本的积累过程，和货币实际转化为资本的过程，是很不相同的；这只是货币在可能转化为资本的形式上所进行的积累。但这种积累，可以表示各种和现实积累很不相同的要素，它可能是现实积累扩大的结果，也可能是各种和现实积累的扩大相伴随但和它完全不同的要素造成的结果，甚至是现实积累停滞的结果。尽管货币资本的积累有别于现实积累，但这种积累同样使得所有者能够以货币形式或对货币的直接索取权的形式占有资本和收入。事实上仅仅由于这些和现实积累相伴随的要素扩大了借贷资本的积累，就总会在周期的一定阶段出现货币资本的过剩；并且这种过剩会随着信用的扩大而发展。因此，驱使生产过程突破资本主义界限的必然性，同时也一定会随着这种过剩而发展，也就是产生贸易过剩、生产过剩、信用过剩。不过，货币金融受到控制，金融化程度较低的情况下，货币资本的积累通常难以成为危机的主导因素，以往的危机通常现实资本积累运动造成的经济失调的结果，货币资本的积累通常起着推波助澜的作用。然而，随着金融化的发展，货币资本的过度积累和所引发的矛盾逐渐成为引发危机的一个新的主导因素。

资本在其运动中具有不同存在形态，存在形态不同，其流动性也不相同。在货币资本、生产资本和商品资本形态中，货币资本的流动性最强，其次是商品资本，生产资本的流动性最差，因为生产资本受生产过程的束缚，特别是固定资本部分一旦投入生产过程，其物质形态几乎排除了流动的可能性。这样资本运动中其所有者就会受到流动性的限制。而以货币形式或对货币的直接索取权形式和所有权证书的形式占有资本和收入，则可以使所有者突破这种限制。事实上，资本在其发展过程中，不断在货币形式或对货币直接索取权形式和所有权证书形式上积累，这种积累固然促进了资本的流动和重组，但由于其自身特性和运动的相对独立性及随之而来的投机性，不可避免地造成社会生产的扰动因素和新的矛盾的形成和累积，为此资本主义国家曾通过金融和资本管制而加以控制。而金融和资本的管制由于与资本运动的趋势和目标相冲突，特别是它限制了资本的活动范围，抑制资本的活力，因而 20 世纪 80 年代开始，各主要资本主义国家纷纷解除金融和资本管制。在这种情况下，资本逐利本性和金融机构的竞争，诱发了大量的金融创新，促进了金融衍生产品的快速增长。这些衍生品使冒险行为更为快速便捷、成本更小，它们可以用来规避法律约束、扭曲价格发现的过程、甚至操纵会计规则。[①] 同时，对利润的追逐刺激金融机构均采用杠杆经营的模式，即金融机构的资产规模远远高于自有资本的规模。在追求利润和流动性目标的驱使下，货币资本家和金融机构不断开拓次贷市场，并以"次级贷款"的债权为抵押，整合、分割、编制成一系列的证券化商品，并通过层层分割和金融技术设计，衍生出更多的虚拟金融产品，在全球范围内销售，从而导致了金融化的快速发展。这引起金融

---

① Randall Dodd, 2005, Derivatives Market: Sources of Vulnerability in US Financial Market, in *Financialization and the World Economy*, Edward Elgar, Chapter 6。

资产占国内生产总值（GDP）的比例的快速提高，在欧元区国家这一比例1995 年为 180%，2005 年则上升到 303%。同期内，英国这一比例从278% 上升至 359%，美国从 303% 升至 405%。麦肯锡全球研究所称，全球金融资产占全球年度产出的比例，已从 1980 年的 109% 飙升至 316%。2005 年，全球核心资产存量已达 140 万亿美元。大量复杂的新型金融产品从传统债券、股票、大宗商品和外汇中衍生出来，国际互换和衍生工具协会的数据显示，到 2006 年底，利率互换、汇率互换和利率期权交易的发行在面价值达到 286 万亿美元（约为全球 GDP 的 6 倍）。① 要提及的是，当今发达资本主义国家的金融化和货币资本、虚拟资本的积累由于全球化的发展已不局限在国内，也不再受国内因素的限制，而是能够借助于金融资产的创造和全球范围内的行销以及对世界货币的主宰，影响世界范围内货币资本的积累和各国储蓄的转移。全球化特别是金融全球化的发展把不同国家的货币和金融市场逐渐联结起来，并且金融市场越来越自由化，这样不仅可以集中全世界的储蓄，而且为资本所有者的投资提供赚取利润的机会。因此，随着全球化的发展，金融化和货币资本的积累越来越具有全球性。

过度的金融化和货币资本的过度积累，不仅促使资本固有矛盾发展，而且造成新的矛盾的不断累积和发展。货币资本的过度积累导致货币资本的相对过剩，并且这种过剩会随着信用的扩大而发展，在这种情况下生产和消费在借贷货币资本的支持下得以超过资本主义界限而增长，且随着货币资本虚拟价值泡沫化而把它推向极端，一旦这种货币资本虚拟价值泡沫破灭，金融危机便接踵而来。随着货币资本的不断积累，银行和信用不断扩张，而银行和信用的扩展成为资本主义生产超过它自身界限的有力工具，同时也成为推动消费超过它自身界限的强有力工具。资本主义生产超过应有的界限会产生生产过剩的危机，借贷货币资本积累支持下的消费超过其资本主义界限也同样不可避免地造成金融危机的隐患。马克思说"社会消费力既不是取决于绝对的生产力，也不是取决于绝对的消费力，而是取决于以对抗性的分配关系为基础的消费力；这种分配关系，使社会上大多数人的消费缩小到只能在相当狭小的界限以内变动的最低限度。这种消费力还受到追求积累的欲望的限制，受到扩大资本和扩大剩余价值生产规

---

① 马丁·沃尔夫：《从管理资本主义到金融资本主义》，载于《中国企业家》2007 年第 14 期。

模的欲望的限制。"① 货币资本过度积累条件下，社会消费力的限制会由于借贷货币资本的支持得到一定缓解，使得消费一定范围内超过社会消费力规定的界限而增长，但是这种情况不可能长期维持下去，当借贷货币资本由于收入增长的限制不能正常回流，依托借贷货币资本支持的消费增长终将把金融体系拖到危机的境地。由于"货币资本的积累，大部分不外是对生产的索取权的积累，是这种索取权的市场价格即幻想资本价值的积累。"② 这就决定了货币资本积累中的相当大部分必然只是虚拟的，也就是说，完全像价值符号，只是对价值的权利证书。在货币资本过度积累基础上对生产和消费的借贷货币资本的支持就难免存在金融泡沫，当这个泡沫破灭时，借贷货币资本的虚拟价值因此大幅缩水，危机也就到来了。货币资本的过度积累成为生产和消费超出其自身界限的最有力手段，也成为引起金融危机的直接根源。

货币资本的过度积累由于经济全球化的发展而能够在世界范围展开。由于货币资本的过度积累造成其国内货币资本相对过剩，而生产资本和商品资本相对不足，因此过剩的货币资本一方面在国外金融市场寻求有利的投资/投机机会，每当大规模流向国外金融市场，就会对一些国家或区域性金融市场的造成冲击，这往往成为这些国家或区域性金融市场动荡甚至危机的直接原因；另一方面过剩货币资本或货币本身成为转移国际储蓄和输入商品的工具，而这往往不可避免地造成国际经济不平衡和相关国家对其货币或货币索取权的过度积累。美国是一个典型的货币资本过度积累的国家，它的国民储蓄率很低，它既要维持高的消费率，又要避免储蓄率低而影响其现实的资本积累，在这种情况下，美国主要依靠美国经常账户赤字及其他补充性手段发行国债来解决国内的这种矛盾和不平衡。实际上向美国出口获得的任何商业结余都是对美国经济的信贷，同时也是获得世界货币的渠道。出口盈余的国家（如中国）通过持有美国国债而弥补了美国现实积累之不足。这自然会造成国外对美国货币或货币索取权的积累。这种情况固然可以暂时缓解美国的国内不平衡，但它并不能从根本上解决问题，不可能消除其自身的矛盾。不仅如此，而且由于是借助于货币资本的积累实现对他国储蓄和商品的控制和支配，促使国内生产和消费的进一步超出其由其生产关系和分配关系所决定的界限。当这种矛盾发展到一定程

① 马克思：《资本论》第 3 卷，人民出版社 1975 年版，第 272～273 页。
② 马克思：《资本论》第 3 卷，人民出版社 1975 年版，第 531～532 页。

度，人们不能以持续的收入流或货币流支持其超出界限的生产和消费时，危机就会加速爆发。危机一旦发生，货币资本的虚拟性质就会充分暴露，社会获取实际货币资本的能力因此大为下降，从而会通过国际贸易和国际资本流动等渠道影响国际金融市场和国际经济，同时积累其货币或货币索取权的国家，将蒙受巨大损失，中国这次身受发端于美国的金融危机之害，就充分说明这一点。因此，全球化条件下由货币资本过度积累导致的金融危机具有全球性特点。

三、金融化与虚拟资本的积累

随着货币资本的不断积累，以有价证券形式存在的虚拟资本得到快速发展，特别是20世纪80年代开始的世界范围内的私有化浪潮和金融自由化浪潮，极大地促进了虚拟资本市场的发展和虚拟资本的快速积累。虚拟资本的过度积累不仅造成财富的集中和收入分配状况的恶化，而且极大地强化了虚拟资本对实体资本的相对独立性，造成偏离实体经济的资产泡沫化，助长了金融市场的投机性和不稳定性，导致了金融风险的不断累积，最终诱发金融进而经济危机。

虚拟资本与信用制度和未来收益的资本化过程密切相关，是能够带来收益的以纸制复本形式表现的资本。马克思通过对银行资本的考察指出："银行家资本的最大部分纯粹是虚拟的，是由债权（汇票），国家证券（它代表过去的资本）和股票（对未来收益的支取凭证）构成的"[1]。在当代，货币资本的积累一方面促成了银行资本以及非银行金融化资本的发展和壮大，另一方面货币资本越来越多的采取了虚拟资本的形式，货币资本的过度积累必然带来多种形式虚拟资本的过度积累。

虚拟资本就其实质来说，只是代表已积累的对于未来生产的索取权或权利证[2]，因此虚拟资本的积累依然可以归结为对劳动占有权的积累。马克思指出："有价证券不仅是对资本价值的所有权证书，从而也是对这种价值的未来再生产的所有权证书，而且同时是对未来的价值增值的所有权证书，即对整个资本家阶级必然从工人阶级身上榨取的剩余价值的份额

---

[1] 马克思：《资本论》第3卷，人民出版社1975年版，第532页。
[2] 马克思：《资本论》第3卷，人民出版社1975年版，第531页。

（利息等）的所有权证书。……资本主义社会极有权势的那部分人竭力追求这种积累形式，以便支配生产和积累的实际运动。"① 可见，虚拟资本的积累尽管不同于现实资本的积累，但它依然会造成资本和劳动矛盾的积累，造成财富在一些人手中的积累和他们在生产中获取收益权利的积累，从而造成劳动者收入增长的限制和收入差距的扩大。不仅如此，而且由于虚拟资本的虚拟性、投机性和流通中代表货币资本的不确定性，虚拟资本的过度积累必然造成与实体经济的脱节和矛盾，导致金融风险的累积，造成资本扩张和收缩的运动，在一定条件下引发危机的产生。

虚拟资本的虚拟性是指虚拟资本的货币价值是虚拟的。构成虚拟资本的有价证券，即使是对收益的可靠支取凭证（例如国家证券），或者是现实资本的所有权证书（例如股票），"它们所代表的资本的货币价值也完全是虚拟的，是不以它们至少部分地代表的资本的货币价值为转移的；既然它们只是代表取得收益的权利，并不是代表资本，那么，取得同一收益的权利就会表现在不断变动的虚拟资本上。"② 人们之所以购买和持有这些虚拟资本，一方面是因为它们能在一定时期内获得一定的收益；另一方面，还因为可以通过它们的出售而得到资本价值的补偿。它们的市场价值会随着它们有权索取的收益的大小和可靠程度而发生变化。更为重要的是，在没有任何现实积累的时候，虚拟资本的积累，可以通过各种纯技术性的手段而实现，一切东西"都会增加一倍和两倍，以致变为纯粹幻想的怪物一样"③。这个在社会上存在的、理论上可以无限扩张的部分，形成过剩资本的一个"大吸收器"；更何况在金融化的条件下，这个部分资本本身具备了自我创造的能力；同时，因为较高的利润率和流动性，还吸引着实体资本向它的转化。这样，货币资本的积累和伴随货币资本积累而进行的虚拟资本的过度积累，不可避免地会导致资产的泡沫化。因为，过剩的货币资本不断转向虚拟资本领域和其他易于泡沫化的资产，促使虚拟资产和易于泡沫化的资产的价格不断上升，这种上升在一定时期也会刺激相关领域实际投资的增加。然而，这些领域的资产泡沫化终究会破灭，从而可能引起这些领域的危机。

由于构成虚拟资本的有价证券的市场价格"不是由现实的收入决定

---

① 《马克思恩格斯全集》第49卷，人民出版社1972年版，第418～419页。
② 马克思：《资本论》第3卷，人民出版社1975年版，第532页。
③ 马克思：《资本论》第3卷，人民出版社1975年版，第535页。

的，而是由预期得到的、预先计算的收入决定的"，因此，有价证券的市场价值不可避免地、部分地具有投机性质。随着市场的扩张——贸易在更长的距离间发生——投机因素将越来越主导着交易的过程。在一个具有由先进信用与金融支持的发达交换过程的经济中，虚拟资本价值由预期决定的性质本身会导致其趋利性的自我膨胀，从而放大它内在的投机因素，只不过它不再通过空头汇票的形式表现出来，而是通过复杂的金融衍生产品——CDO 平方、立方、CDS 等伪装起来，直至危机爆发才清楚地显露出它的本性。明斯基（Minsky）曾分析了现代金融方式中的投机性以及由此引起的金融脆弱性。他区分了反映长期预期的资本资产价格与反映短期预期的当前产出价格，提出了三种金融方式①即套利金融、投机金融和庞兹金融。在一个充满不确定性与投机的市场上，SPV 的融资方式（在资产证券化中扮演重要角色的特殊目的机构（SPV）通过发行短期证券来融资，然后投资于更长期限的资产支持证券（ABS）或企业债券，通过两者的息差收入来赚取利润的）即使最初是套利金融，也很容易演变成投机金融、庞兹金融，从而造成金融系统的不稳定性，在一定条件下引发金融动荡和危机。如今的金融市场出现了新的参与者，特别是对冲基金和私人股本基金，从而使其更具有投机性。对冲基金的数量已从 1990 年的 610 家，激增至 2007 年第一季度的 9 575 家，其管理下的资产价值约为 1.6 万亿美元。2006 年，私人股本筹资总额达到创纪录水平：私人股本情报的数据显示，684 家私人股本基金的筹资总额高达 4 320 亿美元。② 与传统基金一般投资于股票和债券不同，对冲基金扮演着典型的投机和套利角色。虚拟资本的过度积累无疑会导致金融市场的过度投机，在这种情况下，尽管虚拟资本的价格始终依赖于"预期得到的、预先计算的收入"，这一收入在一定限度内可以自我维持和自我膨胀，而一旦由于回流延迟、预期的现金流在一定时期内不能实现，危机就爆发了。并且，在危机爆发之前，由于乐观预期、信息不对称、欺诈等因素，引起金融市场上投机因素增加。而这样一种未来预期的现金流往往根源于某一实际商品价格的不断上涨，或者实际生产、贸易过程的实现，尽管这种商品价格的上涨或生产、贸易过程的实现完全可以是假想的——这在投机的情况下尤其如此。

---

① 伊藤诚、拉帕维查斯：《货币金融政治经济学》，经济科学出版社 2001 年版，第 189 页。

② 马丁·沃尔夫：《从管理资本主义到金融资本主义》，载于《中国企业家》2007 年第 14 期，第 30 页。

虚拟资本是作为货币资本流通的，它本身处在不断扩展和收缩运动中，这种扩张和收缩运动易于引起货币危机或加剧货币危机和经济危机的程度。在资本循环运动中，商品资本本身同时也是货币资本，是表现在商品价格上的一定的价值额。作为使用价值，它是一定量的有用物品，这些物品在危机期间出现过剩。但是，作为货币资本自身，作为可能的货币资本，它总是处在不断的扩展和收缩中。在危机前夕和危机期间，商品资本在作为可能的货币资本的这个属性中会表现收缩。虚拟资本，生息的证券，在它们本身是作为货币资本而在证券交易所内流通的时候，也是如此。在扩张时期，它的所有者在市场上获取货币或货币资本的能力大为增强，带动实体经济的扩张。但它们的价格会随着利息的提高或者信用的普遍缺乏或者有权要求的收入减少而下降，从而引起作为可能货币资本的收缩，这时虚拟的货币资本大大减少，从而它的所有者凭它在市场上获得货币的力量也大大减少，而这不仅会造成生产和消费增长的限制，而且由于从市场上获取货币或货币资本的能力下降，从而可能阻塞货币和资本的流通，造成货币和经济危机。

可见，金融化条件下，虚拟资本的过度积累不仅会造成虚拟资本与现实资本的脱节与矛盾，而且由于虚拟资本的虚拟性、投机性和所代表的货币资本的过度扩张和收缩运动，造成了虚拟货币资本价值的不稳定性和金融风险的累积，从而蕴藏着危机的种子，一旦矛盾和风险的累积到一定程度，危机就将不可避免地爆发。

全球化发展使虚拟资本积累的相对独立性发展到了极点，它造成了一些国家仅仅是所有权或收益权证书的积累，这种积累与其实体资本积累完全脱离开来。主导世界货币的国家由于货币资本的过度积累通过贸易和货币或货币资本的输出引起相关国家对其货币或货币形式索取权的积累，而这些国家实际积累的增加有赖于国际资源的实际转移，在这种情况下所有权证书或收益权证书的国际发行成为其实现这种国际资源转移的手段。其结果是一方是所有权证书或收益权证书的积累，另一方则是实际的资本积累。随着货币资本和虚拟资本的过度积累引起的相对过剩增加到一定程度进而由扩张转向收缩时，虚拟资本或生息证券所代表的货币资本价值大为减少，其持有国将因此造遭受巨大的经济损失，这时由于国内和国际上从市场上获取货币或货币资本的能力大为下降，从而造成贸易和货币、资本流动的巨大限制，引起国际间的连锁反应，使危机扩散和蔓延，并自我强化。因此，全球化条件下资本主义国家虚拟资本的过度积累所带来的危机也具有全球性。

在高度金融化的情况下，货币资本的积累与虚拟资本的积累是交织在一起的，且是相互作用的，它们共同构成了金融化资本的积累。我们知道，在产业资本积累主导下，资本循环周转虽然不断游离出货币资本，也会造成过度的货币资本的积累以及虚拟资本的积累，并且这种货币资本和虚拟资本的过度积累不仅对资本积累和循环周转造成一定阻碍，甚至造成独立的货币危机，但是由于金融领域的资本特别是货币资本从属于产业资本，游离和积累的货币资本最终以借贷资本和虚拟资本的形式回流到产业资本主导的循环周转中，否则就会限制甚至失去其增值性，因此货币资本和虚拟资本的过度积累有一定的限度，即便发生货币危机，所造成的影响相对较小。

然而，在高度金融化条件下，货币资本和虚拟资本的独立性被极大地强化，货币资本和虚拟资本容纳的金融空间极大扩展，但金融领域能够容纳的金融化资本不是无限的，因为无论是借贷货币资本还是虚拟资本代表的金融化资本，与现实资本即生产资本和商品资本之间存在着看不见的联系，一旦全面突破由现实资本积累和收入能够支撑的范围，社会再生产正常进行所需的条件为金融断流所破坏，一旦现实资本与货币资本、虚拟资本之间看不见的联系不得不按市场固有规律重建立时，就会通过金融危机的强制来实现。

与产业资本积累主导的情况不同，金融化条件下产业资本循环周转中游离出的货币资本不一定回流到产业资本的循环周转中去，金融自身不断创造出新的投资对象，吸纳着资本循环周转中游离出来的货币资本和社会剩余。我们的分析表明，无论是货币资本形式的金融化资本的过度积累，还是虚拟资本形式的金融化资本的过度积累，都埋藏着金融危机的种子，都存在触发金融危机的机制。在高度金融化的条件下，金融化资本的积累与现实积累之间的断层和矛盾更深，金融化资本的积累不等于现实资本积累，金融的繁荣不代表实体经济的繁荣，不仅如此，甚至是相反，金融化资本积累是现实积累减少或现实积累受阻的结果，金融繁荣是实体经济停滞或衰退的结果，金融化资本积累与现实积累、金融发展与实体经济发展相背离，这种背离由于金融化发展甚至可以达到很高的程度，这不可避免地催生金融泡沫。金融投资获得的金融利润不同于产业资本积累主导下的金融利润，有剩余价值转化而来的，更多的是来自社会收入的再分配，因此这部分利润的增加是以社会各阶层收入的减少为条件的，这样一来，金融利润的增加可能带来两方面后果，一是社会各阶层收入减少而抑制实际有效需求的增加，二是金融化资本的投资和投机带来金融利润的增加，在平均利润率既定的条件下，金融利润的资本化将引起资本的相对过剩或加剧资本的过剩，而过剩的资本又可能流入金融领域成为金融投资和投机的资本来源，这不仅促进了金融化资本的过度积累，而且进一步助长金融泡沫化。进一步分析发现，金融化的发展，会使货币资本和虚拟资本能够脱离产业资本的制约而积累，它们的过度积累支撑了借贷资本的过度扩展和房地产金融的过度发展，这不可避免地导致房地产和其他资产的泡沫化，这种泡沫终将随着金融资本的积累到一定程度而破灭，从而引发金融和经济的危机和动荡。

四、警惕金融化和金融资本过度积累的陷阱

金融化的发展，导致了金融化资本的扩展及其社会权力的强化，使得金融化资本借助于货币资本化和虚拟资本化实现对社会资本和再生产过程的控制，通过对金融过程进行资本和财富的集中和积累，同时借助金融化实现损失的社会化、全球化。金融化发展造成了现实资本积累与货币资本、虚拟资本积累的更大程度的分离，扩大了资本积累过程中的断层和矛盾，在推动货币资本、虚拟资本积累的同时，造成货币资本、虚拟资本积累的扩张和收缩运动，金融的繁荣和金融化资本的积累可能不是建立在实体经济繁荣和现实积累增加基础上，甚至是完全相反，金融的繁荣和金融化资本的积累是建立实体经济萎缩和现实积累转化为金融化资本积累基础上的，不仅如此，而且金融化的发展造成了资本和资本积累的货币化、证券资产化，强化了资本的流动性、投机性和金融体系的内在不稳定性，在一定条件下会触发金融和经济的危机和动荡，这种情况我们可以称之为国内资本积累和经济发展的金融化陷阱。

同时伴随金融化和全球化的发展，各国积累被纳入西方国家主导的资本积累进程中，由于现实积累与货币资本、虚拟资本的积累在世界范围内分离，造成一些国家进行现实积累，而另一些国家进行纯粹金融化资本积累即以货币或货币索取权或所有权证书的形式进行积累，导致这些国家积累和产业的空洞化或空壳化，危机时使这些国家遭受巨大资本损失，从而陷入国际金融化的陷阱。

金融化条件下，还存在另一种形式的陷阱，福斯特和迈克切斯尼称之为"停滞——金融化陷阱"。根据福斯特和迈克切斯尼的解释，随着工业的成熟和垄断程度的提高，实际的和潜在的经济剩余日益增长的生产，大于赢利性的投资和消费所能够吸收的量，积累越来越依赖于特殊的刺激因素，通过经济金融化以振兴被产能过剩压制的积累过程，其代价确是不断加重的金融危机。而经济停滞则是依然有其顽强的不断表现，最近的一次便是本轮金融崩溃后的大萧条。因为在这时重新开始积累过程的唯一可行的办法是恢复金融化……政府将炮制更大的金融泡沫，它的最终破裂将再次把经济推入谷地。这就是福斯特和迈克切斯尼所说的"停滞——金融化陷阱"。①

金融化陷阱反映了资本和资本积累过程金融化造成的深刻矛盾，必须加以重视。特别是作为发展中国家，更要警惕金融化的陷阱，这不仅是因为发展中国家经济基础薄弱和金融脆弱，他们抵御金融风险和金融冲击的能力有限，更是因为他们不是全球货币金融体系的主导者和控制者，他们可能主动或被动地卷入发达国家主导的金融化资本积累过程，他们中的一些往往由于本国金融化程度低而具有发展金融化特别是参与全球金融化的强烈愿望，因而他们主动或被动地成为全球金融化的参与者，成为全球重要的金融投资者和金融资产的持有者，而为他国提供现实积累所需的要素，促成了本国积累和产业的空洞化。可以说，金融化充满着诱惑，但金融化也充满着陷阱，要警惕金融化的陷阱。

避免陷入金融化陷阱，就要避免无节制的过度金融化。金融本来是沟通不同经济部门资金联系的纽带和桥梁，是实现资本集中进而促进积累的机制，完善的金融体系有利于把资本循环周转中游离出的货币资本以及货币和收入转化来的货币资本配置到高收益的领域和部门，促进资本积累和资本配置效率的提高。而过度的金融化不仅不能强化金融的上述功能，而且将导致资本积累过程断层的深化，导致过度的货币资本化和虚拟资本化，不仅无助于现实积累的扩大，甚至可能引起生产资本的货币化和虚拟化，从而减少了生产领域的资本，阻碍现实积累的扩大。同时，过度金融化及其相伴而来的过度货币资本化和虚拟资本化强化了资本的流动性和投

① 约翰·B·福斯特、罗伯特·W·迈克切斯尼：《结构凯恩斯主义对国际金融危机解释的局限性》，载于《国外理论动态》2010年第10期；弗雷德·马格多夫、约翰·B·福斯特：《停滞与金融化——矛盾的本质》，载于《每月评论》2014年5月号。

机性，加剧了金融市场的不稳定性，并催生巨大的资产泡沫，不仅损害金融市场的效率，而且可能触发金融危机和金融动荡，陷入资本积累和发展的金融陷阱。因此，不能盲目无节制地推行金融化，要慎重推行金融市场的自由化和证券化，衍生金融工具的发展应有所节制，避免金融体系由资本积累中的输血、补血、造血机制演变为吸血、败血、失血机制，由强化资本积累和集中变成弱化资本积累和集中的机制。

防范金融危机需要避免金融化资本的过度积累。货币资本的积累实质上是货币形式或对货币索取权的积累，在其积累过程中总会在一定阶段出现货币资本的过剩，并且这种过剩会随着信用的扩大而发展，结果导致贸易过剩、生产过剩、信用过剩。脱离现实资本积累的货币资本积累越多，造成的这种后果就越严重，危机爆发引起的经济和金融波动就越大。因此，要避免脱离现实积累的货币资本的过度积累，鼓励产业资本积累而不是金融化资本的积累，鼓励资本向生产领域的转移而不是相反，鼓励积累的货币资本的产业化而不是产业资本的货币资本化，鼓励货币资本投资而不是投机。

在避免货币资本过度积累的同时，避免虚拟资本的过度积累。虚拟资本的膨胀从本质上来说是非生产性的，它并不增加一国的实际财富，各种金融游戏在浪费了大量的实物资源的同时，还吸引人力资本向金融部门集中，大大降低了整个经济的资源配置效率，所以，政府在一开始限制复杂金融衍生工具使用的同时，还应该出台各种政策鼓励资本、人才向生产性部门的流动。特别是在全球化的条件下，要避免对外国货币形式或货币索取权和虚拟资本的过度积累，否则进行国外金融化资本的过度积累所引发的危机会给我国造成重大的损失。国外金融化资本的积累仅仅表现为外国货币或货币索取权的积累，或仅仅是所有权证书的积累，这种积累与本国资本积累几乎没有任何关系，在某种意义上是对本国现实积累的限制要素，因为它导致了本国实际资源的国际转移。不仅如此，而且易于遭受货币贬值的损失，因为发生危机时，积累的来自国外的金融化资本体现的实际价值会大为降低。来自国外金融化资本应限定在必要的范围之内，应着眼于现实资本的积累，着眼于实体经济的发展和竞争力的提高，而不是金融化资本的积累。

特别要提及的是，不能割裂生产和金融二者之间的关系，更不能颠倒它们之间的关系。试图通过金融化和金融化资本的积累解决经济发展问题，是不现实的，最终只能适得其反，拖累经济发展。生产是社会生产、再生产的根本环节，生产发展是经济发展的关键，金融对生产和经济发展的推动作用并不是无条件的，无视条件的限制刻意搞金融化，单纯进行货币资本资本的积累和虚拟资本的积累，超越一定限度，不仅没有积极的促进作用，还会造成实际积累的障碍，阻碍经济发展。金融发展应着眼于经济发展的需要，特别是生产发展的需要，为社会生产、再生产的顺利进行创造有利的金融条件，使金融成为加速资本积累和集中，促进资本有效配置的有力杠杆。适应经济发展的金融发展和金融工具的创造，能够为经济发展提供资本和金融支持，适度使用一些金融衍生工具，比如期货等，有利于分散和规避风险，使资本或要素能够按风险调整的收益进行合理配置。但是，脱离实体经济需要的过度金融化及相应金融工具的过度创造，将会极大地强化实物运动和价值运动的相对独立性，弱化乃至于割断金融投资与实体投资的联系，不仅导致经济和金融风险的累积，造成难以控制的经济不平衡性和金融的不稳定性，而且造成现实积累的障碍，加剧积累过程中的矛盾，阻碍经济发展。特别是在全球化的条件下，复杂金融工具的反复衍生和过度证券化不但不能最终消灭风险，还可能在全球范围内传递和放大风险，加剧全球性金融危机，放大其冲击力和危害性。因此，绝不能脱离本国经济发展的需要特别是生产发展的需要盲目发展金融化，这种金融化会助长金融化资本的过度积累，无助于现实资本积累和经济发展。

在对金融化和金融资本积累进行适度管控的同时，要强化生产资本的积累，避免资源配置过度向金融部门和非生产领域的倾斜，鼓励资源向生产性领域的流动配置。金融体系的膨胀从本质上来说是非生产性的，它并不增加一国的实际资源和现实生产能力，相反，它需要不断转移和攫取实体经济生产的剩余来维持自己的生存和发展。金融化带来的一个潜在危险就是使资源过度流入非生产领域，过度流入具有自我膨胀能力的金融领域，非生产领域在金融的支持下获得了虚假的繁荣，这种虚假的繁荣提出了更多的金融服务需求，二者相辅相成，不仅造成产业结构的虚高度化，而且弱化了甚至阻碍了金融对生产领域生产资本积累的支持，这对发展中经济来说是十分不利的。对一个国家特别是发展中国家来说，现实积累的扩大和生产能力的提高比起虚拟财富的积累重要得多。因此，要对金融领域的自我膨胀进行有效节制，防止其对非生产性领域的过度支持而弱化和损害生产资本的积累，应鼓励资本、人才向生产性领域流动，强化金融体系对生产资本积累的支持，以促进产业资本和实体经济的发展。

　　为强化生产资本的积累，要在国内资源与国际资源的转换中不断提高转换能力和转换效率，借助于资源的转换和转换能力及效率的不断提高，疏通本国资本积累和产业发展的瓶颈，避免转换过程中金融化资本形式上的过度累积。前面论及，当今世界的资本和资本积累金融化具有国际性特点，这种情况下，金融化资本的积累与其实体资本积累在世界范围内完全脱离开来。主导世界货币的国家由于金融化资本（包括货币资本和虚拟资本）的过度积累通过贸易和资本市场引起相关国家对其货币或货币形式索取权或所有权证书的积累，而实际积累的增加有赖于国际资源的实际转移，在这种情况下金融化资本输出或贸易逆差成为其实现这种国际资源转移的手段。其结果可能是一方是金融化资本的积累，实际上是货币或货币索取权或权利证书的积累，另一方则是实际的资本积累。作为发展中国家，重要的是实际资本积累和在此基础上现实生产能力的扩大，而不是货币或货币索取权或权利证书的积累。货币或货币索取权或权利证书的积累对经济发展实质性意义不大，而且存在遭受损失的巨大风险。因为随着货币资本和虚拟资本的过度积累引起的相对过剩增加到一定程度进而由扩张转向收缩时，虚拟资本或生息证券所代表的货币资本价值大为减少，其持有国将因此造遭受巨大的经济损失，这时由于国内和国际上从市场上获取货币或货币资本的能力大为下降，从而造成贸易和货币、资本流动的巨大限制，引起国际间的连锁反应，使危机扩散和蔓延，并自我强化。因此，全球化条件下资本主义国家货币或虚拟资本的过度积累不可避免地导致国际金融化资本的输出，而卷入这一过程的输入国家蒙受巨大损失。我国在发端于美国的金融危机中由于过度持有外汇储备和美国国债所遭受的损失就是一个明证。因此，作为发展中国家，要强化国内资源与国际资源的转换能力，提高转换的效率，把转换的国际资源不失时机地转化为资本积累的要素投入实体经济，强化本国实体经济的实力和竞争力，而不是把转化的资源停留在金融化资本形式上，仅仅进行金融化资本形式的积累，并以此作为进一步参与和推行金融化的条件，这对发展中经济危害极大，我们不能不给予高度重视。

　　我们的分析表明，金融化发展把各国金融市场紧紧联系在一起，使金融化资本更具流动性和投资性，这种流动性和投机性更强的国际金融化资本带有更大的冲击力和破坏性，它的频繁和大规模流动对发展中国家会导致货币风险、资本外逃风险、金融脆弱性风险、传染风险甚至主权风险①。特别是全球化条件下，国外过度金融化和国外金融化资本的过度积累不可避免地导致其他国家对其货币或货币索取权的过度积累和虚拟资本的积累，当金融化资本过度积累引发危机时将引起所代表的货币资本的大大减少，从而造成资本的损失，且金融危机的国际传染产生的影响更大，造成的损失更严重。因此，不仅要避免本国金融化资本的过度积累，而且防止国际金融化资本的过度积累向本国的过度转移，避免因这种过度转移而造成的国际金融化资本的累积。因此，我们既不能在资源转换中过度积累金融化资本，同时应对国际金融化资本的跨境流动进行有效的管控，在不能对此进行有效管控的条件下，应有节制地开放资本市场，并进行适当的资本项目管制，以避免国际金融化资本的冲击，避免陷入国际金融化积累中的金融陷阱。

主要参考文献

1. 弗朗索瓦·沙奈等：《金融全球化》，中国编译出版社 2001 年版。

2. 高田太久吉：《国际金融危机与现代资本主义的困境》，载于《国外理论动态》2010 年第 7 期。

3. 戈拉德·A·爱泼斯坦：《金融化与世界经济》，载于《国外理论动态》2007 年第 7 期。

4. 格·R·克里普纳：《美国经济的金融化（上）》，载于《国外理论动态》2008 年第 6 期。

5. 列宁：《帝国主义是资本主义的最高阶段》，人民出版社 2001 年版。

6. 马丁·沃尔夫：《从管理资本主义到金融资本主义》，载于《中国企业家》2007 年第 14 期。

7. 《马克思恩格斯全集》第 30 卷，人民出版社 1995 年版。

8. 《马克思恩格斯全集》第 49 卷，人民出版社 1972 年版。

9. 马克思：《资本论》第 1 卷，人民出版社 1975 年版。

10. 马克思：《资本论》第 2 卷，人民出版社 1975 年版。

11. 马克思：《资本论》第 3 卷，人民出版社 1975 年版。

12. 裘白莲、刘仁营：《资本积累的金融化》，载于《国外理论动态》2011 年第 7 期。

13. 希法亭：《金融资本——资本主义最新发展的研究》，商务印书馆 1997 年版。

① Ilene Grabel, 2005, Averting Crisis？ Assessing Measures to Manage Financial Integration in Emerging Economies, in *Financialization and the World Economy*, Edward Elgar, Chapter15.

14. 伊藤诚、拉帕维查斯：《货币金融政治经济学》，经济科学出版社 2001 年版。

15. 约翰·B·福斯特、罗伯特·W·迈克切斯尼：《结构凯恩斯主义对国际金融危机解释的局限性》，载于《国外理论动态》2010 年第 10 期。

16. 弗雷德·马格多夫、约翰·B·福斯特：《停滞与金融化——矛盾的本质》，载于《每月评论》2014 年 5 月号。

17. Gerald A. Epstein, 2005, Introduction：Financialization and the World Economy, in *Ancialization and the World Economy*, Edward Elgar, Chapter1。

18. Ilene Grabel, 2005, Averting Crisis? Assessing Measures to Manage Financial Integration in Emerging Economies, in *Financialization and the World Economy*, Edward Elgar, Chapter15.

19. Paul M. Sweezy, 1995, Economic Reminiscences, *Monthly Review*, May.

20. Randall Dodd, 2005, Derivatives Market：Sources of Vulnerability in US Financial Market, in *Financialization and the World Economy*, Edward Elgar, Chapter 6。

银行业最优规模、生产率与潜在经济增长

——一个基于银行业动态均衡的内生经济增长模型与测算

郑江淮　　高玉泽　　芮红霞*

一、模型的设定

（一）基本思路和推断

本文根据内生经济增长的一般均衡分析框架，将银行业作为中间产品部门，考察其进入和退出形成的银行业均衡，将其形成的贷款和存款纳入到最终产品部门生产函数和家庭部门的约束条件，在稳态的一般均衡条件下，确定潜在经济总产出和劳动收入水平，由此考察银行业最优规模变动对潜在经济总产出、劳动收入的影响。本文在设定银行作为一种中间产品生产部门的利润最大化决策问题时，将各个银行视为异质性的，即存在不同的生产率水平。在自由进入和退出的市场竞争中，存在一个生产率阀值水平，以及由此决定的一个最优的银行业规模。

银行业活动对最终产品生产部门的影响，本文做了两个特定的设定：一是根据银行作为金融中介将储蓄转化为投资的功能，将银行业形成的贷款纳入最终产品生产函数。这是从总体经济变量形成中考察银行业发展对经济增长的影响。二是考虑到银行在给企业贷款时进行的风险管理以及对企业经营状况的事前评价、事后监督和约束等活动，而且在银行业竞争

---

* 郑江淮，南京大学经济学院产业经济学系、南京大学长江三角洲经济社会发展研究中心教授；高玉泽，中国人民银行研究员；芮红霞，南京大学经济学院产业经济学系博士生。

中，这些活动将不断完善和加强，表现出生产率水平的提升，否则就被挤出市场。由此，本文假定银行业生产率水平的提升客观上实体经济部门产生了巨大的知识外溢效应，具有显著的正外部性，将其纳入对最终产品部门全要素生产率的促进中，进而促进总产出水平。银行业提供的这些知识外溢效应有很多的表现，如银行对企业信用和经营能力的评价和监督不仅降低了企业与资金提供部门之间的交易成本[①]，而且降低企业之间交易成本，后者就表现为一种正外部性的知识外溢作用；再例如，无论大银行对企业贷款时要求企业提供的标准化、长期、稳定的"硬"信息，还是小银行注重考核的企业经营者的"软"信息[②]，都将企业技术创新风险、产品创新风险和企业家经营风险控制在一定程度之下，降低了经济系统性风险，有利于经济总产出的稳定性。即使在中国的国有银行体制中，由于特定的产权偏好和利益相关性，国有银行在商业化改革和市场化竞争中盈利能力和盈利责任逐步增强，对国有企业贷款的风险控制水平逐步提高，其知识外溢效应就进一步体现为这些贷款在国有企业与非国有企业之间再配置的风险降低，再配置规模进一步扩大，间接地促进了最终产品部门的融资和总产出增长。

基于上述设定，进一步推断，在银行业自由进入和退出时，在位银行雇用的银行专业型劳动力数量越多，使用相关技术，如互联网技术的效率越高，其生产率水平越上升，越能提高银行业均衡时的生产率阈值水平。其中即使会有那些低生产率水平的银行退出市场，但是均衡时在位银行最优数量也将上升，进而促进了潜在经济总产出水平。银行业的知识外溢整体水平提高，既会促进银行的盈利水平，又会促进潜在经济总产出水平。下文对上述分析思路和推断进行模型构建和证明。

（二）家庭

假设经济中，家庭生命无限，且存在两种不同类型 $n \in \{b, p\}$。每个 b 型家庭拥有 1 个单位的银行业专业劳动禀赋，家庭数量固定为 H。每个 p 型家庭拥有 1 个单位的生产部门劳动禀赋，数量固定为 L。每个家庭都无弹性供给劳动，并将劳动获得收入用于消费和储蓄。代表两类家庭偏好的

---

① 参见 Boyd and Prescott（1986）、Diamond（1984）、Allen（1990）。

② 林毅夫、孙希芳、姜烨：《经济发展中的最优金融结构理论初探》，载于《经济研究》2009 年第 8 期。

效用函数为：

$$U = \sum_{t=0}^{\infty} \beta^t \frac{(c_t^n)^{1-\varepsilon} - 1}{1-\varepsilon} \tag{1}$$

其中，c_t^n 为 n 型家庭在 t 期消费的最终产品数量。$\frac{1}{\varepsilon}$（$0 < \varepsilon < 1$）为不同时期的消费替代弹性。ε 越是趋近于 0 则表明不同时期之间的消费替代性越强，家庭更愿意接受消费随时间的变动。$0 < \beta < 1$ 为代表性家庭的贴现率，β 越大则表明相对于现期消费，家庭对未来消费的估价越高。每期家庭收入没有用于消费的部分被存于银行，成为家庭的存款资产，因此，家庭的预算约束为：

$$D_{t+1}^n = w_t^n - c_t^n + (1 + r_d) D_t^n \tag{2}$$

$n \in \{b, p\}$ 表示不同的家庭类型。每个家庭拥有初始资产禀赋为 D_0^n，且 $D_0^n > 0$。D_t^n 为家庭 n 在 t 期的存款资产。w_t^n 为家庭 n 在 t 期获得的工资收入。r_d 为存款资产获得的利息。

$n \in \{b, p\}$ 型家庭在预算约束下，通过选择每期的消费数量 c_t^n 实现家庭效用最大，其最优的一阶条件为：

$$\left(\frac{c_t^n}{c_{t-1}^n}\right)^\varepsilon = (1 + r_d) \beta \tag{3}$$

横截条件为：

$$\lim_{t \to \infty} \lambda_t D_t^n = 0 \tag{4}$$

（三）最终产品生产部门

假定实体经济中生产者在完全竞争的市场中，投入从银行获得的贷款和生产部门劳动以生产最终产品。在每一期，最终产品为计价商品，价格为 1。生产技术为：

$$Y_t = A_t N_t^{1-a} \int_0^{m_t} (L_{it}^d)^\alpha \mathrm{d}i \tag{5}$$

其中，Y_t 为 t 期的最终产出水平，又被称为潜在经济总产出；N_t、L_{it}^d 为 t 期投入的生产部门劳动、从 i 银行获得的贷款；m_t 为银行的数量；A_t 为 t 期生产部门的全要素生产率。银行业发展对生产部门存在着一种知识外溢作用，体现对生产部门全要素生产率的促进上，设为：

$$A_t = A_0 \left(\int_0^{m_t} L_{it}^d \mathrm{d}i\right)^\eta \tag{6}$$

其中，$\int_0^{m_t} L_{it}^d \mathrm{d}i$ 为生产部门获得贷款总量，代表该经济体的金融发展水平。$A_0 > 0$ 为生产部门的生产率初始水平。$\eta \in (0, 1-\alpha)$ 表示金融业发展对生产部门的知识外溢的弹性系数。因为 $\eta < 1-\alpha$，所以最终产品的生产函数是凹函数。η 越大，金融发展对生产部门技术进步的推动作用越强烈。反之，当 η 趋于 0 时，生产部门的全要素生产率将趋于 A_0，银行业的发展对生产部门的技术进步没有影响。

每期生产者在要素价格给定的情况下，选择从各家银行获得贷款和生产部门劳动的投入数量，实现利润最大化，即：

$$\max_{\{Ld_{it}, N_t\}} \left[Y_t - \int_0^{m_t} r_{it} L_{it}^d \mathrm{d}i - w_t^p N_t \right]$$

$$\text{s. t. } Y_t = A_t N_t^{1-a} \int_0^{m_t} \left(L_{it}^d \right)^\alpha \mathrm{d}i$$

其中，r_{it} 为 t 期银行 i 提供贷款的利率；w_t^p 为 t 期生产部门劳动的工资收入。由于生产型家庭无弹性供给生产部门劳动，市场出清条件为 $N_t = L$。所以最终产品生产者的一阶条件为：

$$w_t^p = (1-\alpha) \, A_t L^{-\alpha} \left[\int_0^{m_t} \left(L_{it}^d \right)^\alpha \mathrm{d}i \right] \tag{7}$$

$$r_{it} = \alpha L^{1-\alpha} A_t \left(L_{it}^d \right)^{-(1-\alpha)} \tag{8}$$

式（7）和式（8）为最终产品生产者对生产部门劳动和各银行的贷款反需求函数。式（7）表明，由于银行业的发展推动生产部门的全要素生产率增长，所以随着银行业贷款总量增加生产部门劳动的工作收入不断增加。由式（8）可知，在位银行勒纳指数为 $1-\alpha$。[①]

（四）银行业

假设银行业由众多的异质性银行组成，每家银行具有各不相同的生产率水平，并向生产厂商提供不同种类的信贷产品。每期在位银行集合 I_t 在 $[0, m_t]$ 上连续分布。在位银行的生产率水平分布的密度函数为 $\mu(\varphi)$，$\varphi > 0$ 为生产率水平。

银行的运营成本由支付存款的利息成本和将存款投放给生产者的贷款

① 当 α 趋于 0 时，不同的贷款产品间的替代性逐渐减弱，个体银行面临的需求弹性不断减少，在位银行提高价格对与贷款需求的负面影响减弱，银行贷款的利润加成提高，勒纳指数增加。反之，当 α 趋于 1 时，不同的贷款产品间的替代性逐渐增强，贷款产品的需求弹性增加，在位银行提高价格对需求数量的负面影响增大，因此在位银行的利润加成减少，勒纳指数降低。

成本两部分构成。按照与贷款数量的关系，将银行总成本分为固定成本和可变成本两部分。固定成本主要指运营中使用的固定资产、机器设备等支出，假设每期在位银行的固定成本为 f 个单位的最终产品。可变成本随着银行运营规模的增加而不断增加，主要是由管理成本和存款利息构成。假设在位银行 i 每单位贷款的管理需要 $\frac{1}{\varphi_i}$ 单位银行业专业劳动，φ_i 为在位银行 i 的生产率，φ_i 越高则生产率越高，每单位贷款的管理需要的银行业专业劳动数量越少。在位银行的资金来源是吸纳存款，资金使用是发放贷款。根据企业资产负债平衡条件，每期银行发放的贷款数量等于吸纳存款数量，即 $L_{it}^d = D_{it}$。银行总成本函数为：

$$TC_{it} = f + \left(\frac{w_t^b}{\varphi_i} + r_d \right) L_{it} \tag{9}$$

其中，TC_{it}、L_{it}^d 为 t 期在位银行 i 的总成本、发放贷款数量；r_d 为存款利率；w_t^b 为银行专业劳动的工资。

假设银行业存在大量的潜在进入者。在进入前，所有潜在进入者是相同的。进入后，新进入的银行随机获得生产率。潜在进入者随机获得的生产率在 $(0, b)$ 上均匀分布，分布密度函数为 $g(\varphi)$。[①] $b > 0$ 为银行业生产率的上限，b 越大则表示银行业潜在生产率水平越高。为了进入银行业，潜在进入者必须要支付数量为 $f_e(f_e > 0)$ 的最终产品作为进入成本，进入成本为沉没成本。如果潜在进入者成功进入银行业，每期以概率 δ 遭遇坏的外界冲击导致企业退出，因此潜在进入者的预期贴现率为 δ。

银行业的生产率临界值为 φ^*。只有当获得的随机生产率高于 φ^* 时，潜在进入者才能在银行业持续运营，否则潜在进入者将因为无法获得非负的利润而退出市场。在位银行的生产率分布密度函数 $\mu(\varphi)$ 为潜在进入者生产率的条件分布，即 $\mu(\varphi) = \frac{g(\varphi)}{1 - G(\varphi^*)}$。

各在位银行提供的信贷产品是不完全替代的异质产品，因此，在位银行在垄断竞争市场的贷款需求约束下，给定银行业专业劳动价格（w_t^b），通过选择价格 r_{it} 以实现利润最大化：

---

① 当 $\varphi \in (0, b)$ 时 $g(\varphi) = \frac{1}{b}$；当 $\varphi \notin (0, 1)$ 时 $g(\varphi) = 0$，累计分布函数 $G(\varphi)$ 为：当 $\varphi \in (-\infty, 0)$ 时 $G(\varphi) = 0$；当 $\varphi \in [0, b)$ 时 $G(\varphi) = \frac{\varphi}{b}$；当 $\varphi \in [b, +\infty)$ 时 $G(\varphi) = 1$。

$$\max_{\{r_{it}\}} \pi_{it} = r_{it} L_{it}^d - \left(\frac{w_t^b}{\varphi_i} + r_d\right) L_{it}^d - f \tag{10}$$

$$\text{s. t. } r_{it} = \alpha A_t L^{1-\alpha} \ \left(L_{it}^d\right)^{-(1-\alpha)}$$

由一阶条件可知：

$$r_{it} = \frac{1}{\alpha}\left(\frac{w_t^b}{\varphi_i} + r_d\right) \tag{11}$$

式（11）表明影响在位银行利率水平选择的因素主要有三个方面：首先，从微观供给方面看，在位银行自身的生产率水平与贷款利率负相关，在位银行的生产率水平越高，银行提供的贷款利率越低$\left(\frac{\partial r_{it}}{\partial \varphi_i} < 0\right)$；其次，银行业投入要素的价格是影响贷款利率水平的重要因素，随着银行业专业劳动的工资水平和支付存款的利息的提高，银行提供贷款的利率越高$\left(\frac{\partial r_{it}}{\partial w_t^b} > 0, \ \frac{\partial r_{it}}{\partial r_d} > 0\right)$；最后，在位银行提供的信贷产品的替代性也是影响利率选择的因素之一。在其他条件相同的情况下，随着 α 不断向 1 趋近，则不同银行业间的信贷产品的替代性不断增强，银行业的竞争更为激烈，在位银行定价时得到较低的租金，贷款利率降低$\left(\frac{\partial r_{it}}{\partial \alpha} < 0\right)$。

将式（11）代入式（8），可以得到在位银行的贷款数量为：

$$L_{it}^d = \alpha^{\frac{2}{1-\alpha}} L \left(\frac{w_t^b}{\varphi_i} + r_d\right)^{-\frac{1}{1-\alpha}} \ (A_t)^{\frac{1}{1-\alpha}} \tag{12}$$

对式（12）两边进行积分，可得到银行业贷款总量 L_t^d 为：

$$\int_0^{m_t} L_{it}^d \mathrm{d}i = \alpha^{\frac{2}{1-\alpha-\eta}} (A_0 L^{1-\alpha})^{\frac{1}{1-\alpha-\eta}} \Big[\int_0^{m_t} \left(\frac{w_t^b}{\varphi_i} + r_d\right)^{-\frac{1}{1-\alpha}} \mathrm{d}i \Big]^{\frac{1-\alpha}{1-\alpha-\eta}} \tag{13}$$

由式（13）中可以看出，银行业贷款数量受到需求和供给两方面的影响：一方面，生产部门劳动禀赋的增加，将增加生产部门对银行贷款的需求，推动贷款增加$\left(\frac{\partial L_t^d}{\partial L} > 0\right)$；另一方面，在位银行数量的增加、银行业专业劳动工资和存款利率等成本降低，增加了贷款供给，从而推动银行业贷款总量增加$\left(\frac{\partial L_t^d}{\partial m_t} > 0, \ \frac{\partial L_t^d}{\partial w_t^b} < 0, \ \frac{\partial L_t^d}{\partial r_d} < 0\right)$。

将式（13）代入式（12）可知，在位银行 i 的贷款数量为：

$$L_{it}^d = \alpha^{\frac{2}{1-\alpha-\eta}}(A_0 L^{1-\alpha})^{\frac{1}{1-\alpha-\eta}}\left(\frac{w_t^b}{\varphi_i} + r_d\right)^{-\frac{1}{(1-\alpha)}}\left[\int_0^{m_t}\left(\frac{w_t^h}{\varphi_i} + r_d\right)^{-\frac{1}{1-\alpha}}\mathrm{d}i\right]^{\frac{\eta}{1-\alpha-\eta}} \quad (14)$$

式（14）表明，在其他条件不变的情况下，在位银行的贷款数量占比与自身的生产率（φ_i）正相关。随着自身生产率提高，在位银行供给的贷款数量增加$\left(\frac{\partial L_{it}^d}{\partial \varphi} > 0\right)$，并且在要素价格不变的情况下，与其他在位银行的生产率（$\varphi_j|_{j\neq i}$）正相关，随着其他银行的生产率的提高而增加贷款数量$\left(\frac{\partial L_{it}^d}{\partial \varphi} > 0\right)$，因为银行业发展促进生产部门的全要素生产率增长，使得银行贷款的边际产出增加，从而增加了所有在位银行的贷款需求。

二、稳态均衡分析

（一）基准模型的稳态均衡

当经济达到稳态时，消费者、最终产品生产者和银行业同时达到均衡状态，劳动力市场、信贷市场和最终产品市场满足出清条件，每期最终产品产出、家庭的消费和储蓄资产、生产部门劳动工资和银行业专业劳动工资 $\{Y^*, c^{n*}, D^{n*}, w^{p*}, w^{b*}\}$ 以及在位银行数量、在位银行临界生产率和在位银行的利率 $\{m^*, \varphi^*, r_i\}$ 将处于稳态。

1. 稳态时家庭选择。稳态时，家庭各期消费和存款资产将处于稳态，即 $c_t^n = c_{t-1}^n = c^{n*}$，$D_t^n = D_{t-1}^n = D^{n*}$。为了简化分析，本文假设现期消费与未来消费对于家庭而言基本无差异，即 β 无限接近1。因此，由式（6）可知家庭存款资产的利息为 $r_d = \beta^{-1} - 1$，即 $r_d = 0$。由家庭预算约束式（2）可知，稳态时家庭的消费等于家庭的劳动收入，即 $w^{n*} = c^{n*}(n \in \{b, p\})$。

2. 稳态时银行业结构。将式（14）代入式（10）可以得到稳态时在位银行 i 的利率和贷款数量为：

$$r_i = \frac{w^{b*}}{\alpha\varphi_i} \quad (15)$$

$$L_i^d = \alpha^{\frac{2}{1-\alpha-\eta}}\ (A_0 L^{1-\alpha})^{\frac{1}{1-\alpha-\eta}}\ (m^*)^{\frac{1}{\eta-\alpha-\eta}}\ (w^{b*})^{-\frac{1}{1-\alpha-\eta}}\varphi_i^{\frac{1}{1-\alpha}}\ \left[E(\varphi^{\frac{1}{1-\alpha}})\right]^{\frac{\eta}{1-\alpha-\eta}} \quad (16)$$

r_i^* 和 L_i^{d*} 分别表示稳态时，在位银行 i 的贷款利率和贷款数量。E 为期望算子，$E(\varphi^{\frac{1}{1-\alpha}})$ 表示所有在位银行的生产率 $\varphi^{\frac{1}{1-\alpha}}$ 的期望值，等于 $\int_{\varphi^*}^{b} \varphi^{\frac{1}{1-\alpha}}\mu(\varphi)\mathrm{d}\varphi$。在稳态均衡时，银行业专业劳动市场满足出清条件 $H = \int_0^{m^*} \dfrac{L_i^d}{\varphi_i}\mathrm{d}i$，将式（16）代入可以得到银行业专业劳动的均衡工资为：

$$w^{b*} = \frac{\alpha^2 A_0 L^{1-\alpha}\ (m^*)^{1-\alpha}}{H^{1-\alpha-\eta}}\ [E(\varphi^{\frac{1}{1-\alpha}})]^{\eta}[E(\varphi^{\frac{\alpha}{1-\alpha}})]^{1-\alpha-\eta} \tag{17}$$

将式（16）、式（17）代入在位银行的利润函数式（9），我们可以得到稳态时在位银行 i 的利润和银行业的平均利润分别为：

$$\pi_i = (\alpha - \alpha^2)\ A_0 H^{\alpha+\eta}L^{1-\alpha}\ (m^*)^{-\alpha}\ [E\ (\varphi^{\frac{1}{1-\alpha}})]^{\eta}\ \frac{\varphi_i^{\frac{\alpha}{1-\alpha}}}{[E(\varphi^{\frac{\alpha}{1-\alpha}})]^{\eta+\alpha}} - f \tag{18}$$

$$\overline{\pi}^* = \frac{\int_0^{m^*}\pi_i^*\mathrm{d}i}{m^*} = (\alpha - \alpha^2)A_0 H^{\alpha+\eta}L^{1-\alpha}(m^*)^{-\alpha}[E(\varphi^{\frac{1}{1-\alpha}})]^{\eta}[E(\varphi^{\frac{\alpha}{1-\alpha}})]^{1-\alpha-\eta} - f \tag{19}$$

式（18）表明在位银行的盈利能力与自身的生产率正相关 $\left(\dfrac{\partial \pi_i^*}{\partial \varphi_i} > 0\right)$，生产率水平越高的在位银行业获得的利润越大。由式（18）和式（19）可知，在其他条件不变的情况下，随着银行业在位银行数量的增加，银行业竞争越充分，在位银行和银行业的盈利能力下降 $\left(\dfrac{\partial \pi_i^*}{\partial m^*} < 0,\ \dfrac{\partial \overline{\pi}^*}{\partial m^*} < 0\right)$；银行业知识外溢弹性影响银行业盈利能力，即当经济中在银行业专业劳动的数量 $H < [E(\varphi^{\frac{\alpha}{1-\alpha}})/E(\varphi^{\frac{1}{1-\alpha}})]$ 时，随着银行业知识外溢弹性的增加，银行业盈利能力减弱 $\left(\dfrac{\partial \overline{\pi}^*}{\partial \eta} < 0\right)$，当经济中在银行业专业劳动的数量 $H > [E(\varphi^{\frac{\alpha}{1-\alpha}})/E(\varphi^{\frac{1}{1-\alpha}})]$ 时，随着银行业知识外溢弹性的增加，银行业盈利能力增强 $\left(\dfrac{\partial \overline{\pi}^*}{\partial \eta} > 0\right)$。

稳态均衡时，银行业同时满足产业均衡的三个条件：（1）｛进入｝和｛不进入｝两个策略对于风险中性的潜在进入者而言是无差异的，即预期进入的收益 $V_e = 0$；（2）在位银行的利润非负，可以持续经营；（3）在位银行的数量不变，因意外冲击而淘汰出市场的银行数量等于新进入市场的潜在进入者数量，即 $m_e[1 - G(\varphi^*)] = \delta m^*$，其中 m^* 为在位银行的均衡数量，m_e 银行业潜在进入者的均衡数量。潜在进入者预期进入银行的收益为：

$$V_e = \frac{1}{\delta}(1 - G(\varphi^*))\overline{\pi}^* - f_e \qquad (20)$$

在式（20）中，$1 - G(\varphi^*)$ 为潜在进入者预期进入成功的概率；$\overline{\pi}^*$ 为潜在进入者预期成功进入后每期获得的利润。由于在位银行以外生概率 δ 而意外退出，$\frac{1}{\delta}$ 为潜在进入者对未来收益的贴现率。f_e 为进入的沉没成本。由银行业产业均衡条件（1）可以得到银行业自由进入均衡条件（FE 条件）为：

$$\overline{\pi}^* = \frac{\delta f_e}{1 - G(\varphi^*)} \qquad (21)$$

将式（19）代入式（18）可以得到在位银行的非负利润条件（ZCP）为：

$$\frac{(\varphi^*)^{\frac{\alpha}{1-\alpha}}}{E(\varphi^{\frac{\alpha}{1-\alpha}})} = \frac{f}{\overline{\pi}^* + f} \qquad (22)$$

由式（21）可知当满足银行业自由准入条件时，$\frac{\partial \overline{\pi}^*}{\partial \varphi^*} > 0$，因此 FE 条件在 $(\varphi^*, \overline{\pi}^*)$ 二维相图上为一条向右上方倾斜的单调曲线，且 $\lim\limits_{\varphi^* \to 0} \overline{\pi}^* = \delta f_e$，$\lim\limits_{\varphi^* \to b^-} \overline{\pi}^* = +\infty$。由式（22）可知，当在位银行满足非负利润时，$\frac{\partial \overline{\pi}^*}{\partial \varphi^*} < 0$，二维相图上 ZCP 曲线为一条向右下方倾斜的单调曲线，且 $\lim\limits_{\varphi^* \to 0^+} \overline{\pi}^* = +\infty$，$\lim\limits_{\varphi^* \to b} \overline{\pi}^* = 0$。因此，$FE_1$ 曲线与 ZCP_1 曲线存在唯一的交点，如图 1 所示的 A 点。

在图 1 中，曲线 FE 与曲线 ZCP 共构成了四个区域。在区域 I，位于曲线 FE 的上方，表明在其他条件不变时，潜在进入者预期进入将获得正的现值收入，因此，所有的潜在进入者将选择进入，从而进入银行业的企业数量大于因为意外而退出的银行，在位银行数量增加。由式（21）可知，随着在位银行数量增加，银行业专业劳动工资增加，从而降低银行业平均利润。另外，区域 I 位于曲线 ZCP 的左方，由式（22）可知区域 I 内的点的利润为负，即生产率在 ZCP 阈值附近的在位银行将由于不能持续运营从而退出，从而提高在位银行业的生产率阈值。在区域 I 的点会在自由进入（FE）条件和非负利润（ZCP）条件下，不断向均衡点 A 趋近，直到达到 A 点，银行业才处于均衡状态。同理，在区域Ⅱ、Ⅲ、Ⅳ内的点均为非均衡点。因此，稳态下，银行业存在唯一的产业均衡状态为点 A（$\bar{\pi}_A$，φ_A^*）。

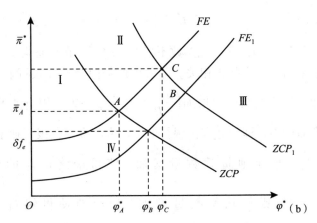

图1　稳态时银行业平均利润与生产率阀值

3. 最终产品市场出清。当最终产品市场达到竞争均衡时，由均衡条件式（7）可知，生产部门劳动的收入为 $Lw^{p*} = (1-\alpha)Y^*$。将在位银行稳态时的贷款数量式（16）代入最终产品生产均衡条件（8）中，可以得到最终产品产出为：

$$Y^* = A_0 H^{\alpha+\eta} L^{1-\alpha} \ (m^*)^{1-\alpha} [E(\varphi^{\frac{1}{1-\alpha}})]^{\eta} E\ (\varphi^{\frac{\alpha}{1-\alpha}})^{1-\alpha-\eta} \qquad (23)$$

由式（17）、式（23）可知，银行业专业劳动收入与生产部门劳动收入之比为 $\dfrac{w^{b*}}{w^{p*}} = \dfrac{\alpha^2 L}{(1-\alpha)\ H}$，表明在稳态时，生产部门劳动家庭的收入与银行业专业劳动家庭的收入之比取决于两种劳动劳动禀赋的数量和边际产出弹性。

稳态时，最终产品市场出清条件为：

$$Y^* = Hc^{b*} + Lc^{p*} + \delta f_e m^* / [1-G(\varphi^*)] + m^* f \qquad (24)$$

将式（24）代入银行业自由准入条件（21），可得稳态均衡时在位银行均衡数量和选择进入的潜在进入者数量分别为：

$$m^* = \left\{ \frac{(\alpha-\alpha^2)\ A_0 H^{\alpha+\eta} L^{1-\alpha} [E(\varphi^{\frac{1}{1-\alpha}})]^{\eta} [E(\varphi^{\frac{\alpha}{1-\alpha}})]^{1-\alpha-\eta}}{f+\bar{\pi}^*} \right\}^{\frac{1}{\alpha}} \qquad (25)$$

$$m_e = \frac{\delta}{[1 - G(\varphi^*)]} \left\{ \frac{(\alpha - \alpha^2) \ A_0 H^{\alpha + \eta} L^{1-\alpha} [E(\varphi^{\frac{1}{1-\alpha}})]^\eta [E(\varphi^{\frac{\alpha}{1-\alpha}})]^{1-\alpha-\eta}}{f + \bar{\pi}^*} \right\}^{\frac{1}{\alpha}}$$

$$(26)$$

将式（25）代入式（19）可知均衡最终产品的产出为：

$$Y^* = \left[\frac{(\alpha - \alpha^2)}{f + \bar{\pi}^*} \right]^{\frac{1-\alpha}{\alpha}} A_0^{\frac{1}{\alpha}} H^{\frac{\alpha + \eta}{\alpha}} L^{\frac{1-\alpha}{\alpha}} \ [E \ (\varphi^{\frac{1}{1-\alpha}})]^{\frac{\eta}{\alpha}} \ [E \ (\varphi^{\frac{\alpha}{1-\alpha}})]^{\frac{1-\alpha-\eta}{\alpha}} \ (27)$$

由式（27）可知，在其他参数不变的情况下，在稳态均衡时，最终产品的产出水平与劳动禀赋正相关。随着生产部门劳动（银行业专业劳动）禀赋的增加，最终产品产出增加 $\left(\frac{\partial Y^*}{\partial H} > 0, \ \frac{\partial Y^*}{\partial L} > 0 \right)$；银行业的市场结构影响最终产品产出，即随着在位银行的生产率的提高，银行业最优规模增加 $\left(\frac{\partial m^*}{\partial \varphi^*} > 0 \right)$，相应地贷款数量增加，使得最终产品的产出增加 $\left(\frac{\partial Y^*}{\partial \varphi^*} > 0 \right)$。在位银行均衡数量增加，相应地使得银行盈利降低 $\left(\frac{\partial m^*}{\partial \bar{\pi}^*} < 0 \right)$①，在一定程度上却提高了最终产出 $\left(\frac{\partial Y^*}{\partial \bar{\pi}^*} < 0 \right)$；银行业对生产部门的知识外溢程度增加，促进最终产出的提高 $\left(\frac{\partial Y^*}{\partial \eta} > 0 \right)$。

（二）银行业准入管制与稳态均衡

一直以来，我国银行业实施了较为严格的设立许可制度，要求潜在进入者进行事前审批获得许可才能开展商业银行设立工作。当银行业实施准入许可时，潜在进入者在进入银行业竞争前需要经过政府的筛选，以一定的概率获得许可，从而降低了潜在进入者预期成功进入的可能性，降低了潜在进入者预期进入银行业的收益，改变了潜在进入者的决策和银行业均衡结构。

为了定量分析准入管制的影响，本文假设监管当局对潜在进入者的进入需求实施随机许可。潜在进入者以概率 p_{gov}（$p_{gov} \in [0, 1]$）获得进入许可，以概率 $1 - p_{gov}$ 被监管当局拒绝。p_{gov} 代表了监管当局的管制严格程度，管制越是严格则 p_{gov} 越是趋近于 0，管制越是放松则 p_{gov} 越是趋近于 1。

---

① 根据式（25）、式（26）得出。

因此，存在准入管制的情况下，潜在进入者预期进入的价值为 $V'_e = \dfrac{p_{gov}}{\delta}$ $(1 - G(\varphi^*))\overline{\pi}^* - f_e$。因此，管制条件下的银行业自由进入条件（$FE$）变为：

$$\overline{\pi}^* = \frac{\delta f_e}{p_{gov}\left[1 - G(\varphi^*)\right]} \tag{28}$$

随着政府准入管制不断放松，银行业均衡将发生变化。由式（21）可知，p_{gov} 不断增大，自由准入条件要求在相同的银行业平均利润条件下，银行业生产率阈值增加，如图1所示，FE 曲线将右移到 FE_1 曲线，银行业均衡点右移到点 B（φ_B^*，$\overline{\pi}_B$）。与改革前的均衡点 A 相比，放开准入后的银行业的生产率阈值提高了（$\varphi_B^* > \varphi_A^*$），因此，准入放松前的一些生产率水平低于 φ_B^* 的在位银行将不能持续经营而退出银行业。另外，新均衡点 B 下的银行业在位银行数量和选择进入的潜在进入者数量都将增加，即 $m_B^* > m_A^*$，$m_{e,B}^* > m_{e,A}^*$，银行业竞争更为激烈，银行业平均利润降低（$\overline{\pi}_A > \overline{\pi}_B$）。

银行业均衡的改变将影响稳态均衡时最终产品生产部门和家庭的行为选择。式（28）表明，由于改革后在位银行的生产率阈值提高和在位银行数量的增加，使得新稳态下最终产品的产出增加，从而生产部门劳动的工资增加，生产型家庭的消费和效用增加。由式（17）可知，改革后，银行业的在位银行数量和生产率阈值的增加，将提高银行业专业劳动工资，银行业专业劳动家庭消费和家庭效用增加。因此，我们得到：

命题1 银行业自由准入的改革将提高银行业生产率阈值和在银行数量，并推动最终产品产出、生产部门劳动收入和银行专业劳动收入增加，社会福利水平提高。同时，银行业竞争程度的提高将导致低生产率在位银行退出，降低在位银行的平均利润。

（三）银行业互联网技术运用与稳态均衡

银行业互联网技术是指在位银行依托现代数字通信、互联网、移动通信及物联网技术等信息技术，实现在线资金融通、支付和信息中介等新模式金融服务。互联网技术对银行业均衡的影响主要发生在两个方面：一方面，互联网技术提高了银行业对最终产品的知识外溢能力，在贷款数量相同的情况下，银行采用云计算、大数据等方式，为客户提供电子票证、电子信用、账户管理等网络金融服务，从而使得银行业发展对生产部门的知识外溢增加，提高了生产部门的全要素生产率；另一方面，因为互联网技术的使用和维护是银行的固定支出，所以增加了在位银行的固定成本。因此，本文假设银行使用互联网技术使得最终产品生产部门的全要素生产率提升了 λ 倍，且 $\lambda > 1$，λ 为银行业互联网技术的效率因子。λ 越大则表明银行业互联网技术对生产部门的全要素效率的提升作用越明显，因此，在使用互联网技术的情形下，银行业对最终产品的知识外溢为：

$$A_{n,t} = \lambda A_0 \left(\int_0^{m_{n,t}} L_{n,it}^d \mathrm{d}i \right)^{\eta} \tag{29}$$

其中，$A_{n,t}$，$m_{n,t}$，$L_{n,it}^d$ 分别表示在互联网技术下最终产品生产部门的全要素生产率，在位银行数量和在位银行 i 在 t 期提供的贷款数量。

银行业互联网技术提高了最终产品生产部门的贷款需求，同时，银行的每期投入、维护和运营等固定费用上升，假设互联网技术下的银行固定成本由原来的 f 提高为 γf，$\gamma > 1$，则在互联网技术下银行业均衡的非负利润条件将变为：

$$\frac{(\varphi_n)^{\frac{\alpha}{1-\alpha}}}{E(\varphi_n^{\frac{\alpha}{1-\alpha}})} = \frac{\gamma f}{\bar{\pi}_n^* + \gamma f} \tag{30}$$

其中，φ_n，$\bar{\pi}_n^*$，φ_n 分别表示互联网技术下的银行业临界生产率，在位银行的平均利润和在位银行的生产率变量。

式（30）表明互联网技术将相同的生产率临界值的条件下的银行业的平均利润提高，即使得 ZCP 曲线右移。如图 1 所示，互联网技术使得 ZCP 曲线右移至 ZCP_1，银行业在点 C 处获得产业均衡。与没有互联网技术时的银行业均衡相比，互联网技术将使得银行业临界生产率提高，$\varphi_C^* > \varphi_A^*$，即在互联网新技术下，原有生产率水平较低的在位银行将因为利润为负而退出；同时，在位银行的平均利润增加，$\bar{\pi}_C^* > \bar{\pi}_A^*$，即银行业的盈利能力增强。

由式（25）可知，互联网技术下的银行业在位银行的均衡数量 m_n^* 为：

$$m_n = \left\{ \frac{(\alpha - \alpha^2) \lambda A_0 H^{\alpha+\eta} L^{1-\alpha} \left[E(\varphi_n^{\frac{1}{1-\alpha}}) \right]^{\eta} \left[E(\varphi_n^{\frac{\alpha}{1-\alpha}}) \right]^{1-\alpha-\eta}}{\gamma f \left[E(\varphi_n^{\frac{\alpha}{1-\alpha}}) / (\varphi_n^*)^{\frac{\alpha}{1-\alpha}} \right]} \right\}^{\frac{1}{\alpha}} \tag{31}$$

式（31）表明，银行业互联网技术增加了银行业市场需求和产业集中趋势，对在位银行均衡数量产生了两种方向不同的影响：一方面，互联网技术增加了银行业企业的固定成本，提高了生产率阈值，使得银行业集中趋势增强，减少了在位银行均衡数量；另一方面，互联网新技术增加了生产部门的全要素生产率，使得银行业市场需求增加，推动在位银行均衡数量增加。因此，随着银行业互联网技术的效率因子 λ 取值不同，银行业在位银行均衡数量以及最终产品产出、劳动收入的均衡状态将不同。

当银行业互联网技术对生产部门的生产率促进作用明显，效率因子 $\lambda > \gamma$ 时，由式（31）可知，银行业在位银行数量将提高（$m_n^* > m^*$）。由式（28）可推知，随着互联网技术的推广，在位银行的生产率阈值提高和在位银行数量的增加，新稳态下，最终产品的产出将增加，从而促使生产部门劳动的工资增加，生产型家庭的消费和效用也会增加。由式（17）可知，互联网技术下的银行业在位银行数量和生产率阈值的增加，将提高银行业专业劳动工资，银行业专业劳动家庭消费和家庭效用也会增加。反之，当银行业互联网技术对生产部门的全要素促进作用不明显，当 $\lambda < \min\{\lambda_m, \lambda_y, \lambda_{wb}\}$（$\lambda_m$ 为互联网技术下保持原有在位银行均衡数量的互联网效率阈值，λ_y 为互联网技术下保持原有最终产品产出的互联网效率阈值，λ_{wb} 为互联网技术下保持原银行业工资水平时的互联网效率阈值）时，银行业的互联网技术会降低稳态均衡时在位银行的均衡数量、最终产品产出和银行业专业劳动收入，从而会降低生产部门劳动的收入，降低家庭消费和社会福利。因此，我们可以得到：

命题 2 只有当银行业使用互联网技术对实体经济全要素生产率的推动作用明显，即效率因子 λ 足够大时，银行业使用互联网技术才能提高银行业的生产率阈值和增加在位银行数量，改善银行业市场结构，同时又能促进最终产品产出增加、劳动收入增加和社会福利提高。否则，银行业使用互联网技术会造成经济拖累。

三、参数校准与均衡结果：比较分析

（一）参数校准

为了描述我国银行业实施的准入管制对经济均衡的影响，本文在模型假设下校准相关参数，并进行相关的数值模拟。需要校准的参数包括最终产品生产中低技术劳动的产出弹性（$1-\alpha$），银行业对生产部门的知识外溢指数（η），在位银行运营的固定成本（f），在位银行意外退出的概率（δ），代表准入管制程度的银行业进入沉没成本（f_e），代表银行业技术水平高低的银行业潜在进入者的生产率的上限指标（b），两种类型的劳动力禀赋资源（H，L），互联网技术的效率系数和成本系数（λ，γ）。

根据国家统计局数据，2002～2012 年我国参与经济活动的劳动数量的平均数为 76 734.18 万人，男女性别比为 105.2；而世界经济论坛的数据显示，我国女性平均工资是男性平均工资的 0.65，因此按照性别加权，我国参与经济活动人口为 64 372.40 万人。2010 年全国人口普查数据显示，每 10 万人中专以上学历的人数为 14 032 人。因此，本文设定银行专业劳动数量 $H=9$ 012.14 万人，设定生产部门劳动数量 $L=55$ 360.26 万人。参照宋铮（2011）产出弹性系数，设定 $\alpha=0.5$。

根据银监会数据，历年累计的退出银行业金融机构与历年累计的银行业金融机构数量之比为 0.56%，设定 $\delta=0.0056$。依据 2011 年银监会年报数据，2011 年新增银行业金融机构 31 家，以 2003 年为基年的 2011 年金融业真实固定资产投资为 480.93 亿元，可以算出平均新设投资为 15.5139 亿元，并按照全国性的股份制银行平均从业人员与平均机构从业人员的比值，计算出全国性股份制银行的设立成本 $f_e=427.097$ 亿元；中大型银行、股份制商业银行、城市商业银行和农村商业银行平均实际注册资本为 149.54 亿元，设定固定成本 $f=149.54$ 亿元；2011 年大型银行人均贷款数量为 0.1859 亿元，中小银行人均贷款数量为 0.0924 亿元，设定我国银行业最大人均贷款数量为 0.2000 亿元，并考虑到银行有约 80% 的成本不是以职工工资形式支付的，因此将单位贷款管理成本全部折合为银行业专业劳动时，银行业潜在进入者的生产率水平上限为 $b=0.2/(1+4)=0.04$ 亿元，即最高生产率的银行人均贷款为 400 万元。

为了估算互联网的技术效应系数和成本效应系数，本文参考颜鹏飞和王兵（2004）估计得出的 1992～2001 年全国平均技术进步指数为 1.0069，并按照康德拉季耶夫周期的 50 年计算，设定 $\lambda=1.4103$。而互联网技术的成本效应系数的相关数据缺乏，只能参考 2014 年银行的互联网投资计划，设定 $\gamma=1.2$。由于两个参数的设定均有一定的主观性，为了减少偏误，考虑其他可能。

参数 η、A_0 依照最终产品生产函数模型的设定，本文分四步进行计算和估计。

（1）确定我国在位银行数量 m_t。据 2011 年银监会年报，我国银行业法人金融机构共 3 800 家，其中大型银行 5 家，股份制银行 12 家，政策性银行 3 家，城市商业银行 144 家，农村商业银行 212 家，其他金融机构共计 3 424 家。由于其他金融机构与商业银行相比在营业范围上存在不同程度的限制，如农村信用社和农村合作银行必须设立在农村地区，信托公司、融资租赁公司不能吸收存款，因此，它们只能开展商业银行的部分业务，所以必须设立一定的加权系数。依据计算出的 5 类商业银行所有者权益平均数，将其他类型的银行业企业的累计所有者权益除以商业银行所有者权益的平均数，可以得出其他银行业、金融企业近似等价为 80 家商业银行。由此换算得到我国在位银行数量实际值为 456 家。

（2）采用离散加总来近似计算我国在位银行的 $\int_0^{m_t} (L_{it}^d)^\alpha di$。本文逐个统计 2006～2012 年 5 个大型银行的真实贷款数量（以 2003 年为基年），并计算出每年度五大银行的 $\sum_{i=1}^{5} (L_{it}^d)^\alpha$。然后将剩余贷款数量按照政策性银行、股份制银行、城市商业银行、农村商业银行和其他 5 个子类的资产占比进行平均加总，计算出 $\sum_{i=5}^{456} (L_{it}^d)^\alpha$。最后将两部分加总估计出我国 2006～2012 年各年度的 $\int_0^{m_t} (L_{it}^d)^\alpha di$。

（3）估计 η。将（$1-\alpha$）、$\int_0^{m_t} (L_{it}^d)^\alpha di$、$\eta$ 和各年度的真实贷款数量代入最终产品生产函数中，计算得出各年代估计的初始全要素生产率，再将各年度的 $\ln (A_t)$ 与 $\ln[\int_0^{m_t} (L_{it}^d) di]$ 进行 OLS 回归，得到 $\eta = 0.2776$，非常接近贝克等（Beck et al.，1999）的估计值 0.296。

（4）计算初始生产率 A_0。将 $\eta = 0.2776$ 代入各年度的全要素生产率方程估计初始生产率，得出各年度初始生产率的估计值的算术平均为 0.835，设定 $A_0 = 0.835$。表 1 中列明了各参数估计的结果和依据。

表 1　　　　　　　　　参数校准依据与结果

变量名称	参数	校准值	估算方法
贷款的产出弹性	α	0.5	宋铮等（Zheng song et. al.，2011）
生产率上限	b	0.04	总量数据估计
意外退出概率	δ	0.0056	总量数据估计
固定成本	f	149.54	总量数据估计
进入沉没成本	f_e	427.10	总量数据估计

变量名称	参数	校准值	估算方法
银行业专业劳动	H	9 012.14	根据中国统计年鉴数据整理计算
生产部门劳动	L	55 360.26	根据中国统计年鉴数据整理计算
银行业互联网技术的效率系数	λ	高效时为1.410； 低效时为1	数据计算、估计
银行业互联网技术的固定成本系数	γ	1.200	数据计算、估计
银行业知识外溢指数	η	0.278	回归计量得出
初始生产率	A_0	0.835	数据计算、估计

（二）数值结果分析

在参数校准的基础上，本文的数值结果分析主要从四个方面展开：
（1）依据参数 $\{\alpha, b, f, f_e, H, L, \eta\}$ 的设定，将准入许可制度下的模型预测值与我国实际值进行比较，以检验模型的拟合程度。由于准入许可制度下潜在进入者获准概率 p_{gov} 不能直接获得，本文依据在位银行平均利润的实际值推算得出。将推算得到的 p_{gov} 代入模型，得到均衡时经济总产出分布、在位银行数量，以及银行专业劳动收入、生产部门劳动收入等数值的预测值，并将预测值与银监会、国家统计局的实际数据进行比较分析。（2）依据模型参数的设定，计算自由进入条件下银行业均衡，将均衡结果与准入许可制度进行比较分析，检验命题1中的相关结论。（3）依据模型的参数设定，计算出互联网技术下的经济稳态均衡，分析互联网技术对银行业机构和稳态均衡的影响，以检验命题2中相关结论。（4）针对本文设定的关键参数 $\{\lambda, \gamma, \eta, p_{gov}, f\}$，进行参数设定稳健性分析，以考察关键参数的取值变化对预测结果的影响。

1. 准入许可制度下的稳态均衡。本文对我国大型银行、股份制银行、城市商业银行和农村商业银行的税后利润进行平均，作为银行业平均利润。2011年银监会年报中，5家大型商业银行共实现税后利润6 646.60亿元，12家股份制商业银行共实现税后利润2 004.96亿元，144家城市商业银行共实现税后利润1 080亿元，212家农村商业银行共实现税后利润512.2亿元。由此可知，银行业平均利润为64.45亿元，故设准入许可制度下的银行业平均利润 $\overline{\pi}_B^* = 64.45$ 亿元。

依据理论模型，首先预测银行业均衡时的市场结构。由式（23）、式

（22）和式（21），得到准入许可条件下的银行业生产率临界预测值为 $\varphi_B^* = 0.0215$，准入许可通过率 $p_{gov} = 8.00\%$，即每 12.5 个潜在进入者中有 1 个潜在进入者可以获准进入。在位银行数量 $m_B^* = 483$ 家，略高于我国在位银行数量实际值 456 家[①]。参照 2011 年我国各类银行业金融机构的比例，本文预测我国各类银行业机构累计 4 025 家[②]。

由式（17）、式（23）可知，在现行准入许可制度下国内生产总值均衡水平的预测值 Y_B^* 为 413 428.7 亿元，生产部门劳动收入预测值为 3.734 万元/年，银行业专业劳动收入预测值为 11.463 万元/年。相比之下，2011 年国内生产总值实际值为 479 576.1 亿元，我国城镇职工平均工资实际值为 4.180 万元/年，金融业城镇职工平均工资实际值为 8.109 万元/年。表 2 中列出了现行准入许可制度下的预测值与有关实际值。

表 2 各种情形下根据参数校准的银行最优规模与潜在经济总产出结果比较

	实际值	预测值（准入限制）	自由进入	达到美国 GDP	美国实际 GDP	高效率使用互联网技术	低效率使用互联网技术
在位银行数量（家）	3 800	4 025	5 852	7 714	6 430	8 792	4 417
国内生产总值（百亿）	4 795	4 134	4 882	9 911	9 911	8 243	4 144
生产型劳动收入（百元/年）	418	373	441	758	2 974	745	374
银行业专业劳动收入（百元/年）	810	1 146	1 354	2 327	7 969	2 286	1 148

注：实际值是指 2011 年中国的银行总数，预测值是根据 2011 年中国经济参数预测的银行总数，也是在目前银行业准入限制下的预测数。美国 GDP 值是 2014 年的数值。

2. 自由进入下的稳态均衡。首先，依据模型的参数设定预测自由进入将会对银行业结构的影响。由式（21）、式（22）计算出自由进入时银行业均衡点 A 的生产率阀值 $\varphi_A^* = 0.03346$，银行业平均利润预测值 $\overline{\pi}_A^* = 14.66$ 亿元。将 φ_A^*、$\overline{\pi}_A^*$ 代入式（25）可知自由进入条件下，银行业在位

[①] 所有者权益加权计算的银行家数。

[②] 按四舍五入法进行取整。其中大型商业银行数量将 5 家，政策性银行 3 家，股份制银行 13 家，城市商业银行 153 家，农村商业银行 225 家，其他机构 3 627 家。

银行均衡数量预测值 $m_A^*=743$ 家[1]，按照 2011 年我国各类银行业机构的比例，预计自由进入的金融改革后我国各类银行业机构累计 5 852 家[2]，将是准入许可制度下的 1.54 倍。与准入许可下的均衡相比，自由进入的银行业结构在三个方面发生了显著变化：（1）在位银行的生产率提高。在准入许可制度下在位银行的生产率分布在 [0.0215，0.04]，而自由准入的在位银行的生产率在 [0.0335，0.04] 区间分布，由此可知，在位银行的生产率整体提高。（2）银行业盈利能力降低。自由进入的改革，将增加在位银行数量，从而使银行业专业劳动的需求增加。由于银行业专业劳动供给弹性较小，从而推动银行业专业劳动成本上升，银行业的盈利能力降低。依据本文的模型设定，预测取消银行业准入许可制度后的自由进入市场中，在位银行业企业的平均利润将降为准入许可制度下平均利润的 22.7%。（3）实施自由进入的改革后，生产率较低的在位银行将被挤出，同时吸引较高生产率水平的潜在进入者进入，提高在位银行的生产率整体水平。

纪洋、徐建伟和张斌（2015）预测的长期均衡银行数量在无存款利率上限时为 2 120~4 019 家，存在存款利率上限时为 4 787~9 175 家。本文预测值与之存在较大差异，原因主要有：（1）纪洋等（2015）是以《商业银行法》中商业银行注册资本直接设定了银行业固定成本为 0.5 亿~1 亿元，并未考察我国银行业实际固定成本。本文按照银监会统计的银行业金融机构的所有者权益的实际值，将具有商业银行运营特征的大型银行、股份制银行、城市商业银行、农村商业银行四类银行业金融机构的所有者权益进行算术平均，设定固定成本为 149.54 亿元，显著高于纪洋等（2015）设定的 0.5 亿~1 亿元。根据银行业均衡条件可知，固定成本增加将使得 ZCP 曲线右移，因此，在位银行必须要有更高的生产率水平以满足利润非负条件，从而限制了低生产率银行的进入。（2）与纪洋等（2015）采用局部均衡分析方法不同，基于一般均衡理论框架，综合考虑了银行与家庭、最终产品部门间的相互影响，避免局部均衡的高估偏差。

此外，由式（23）、式（7）和式（17）可知：（1）潜在经济总产出

---

[1] 所有者权益加权计算的银行家数。

[2] 其中大型商业银行数量将变成 8 家，增加了 3 家；政策性银行变成 5 家，增加了 2 家；股份制银行变成 18 家，增加了 6 家；城市商业银行变成 222 家，增加了 78 家；农村商业银行变成 326 家，增加了 114 家；其他机构变成 5 273 家，增加了 1 849 家。

增加。在自由进入银行业均衡结构下，总产出 $Y_A^* = 488\ 210.7$ 亿元，比准入许可条件下增加了 74 782 亿元，增长 18.1%。（2）生产部门劳动的收入增加。在自由进入条件下，银行业的生产率水平高于准入许可制度下的银行业，在银行业专业劳动无弹性供给假设下，可提供更多的贷款数量和种类，促进最终产品部门，使得生产部门劳动的收入为 4.409 万元/人，高于银行业准入许可条件下的 3.734 万元/人。（3）银行业专业劳动的收入增加。自由进入条件下的银行业专业劳动收入每期为 13.537 万元，高于准入许可制度下的 11.463 万元。比较结果如表 2 所示。

3. 达到美国经济总产出水平下的稳态均衡。当我国 GDP 达到美国的产出水平时，需要我国银行业生产率多大程度的提升，相应的银行业最优规模和劳动收入将会如何变化？我们以 2014 年美国 GDP 为参照，设定目标产出水平为 99.1094 万亿人民币。[①] 并假设银行业技术进步使得潜在进入者的生产率上限增加，为原来的 s 倍（$s > 1$）。由式（28）、式（22）可知，银行业生产率阀值将等比例上移。因此，由式（23）可以得出我国 GDP 达到美国 2014 年 GDP 水平时，模型预测我国银行业技术进步使得潜在进入者的生产率上限达到 0.057，比现在提高 42.5%，在位银行的生产率阀值 $\bar{\varphi} = 0.04768$。由式（25）在位银行均衡数量预测值 $\bar{m} = 980$ 家，按照 2011 年我国各类银行业机构的比例，预计当我国 GDP 达到美国 2014 年 GDP 水平时，我国各类银行业机构累计 7 714 家[②]，要多于美国 2014 年 6 430 家商业银行的数量[③]。因此，当我国产出水平向美国产出水平趋近时，我国银行业生产率水平将不断提高（$\bar{\varphi} > \varphi_A^*$，$\bar{\varphi} > \varphi_B^*$），银行业集中程度将显著降低（$\bar{m} > m_A^*$，$\bar{m} > m_B^*$）。

当我国 GDP 达到美国的产出水平时，生产部门劳动收入将为 7.58 万元/年，低于美国 2014 年生产部门实际劳动收入 29.74 万元/年；银行业专业劳动收入将为 23.27 万元/年[④]，低于美国 2014 年银行业实际劳动收入 79.69 万元/年[⑤]。相关的比较结果如表 2 所示。

4. 使用互联网技术下的稳态均衡。互联网技术对银行业集中程度的

---

① 2014 年美国 GDP 为 16.197 万亿美元，按照年末汇率 1 美元 = 6.1190 元人民币换算得到。

② 其中大型商业银行数量将 10 家，增加 5 家；政策性银行 6 家，增加 3 家；股份制银行 24 家，增加 12 家；城市商业银行 292 家，增加 148 家；农村商业银行 430 家，增加 218 家；其他机构 6 951 家，增加 3 527 家。

③ 数据来源：美国联邦存款保险公司（Federal Deposit Insurance Corporation，FDIC）网站。

④⑤ 按照年末汇率 1 美元 = 6.1190 元人民币换算。

影响存在两种不同的作用：一是互联网技术的使用，增加了单个在位银行的固定成本，在最终产品产出不变的情况下，在位银行数量减少；二是增加了生产部门生产率，贷款需求和最终产品产出，在其他条件不变的情况下，银行业在位银行数量增加。两种不同方向作用力的相对强弱，决定了在位银行均衡数量的变化方向。为具体说明，本文将分两种情形来分析：第一种情形是高效率使用互联网技术，即银行业互联网技术对实体经济全要素生产率的推动作用明显，效率因子大时，设定 $\lambda = 1.41$；第二种情形是低效率使用互联网技术，即银行业互联网技术对实体经济全要素生产率的推动作用弱，效率因子小时，设定 $\lambda = 1$。

5. 高效率使用互联网技术的影响。由式（21）、式（30）计算出，高效率使用互联网技术时均衡点 C 上的生产率阈值 $\varphi_c^{h*} = 0.03398$，即在位银行的生产率水平不低于 339.8 万元/人。在位银行的生产率区间由互联网技术前的 [0.03346, 0.04]，提高为 [0.03398, 0.04]。随着互联网技术在银行业的推广和应用，约占原在位银行数量的 8.5% 的银行将因为负利润而退出；$\overline{\pi}_c^{h*} = 15.89$ 亿元，在位银行的盈利能力增强，增长幅度为 9.3%。将 φ_c^{h*}、$\overline{\pi}_c^{h*}$ 代入式（31）可知在位银行均衡数量 $m_c^{h*} = 1\,055$ 家。[①] 参照 2011 年我国各类银行业金融机构的比例，本文预测我国各类银行业机构累计 8\,792 家，银行业集中程度减少了 42%。

由式（23）、式（7）和式（17）可知，按 2011 年不变价格计算，高效率使用互联网技术下最终产品产出 $Y_c = 824\,343.2$ 亿元，生产部门劳动收入为 7.445 万元/人，银行业专业劳动收入为 22.856 万元/人，均高于互联网技术使用前的水平。与命题 2 的判断一致。相关的比较结果如表 2 所示。

6. 低效率使用互联网技术的影响。通过式（21）、式（30）计算，得出低效率使用互联网技术时银行业均衡利润 $\overline{\pi}_c^{l*} = 15.89$ 亿元，生产率阈值 $\varphi_c^{l*} = 0.03398$，在位银行均衡数量 $m_c^{l*} = 530$ 家，[②] 参照 2011 年我国各类银行业金融机构的比例，本文预测我国各类银行业机构累计 4\,417 家。与高效率使用互联网技术不同，由于低效互联网技术不能显著提高生产部门的生产率，更多的固定成本减少了在位银行均衡数量，银行业集中程度增加了 28.7%。由式（23）、式（7）和式（17）可知，按 2011 年不变价格计算，低效互联网技术下最终产品产出 $Y_c^{l*} = 414\,125.0$ 亿元，比互联网技术前减少 15.2%。生产部门劳动收入为 3.740 万元/人，银

---

①② 所有者权益加权计算的银行家数。

行业专业劳动收入为 11.483 万元/人，家庭消费和效用减少，社会福利恶化。

因此，银行业互联网技术对实体经济全要素生产率的推动作用弱，效率因子 λ 小时，银行业使用互联网技术不仅不能促进最终产品产出和劳动收入增加，而且会降低社会福利水平，造成经济拖累。综合两种情形，理论分析中的命题 2 得以证明。相关的比较结果如表 2 所示。

四、结论与政策建议

本文构建了基于银行业对经济增长的知识外溢条件的内生经济增长的模型，分别考虑了银行业自由进入改革和互联网技术的使用对银行业均衡时的最优规模变化及其对潜在经济增长、劳动收入的影响，并通过数值结果分析对命题进行了检验。本文的主要结论是：（1）银行业自由进入的改革将提高银行业生产率水平和在位银行数量，最终产品产出、生产部门劳动收入和银行专业劳动收入增加，家庭效用和社会福利水平提高。在均衡实现过程中，会有相当数量的低生产率银行退出，一定程度上减少了在位银行的盈利能力，但是并不影响潜在经济增长，其中银行业知识外溢的增加将显著促进潜在经济增长。（2）作为技术工具，银行业使用互联网技术对潜在经济增长和社会福利的改善是有条件的。只有当银行业使用互联网技术对实体经济全要素生产率的推动作用达到一定水平时，银行业使用互联网技术才能提高银行业的生产率阈值和增加在位银行数量，增加银行业竞争程度，促进潜在经济增长和劳动收入的增加。否则，银行业低效率使用互联网技术会造成经济拖累。

基于此，针对当前我国银行业的改革，我们提出政策建议：（1）放松银行业自由进入和退出的限制，但要防止银行业生产率水平提高相对缓慢，使得放松准入的改革后低生产率银行退出缓慢，高生产率银行进入缓慢，最终错失银行业发展促进经济增长的效果和可能的机遇。因此，我国银行业自由准入改革应配套生产率促进措施，如提高银行专业性劳动力比例、提高互联网等技术推广、吸收和使用效率。（2）与对内开放市场准入相比，强化银行业的开放和先进技术引进，是在准入限制放松改革后的一个重要思路，以尽快缩短与银行业世界前沿生产率的差距。（3）银行业的互联网技术应用并不必然提升银行业效率、改善社会福利，只有显著提升银行业资源配置能力，促进生产部门生产率进步的技术创新才能实现效率提升和福利改善的目标。基于此，我们的建议是要围绕服务实体经济发展，创新金融工具，优化互联网技术对贷款项目识别和监督，从而实现互联网技术下的银行业生产率提高和潜在经济增长水平的提高。

主要参考文献

1. 邓胜梁、林华、肖德：《中国银行业的市场结构与规模经济分析》，载于《世界经济》2005 年第 7 期。

2. 姜琪、李占一：《中国银行业高利润的来源：市场势力还是高效率》，载于《财经科学》2012 年第 8 期。

3. 雷震、彭欢：《我国银行业改革与存款市场结构分析》，载于《管理世界》2009 年第 6 期。

4. 黎欢、龚六堂：《金融发展、创新研发与经济增长》，载于《世界经济文汇》2014 年第 2 期。

5. 林毅夫、孙希芳、姜烨：《经济发展中的最优金融结构理论初探》，载于《经济研究》2009 年第 8 期。

6. 谈儒勇：《中国金融发展和经济增长关系的实证研究》，载于《经济研究》1999 年第 10 期。

7. 王馨：《中国银行业的竞争效率分析》，载于《金融研究》2006 年第 12 期。

8. 杨龙、胡晓珍：《金融发展规模、效率改善与经济增长》，载于《经济科学》2011 年第 1 期。

9. 姚树洁、姜春霞、冯根福：《中国银行业效率的实证分析》，载于《经济研究》2011 年第 8 期。

10. 叶欣、郭建伟、冯宗宪：《垄断到竞争：中国商业银行市场结构的变迁》，载于《金融研究》2001 年第 11 期。

11. 张健华、王鹏：《银行效率及其影响因素研究——基于中外银行业的跨国比较》，载于《金融研究》2011 年第 5 期。

12. 张军、金煜：《中国的金融深化和生产率关系的再检验》，载于《经济研究》2005 年第 11 期。

13. 张军：《资本形成、工业化与经济增长：中国的转轨特征》，载于《经济研究》2002 年第 6 期。

14. 郑江淮、高玉泽：《中国金融发展与银行绩效的决定因素》，载于《经济理论与经济管理》2000 年第 6 期。

15. Allen, F., 1990, The Market for Information and the Origin of Financial Intermediaries, *Journal of Financial Intermediation*, 1：pp. 3 – 30.

16. Barbara Casu, Alessandra Ferrart, Tianshu Zhao, 2013, Regulatory Reform and Productivity Change in Indian Banking, *The Review of Economics and Statistics*, 95: pp. 1066 - 1077.

17. Benfratello, L. , F. Schiantarelli, A. Sembenelli, 2008, Banks and Innovation: Microeconometric Evidence on Italian Firms, *Journal of Financial Economics*, 90 (2): pp. 197 - 217.

18. Boon Lee, Andrew Worthington, WaiHo Leong, 2010, Malmquist Indices of Pre- and - Post - Deregulation Productivity, Efficiency and Technological Change in the Singapore Banking Sector, *The Singapore Economic Review*, 55: pp. 599 - 618.

19. Boyd, J. H. , E. C. Prescott, 1986, Financial Intermediary - Coalitions, *Journal of Economic Theory*, 38: pp. 211 - 232.

20. Cetorelli, N. , P. E. Strahan, 2006, Finance as a Barrier to Entry: Bank Competition and Industry Structure in Local U. S. Markets, *Journal or Finance*, 1: pp. 437 - 461.

21. Chaffai M. E. , 1997, Productivity and Efficiency Performances of the Tunisian Banking Industry before and after the Economic Liberalization Program: An Econometric Study Using Panel Data, *Research in Human Capital and Development*, 11: pp. 335 - 350.

22. Damien Neven, Lar - Hendrik Roller, 1999, An Aggregate Structural Model of Competition in the European Banking Industry, *International Journal of Industrial Organization*, 17: pp. 1059 - 1074.

23. Diamond, D. W. , 1984, Financial Intermediation and Delegated Monitoring, *Review of Economic Studies*, 5: pp. 393 - 414.

24. Dogan Tirtiroglu, Kenneth Daniels, Ercan Tirtiroglu, 2005, Deregulation, Intensify of Competition, Industry Evolution, and the Productivity Growth of U. S Commercial Banks, *Journal of Money, Credit and Banking*, 37: pp. 339 - 360.

25. Grefell - Tatje E. , C. A. K. Lovell, 1996, Deregulation and Productivity Decline: The Case of Spanish Savings Banks, *Economic Review*, 77: pp. 16 - 28.

26. Jackson J. , A. Thomas, 1995, Bank Structure and New Business Creation: Lessons from an Earlier Time, *Regional Science and Urban Economics*, 25: pp. 323 - 353.

27. Jayaratne, J. , J. Wolken, 1999, How Important are Small Banks to Small Business Lending? New Evidence from a Survey of Small Firms, *Journal of Banking and Finance*, 23: pp. 427 - 458.

28. Justin Y. Lin, Xifang Sun, Harry X. Wu, 2015, Banking Structure and Industrial Growth: Evidence from China, *Journal of Banking & Finance*, 58, pp. 131 - 143.

29. Melitz Marc J. , 2003, The Impact of Trade on Intra-Industry Reallocations and Aggregate Industry Productivity, *Econometrica*, 71 (6): pp. 1695 - 1725.

30. Mirzaei, Ali, Tomoe Moore, 2014, What are the Driving Forces of Bank Competi-

tion across Different Income Groups of Countries?, *Journal of International*, *Financial Markets*, *institutions*, *and Moneys*, 32: pp. 38 – 71.

31. Parom, Sanya, Rashmi, Shankar, 2011, Ownership, Competition and Bank Productivity: An Analysis of Indian Banking in the Post-reform Period, *International Review of Economics and Finance*, 20: pp. 225 – 247.

32. Petersen, M. A., R. G. Rajan, 1995, The Effect of Credit Market Competition on Lending Relationship, *Quarterly Journal of Economics*, CX: pp. 407 – 443.

33. Raghuram G. Rajan, Luigi Zingales, 1998, Financial Dependence and Growth, *The American Economic Review*, 88: pp. 559 – 586.

34. Robert G. King, Ross Levine, 2005, Finance and Growth: Schumpeter might Right, *Journal of Economics*, 108: pp. 717 – 737.

35. Subal C. Kumbhakar, Analozano – Vivas, 2005, Deregulation and Productivity: The Case of Spanish Banks, *Journal of Regulatory Economics*, 27: pp. 331 – 351.

36. Thorsten Beck, Ross Levine, Norman Loayza, 1999, Finance and the Source of Growth, *World Bank Policy Research Working Paper*, No. 2057.

37. Valerier R. Bencivenga, Bruce D. Smith, 2005, Financial Intermediation and Endogenous Growth, *The Review of Economic Studies*, 58: pp. 195 – 209.

38. Yongil Jeon, Stephen Miller, 2003, Deregulation and Structural Change in the U. S. Commercial Banking industry, *Eastern Economic Journal*, 29: pp. 391 – 414.

39. Zheng Song, Kjetil Storesletten, Fabrizio Zilibotti, 2011, Growing like China, *American Economic Review*, 101 (1): pp. 196 – 233.

可持续消费问题研究

吴宇晖　付淳宇[*]

一、问题的提出

随着人口增长和经济增长，庞大的、并且数量在不断增加的经济总量被生产出来，生产和消费这样庞大的经济总量，自然会对稀缺资源和环境产生巨大的压力，不能不引起人们的普遍关注。在这样的背景下，经济的可持续发展问题被提了出来，而节能和环保成为 21 世纪人类社会经济可持续发展的主题。

然而，关于经济的可持续发展，人们更多地关注解决在生产方面存在的问题，如节能减排、循环经济等，而很少关注在人们在消费方面存在的问题。其实，生产、分配、交换和消费构成了经济不可或缺的整体，这四个环节是相互影响，相互作用和相互决定的。如果不联系消费，就生产谈生产，是没有意义的。生态环境的污染，既是生产造成的，也是消费造成的。对稀缺资源的过度开采也是刺激消费的结果。随着人们消费越来越多的商品和劳务，消费的废弃物及其处理会成为环境破坏的主要原因。总之，消费得越多，占用的资源就越多，消费的废弃物就越多，环境的破坏就越严重。如果不联系可持续消费而谈经济的可持续发展，只能治本，不能治本。这样的经济从根本上说是不可持续的。

可持续消费（Sustainable Consumption）作为经济可持续发展的一个基

* 吴宇晖，吉林大学经济学院、北师大珠海分校国际商学部教授；付淳宇，吉林大学马克思主义学院讲师。

本命题，直到 20 世纪末才为人们所关注。1992 年，联合国环境与发展大会在巴西里约热内卢通过的《里约环境与发展宣言》："为了实现持续发展和提高所有人的生活质量，各国应减少和消除不能持续的生产和消费模式和倡导适当的人口政策。"该大会通过的《21 世纪议程》强调："全球环境持续恶化的主要成因是不可持续的消费和生产形态"，应"集中注意不可持续的生产和消费形态"，"特别注意不可持续的消费所产生的对自然资源的需求"，以"全力促进可持续的消费形态"，"促进减少环境压力和符合人类基本需要的生产和消费形态"。之后，1995 年汉城的"可持续消费的政策手段研讨会"，2002 年北京的"中国首届可持续消费论坛"，2004 年联合国环境规划署（UNEP）的"部长圆桌会议"等通过的文件都提出了改变传统消费模式和消费观的倡议。

学术界对可持续消费的定义较多，其中普遍接受的是 1994 年联合国环境规划署在内罗毕发表的《可持续消费的政策因素》报告提出的定义："可持续消费，是提供服务以及相关的产品以满足人类的基本需求，提高生活质量，同时使自然资源和有毒材料的使用量最少，使服务或产品的生命周期中所产生的废物和污染物最少，从而不危及后代的需求"；"可持续消费是既能满足当代人消费发展需要，而又不对后代人满足其消费发展需要的能力构成危害的消费"。这个定义很好地反映了可持续消费的内涵和外延。然而，为了我们的分析目的，我们还是要用经济学的术语为可持续消费下这样一个定义：可持续消费是指不会产生负外部性的消费。在经济学上，负的外部性是指一个人的行为损害了其他人的利益，但无须对这一行为承担赔偿义务的现象，它是市场失败的典型表现。一旦出现了负外部性，必须运用经济政策加以矫正。消费的负外部性特别是指这样一种情况，即这一代人的过度消费因对资源和环境产生了不可逆转的破坏性，致使下一代人的消费权利受到根本性损害。同时，它也为可持续消费政策的执行提供了合法性依据。

可持续消费概念的提出是人类关注资源和生态环境持续恶化的必然结果，它说明人类社会现行的消费方式、消费行为、消费习惯和消费观念等已经导致了并且将会加剧消费和生产的种种不可持续性现象。尽管联合国环境大会呼吁所有国家的政府、消费者和生产者共同努力，"改变不可持续的消费和生产形态以及鼓励可持续的消费形态和生活方式的价值观"，但要实行起来是相当困难的。首先，市场经济的生产和生活方式决定和塑造了社会流行的消费方式，而市场经济被认为是最好的、最合理的和最有效率的，因而市场经济的消费方式及其消费观念被认为是天然合理的，并且是不可以触动的。其次，在主流经济学家和政治家看来，刺激消费是解决社会经济政治问题的基本手段，特别是当消费与增长和就业联系在一起时，更是如此。最后，在主导的经济理论和政治理论中，个人的消费是私域的事情，具有神圣不可侵犯的性质，只有当消费行为引起了负的外部性时，才需要进行干预。本文是对市场经济决定的消费方式的批判，试图从市场经济的制度特征和体制特征层面上探寻在消费领域存在着种种不可持续现象的原因，把由市场经济的消费方式而产生的对资源和环境的压力归结为市场失败，进而提出相应的消费政策建议。

二、什么是可持续的消费方式

这里所谓的消费，不是指物满足人欲望的物质变换过程，也不是像贝克尔所说的，是一种投入，生产一种叫"满足"产品的生产过程，而是指人主要作为消费者并决定消费过程的方式或模式。消费方式主要包括消费者的目标函数、获得消费的手段、消费者行为、消费观念、消费者的心理预期等。很明显，人们的消费方式是由他们的生活方式塑造和决定的，而后者又是由社会生产方式、社会制度、社会文化和社会习俗决定的。可持续的个人消费方式应该是在合理的收入范围内、以满足基本生活需要为目的、并以正确的消费观为指导的消费。

消费受收入的限制，就是"消费者预算线"的概念。我们所说的合理收入范围，首先，是指社会各阶层收入分配的差距落在可接受的区间内。如果收入分配出现了两极分化，就会发生消费不足的经济危机，上流社会奢侈的生活方式也必然会对下层社会产生影响。其次，所谓合理的收入范围是指当期收入加上合理的预期收入。当期的收入（包括分期付款）决定当期的消费和储蓄，这是最稳妥的消费，不会产生债务。考虑到莫迪利安尼的生命周期假说和弗里德曼的持久收入假说，一部分预期的收入也应当计入消费者预算线。但由于经济的不确定性，无论是当期收入还是预期收入决定的消费，都存在着债务风险。一旦现金流断了，债务风险立刻就变成了债务危机。由债务危机而导致的经济危机在明斯基的金融脆弱性假说中得到了很好的阐释，并且在包括 2008 年的金融风暴在内的金融危机中得到了证实。

西方经济学提出的"消费者预算线"概念很好地说明了消费支出最终要受到收入的限制，然而在现实中，无论是家庭、企业还是政府，早已远远突破了消费预算线，以至于匈牙利经济学家科尔内提出了"软预算约束"概念，并精辟地分析了这种软约束所产生的社会政治经济的种种不良后果。对此，西方经济学视而不见。

正确和可持续的消费观的核心问题是"俭"还是"奢"。在这方面，经济学家有两种针锋相对的观点，这便是"节俭的是非论"。在斯密看来，节俭无论何时何地都是社会的恩人，而奢侈是社会的大敌。没有被消费掉从而被节省下来的资源（储蓄）将被投入到再生产的过程中，第二年的国民财富将会增加，如此发展下去，财富的数量一年比一年增加，人民的消费水平和生活水平也会逐年提高。在凯恩斯看来，节俭对个人来说是美德，对社会来说却是恶行。一个人的消费支出，对另一个人来说是收入；你每多花一分钱，就是为别人增加了收入，并创造了就业。增加的消费支出将通过乘数的作用使收入和就业成倍扩大。所以，凯恩斯提倡奢侈的消费，他把消费不足说成是造成经济衰退和严重失业的根本原因。我们赞成斯密的观点。资源的耗竭和生态环境的破坏正是刺激消费的结果。"俭"是长期解决问题的办法，"奢"是短期解决问题的办法，而且是对子孙后代极不负责的解决办法。俗话说，"由俭入奢易，由奢入俭难"，这句话很好地诠释了经济学关于消费的棘轮效应原理。

个人的善就是社会的善，在这里不存在"合成推理的谬误"。不过，需要指出的是：首先，社会消费不仅包括家庭消费，还包括企业和政府的消费，即社会消费等于个人消费加公共消费。不同部门的消费方式存在着明显差异。其次，个人的消费方式是否可持续只关乎到自己，而社会的消费方式是否可持续则关乎于人类社会的未来。再次，在研究社会消费方式时，必须考虑到消费的连带效应。最后，这里讲的社会消费方式，主要是指由占主导的经济制度和经济体制特征所决定和塑造的消费方式，借用凡勃伦的话就是，"一种流行的精神态度和生活理论"[①]。由于消费受收入的限制，而社会各阶层的收入差异很大，故而不存在所谓社会一般的消费方式。社会流行的消费方式是指令人羡慕、值得追求和力图达到（通过收入的提高或借款）的消费方式。社会流行的消费方式是社会关于美好生活的伦理标准，或者说是社会的消费文化或意识形态。

---

① 凡勃伦：《有闲阶级论》，商务印书馆 1964 年版，第 139 页。

消费传统和消费习俗也是影响消费者行为的一个重要方面，这两者构成了消费文化的一部分。但它们基本上不具有制度和体制的特征，且具有相对的独立性，故不是本文分析的重点，只有当传统的消费习俗产生了消费的负外部性时，才必须在消费政策上有所纠正。

三、市场经济的消费方式

尽管经济学家承认存在着种种市场失灵的现象，市场经济还是被过分的美化了。生产和消费可持续问题的提出，本身就说明了市场经济的根本缺陷，只是经济学家视而不见。（资本主义）市场经济的生产目的和生产手段决定了，只有不断地刺激消费，它才能生存下去。这正是造成我们今天生产和消费种种不可持续现象的根源所在。

社会化大生产和机器大生产是市场经济生产方式的物质技术基础，而"生产剩余价值或赚钱，是这个生产方式的绝对规律"（马克思语）。市场经济的这些技术特征和制度特征正是经济学家们分析其运行规律并得出不同结论的前提和出发点。我们的分析从机器大生产这一市场经济基本的技术特征出发，并假定市场经济是运转良好的自组织形态，收入分配比较均等，不存在产品销售的困难（萨伊定律），也没有货币和其他因素的冲击。这是一个社会扩大生产和再生产的均衡图式。在这个图式中，市场经济的发展不会受到资源瓶颈和市场瓶颈的制约，机器大生产就像一部无比巨大的永动机，无限量地吞入资源和吐出数量不断增加的产品和劳务。利润提供了推动市场经济这部大机器不停运转的永不枯竭的动力和润滑剂。市场经济这部大机器一旦开动起来，就不能停顿下来，必须保证其各个部件的正常运转，否则社会就会陷入灾难。为此，经济系统必须从社会的总系统中"脱嵌"出来，要求社会—经济—政治—法律—文化系统必须服从自己的运转规律。

即便不存在销售困难，市场经济还是遇到了自己的最大问题——如何把多余的商品推销出去。在没有遇到资源瓶颈之前，利润驱动使市场经济有生产无限扩大的趋势，而一旦这部大机器开动起来，就会有源源不断的、数量不断增多的产出。必须为多余的产品找到销路，否则生产就会停顿下来。不说利润的实现是从商品到货币的惊险跳跃，单靠收入提高而导致的消费需求增加并不足以为生产出来的产品和劳务提供足够的市场，因为前者增加的速度完全赶不上机器生产的速度。即使供给自动创造自己的需求，要把多余的产品推销出去，也需要打动消费者的消费欲望，否则货币就会沉淀下来，储蓄转化为投资也不能解决供需矛盾，而只会使这一矛盾在未来以更加激烈的形式爆发。市场经济之所以在今天成为全球化经济，其奥妙在于它比较成功地解决了市场问题。成功的同时也伴随着一阵阵呼啸而来的经济危机或者用更好听的名词——景气循环。那么，市场经济是怎样突破限制自己发展的市场瓶颈制约的呢？

首先，培养市场经济的"新人"或新型的消费者。市场经济摧毁了为需要而生产的家计模式，而使生产和消费服从于赚钱的目的和机器生产的逻辑。为牟利而生产是永无止境的，亚里士多德最早指出了这一点。利润来自于买卖的差价，而利润的实现关键是要把增殖的产品卖出去。为利润而生产的新型社会经济体制需要重新塑造人，这种人叫"经济人"，他精于计算，以追求快乐和避免痛苦为行动的主要目的。经济学就是"快乐和痛苦的微积分"（杰文斯语），而幸福＝欲望/效用（萨缪尔森的消费方程式）。经济人在消费上表现为"消费人"，这种人以效用或欲望的满足为生活的最高目标，而以尽可能多地占有和消费物作为达到这一目标的唯一手段。西方马克思主义者和激进的经济学家把市场经济的消费观称之为"消费主义"。所谓"消费主义"，是指把消费作为人生追求的最高目标和最高价值的消费观和价值观，即认为个人的自我满足和快乐的第一位的要求是占有和消费物质产品，具体表现为：物质财富的占有欲极度膨胀，毫无节制地消耗物质财富和自然资源，异化消费和炫耀性消费，等等。

凡勃仑最早揭露了消费的炫耀性质。炫耀性消费（Conspicuous Consumption）是指这种一种消费，这种消费主要是为了炫耀财富、社会地位和权力，而不是为了满足正常的消费需求。这是一种摆阔气、讲排场和铺张浪费的消费，越是造成轰动效应就越好。炫耀性消费是阶级社会上层有闲阶级消费的主要特征，也是上流社会身份的象征和增加个人地位和财富的有力手段。"一个人要使他日常生活中遇到的那些漠不关心的观察者，对他的金钱势力留下印象，唯一可行的办法是不断地显示他的支付能力。……为了使自己在他们的观察之下能够保持一种自我满足的心情，必须把自己的金钱力量显露得明明白白，使人在顷刻之间就能一览无余"①。上流社会的炫耀性消费必将通过消费的显示效应而对下层社会的生活产生

---

① 凡勃仑：《有闲阶级论》，商务印书馆1964年版，第65页。

决定性影响，因为这是令人羡慕的和值得追求的。凡勃伦还谈到了后人所说的"凡勃伦效应"，即具有正斜率的需求曲线。他没有谈到的是，炫耀性消费还是增加利润的有力手段。按照新剑桥学派的经济增长理论，资本家阶级的利润等于他们的消费和投资，这就是卡莱斯基所说的，资本家得到他们花费的，工人花费他们得到的。

炫耀性消费当然是一种异化消费，因为它已经背离了消费本身的目的。但是西方马克思主义者更深刻地揭示了消费主义的根源以及其对人本身和社会所造成的消极影响。弗洛姆指出，消费主义来自于资本主义的意识形态和基本教义——对利润的追逐。庞大的消费工业对利润的需要，通过广告的媒介，将人变成了一个贪婪的人，一台要越来越多地消费的永动机，新的、人造的需要创造出来了，人的口味被操纵了，对消费的贪婪变成了现今工业化社会最重要的心理驱力；消费人处于幸福的幻觉之中，他把刺激和激动误认为是快乐和幸福，把物质上的舒适当作活力；满足贪婪成了新的宗教。消费自由成了人的自由的核心。人变成了马尔库塞所说的"单向度的人"（One-dimensional Man），或者象沃尔特·威斯科夫在《异化与经济学》一书中所说的"西方人"，即没有价值地选择（价值判断的抑制），没有意义地工作（精神的抑制），没有共性地结合（共同体维度的抑制）。还可以加上：没有感情地思考（感情的抑制）、没有希望、没有神话和没有乌托邦地活着（幻想维度的抑制）。

消费主义反过来又成为资产阶级控制社会的一个新的有效的手段。发达工业化社会通过科技进步和创造量多质高的消费品，使劳动者的消费欲望不断得到满足，无产阶级安于享乐生活，感到安闲、舒适和满足，从而使过去被看作是资本主义社会否定力量的阶级，变成了肯定的方面，成了既定生活方式的支持者。对既定生活方式进行美化和肯定的大众文化，将艺术同商业、政治融合起来，控制渗透到人的内心世界，征服人的不幸意识。人丧失了反对现状的思想赖以扎根的内在的能力——否定的思考能力、理性的批判能力和自主的创造能力，成为只注意追求物质享受的单面的思想和行为的异化的人。

其次，控制和塑造消费。为了增加利润，把人变成消费人是远远不够的，还必须控制、刺激、操纵和制造消费者的胃口、欲望、偏好、需要和心理，以使消费者无限度地追求花样不断翻新的各种新奇产品。为利润而生产，已经不仅仅是产品的生产，而且同时是消费欲望和消费者的生产；只有"生产"出一批有消费欲望的消费者，产品才能卖出去。

西方经济学家把市场经济美化为"消费者主权"，说消费者的货币选票决定了生产什么和生产多少。对此，加尔布雷斯针锋相对地提出了"生产者主权"一说。消费者主权只是表面文章，问题在于消费者的消费欲望是由生产者制造出来的。人们只能消费生产出来的东西，而人们的消费欲望从来不是十分具体的。比如说，自古以来人们就有"移动"的需要，然而怎样移动却取决于他们能获得什么样的交通工具。贝克尔认为，新产品的出现是因为随着技术的进步，时间的价值在不断地提高。而我们却认为，它是现代市场经济制度下追逐利润的结果。熊彼特把资本主义生产的本质性特征归结为"创造性的毁灭过程"，即"不断毁灭旧的，又不断创造新的，结构的，产业上的突变过程"①，创新就是创造性的毁灭过程。在人口、资源和环境的压力不断加大的21世纪，"创造性的毁灭过程"意味着极大的浪费。

对追求利润的厂商来说，创新不是毁灭，而是利润的增值。如果利润的增加来自于成本的降低，固然是件好事；但大部分厂商都有市场势力，即在成本之上的加价能力。垄断利润的存在，使厂商主要不在降低成本上下功夫，而在增加市场势力上下功夫。制造产品差别是形成市场势力的一个原因，因为这可以分割市场，培养忠诚于自己品牌的消费者，从而提高价格。于是，种类繁多的、相似的、相互之间可以替代的商品被生产出来。即使产品没有任何差别，也必须制造出产品的差别。

生产者是怎么塑造消费者的消费欲望的？主要是推销术和广告术。它们是市场经济真正的学问，也创造了许多的就业岗位和花费了大量的资金。经济学家对广告的作用是有争论的。这里假定广告传递了关于产品的正确信息，不存在大量的欺骗性和欺诈性广告——由于存在着逆向选择和道德风险，这是不可避免的——仅仅考虑到广告耗费了大量的资源（在美国广告费用平均占企业的总成本20%左右，加之营销成本，比例更高），在资源已经非常稀缺的情况下，广告的负面作用远远大于其正面作用。

再次，突破消费者预算线，创造提前消费的手段。消费受收入的限制，如果不突破消费者预算线，卖不出去的产品就会堆积如山，所以必须想办法使消费者借钱消费。在这方面，市场经济有现成的工具——金融。金融的本质是借贷，而现代经济之所以在本质上是一种信用经济，就是因为现代的生产和消费规模巨大，利润的生产和实现需要大量的资金周转。

---

① 熊彼特：《资本主义、社会主义和民主主义》，商务印书馆1979年版，第104页。

金融家们抓住了牟利的机会。在现代市场经济中，生产者之间、消费者之间以及生产者和消费者之间的相互欠债，货币资本的借贷关系，充斥在每一个角落，从而形成一个接着一个的支付链条，一旦其中的个别人不能按期偿还债务——这在不确定性条件下是必然的，这个互相连接在一起的支付链条就会从某一个环节中断，从而引发金融危机。

私人消费的预算约束毕竟很硬；而公共消费的预算约束很软。弗里德曼指出："花自己的钱办自己的事，既讲节约，又讲效果；花自己的钱，办人家的事，只讲节约，不讲效果；花人家的钱，办自己的事，只讲效果，不讲节约；花人家的钱办人家的事，既不讲效果，又不讲节约"[1]。由于"经理革命"，经理们追求的是自己的效用最大化，而不是股东们的利润最大化；由于信息的不对称和监督成本的高昂，股东缺乏对经理的有效约束；又由于垄断，可以把花费打入成本从而转嫁到消费者头上，这些都说明企业掌控者的消费是由别人（企业职工和消费者）买单的。政府的预算约束更软，这在政府的财政收支不透明的情况下更是如此。政府可以借债和发钞票，从而大大突破预算约束。借债当然要老百姓的多纳税来还的，而政府大都发行 5 年或 10 年的国库券，这就等于说政府的债务与本届政府无关。为了连任和当选，当然要扩大政府的支出和减少政府的税收，这便是财政赤字和政治经济周期产生的根源。靠增发货币来弥补财政赤字，不仅导致了通货膨胀，而且产生了新的税种——通货膨胀税，这等于是靠掠夺全国人民的收入来为自己的消费买单。

由于软预算约束，公共消费类似于公共物品和公共资源，不付成本地多吃多占才是一种理性行为。同时，公共消费具有明显的炫耀性质。这与当权者的消费心理有关，但主要还是由软预算约束所使然。斯密曾说过，地大物博的国家，固然不会因私人奢侈妄为而贫穷，但政府的奢侈妄为，却有时可把它弄得穷困。

最后，谈谈为什么市场经济的消费方式最终是不可持续的。这是量变积累到一定程度就会发生质变的过程。无论是追求私利的人们必将对社会福利做出贡献（"看不见的手"）也好，还是为了不断地满足人们日益增长的需要也罢，只要没有对资源环境造成压力，生产和消费多多益善。然而，现在生产和消费的总量如此之大，不能不破坏资源和环境。在 40 多年前，罗马俱乐部的研究报告根据人口、粮食、资本、资源和环境指数增

---

[1]　米尔顿·弗里德曼、罗丝·弗里德曼：《自由选择》，机械工业出版社 2013 年版，第 51 页。

长的特点和它们之间的相互关系得出结论认为，"假如在世界人口、工业化、污染、食物生产和资源消耗方面现在的趋势继续下去，这个星球上增长的极限有朝一日将在今后一百年中发生。最有可能的结果将是人口和工业生产力双方有相当突然的和不可控制的衰退。"[1] 这是在一个有限的地球上无止境地追求增长的必然后果。自然资源不是无限的，被污染的环境很难恢复原状。对地球资源的过度开发使几十亿年形成的稀缺资源正在被挥霍殆尽，对环境的破坏已经远远超过了地球自身的修补能力。科学技术的进步有助于节省稀缺资源的使用，但不能从根本上改变资源环境正在变坏的趋势，特别是当科技服务于商业的目的时，与其说是它们减缓了不如说是加速了这一趋势。

四、可持续消费的政策

针对由市场经济活动而产生的负外部性问题，经济学家提出了两种加以矫正的经济政策：管制和"庇古税"。它们都是使外部性内在化的政策，并在实践中被证明是行之有效的。因此，它们也是可持续消费的两种主要政策。问题是这两种政策目前主要被运用于生产领域，而很少被用在消费领域。现在是到把它们全面应用于消费领域的时候了。

行政命令乃至法律的禁令通过对违反规定的行为人的处罚可以禁止某些不合意的行为。管制对不可持续的消费行为是行之有效的，而且具有立竿见影的效果。目前在消费领域，主要是对少数消费品和消费行为进行管制，后者主要包括毒品、枪支、赌博、卖淫嫖娼等。一旦认识到某些消费既对消费者无益甚至有害又破坏了资源环境，我们就有充足的理由对其进行管制。可持续的消费政策必须触动那种认为消费是私人的事、因而是神圣不可侵犯的观点。

纠正负外部性影响的税收又叫"庇古税"，以最早主张采用这种政策的经济学家的名字命名。在消费领域，庇古税主要表现为对少数几种消费品征收的消费税，如烟酒税、汽油税、奢侈税，等等。正如一个人可以开排气量大的汽车，住大房子，另一个人则正好相反，那么是否可以对前者

---

① 米都斯等：《增长的极限——罗马俱乐部关于人类困境的研究报告》，四川人民出版社1983年版，第20页。

的消费行为征收"资源占用税"或"环境税"，对后者的消费行为给予补贴？

可持续的消费政策有用，但不能从根本上解决问题。本文是对市场经济及其他的经济学在消费问题上的批判，结论是：只有改变现存的生产方式和生活方式，才能保持经济的可持续发展。

主要参考文献

1. 贝克尔：《人类行为的经济分析》，上海三联书店、上海人民出版社 1984 年版。

2. 波兰尼：《大转型：我们时代的政治与经济起源》，浙江人民出版社 2007 年版。

3. 加尔布雷斯：《丰裕社会》，上海人民出版社 1965 年版。

4. 凯恩斯：《就业利息和货币通论》，商务印书馆 1983 年版。

5. 科尔内：《短缺经济学》（上、下），经济科学出版社 1986 年版。

6. 联合国环境与发展大会：《里约环境与发展宣言》，1992，http：//wenku. baidu. com/。

7. 罗宾逊、约伊特韦尔：《现代经济学导论》，商务印书馆 1982 年版。

8. 马尔库塞：《单向度的人：发达工业社会意识形态研究》，上海译文出版社 2008 年版。

9. 《马克思恩格斯选集》第 2 卷，人民出版社 1995 年版。

10. 米尔顿·弗里德曼、罗丝·弗里德曼：《自由选择》，机械工业出版社 2013 年版。

11. 明斯基：《稳定不稳定的经济———一种金融不稳定视角》，清华大学出版社 2010 年版。

12. 斯密：《国民财富的性质和原因的研究》（上卷），商务印书馆 1972 年版。

城镇化发展对不同收入水平
农民增收的影响研究

——以四川省为例

李 萍 王 军[*]

一、引　言

如何增加农民的收入是"三农"问题的核心。近年来，党中央和国务院为解决"三农"问题制定了一系列的支农政策。最具代表性的就是党中央在 2004~2015 年连续 12 年颁布以"三农"为主题的一号文件，其基本精神就是千方百计提高农民的收入水平。而从国内外的相关研究和实践经验可以看出，单靠农民自身是很难解决其收入增长困难的问题，城镇化与工业化是农民收入增长的一个重要源泉。

中国城镇化的速度和规模都是史无前例的。然而，由于历史和现实的原因，我国西部地区城镇化的速度和质量却相对缓慢和低下，而城镇化质量的低下对农民收入增长产生的影响也更为突出。其中，四川省作为西部地区的农业和经济大省，其城镇化的速度和质量对农民收入的增长都具有典型的代表意义。基于此，本文以改革开放以来的四川省为例研究城镇化发展对农民收入增长影响的问题。近年来，四川省的社会经济结构和经济体制发生了巨大变化，但是由于受到历史、区位、自然环境和社会经济等因素的影响，四川省城镇化发展水平和农民人均纯收入均落后于全国的平均水平。如图 1 所示，我国和四川省 2003 年以城镇常住

* 李萍，西南财经大学经济学院教授；王军，西南财经大学经济学院博士研究生。

人口占总人口比例衡量的城镇化率分别为 40.5% 和 30.1%，到 2014 年分别达到 54.77% 和 46.3%，年均增长率分别为 2.6% 和 3.7%。我国农民人均纯收入由 2003 年的 2 622 元增长到了 2014 年的 9 892 元，年均增长率为 11.7%；四川省农民人均纯收入由 2003 年的 2 229 元增长到了 2014 年的 8 803 元，年均增长率为 12.3%。① 我们发现，近些年来，四川省的城镇化水平和农民收入水平虽然低于全国，但是城镇化发展速度和农民收入的年均增长率却高于全国。这一方面是因为四川省的起点较低，另一方面也说明了四川省的发展状况良好，具有良好的趋势性。这表明四川省需要在坚持现有的相关政策的基础上来进一步提高农民的收入水平。

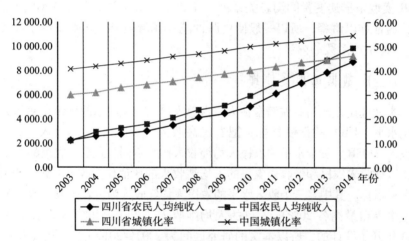

图 1　2003~2014 年我国和四川省农民人均纯收入和城镇化率水平

　　本文在协整理论和向量自回归模型的基础上，运用协整检验、误差修正模型、脉冲响应函数和方差分解来研究四川省城镇化水平与不同收入水平农民收入增长之间的动态关系，对于四川省城镇化进程中，实现农民增收以及农民内部收入水平的协同增长、解决城镇化进程中农民收入差距的分化具有重要的现实意义。

———————

① 资料来源：2004~2014 年《中国统计年鉴》、《四川省统计年鉴》和 2014 年中国与四川省的国民经济和社会发展统计公报。

二、模型选择与数据处理

（一）模型选取

本文根据研究的需要，主要采用协整理论和向量自回归模型作为主要的研究方法。其中，协整理论是恩格尔（Engle）和格兰杰（Granger）于1987年提出的，主要是为了解决时间序列数据中存在的单位根问题，来提高研究结果的准确性。而向量自回归（VAR）是西姆斯（Sims）在1980年提出的非结构化模型，即变量之间的关系并不以经济理论为基础的。VAR模型是描述变量间动态关系的一个重要研究方法，但是VAR模型的系数通常难以解释，所以一般使用脉冲响应函数（IRF）和方差分解来研究VAR相关系数的内涵。

（二）数据选取及处理

本文选用以四川省城镇常住人口占总人口的比例表示的城镇化率作为城镇化水平（UR）的衡量指标，把农民高收入（GSR）、中等收入（ZSR）、低收入（DSR）三个水平的农民人均纯收入作为不同收入水平农民的衡量指标，以高收入农民和低收入农民的人均纯收入的比值作为收入差距（SRCJ）的衡量指标。其中，三个收入水平的农民人均纯收入为占农民收入水平的最低、中等和最高各20%的人口的人均纯收入。由于四川省收入分等是从2003年开始统计的，所以本文的研究区间为2003～2014年①，相关数据来自于历年的《四川省统计年鉴》和相关统计公报。为消除异方差性，本文对相关变量进行取对数处理。本文运用Eviews7.0来进行数据处理。

三、实证分析

（一）单位根检验

在进行实证分析之前，为了避免出现"伪回归"问题，提高研究结果

---

① 收入五等数据只有统计年鉴上面有，2015年四川省统计年鉴要等到10月才能出来；除了收入五等外的其他数据都已经补充到2014年。

的准确性，先要进行单位根检验。本文运用 ADF 和 PP 两种方法来检验是否存在单位根，检验结果如表 1 所示。

表1　　　　　　　　时间序列的单位根检验结果

变量	检验类型	ADF 检验值及临界值	PP 检验值及临界值	平稳性
$\ln UR$	$(C, T, 0, 2)$	-2.203341　(-4.107833)	-2.092174　(-4.107833)	不平稳
$\Delta\ln UR$	$(C, 0, 0, 4)$	-4.375756　(-3.320969)	-4.375756　(-3.320969)	平稳
$\ln GSR$	$(C, T, 0, 1)$	-1.358136　(-4.107833)	-1.009985　(-4.107833)	不平稳
$\Delta\ln GSR$	$(C, T, 0, 0)$	-4.393420　(-2.006292)	-4.695625　(-2.006292)	平稳 *
$\ln ZSR$	$(C, T, 0, 2)$	-2.131351　(-4.107833)	-1.993677　(-4.107833)	不平稳
$\Delta\ln ZSR$	$(C, T, 0, 4)$	-3.117454　(-4.107833)	-3.250193　(-4.107833)	平稳 *
$\ln DSR$	$(C, T, 0, 4)$	-3.889362　(-4.107833)	-1.289389　(-4.107833)	不平稳
$\Delta\ln DSR$	$(C, T, 1, 4)$	-3.555206　(-3.403313)	-6.908115　(-2.954021)	平稳
$\ln SRCJ$	$(C, T, 0, 0)$	-1.355112　(-4.107833)	-0.898445　(-4.107833)	不平稳
$\Delta\ln SRCJ$	$(C, T, 0, 0)$	-8.578027　(-4.450425)	-6.029480　(-4.246503)	平稳

通过表 1 可以看出，$\ln UR$、$\ln SRCJ$、$\ln GSR$、$\ln ZSR$ 与 $\ln DSR$ 在 5% 的置信水平下都是非平稳的，而一阶差分序列 $\Delta\ln UR$ 与 $\Delta\ln DSR$ 在 5% 的置信水平下都是平稳的。$\Delta\ln GSR$、$\Delta\ln SRCJ$ 和 $\Delta\ln ZSR$ 在 5% 的置信水平下都非平稳的，但是它们在二阶差分时是平稳的。而只要变量中最高阶的差分变量是平稳的，故它们是二阶平稳变量，可以进行协整检验。

（二）协整分析

协整检验的主要意义是确定经济变量之间是否存在长期的均衡关系。本文采用 Johansen 极大似然值法对 $\ln PI$、$\ln GSR$、$\ln ZSR$、$\ln DSR$ 与 $\ln UR$ 之间进行协整关系检验，以探讨城镇化发展与不同收入水平农民收入增长以及农民内部收入差距之间是否存在长期稳定的均衡关系。在进行协整检验时，根据 AIC 信息准则，本文把滞后期数设定为 1。检验结果如表 2 ~ 表 5 所示。

表2　　　　　基于 J - J 检验法的 $\ln UR$ 与 $\ln GSR$ 协整检验结果

协整个数	特征值	Trace 统计量	5% 临界值	概率
没有	0.8497	15.1608	14.2646	0.0360
最多一个	0.1396	101 024	3.8415	0.2728

表 3 基于 **J－J** 检验法的 **ln*UR*** 与 **ln*ZSR*** 协整检验结果

协整个数	特征值	Trace 统计量	5%临界值	概率
没有	0.9302	30.2850	20.2618	0.0015
最多一个	0.6748	8.9856	9.1645	0.0541

表 4 基于 **J－J** 检验法的 **ln*UR*** 与 **ln*DSR*** 协整检验结果

协整个数	特征值	Trace 统计量	5%临界值	概率
没有	0.9131	29.6617	20.2618	0.0019
最多一个	0.7175	10.1136	9.1645	0.0329

表 5 基于 **J－J** 检验法的 **ln*UR*** 与 **ln*SRCJ*** 协整检验结果

协整个数	特征值	Trace 统计量	5%临界值	概率
没有	0.894889	18.02191	15.89210	0.0228
最多一个	0.601793	7.366527	9.164546	0.1084

在协整检验的基础上，我们发现城镇化发展与不同收入水平农民人均纯收入增长及农民内部收入差距间存在长期的均衡关系。其中，$\ln UR$ 与 $\ln GSR$、$\ln DSR$ 之间存在两个协整方程，在考虑经济意义的基础上，剔除不合意的方程。随后对协整方程进行标准化处理，得到下述 4 个协整方程，其中括号内的数字为回归系数的标准差。

$$\ln GSR = -4.2606 + 3.4565 \ln UR \qquad (1)$$
$$(0.1839)$$

$$\ln ZSR = -6.1069 + 3.7289 \ln UR \qquad (2)$$
$$(0.2067)$$

$$\ln DSR = -1.0936 + 2.3034 \ln UR \qquad (3)$$
$$(0.0668)$$

$$\ln SRCJ = -6.5617 + 3.9228 \ln UR \qquad (4)$$
$$(0.2844)$$

通过式（1）~式（4）我们可以发现，城镇化发展可以促进不同收入水平农民收入水平的提高，但是会拉大农民内部的收入差距。从弹性系数的角度看，城镇化发展对高收入、中等收入和低收入农民收入增长的弹性系数分别为 3.46、3.73 和 2.30，即城镇化水平每提高 1%，高收入、中等收入和低收入农民的收入分别可以增长约 3.46、3.73 和 2.30 个百分点。城镇化发展对收入差距扩大的弹性系数为 3.92，表明城镇化水平每提高 1%，收入差距扩大 3.92 个百分点。我们可以发现，城镇化的发展对中等收入水平农民收入水平的提高影响最大，低收入水平农民从城镇化中获得的收益最小，并且城镇化加剧了农民内部的收入分化。从观察到的事实看，其原因主要是高收入水平农民原本收入较高，职业较为稳定，在城镇化的过程中也不会改变其职业；中等收入水平农民一般家庭收入不高，且为全职农民，在城镇化发展进程中，更可能改变自己的职业，或者在城镇化进程中进行季节性兼职，获得较大的收益；而低收入水平的农民一般都是家里缺乏劳动力，或者家里医疗、赡养压力大，其很难转换职业，从城镇化发展中受益。而总体来看，高收入水平的农民比低收入水平的农民更有可能从城镇化进程中获得收益。

（三）误差修正模型

在协整检验的基础上，我们发现城镇化发展与不同收入水平农民的收入增长以及农民内部收入差距之间存在着一种长期稳定的均衡关系，但是为了考察变量之间的短期动态关系，我们建立如下 4 个误差修正模型，来考察变量之间的短期动态特征。

$$\Delta \ln GSR = 0.2085 - 1.9079 \Delta \ln UR - 0.2609 ECM2 \ (-1) \qquad (5)$$
$$(-0.7701) \qquad (0.2846)$$

$$\Delta \ln ZSR = 0.1428 - 0.1992 \Delta \ln UR - 0.7263 CM3 \ (-1) \qquad (6)$$
$$(-0.0513) \qquad (-1.8717)$$

$$\Delta \ln DSR = -0.0140 + 2.6828 \Delta \ln UR - 1.4684 ECM4 \ (-1) \qquad (7)$$
$$(0.9711) \qquad (-3.9748)$$

$$\Delta \ln SRCJ = 0.2028 - 2.5894 \Delta \ln UR - 0.3675 ECM1 \ (-1) \qquad (8)$$
$$(-0.3459) \qquad (-0.1761)$$

通过式（5）~式（8）我们可以看到，误差修正模型的可决系数分别为 0.2609、0.7263、1.4684 和 0.3675，这表明短期内对不同收入水平农民人均纯收入增长偏离长期均衡关系时的调整力度，其绝对值越大，则将非均衡状态调整到均衡状态的速度就越快。我们可以发现，在短期内，城镇化发展对不同收入水平农民收入增长的调整力度由大到小依次为：低收入农民收入、中等收入水平农民收入和高收入农民收入；城镇化发展对农民内部收入差距的回调作用较小。在短期内，城镇化发展对低收入水平农民的调整力度之所以最大，值得肯定的是目前的城镇化政策在引导农民脱贫方面起到积极的引导作用，只是由于低收入家庭自身的人力条件才导致低收入农民收入增长缓慢且具有很大的波动性。而城镇化进程不利于收入差距的缩小，在很大程度上则是与目前城镇化发展还比较粗放，一些基本的保障性政策还不完善相关。

（四）脉冲响应与方差分解

在协整检验和误差修正模型的基础上，我们业已发现城镇化发展对不同收入水平农民的收入增长的长期与短期影响是存在较大差别的。因此，我们需要进一步通过脉冲响应函数和预测方差分解来分析城镇化水平提高对不同收入水平农民收入增长及农民内部收入差距的动态冲击过程及作用时滞。

1. 脉冲响应函数。在模型中，我们将脉冲响应函数的追踪时期数定为 10。图 2 是基于 VAR（2）模型模拟的脉冲响应函数曲线。首先我们考察不同收入水平农民收入对城镇化发展的响应路径。在图 2（a）和（b）中，高收入水平农民和中等收入水平农民人均纯收入对城镇化发展新息的

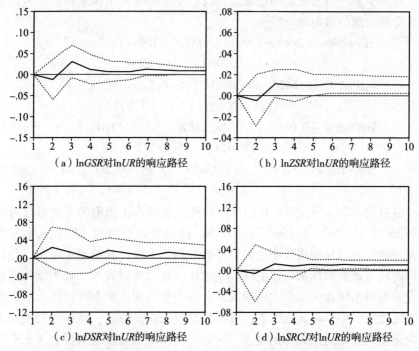

（a）lnGSR对lnUR的响应路径　　　（b）lnZSR对lnUR的响应路径

（c）lnDSR对lnUR的响应路径　　　（d）ln$SRCJ$对lnUR的响应路径

图 2　农民收入及其不同成分对城镇化冲击的动态反应

一个标准差扰动的响应分别在前 3 和 4 期处于一个调整期，并分别在在第 2 期处于最大的负响应，在第 3 和 4 期以后处于一种平稳状态，都处于大概 1% 的冲击水平上。由图 2（c）可知，低收入水平农民人均纯收入对城镇化发展新息的反应从一直都处于一种正向波动之中，说明低收入农民在城镇化进程中的收益并稳定，可能更多的受益于其他政策方面的因素。从图 2（d）中我们可以发现，在前两期时存在一个负向的冲击，在第三期滞后形成一个长期的正向冲击，说明城镇化发展会长期扩大农民内部的收入差距。

通过上述分析我们可以发现，我国城镇化发展对中高收入水平农民的收入影响虽然在短期内处于波动状态，但是长期来看，受到城镇化的积极影响；同样，对低收入水平农民收入的增长也产生了积极的影响，不过波动极大，且拉动作用越来越小；此外，农民内部收入差距会越来越大。蕴藏其内的经济含义是，一些地方政府在推行城镇化的过程中存在短视行为，短期来看，其更加重视的是提高城镇化水平，土地的城镇化快于人口的城镇化。不少地方城镇化和工业化没有有效协调和同步发展，城镇化的产业支撑不强，来自征地补偿的部分农民收入虽然得到了显著地增加，但却潜隐着一定的问题。低收入农民只能通过城镇化获得短期的补贴性收入，而长期受制于城镇化带来的生活和生产成本的提高，不利于低收入水平农民收入水平的实质性提高。中高收入水平农民由于人力资本较高、家庭负担小可以较好转变职业或者增加副业，在短期的收入波动后，可以实现收入的长期增长。说明目前农村低收入阶层从我国的城镇化政策中获得的收益较低。

2. 方差分解。在向量自回归模型和脉冲响应函数的基础上，我们可以运用方差分解来进一步考察城镇化发展的每个信息冲击对内生变量变化的贡献度，如表 6 所示。

表6　　　　　$\ln PI$、$\ln GSR$、$\ln ZSR$、$\ln DSR$ 的方差分解表

时期	$\ln SRCJ$	$\ln UR$	$\ln GSR$	$\ln UR$	$\ln ZSR$	$\ln UR$	$\ln DSR$	$\ln UR$
1	100.00	0.00	100.00	0.00	100.00	0.00	100.00	0.00
2	99.58	0.42	99.02	0.98	98.22	1.78	93.73	6.27
3	98.06	1.94	94.66	5.34	89.03	10.97	92.28	7.72
4	97.38	2.62	92.07	7.93	87.94	12.06	93.85	6.15
5	96.16	3.84	89.52	10.48	87.93	12.07	91.62	8.38

时期	ln*SRCJ*	ln*UR*	ln*GSR*	ln*UR*	ln*ZSR*	ln*UR*	ln*DSR*	ln*UR*
6	95.18	4.82	86.61	13.39	87.54	12.46	90.71	9.29
7	94.17	5.83	84.21	15.79	86.29	13.71	91.18	8.82
8	93.24	6.76	82.04	17.96	85.57	14.43	90.20	9.80
9	92.36	7.64	80.09	19.91	85.07	14.93	89.47	10.53
10	91.53	8.47	78.38	21.62	84.54	15.46	89.50	10.50

通过表6的方差分解表我们可以发现，不同收入水平农民人均纯收入及农民内部收入差距的方差的变动主要受它们自身变动的影响，城镇化发展对农民内部收入差距的提高影响不断地提高。而高收入水平、中等收入水平和低收入水平随着预测期的扩展，城镇化发展水平的提高对它们的贡献度越来越高。城镇化对农民内部收入差距的冲击基本以每年增长1%的速度来提高，并在第10期时达到10%；对高收入水平农民收入的冲击从第3期开始，并且超过其他两个收入水平的速度不断地增强，最终到达20%的水平；对中等收入水平农民收入的冲击从第3期开始，并且不断地增强，最终到达15%的水平；对低收入水平农民收入的冲击从第2期开始，在波动中增长并于10%的水平上稳定下来。由此可见，城镇化发展对不同收入水平农民收入及农民内部收入差距的动态冲击过程和作用时滞大体上是相同的，在前面的两三期冲击作用都很小，在第3期开始迅速的增强，并且在长期中处于一个不断增强的过程。

四、结论与对策建议

（一）研究结论

通过实证分析，我们得出下述结论：四川省城镇化发展对不同收入水平农民收入的增长具有长期的积极影响，会扩大农民内部的收入差距。对不同收入水平农民收入增长的影响力度由大到小依次为：中等收入水平农民，高收入水平农民和低收入水平农民，与"调高、扩中、提低"的国家收入指导方针是一致的。但是，城镇化发展对低收入水平农民增收的力度还是不够，需要国家实行更有针对性的社会保障制度、收入援助制度及其特殊的政策性补贴等。此外，从短期看，城镇化发展对低收入水平农民收入的调整力度在不同收入水平农民收入增长中的调整力度最大，说明目前的城镇化政策在引导农民脱贫方面是有积极地引导意义的，只是由于低收入家庭自身的人力条件才导致低收入农民的收入增长缓慢。

（二）对策建议

总体来看，我国目前的城镇化政策是可以促进农民整体及不同收入水平农民增收的，但是对低收入水平农民增收的力度还是有所欠缺。因而，我们要在"调高、扩中、提低"的收入分配改革框架下，坚持现有新型城镇化发展战略，针对低收入水平农民的收入增长提出如下的对策建议：

1. 积极利用新型城镇化战略来促进农民增收。积极推动和完善新型城镇化战略，在新型城镇化的过程中，调整农业内部的产业结构和扩大市场需求，构建集约化、专业化、组织化、社会化相结合的新型农业经营体系，积极培育新型农业经营主体，以此来促进农民收入的增长。着力支持家庭农场和农民专业合作社的发展，以此来提高农民的抗风险能力和市场竞争力。在新一轮农村土地制度改革的背景下，建立农业龙头企业和专门的农产品协会来深化农业的价值链，使农民可以从市场中获得更多的农业产业链上的高端利润。

2. 进一步完善农村的社会保障制度。我国目前在农村社会保障方面已经投入了巨大的财力与物力，取得了很大的成果但也存在不少的问题，尤其是针对低收入农民的问题，特别是在养老、医疗、教育等方面保障制度。在现有农村相关保障制度的基础上，应该针对低收入农民加大财政专项经费的投入，完善低收入农户参加养老保险、合作医疗保险的补助制度，完善城乡低保标准逐步缩小机制和低保标准、补差水平逐步提高机制，继续对农村"五保"对象实施集中供养，逐步提高供养标准和水平，对因病、因学、因灾等困难农户实施医疗、教育、住房、灾害及临时救助，减少各类返贫现象等。

3. 建立收入援助制度来缩小农民内部的收入差距。目前国家针对农业制定了大量的补贴政策，如良种补贴、种粮农民直接补贴、购买农资补贴等，但是这些补贴都是针对所有农民的。而一般低收入水平农民由于土地和劳动力等资源较少，从这些补贴中获得的收益会少于其他收入水平的农民。所以我国需要建立面向农村低收入群体的收入援助制度，建立和完善低收入农户专项补助资金，改善贫困低收入农户生产、生活条件，帮助其缓解增收能力不足导致的农民增收增长缓慢的局面。

4. 对低收入阶层提供专门的就业帮助。低收入农民一般都是家里经济压力大，人力资本非常低的人群，一般的职业教育很难对它们产生较大的影响。所以，在国家推进新型城镇化发展的背景下，加强对低收入农户劳动力的就业援助，开发乡村公益性岗位，采取政府购买办法，将这些岗位优先安排给低收入农户就业困难人员；同时，优先支持低收入农户就业创业项目，加强对低收入农户创业就业服务，强化对低收入农户劳动力技能培训、证书培训，并积极引导农民专业合作社吸纳低收入农户入社，或通过"订单生产"、"土地入股分红＋劳务收入"等方式，帮扶和带动低收入农户发展生产，增加经营收入，多渠道保障低收入农户增收致富，以此来让农村的低收入阶层也能分享城镇化发展的福利。

主要参考文献

1. 程选、康慧：《城镇化水平对农民收入增长影响的关系研究——基于山西的调查分析》，载于《经济问题》2012 年第 8 期。

2. 姜长云：《中国农民增收现状及其中长期影响因素》，载于《经济与管理研究》2013 年第 4 期。

3. 马远、龚新蜀：《城镇化、农业现代化与产业结构调整——基于 VAR 模型的计量分析》，载于《开发研究》2010 年第 5 期。

4. 佟光霁、张林：《农民增收的核心影响因素分析》，载于《统计与决策》2013 年第 13 期。

5. 王军、陈耿宣、王朝全：《我国城镇化发展对农民收入不同成分的影响研究》，载于《广西社会科学》2014 年第 10 期。

6. 王永杰、宋旭、邓海艳：《城镇化水平与农民收入关系的动态计量经济分析——以四川省为例》，载于《财经科学》2014 年第 2 期。

7. 姚寿福：《四川城镇化与农民收入关系的协整分析》，载于《经济问题》2012 年第 7 期。

8. 袁伟彦、周小柯：《城镇化与中国农村居民收入增长——基于省级面板数据的经验研究》，载于《贵州财经大学学报》2015 年第 1 期。

9. 张占贞、王兆君：《我国农民工资性收入影响因素的实证研究》，载于《农业技术经济》2010 年第 2 期。

10. 周灿芳、肖广江、曹阳、潘艺、徐一菲、郑玉燕：《广东省农民增收影响因素研究》，载于《广东农业科学》2010 年第 8 期。

11. Huan Li, Xianjin Huang, Mei – Po Kwan, Helen X. H. Bao, Steven Jefferson, 2015, Changes in Farmers' Welfare from Land Requisition in the Process of Rapid Urbaniza-

tion, *Land Use Policy*, 42: pp. 635 – 641.

12. Moomaw R. L. , Shatter A. M. , 1996, Urbanization and Economic Development: A Bias toward Large Cities?, *Journal of Urban Economics*, 40 (1): pp. 13 – 37.

13. Noreen Noor Abd Aziz, Wan Haslin Aziah Wan Hassan, Nur Adilah Saud, 2012, The Effects of Urbanization towards Social and Cultural Changes among Malaysian Settlers in the Federal Land Development Schemes (FELDA), Johor DarulTakzim, *Procedia – Social and Behavioral Sciences*, 68: pp. 910 – 920

14. Yingcheng Li, Xingping Wang, Qiushi Zhu, Hu Zhao, 2014, Assessing the Spatial and Temporal Differences in the Impacts of Factor Allocation and Urbanization on Urban – Rural Incomedisparity in China, 2004 ~ 2010, *Habitat International*, 42: pp. 76 – 82.

第三篇

结构调整的新布局与思路

中国高货币化率的产业结构变动解释

范从来 杜 晴[*]

本文主要从产业结构变化的角度来分析中国的 *M2/GDP* 居高不下的原因，从而得出不能简单地通过 *M2/GDP* 的大小来判断货币是否超发的结论。本文的创新之处在于：从国民经济核算和资本有机构成的角度，通过马克思社会再生产理论分析 *M2/GDP* 处于较高水平的原因，并且通过实证研究深入分析不同产业对于中国高比率的 *M2/GDP* 的影响。

一、理 论 基 础

（一）马克思社会再生产理论与国民经济核算原理

马克思在社会再生产理论中指出，社会总产品在价值形态上又称社会总产值，可以划分为包含在产品中的生产资料的转移价值即不变资本（C），凝结在产品中的由工人必要劳动创造的价值即可变资本（V）以及凝结在产品中的由工人在剩余劳动时间里创造的价值即剩余价值（M）（逄锦聚等，2009）。而这些总产品在物质形态上的最终用途只有两个：一是作为中间产品被用于其他产品的生产；二是作为最终产品被消耗掉。

国内生产总值（*GDP*）在价值构成上是指一个国家范围内各生产单位当期增加值的总和，是从各单位总产出价值中扣除中间消耗后的余额。根据《中国国民经济核算体系（2002）》，国内生产总值估算有生产法（我

* 范从来，南京大学经济学院教授；杜晴，南京大学经济学院硕士研究生。

国公布的数据以生产法结果为主）、收入法和支出法。其中生产法核算的思想是：国内生产总值 = 总产出 – 中间投入。在生产核算中，需要对不同生产单位的产出进行加成，那么就必须借助于价格这个度量因素。价格代表了产品的市场价值，大体包括以下四个主要成分：第一是生产中所消耗的其他货物和服务价值；第二是生产中磨损的固定资产价值；第三是生产中所消耗的人工价值，即劳动者报酬；第四是生产中形成的剩余价值，常表现为向政府支付的税收和生产者的盈余（高敏雪等，2013）。其中价格的第一、第二部分对应于马克思社会再生产理论中的不变资本（C），第三部分对应着可变资本（V），第四部分是剩余价值（M）。

由于固定资产消耗的主观性、不确定性以及在使用上的特殊性，所以国内生产总值核算中一般是使用总产出扣除中间投入价值的总增加值法，而不是使用总增加值基础上扣除固定资本消耗的净增加值法（高敏雪等，2013）。而价格中的第一部分定义为中间投入或者中间消耗，体现为获得产品而投入所具有的中间性质；后三个部分结合起来，作为增加值来计算 GDP。

（二）产业结构变动与货币需求的联动性

根据马克思的社会再生产理论和国民经济核算原理，需要货币媒介的商品价格包含不变资本、可变资本和剩余价值，即 $C + V + M$，其中只有可变资本和剩余价值以及少部分的不变资本（约 8% 的不变资本[①]，以下均暂且将其忽略）计入 GDP。即 GDP 只统计了 $V + M$，不包括 C。那么如果将 M2 与 GDP 进行比较就暗含着假设：流通中的货币数量仅与新创造的价值相关，商品价格中包含的不变资本部分，也即 C，不进入 GDP 对应的交易过程。而实际商品流通中不变资本的部分 C 却也是需要货币来媒介的。因此 GDP 所反映的货币需要量和实际交易量所需要的货币量之间有偏差。表 1 反映了我国中间投入与国内生产总值的比率，从表中的数据我们可以看出，我国中间投入与 GDP 的比率是呈增加趋势的，即我国的 $C:V$ 的比值在提高。也就是说，GDP 所反映的货币需要量和实际交易量所需要的货币量之间偏差有拉大的趋势。

---

① 此处约 8% 的不变资本，是指计入国内生产总值中的固定资产折旧占中间投入的比例。笔者通过对投入产出基本流量表中的固定资产折旧与中间投入的比值取平均值得出。

表 1　　　　　　　　　　我国中间投入与 GDP 的比率

年份	1997	2000	2002	2005	2007	2010
中间投入与 GDP 的比率	1.5719	1.6651	1.5920	1.9494	2.0797	2.1145

资料来源：作者经各年中国数统计年鉴计算得出。

产业结构是国民经济分析中的重要问题，不同产业具有不同的资本有机构成，通常用增加值率（各产业增加值在总产出中所占比例或者增加值相对于中间投入的比例）来衡量产业结构和产业的贡献率。由于不同产业各自的生产特点等原因使得不同产业具有不同水平的增加值率。比如，以 2007 年的数据为例，农业、采掘业、服务业的增加值率处于相对较高的水平，接近 50%，但是各类制造业的增加值率则普遍较低，只有其他制造业超过了 30%（高敏雪等，2013）。一般而言，相对于第一和第三产业，基本上属于加工业的制造业需要较高的中间投入，因此其增加值率较低。而正因为制造业是高资本投入产业，相对于其创造的 GDP 来讲，具有更大的货币量偏差，进而制造业所占比重的增大就可能造成 M2/GDP 数值偏高的现象。

第二次世界大战结束后，发达国家的跨国公司在市场竞争中，为了获取最大的利益，改变经营策略，逐渐将在国内没有优势的劳动密集型生产环节转移到发展中国家，自己在国内专心于研发和品牌运营等环节，这种变化使得国际分工从产业间转移到产品内部，从而形成了全球价值链分工（张平，2014）。全球价值链分工引发各个国家产业结构和经济结构的调整，使得发达资本主义国家向"去工业化"与"虚拟化"的产业结构演变，而像中国这样的发展中国家则承接了美国第二产业中低附加值的生产环节。价值链分工中，发达国家的跨国公司通过在发展中国家直接投资建厂，进行生产加工装配业务；而发展中国家和地区制造业在全球价值链分工中，处于从属地位和被选择地位，一般以从事加工装配业务为主，从而使得发展中国家的资金需求量加大。

尤其值得关注的是，随着全球性的产业转移，中国成为世界工厂。基于中国的比较优势和经济发展水平，一般认为中国在垂直专业化生产体系中处于产品生产的低端环节或者价值链的低附加值部分，因此中国在全球价值链中的地位，也即中国经济的产业结构，就决定了其需要更多货币量 M2 媒介。在下面的研究中，我们将对这一理论推断进行实证检验。

二、数据与方法

（一）模型的设定与变量定义

为了从实证的角度检验产业结构变动对 $M2/GDP$ 的影响关系，我们构建了一个基于货币需求的计量模型。模型的基本形式如下：

$$MG_t = \beta_0 + \beta_i w_{i,t} + \theta_1 R_t + \theta_2 CG_t + \theta_3 Dum_t + \varepsilon_t$$

其中，MG_t 为 t 年的广义货币总量与国内生产总值的比例，即 $MG_t = \dfrac{M2_t}{Y_t}$，$M2_t$ 为 t 年的广义货币余额，Y_t 为 t 年的国内生产总值；$w_{i,t}(i=1, 2, 3)$ 为 t 年第 i 产业增加值在国内生产总值中的比率（$w_{1,t}$，$w_{2,t}$，$w_{3,t}$ 也分别用 AG，IG，SG 表示，对应第一产业、第二产业和第三产业），即 $w_{i,t} = \dfrac{Y_{i,t}}{Y_t}$，$Y_{i,t}$ 为 t 年第 i 次产业的增加值；$w_{i,t}(i=4)$ 为 t 年非农产业（第二产业和第三产业）增加值在国内生产总值中的比率（$w_{4,t}$ 也用 NAG 表示），即 $w_{4,t} = \dfrac{Y_{2,t} + Y_{3,t}}{Y_t}$；这几个变量用来研究产业结构对 $M2/GDP$ 比值的影响。R_t 为 t 年的一年期定期存款利率年末值；CG_t 为 t 年的国内信贷率[①]，用国内信贷总量与国内生产总值的比率表示；Dum_t 为证券市场虚拟变量；而 ε_t 为随机扰动项。下文中将具体说明回归中包括上述变量的理论依据。

回归模型中选取的被解释变量是货币化率 $M2/GDP$。尽管有一些文献指出 $M2$ 是存量，GDP 是流量，两者不能进行简单的比较。但是目前我们还是可以借助 $M2/GDP$ 这一指标进行粗略估计的，因为可以将这一指标理解为创造当年的 GDP 需要多少货币来媒介。

本文的核心解释变量是第 i 产业增加值在 GDP 中的比例（AG、IG

[①] 卡尔多（1982）指出，在任何时候或一切时候，货币存量将由需求决定。莫尔（1986）将货币分为商品货币、政府货币和信用货币，其中信用货币的供给在本质上要受到需求的影响，故而有很强的内生性。进一步地，他指出信用货币是商业银行发行的各种流通和存款凭证，它们形成于商业银行的贷款发放，而贷款发放则取决于公众对贷款的需求。因此，公众的贷款需求决定了商业银行的贷款需求，进而决定了商业银行的存款规模，从而影响货币供给。总之，后凯恩斯主义学派认为信贷属于货币需求，这也是本文将信贷量作为控制变量的理论依据。

和 SG ），考察其对 $M2/GDP$ 的影响。按照三次产业的分类，第一产业主要指农业，包括直接以自然物为对象的农林牧渔等行业；第二产业主要是指工业，包括制造业、建筑业等在内的对初级产品进行加工的行业；第三产业即服务业，如运输、通信、商贸、旅游、金融保险、医疗卫生、公用事业、文化娱乐、科技教育、新闻出版等行业（逄锦聚等，2009）。

第一产业以农业为主，由于受农作物生产周期长、资金周转时间慢和农业投入产出比不高等特点影响，第一产业的增加值率（增加值率＝增加值/总产出，这里的增加值是指国内生产总值中衡量的增加值，总产出是指不扣除中间投入的产出额）在 58% 左右，因此相对来说第一产业所需要的货币量与其当年所创造的 GDP 的比值相对较低。第二产业主要是工业，以制造业和建筑业为主，具有较高的不变资本，即对生产资料的需求比较大，比如，土地，机械设备，厂房，材料储备等，因此就会对资金有更大的需求量，融资需求也更多，所以会增加对广义货币总量的需求。换句话说，由于第二产业中间投入（在生产过程中所消耗的非耐用性货物和服务的价值）的比率相对较高，这就使得第二产业每增加一单位的 GDP 就需要更多的货币量来媒介。特别是随着全球化的推进，中国制造业在全球价值链中产业分工的重要地位，更使得中国处于较高货币需求和较低货币效率的状态。另一方面，我国的第三产业大部分属于非物质生产部门，货币流通速度快，资金周转时间短，使得第三产业的运营需要大量短期资金，平均一单位第三产业增加值所依赖的货币存量要比一单位的第一或第二产业增加值多（曾利飞等，2006）。因此随着第三产业占比的增加，$M2/GDP$ 的比值会提高。由于第二产业和第三产业的占比增加都会提高 $M2/GDP$ 的比值，所以以第二产业和第三产业构成的非农产业部门①占比的增加必定也会使得 $M2/GDP$ 比值提升。

根据三次产业和非农产业增加值与 GDP 比值的数据我们得出如图 1 所示的趋势图。从图中我们可以看出 $M2/GDP$ 的变化趋势具有与第一产业变化趋势相反，与第三产业和非农产业变化趋势相同和与第二产业的变化趋势不明显的特点。也就是说随着第一产业占比的减少和第三产业占比的增加，平均每一单位的国内生产总值需要更多的货币来媒介；而第二产业

---

① 因为农业在第一产业中占了大部分比例，所以本文将第一产业称作农业部门，其他产业（第二产业和第三产业）称作非农部门，正如刘晓云、应瑞瑶和李明（2013）做的一样。

占比与 *M2/GDP* 之间的关系却与理论推测不尽相同。

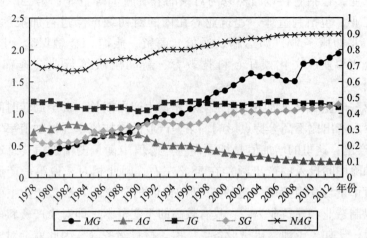

图 1　第一、第二、第三次产业及非农产业增加值与 *GDP* 的比值以及 *M2/GDP*

本文设定了三个控制变量，包括利率（*R*）、国内信贷率（*CG*）和证券市场虚拟变量（*Dum*）。分析中包括这些控制变量的理论依据如下：

（1）利率（*R*）。货币除了作为交易功能外还具有财富储藏功能。凯恩斯认为人们为了储藏财富而持有的货币数量受利率的影响。一般来说，利率越高，人们就越有可能预期持有债券的回报率为正，从而超过持有货币的预期回报率。因此，他们就更愿意持有债券而非货币，从而货币需求会越低（米什金，2013）。根据凯恩斯的货币需求理论，利率衡量了持有货币的机会成本，利率上升将导致货币需求下降。本文使用一年期定期存款利率来替代到期收益率。

（2）国内信贷率（*CG*）。从我国目前货币供应体制来看，我国一直以来都是以银行体系的间接融资为主，因此广义货币 *M2* 的主要来源是银行信贷。尽管近年来直接融资有所扩张，但是与发达国家相比仍有很大的差距。我国主要的企业融资模式是"居民储蓄→银行信用→信贷投资"。在这种以间接融资为主体的金融体系下，加之银行的资产结构单一，信贷成为投资主要的资金来源。而信贷投资具有多倍创造货币的功能，信贷高速增长必然导致 *M2* 快速增加。而在现实中，我国的国内信贷率与 *M2/GDP* 的趋势图如图 2 所示。

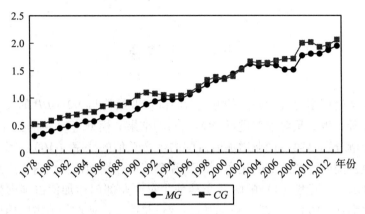

图2 信贷量/GDP 与 M2/GDP

（3）虚拟变量（*Dum*）。由于1990年末之后中国才开始有正规的证券市场，居民的结构单一的金融资产结构也才开始有所转变。证券市场的发展变革了以前主要以储蓄为主的财富储备方式，从而也导致了广义货币需求量的变化。为了模型化证券市场的影响，引入了虚拟变量，1989年之前取0，1990年之后取1。

（二）数据的来源

本文研究样本的数据主要来源于中国统计年鉴，其中1978～1989年的广义货币总量的数据是根据流通中的现金与金融机构的人民币存款之和作为 *M2* 的代替值；一年期定期存款利率来源于 CCER 中国经济金融数据库，其中1978～1989年的一年期定期存款利率数据是来源于王曦（2001）。本文所有变量的统计描述如表2所示。

表2 **主要变量的统计描述**

变量	均值	标准差	最小值	最大值	样本数
MG	1.1063	0.5019	0.3180	1.9452	36
AG	0.2008	0.0802	0.1001	0.3339	36
IG	0.4553	0.0186	0.4134	0.4822	36
SG	0.3439	0.0752	0.2160	0.4609	36
NAG	0.7992	0.0802	0.6661	0.8999	36
R	5.2761	2.9458	1.9800	11.3000	36
CG	1.2333	0.4701	0.5237	2.0650	36
Dum	0.6667	0.4781	0.0000	1.0000	36

三、实 证 结 果

本文运用多元线性回归的方法对我国产业结构与 $M2/GDP$ 的关系进行实证分析。表 3 是对模型进行 OLS 回归的结果。模型（1）~模型（3）的解释变量分别是第一产业增加值占国内生产总值的比率（AG）、第二产业增加值占国内生产总值的比率（IG）和第三产业增加值占国内生产总值的比率（SG）。模型（4）的解释变量是非农产业部门增加值占国内生产总值的比率（NAG），模型（5）的解释变量是第二产业增加值占国内生产总值的比率（IG）和第三产业增加值占国内生产总值的比率（SG），模型（5）是对模型（4）的具体分析。

表 3 　　　　　　　　　　　　M2/GDP 的回归结果

变量	(1) MG	(2) MG	(3) MG	(4) MG	(5) MG
AG	−1.3983 *** (0.4595)				
IG		0.5610 (0.6340)			1.0267 * (0.5828)
SG			1.4898 ** (0.5718)		1.7535 *** (0.5732)
NAG				1.3983 *** (0.4595)	
R	−0.0083 * (0.0041)	−0.0081 (0.0049)	−0.0123 *** (0.0044)	−0.0083 * (0.0041)	−0.0100 ** (0.0044)
CG	0.7200 *** (0.0693)	0.9021 *** (0.0446)	0.6889 *** (0.0886)	0.7200 *** (0.0693)	0.6661 *** (0.0867)
Dum	0.0986 ** (0.0384)	0.1513 *** (0.0381)	0.1173 *** (0.0375)	0.0986 ** (0.0384)	0.0941 ** (0.0386)
$Constant$	0.4772 ** (0.1816)	−0.3199 (0.3072)	−0.2690 ** (0.0984)	−0.9211 *** (0.2899)	−0.7958 ** (0.3139)
观测值	36	36	36	36	36
R^2	0.989	0.986	0.988	0.989	0.989

注：括号内的数字为标准误差；***、**、* 分别表示显著性水平为1%、5%、10%。

表 3 表明第一产业占比的减少和第三产业占比的增加都显著促进了我国 M2/GDP 比值的增加，这与理论预期是相符的。第一产业增加值占国内生产总值的比率（AG）的系数为负，第三产业增加值占国内生产总值的比率（SG）的系数为正，并且都通过了 1% 置信水平的显著性检验。以模型（1）和模型（3）为例，第一产业占比降低 1 个百分点，平均而言将使得我国 M2/GDP 增加 1.3983 个百分点，而第三产业占比升高 1 个百分点，将促使我国 M2/GDP 平均提高 1.4898 个百分点。第二产业占比的增加也正向加速了我国 M2/GDP 比值的提高，但是其结果不是很显著，与理论的预期不尽相符。

第一产业占比的降低使得 M2/GDP 显著升高，其主要在于以农业为主的第一产业生产周期长，资金周转慢，并且我国的农村金融发展相对较落后，因此相对于产出来讲所需要的广义货币总量较少。第三产业占比的提高能显著促使 M2/GDP 比值增加，其原因在于在随着第三产业占比的增加，第三产业中的基础设施和房地产占比也逐渐增加，而基础设施和房地产的资金产出率相对较低，这需要大量的广义货币量来支持产出，从而使得 M2/GDP 的比值提高。

同时，模型（4）表明非农产业部门占比的增加显著促进了我国 M2/GDP 比值的增加，这与理论预期是相符的。非农部门增加值占国内生产总值的比率（NAG）的系数为正，并且都通过了 1% 置信水平的显著性检验。非农部门占比升高 1 个百分点，平均而言将使得我国 M2/GDP 平均提高约 1.40 个百分点。非农部门占比的增加能显著提高 M2/GDP 比值的原因在于：非农部门的生产、销售和投资的周期性特点决定其需要大量的货币量来支持；同时由于非农部门的金融市场和信贷比较发达，非农部门运营所需要的资金远高于农业部门。因此，非农产业部门边际货币需求将随着其占比的增加而提高。模型（5）表明在非农产业部门中第三产业相对于第二产业而言对我国 M2/GDP 比值的影响更大一些。第二产业占比提高 1 个百分点，将使得我国 M2/GDP 比值增加 1.0267 个百分点；第三产业占比提高 1 个百分点，平均使得我国 M2/GDP 比值提高 1.7535 百分点。这个结果与曾立飞（2006）得出的结果相似，与理论预期相符。

在控制变量方面，利率的变化对我国 M2/GDP 具有负向作用，也几乎全部通过了 10% 的显著性检验。利率衡量的是持有货币的机会成本，利率的提高表明持有货币的成本就会加大，那么就会使得人们减少持有投机性货币需求。因此随着利率市场化的推进必然会导致投机性货币需求发生变化。国内信贷率的变化对我国 $M2/GDP$ 比值具有正向的促进作用也通过 1% 的显著性检验。这表明我国证券市场不发达所导致的主要以银行体系的间接融资为主，这就使得信贷成为投资主要的资金来源。而信贷投资具有多倍创造货币的功能，信贷高速增长必然导致 $M2$ 快速增加。证券市场的变化（虚拟变量）对我国 $M2/GDP$ 具有显著的正向作用，即证券市场虚拟变量的系数（Dum）均为正，并且全部通过了 1% 的显著性检验。这表明证券市场的成立增加了我国的货币需求。

四、结　　论

本文构建了一个基于产业结构变动的 $M2/GDP$ 实证模型。验证了产业结构的变动对我国 $M2/GDP$ 比率的提高具有一定的影响作用。虽然用于解释 $M2/GDP$ 偏高的理论很多，但是通过本文实证研究 $M2/GDP$ 与产业结构变动之间的关系，我们可以发现产业结构变动是除了货币化率、高储蓄率、不良资产率以及金融资产单一论等原因之外的另一个很重要的原因。第一产业的变动对 $M2/GDP$ 具有显著的负向作用，第二产业和第三产业与 $M2/GDP$ 均有正向相关关系，且第三产业的变动对 $M2/GDP$ 的作用非常显著。非农产业对 $M2/GDP$ 也具有显著的正向关系。改革开放 30 多年，伴随着中国经济的高速成长，我国的产业机构发生了明显的变化：第一产业所占比重大幅下降，从初期的 30% 左右下降到当前的 10% 左右；第二产业一直占有相当大的比例，在 45% 左右的水平；第三产业的比重不断加大，从早期的 20% 到目前大于 45%。尽管我国的产业结构处于逐步优化的过程，但是与发达国家相比，我国的产业结构仍然处于低级阶段，更多的体现工业化特征（高敏雪等，2013）。并且在参与全球化过程中，处于价值链的低附加值阶段，从而造成较高的货币需求。因此我国的产业结构特征就决定了目前我国的 $M2/GDP$ 比值处于较高的水平。由于我国投入产出表没有连续性，不能准确计算所有年份的垂直专业化指数，所以本文没有具体的分析中国制造业在全球价值链分工中的地位对中国 $M2/GDP$ 的影响。

尽管产业结构变动能够纵向解释我国货币化水平较高的现状，但是却不能很好地横向解释发达国家第三产业如此发达的情况下 $M2$ 却不是很高的现象。笔者认为横向的对比的前提是各个国家的 $M2$ 和 GDP 的统计口径应该相同。但是就目前的情况来看，美国的 *M2* 统计中并未包括 10 万美元以上规模的大面额定期存款以及境外流入的资金。另一方面，即使进行国际比较也应该是在相同或者相似的发展阶段下进行比较才有参考意义。因此后续可以进行相关的研究。

主要参考文献

1. 陈昭：《内生货币供给理论评述》，载于《经济评论》2005 年第 4 期。

2. 董青马、胡正：《中国高储蓄率是超额货币供给的原因吗？——基于 1992～2007 年国家资金流量表的分析分析》，载于《经济体制改革》2011 年第 3 期。

3. 范从来：《不应简单判定中国货币超发》，载于《光明日报》2014 年 2 月 12 日。

4. 高敏雪、李静萍、许健：《国民经济核算原理与中国实践》（第三版），中国人民大学出版社 2013 年版。

5. 黄昌利、任若恩：《中国的 M2/GDP 水平与趋势的国际比较、影响因素：1978～2002》，载于《经济论坛》2004 年第 2 期。

6. 黄桂田、何石军：《结构扭曲与中国货币之谜——基于转型经济金融抑制的视角》，载于《金融研究》2011 年第 7 期。

7. 刘明志：《中国的 M2/GDP（1980～2000）：趋势、水平和影响因素》，载于《经济研究》2001 年第 2 期。

8. 刘晓云、应瑞瑶、李明：《新业务、多元化与公司绩效——基于农业上市公司与非农业上市公司的比较》，载于《中国农村经济》2013 年第 6 期。

9. 李治国、唐国兴：《中国货币流通速度下降解释：基于实际收入和利率水平决定的货币流通速度模型》，载于《上海金融》2006 年第 1 期。

10. 米什金：《货币金融学》（第九版），郑艳文译，中国人民大学出版社 2013 年版。

11. 逢锦聚、洪银兴、林岗等：《政治经济学》（第四版），高等教育出版社 2009 年版。

12. 秦朵：《居民储蓄——准货币之主源》，载于《经济学》（季刊）2002 年第 2 期。

13. 帅勇：《资本存量货币化对货币需求的影响》，载于《中国经济问题》2002 年第 3 期。

14. 王国刚：《"货币超发说"缺乏科学根据》，载于《经济学动态》2011 年第 7 期。

15. 汪军红、李治国：《产业结构与货币流通速度影响——中国货币流通速度下降之谜》，载于《财经研究》2006 年第 9 期。

16. 吴建军、孟灿：《中国 M2/GDP 偏高的原因：一个文献综述》，载于《中南财经政法大学研究生学报》2013 年第 3 期。

17. 王曦：《经济转型中的货币需求与货币流通速度》，载于《经济研究》2001 年第 10 期。

18. 汪洋：《中国 M2/GDP 比率问题研究述评》，载于《管理世界》2007 年第 1 期。

19. 王勇、范从来：《产业结构与货币需求的政治经济学分析——基于中美 M2/GDP 差异的研究》，载于《马克思主义研究》2014 年第 10 期。

20. 谢平、张怀清：《融资结构、不良资产与中国 M2/GDP》，载于《经济研究》2007 年第 2 期。

21. 易纲：《中国金融资产结构分析及政策含义》，载于《经济研究》1996 年第 12 期。

22. 余永定：《M2/GDP 的动态增长路径》，载于《世界经济》2002 年第 12 期。

23. 曾利飞、李治国、徐剑刚：《中国金融机构的资产结构与货币流通速度》，载于《世界经济》2006 年第 8 期。

24. 曾令华：《论我国 M2 对 GDP 的比例》，载于《金融研究》2001 年第 6 期。

25. 张春舒：《中国三次产业结构变化对 M2/GDP 的影响研究》，吉林大学硕士论文，2014 年。

26. 张杰：《中国的货币化进程、金融控制及改革困境》，载于《经济研究》1997 年第 8 期。

27. 张杰：《中国高货币化之谜》，载于《经济研究》2006 年第 6 期。

28. 张平：《全球价值链分工与中国制造业的成长》，经济管理出版社 2014 年版。

29. 张文：《经济货币化进程与内生性货币供给——关于中国高 M2/GDP 比率法人货币分析》，载于《金融研究》2008 年第 2 期。

30. 赵留彦、王一鸣：《中国货币流通速度下降的影响因素：一个新的分析视角》，载于《中国社会科学》2005 年第 4 期。

经济发展新常态下制造业转型升级与空气污染问题

王朝明　　胡继魁*

一、引　言

近来"经济发展新常态"成为研讨国内经济态势的一个焦点，这个术语主要意指中国经济近 30 多年高速增长的状态已经发生转折，增长速度放缓进入一个中高速增长阶段；产业结构调整演化进入一个中高端水平。换言之，新常态的内涵可以用"三个指标"和"三个显示度"来概括。三个指标是，经济增长速度（GDP）、城市化率与三次产业占比。如图 1 依次所示的是 2004～2012 年 GDP、三次产业占比及城市化率的变动情况；其中图（a）显示 GDP 从 2012 年开始下降到 8% 以下；而图（b）表示第三产业占比于 2013 年首次超过第二产业占比，达到 46.1%；图（c）所示城市化率于 2011 年已突破 50%。从图 1 比较可以发现，2012 年左右，是经济增长、产业结构及城市化发生变化的节点，说明经济发展新常态已显端倪。[①]

---

* 王朝明，西南财经大学经济学院教授；胡继魁，西南财经大学经济学院博士生。
① 2014 年 5 月，习近平总书记在河南考察时首次提及"新常态"这一概念。

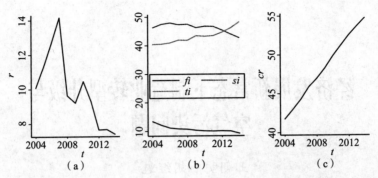

图1　2004～2012年 GDP、三大产业占比及城市化率对比

　　与此相关三个显示度则为，经济增长保持中高速、绿色经济明显发展及产业链进入中高端。新常态的这些内在规定，可以说都与当前制造业转型升级息息相关。

　　因为这种新常态将表现在中国经济的方方面面。仅从产业来说，当经济发展进入新常态，作为中国经济高速增长引擎之一的制造业，却面临着日益深刻的挑战。制造业大而不强，自主创新能力弱，信息化水平不高，结构优化不够，缺乏世界知名品牌，资源利用率低，环境污染突出，主要依靠资源投入、规模扩张的粗放发展模式难以为继，调整结构、转型升级、提质增效刻不容缓。制造业推动经济增长动力减弱是经济进入新常态的一个基本面因素，而制造业转型升级，能否形成经济增长的新动力，也是新常态的基本要素。如图2所示，依据官方公布的 PMI（采购经理人指数）来看，2008年全球金融危机前，我国制造业 PMI 以55%为中心波动，走势呈明显的季节性和周期性。2007年夏季美国爆发次贷危机，2008年10月，我国制造业 PMI 迅速滑破50%荣枯线。后因为4万亿的政府投资刺激政策，到2009年3月至2010年5月（一年多的时间）PMI 一度走高，但由于深层次的结构性矛盾并未解决，之后部分行业产能过剩凸显，PMI 再度回落，显示制造业企业总体增长还是乏力，仅能保持既有的生产规模。2010年6月以来，PMI 始终难以稳定企高50%荣枯线以上，其中2012年8月与9月，2015年1月，三次跌破50%荣枯线；制造业增长这种态势正是经济发展进入新常态的表现。可以说，寻求经济发展新常态的持续新动力，塑造国际竞争新优势，重点在制造业，难点在制造业，出路也在制造业。

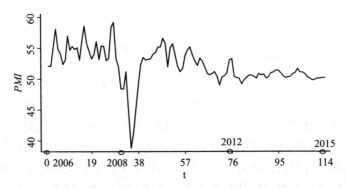

图2 2006年1月~2015年6月 PMI 变化趋势

2015年5月8日国务院发布了实施制造强国战略第一个十年行动纲领和制造强国规划4.0版的《中国制造2025》，从该规划围绕创新驱动为核心的制造业转型升级的趋势看，其中破解对环境的污染是一个重要方面。而环境的污染中空气污染越来越成为一个严重的社会问题。影响空气污染的原因有多种，但传统制造业污染排放无疑是一个重要因素，制造业污染排放对空气质量产生了严重的影响；国内的一项研究表明，天津市2012年PM2.5的行业贡献模拟数据中排前五位的是水泥、黑色金属冶炼、化工、石油加工、电力，同年1月份对PM2.5的献率分别为：16.3%、13.0%、4.1%、3.3%、2.3%；同年7月份其贡献率又分别为：19.5%、44.5%、15.8%、7.1%、5.7%；[①] 传统制造业中这些行业对空气污染的作用均呈上升态势，有的行业上升幅度还较大，如黑色金属冶炼、化工的上升幅度都在两位数以上。

实际经验表明，空气污染问题与经济发展阶段密切相关，尤其与制造业转型发展密切相关。我国要解决空气污染问题，必然要转变制造业发展方式。经济进入新常态后，表明制造业发展也进入新常态。长期以来，中国高速经济增长的助推力就在于制造业的增长。而经济增长速度的下降，也就意味着制造业增长速度的放缓。重新凝聚增长的新动力，造业技术创新进步是其发展的关键；同时，推动绿色环境发展的环境规制主要对象也落在制造业排放的规制上。

---

① 陈璐、周阳、姚立英等：《天津市各区县PM（2.5）污染工业行业贡献构成分析》，载于《中国环境科学》2015年第1期。

二、理论分析及计量模型构建

如前所述，包括空气污染在内的环境污染与制造业排放之间的关系密不可分，制造业排放是环境污染的直接原因。现有文献研究了各类造成环境污染的原因，比如生产方式的粗放，国外高污染行业跨国转移，环境规制不力等，这些都是针对制造业而言的。综合各种影响环境污染的论述，本文认为影响环境污染的关键变量是制造业产出、技术进步和环境规制。污染是产出的副产品，有生产就有污染。技术进步扩大生产，扩大生产本身可能会引起污染物排放的增加，同时技术进步也可能节约能源，提高效率，降低污染。环境规制强度的增加，会促进污染的治理，减少污染排放，推动相关技术设备的升级改造。这些推断都还需要从理论与实证上加以分析。

从理论上看，制造业的转型升级与影响空气污染的机制可以由库兹涅茨曲线理论、环境友好型技术进步理论及环境规制理论这三个方面来进行阐述和分析，三个理论的侧重点虽有不同，但也有相互交叉关联的方面。

理论上用环境库兹涅茨曲线来分析增长与污染变化动态关系。环境库兹涅茨曲线表明，作为经济增长基本推动力量的制造业对环境污染的轨迹呈现先恶化后改善的倒 U 曲线；而形成环境库兹涅茨曲线的原因有技术进步、产业结构、资源价格、市场主体的环保意识及政府政策等方面。这些方面都在制造业转型升级中有所体现：（1）生产要素方面，制造业技术不断进步、提高效率的同时，降低单位污染排放；（2）经济结构方面，在制造产业结构形成的初始阶段，经济依靠投入与规模促进增长，同时污染排放增加，而随着制造产业结构由能源密集型产业转向技术密集型产业，污染排放也随之减少；（3）随着经济增长，自然资源价格不断上涨，使得制造业企业不得不通过技术改造减少资源与能源的消耗，同时，制造业企业环保意识的增强和环保压力的加大也导致污染排放减少；（4）国际贸易的发展使高污染制造业由发达国家向发展中国家转移，随着发展中国家的经济发展和产业链的中高端转移，促使其高污染的制造业被逐渐淘汰；（5）伴随着环保意识的普及、环保技术的作用，市场主体开始减少消费污染行业所生产的产品。

有偏技术进步理论，说明环境友好型技术进步可以有效地减少经济增长需要环境付出的代价。一般的技术进步虽然通过提高效率会带来单位产出排放的降低，但也会通过技术进步带来原有行业规模的扩张或是催生产业链上的附属行业，从而带来污染排放总量的增加。而环境友好型技术进步是技术进步的一个前沿，随着环境库兹涅茨曲线的推进环境友好型技术进步也会在制造业领域应用，加快改造制造业对环境污染的排放；因此，制造业对空气污染物排放的影响取决于制造业是否发生了环境友好型的技术升级，否则不会降低空气污染物的排放。

环境规制理论强调环境规制对污染治理的影响，可以说环境规制是影响制造业污染排放量的重要政策因素。政府对制造业企业污染排放的限制可以直接降低空气污染。环境规制会促进制造业转型升级，使制造业向低污染方向发展。在经济发展的初级阶段，劳动力素质较低，资源相对丰富，政府出于 GDP 偏好，官员攀比政绩需要，往往采取粗放型发展，环境规制效应一般式微；随着经济发展，环境污染达到环境容量的极限，资源约束趋紧，民生压力加大以及法治建设的推进，政府对制造业环境规制加强，加之制造企业资本及技术的累积和政府财力变得雄厚，使得制造业具备相应的条件进行技术升级，从而降低污染排放。

为了将上述理论推导的观点加以证实，计量模型的构建及其检验是必需的。前述文献分析提到的盛斌（2012）研究的污染排放函数提供了一个很好的示范，本文把污染当成影响污染的变量的函数来考虑①。污染治理投入大部分来自政府，技术进步能否减少污染排放取决于技术进步是否为环境友好型，同时由于地方政府存在 GDP 锦标赛，环境规制也不一定起作用。现实中的污染排放函数应该包含多种因素，影响因素的符号也不确定，借鉴盛斌（2012）的计量方程，考虑主要的污染排放影响因素，构建如下方程：

$$\ln P = C + \alpha R + \beta T + \ln F \tag{1}$$

其中，P 表示污染排放量；R 表示环境规制强度；T 表示技术进步（即制造业技术升级的倾向），环境规制强度与技术进步以指数的形式作为影响污染排放的因素引入污染排放函数；F 为柯布道格拉斯生产函数；C 表示影响污染排放的其他因素。

由于我国长期重视 GDP 增长，而轻视环境保护，增长方式也比较粗放，因此，对于 R 与 T 的系数符号暂时不做预期判断。由于环境规制可能

---

① 盛斌、吕越：《外国直接投资对中国环境的影响——来自工业行业面板数据的实证研究》，载《中国社会科学》2012 年第 5 期。

带来促使企业或者地方政府加强研发投入，引入环境规制强度与技术进步交叉项：$R*T$，得到方程（2）

$$\ln P = C + \alpha R + \beta T + \ln F + R*T \tag{2}$$

影响污染排放的因素较多，本文添加如下控制变量：

（1）行业规模（ins），行业规模是影响污染排放的重要变量，行业规模越大，污染排放一般会较多。（2）行业企业平均规模（$incs$），企业平均规模较大，治理投入能力会较强。（3）对外开放度（$open$），高污染商品出口引致高污染商品生产，从而导致出口引致型污染排放，外资引入也会导致污染向国内转移。因此，对外开放度的提高一般会加剧污染。但是，出口本身可能提高生产率，从而可能降低污染。（4）资本劳动结构（cls），劳动资本结构反映了技术情况。（5）国有化率（rst），国有化率越高，私有化率越低，这个变量可以衡量所有制对空气污染排放的影响。同时，本文主要分析的是空气污染，则用 P 表示二氧化硫（SO_2）、粉尘（fc）及烟尘（yc）。三个关注变量符号分别为：环境规制（gz）、研发（yf）及行业人均产出（rhy），考虑到人均行业产出可能与污染排放存在库兹涅茨环境曲线关系，添加二次项（$rhy2$），用 gy 表示环境规制与研发交叉项，得到以下静态面板计量方程：

$$\ln P_{it} = c + \alpha_1 rhy_{it} + \alpha_2 rhy2_{it} + \alpha_3 gz_{it} + \alpha_4 yf_{it} + \alpha_5 gy_{it} + \beta X_{it} + \lambda_i + \varepsilon_{it} \tag{3}$$

X 为上文描述的一组控制变量。

为了考察模型可能存在动态关系，引入被解释变量的滞后项，建立动态面板模型：

$$\ln P_{it} = c + \alpha_0 \ln P_{it-1} + \alpha_1 rhy_{it} + \alpha_2 rhy2_{it} + \alpha_3 gz_{it} + \alpha_4 yf_{it} + \alpha_5 gy_{it} + \beta X_{it} \lambda_i + \varepsilon_{it} \tag{4}$$

三、数据处理、测度指标及统计分析

（一）数据处理与测度指标

本文用的数据是 2004～2012 年制造业行业细分数据，数据全部来自相应年份的《中国统计年鉴》及《中国环境统计年鉴》。由于 2011 年我国制造业行业代码发生了调整，2004～2010 年的部分行业内容与 2011～2012 年的不一致，根据国民经济行业分类代码表（2011 新旧对照版），做了相应的处理,剔除或者合并了部分行业,最后得到32个制造业行业数据。

同时,用GDP评鉴指数对行业产出、国企生产总值、出口交货值与销售收入进行了消涨,用固定资产平减指数对固定资产投资净值、固定资产规模及消费者物价指数对污染治理费用进行消涨。消涨之后,对数据做了去极端值处理。

考虑原始数据的可得性,结合已有文献相应指标测度方法,各个指标计算方法如下:

(1)单位产值空气污染排放量:用二氧化硫、粉尘及烟尘行业排放量,分别除以各自对应年份的各自行业总产值。为了剔除量纲效应及尽可能消除异方差,对该指标取了对数。

(2)行业人均产出:用各行业历年总产值与相应年份行业就业人数的比值。对行业人均产出做了取对数处理。

(3)环境规制:用行业污染治理投入占相应年份行业总产值的比值来表示。

(4)研发:用行业研发人员占行业总就业人数之比表示。

(5)行业规模:用行业固定资产投资净值的对数表示。

(6)行业企业平均规模:用行业销售收入与行业企业个数之比的对数表示。

(7)对外开放度:用行业出口交货值与行业总产值的比值来表示。

(8)劳动资本结构:用行业人均拥有量表示。

(9)国有化率:用国有及国有控股企业生产总值占规模以上工业企业生产总值的比重表示。

(二) 统计分析

与陈璐等(2015)的研究呼应,本文计算了2004~2012年传统制造业六大污染行业(钢铁、火电、石化、水泥、有色、化工等)二氧化硫、粉尘及烟尘排放分别占制造业三大污染物排放比例(见表1)。

表1　　　　空气污染物重点行业排放占总排放百分比　　　　单位:%

年份	二氧化硫	粉尘	烟尘
2004	87.32	92.89	82.07
2005	88.16	91.45	84.14

续表

年份	二氧化硫	粉尘	烟尘
2006	87.54	92.99	83.20
2007	88.10	93.35	83.03
2008	88.20	91.15	81.37
2009	87.88	90.17	81.33
2010	87.54	90.54	80.79
2011	88.44	82.42	82.42
2012	87.75	50.66	50.66

据 2013 年 2 月环境保护部发布的《关于执行大气污染物特别排放限值的公告》宣称，传统制造业中的钢铁、火电、石化、水泥、有色、化工等六大行业是空气污染的主要源头行业。传统制造业对空气污染排放物有多种，本文选取二氧化硫、烟尘、粉尘等作为研究对象，这三个变量基本上可以代表传统制造业排放的空气污染物，也是形成 PM2.5 的主要污染物来源。

上述空气污染物重点排放六大行业排放的三类空气污染物占全部制造业空气污染排放的比值，从表 1 中可以看出，二氧化硫排放年均在 87% 以上，粉尘排放则多数年份在 90% 上下，而烟尘排放占比多数年份也在 80% 以上。可见，空气污染治理的重点行业就在传统制造业中的这六大行业。因为投入产出关系，制造业其他行业的发展，会对主要空气污染物排放的六大行业产生需求，因此，主要空气污染排放的六大行业的排放占比较高，但是其他行业通过对六大高排放行业产品需求对空气污染的间接贡献也是存在的。

然后进一步计算 2004～2012 年六大高排放行业的三类人均空气污染物排放增长率，计算结果如图 3 所示。第一行图为，六大行业二氧化硫的排放增长率，第二行图为，六大行业粉尘的排放增长率，第三行图为，六大行业烟尘的排放增长率。可以看出如下特点：（1）六大行业人均排放波动历年比较大，正向增长的年份比较多，而且个别年份增长率较高。（2）排放增长率下降的年份较少，而且即使下降，下降的幅度也比较小。可见制造业污染排放不稳定，且倾向于增量排放。

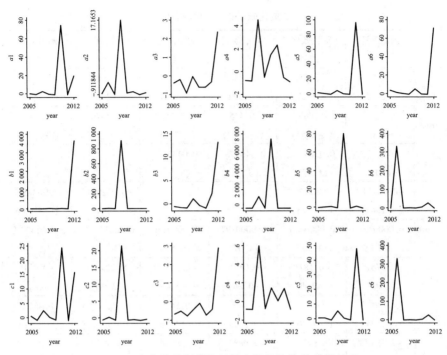

图 3　六大高排放制造业三类空气污染物排放增长率

四、检验方法与结果分析

（一）静态面板回归结果

为了考察产出、环境规制及技术进步对空气污染物排放的影响，本文先应用静态计量模型进行归回分析。由于文献中有关环境变量主要是二氧化硫，我们先以二氧化硫为解释变量，进行分析。同时，本文回归分析针对的制造业转型升级涉及的关键变量包括：人均行业产出，它反映的是效率的提高；环境规制，它反映的是环境容量逐步达到极限情况下政府的反应；研发投入，它从技术上直接推动制造业转型升级。因此，本文围绕制造业转型升级对空气污染影响的回归分析主要从这三个方面进行。回归结果如表 2 所示。

表 2 二氧化硫静态面板数据回归

	固定效应 (1)	随机效应 (2)	固定效应 (3)	随机效应 (4)	固定效应 (5)	随机效应 (6)
rhy	−1.031 ** (−2.78)	−0.518 (−1.37)	−0.854 * (−2.33)	−0.384 (−1.01)	−1.075 ** (−2.71)	−0.474 (−1.17)
rhy2	−0.529 ** (−3.05)	−0.443 * (−2.57)	−0.445 * (−2.59)	−0.347 * (−2.05)	−0.516 ** (−2.77)	−0.442 * (−2.41)
gz	0.0333 *** (6.00)	0.0363 *** (6.05)	0.0403 *** (8.32)	0.0436 *** (8.33)		
yf	−0.00131 * (−2.47)	−0.00122 * (−2.43)			−0.00293 *** (−5.95)	−0.00275 *** (−5.93)
gy	0.0000357 (1.85)	0.0000405 (1.95)	0.0000197 (1.07)	0.0000156 (0.86)	0.000124 *** (9.21)	0.000142 *** (10.96)
ins	0.0767 (1.03)	−0.181 * (−2.40)	0.0185 (0.26)	−0.245 *** (−3.44)	0.221 ** (2.93)	−0.0245 (−0.32)
incs	−0.302 * (−2.24)	−0.494 *** (−4.40)	−0.411 ** (−3.19)	−0.542 *** (−4.86)	−0.173 (−1.21)	−0.463 *** (−3.87)
open	−7.384 *** (−8.23)	−6.643 *** (−7.92)	−7.088 *** (−7.89)	−6.824 *** (−8.09)	−8.578 *** (−9.14)	−7.353 *** (−8.30)
cls	0.703 (1.46)	−0.286 (−0.59)	1.055 * (2.26)	0.102 (0.22)	0.534 (1.03)	−0.545 (−1.05)
rst	0.0463 (0.10)	0.786 * (2.11)	−0.0414 (−0.09)	0.567 (1.55)	−0.241 (−0.50)	0.708 (1.78)
_cons	−3.425 *** (−4.85)	−3.081 *** (−5.05)	−4.081 *** (−6.16)	−3.413 *** (−5.68)	−2.621 *** (−3.52)	−2.707 *** (−4.18)

注：括号内为 t 统计值，*、**、*** 分别表示在10%、5%、1%水平上统计显著。

表 2 中给出了固定效应和随机效应回归结果，作为对比，固定效应明显优于随机效应。

（1）从固定效应回归结果看，行业人均产出与行业人均产出二次项符号皆为负值且三个固定效应回归方程皆通过了5%水平上的显著性检验。这说明，随着制造业效率提高，人均产出的增加，单位产值产生的二氧化硫排放是递减的。然而，这种递减速度是逐渐减少的。行业人均产出反应的是劳动生产率，其符号为负，说明随着劳动生产率的提高，单位产出排放的二氧化硫是递减的。这可能是因为能源的利用效率的提高，技术进步，或者管理改善，相同投入条件下，减少了排放，增加了产出。这个结论与经济学直觉是符合的，但是与文献通常提到的环境库兹涅茨倒"U"型规律存在差异。这可能是本文采用制造业细分行业数据，不同于其他文献中大多用整个经济体的人均产出表示经济增长及加总的二氧化硫数据有关，并且作为国民经济基础性的制造业，其污染排放与经济增长之间的环境库兹涅茨曲线关系是脆弱的，它与环境污染的关系也是复杂的，以至于因为模型的设定、指标的选取或者数据样本差异都会影响污染排放与经济增长之间关系偏离环境库兹涅茨曲线，这或许提示我们，制造业的污染排放与经济增长之间存在更为复杂的机制关系。

（2）环境规制解释变量符号为正，且通过了 0.1% 水平上的显著性检验。这个结论看似与环境规制减少污染排放的结论不一致，实则逻辑是自洽的。制造业转型升级不是直线式的，政府对推动制造业转型升级要考虑失业率控制及经济平稳发展；而企业则是根据市场盈利环境与政府规制来决策是否进行本行业的结构升级；我们选取的环境规制解释变量，是行业污染治理费用占行业产出的比重。而在我国，污染治理费用政府投入占了很大一部分，这事实上是企业把污染治理成本转嫁给了政府，政府污染治理投入越多，企业越增加污染排放。同时，由于地方政府具有追求 GDP 增长的冲动，不顾环境代价，对污染排放并无总量的限制，企业即使投入一定比例资金用于治理污染，但是只要总体上是盈利的，企业仍然有动力增加产出，从而作为产出副产品的污染气体排放也会增长。

（3）与环境规制解释变量密切相关的是环境规制与研发的交互项，估计结果却未通过显著性检验。这说明，我国通过环境规制提高技术进步的样本时期内功效尚不明显，政府通过环境规制促进企业研发推动制造业转型升级的作用不明显。

（4）研发解释变量符号为负，通过了 5% 水平上的显著性检验。研发直接带来的是效率的提高及技术的进步。这说明，我国技术进步效率提高有利于单位产出污染排放的减少，这个结论倾向于支持技术进步是环境友好型的。这个结论的深层逻辑是，整体技术在不断进步的同时，环境友好的那部分技术必然也在不断进步，这反映出制造业转型升级基本要求的逐步落实。

（5）在控制变量中，行业规模、行业企业平均规模倾向于与单位产出排放负相关，但是显著性不太稳定。比较有意义的有两个控制变量，一个是国有化率，这个解释变量符号既不稳定，也没通过显著性检验，这说明国有企业与污染并无必然联系。在制造业转型升级中，国有企业仍然是中坚力量。另一个有意思的控制变量是对外开放度。一直以来，出口对环境的影响存在争议，究竟是否出口加剧了污染，实证检验并无一致结论。显然本文的检验结论显示出口与二氧化硫排放负相关，出口并未造成污染。这可以用异质性国际贸易理论来解释，出口提高了企业效率，从而降低了企业污染排放。改革开放以来，对外贸易发展总体上推动着制造业技术与效率的提高，是制造业转型升级的重要外部推动力量。固定效应估计中，控制变量资本劳动比值虽然符号为正，显示资本密集程度与单位产出污染排放正相关，然而没有通过显著性检验。

为了结论的稳健性，也为了全面考察主要空气污染物排放影响因素，我们采用固定效应模型对粉尘与烟尘进行回归，结果如表3所示。烟尘回归方程行业人均产出及其平方项符号皆为负，与二氧化硫估计结论一致。然而，反应制造业效率的人均行业产出的粉尘估计确没有通过显著性检验。估计显示，无论是粉尘方程估计还是烟尘，环境规制、研发及国有化率都基本与二氧化硫估计结论一致。其余控制变量的符号或者显著性表现不稳定。由此可以看出，因为粉尘与烟尘物理化学性质与二氧化硫不同，它们的来源也有区别造成了同样的解释变量对三者的影响存在差异，但是基本解释变量的符号及显著性还是可靠的。

表3　　　　　　　　　　粉尘与烟尘的静态面板数据回归

	固定效应 粉尘 (1)	固定效应 粉尘 (2)	固定效应 粉尘 (3)	固定效应 烟尘 (4)	固定效应 烟尘 (5)	固定效应 烟尘 (6)
rhy	0.334 (0.36)	0.692 (0.75)	0.298 (0.32)	−1.346* (−2.47)	−1.194* (−2.23)	−1.376* (−2.49)
rhy	−0.0542 (−0.12)	0.117 (0.27)	−0.0436 (−0.10)	−0.614* (−2.41)	−0.541* (−2.16)	−0.605* (−2.34)
gz	0.0269 (1.93)	0.0410*** (3.38)		0.0222** (2.72)	0.0282*** (3.99)	
yf	−0.00267* (−1.99)		−0.00398*** (−3.42)	−0.00113 (−1.45)		−0.00221** (−3.23)
gy	0.000101* (2.09)	0.0000690 (1.50)	0.000173*** (5.44)	0.0000431 (1.52)	0.0000294 (1.09)	0.000102*** (5.45)

续表

	固定效应 粉尘 （1）	固定效应 粉尘 （2）	固定效应 粉尘 （3）	固定效应 烟尘 （4）	固定效应 烟尘 （5）	固定效应 烟尘 （6）
ins	-0.371^{*} (-1.99)	-0.489^{**} (-2.74)	-0.254 (-1.43)	-0.0423 (-0.39)	-0.0924 (-0.89)	0.0538 (0.51)
$incs$	-0.00795 (-0.02)	-0.230 (-0.71)	0.0956 (0.28)	-0.325 (-1.64)	-0.419^{*} (-2.23)	-0.239 (-1.21)
$open$	-6.550^{**} (-2.90)	-5.948^{**} (-2.64)	-7.514^{***} (-3.40)	-6.331^{***} (-4.80)	-6.075^{***} (-4.64)	-7.126^{***} (-5.47)
cls	-4.901^{***} (-4.04)	-4.186^{***} (-3.59)	-5.037^{***} (-4.14)	1.161 (1.64)	1.464^{*} (2.16)	1.048 (1.46)
rst	1.180 (1.03)	1.002 (0.87)	0.948 (0.83)	0.216 (0.32)	0.140 (0.21)	0.0240 (0.04)
$\_cons$	-0.908 (-0.51)	-2.242 (-1.35)	-0.259 (-0.15)	-4.098^{***} (-3.94)	-4.665^{***} (-4.83)	-3.563^{***} (-3.44)

注：括号内为 t 统计值，*、**、*** 分别表示在10%、5%、1%水平上统计显著。

（二） 动态面板回归结果

虽然静态面板的估计结果已经较为稳健，然而考虑到污染排放增长类似产出的增长可能存在惯性，会造成内生性问题，从而引入被解释变量的滞后项，再采用动态面板数据模型进行估计。

在引入被解释变量一阶滞后项时，本文采用动态面板 GMM 进行估计。之所以采用这种估计方法，是因为：（1）空气污染物与解释变量可能存在双向因果关系，必须处理联立性内生问题。（2）解释变量有可能与随机干扰项相关，造成固定效应模型或者随机效应模型的估计方法不再适用，否则估计出的参数的经济学含义不再准确。阿里拉罗和博文（Arellano and Bover，1995）、布伦德和邦德（Blundell and Bond，1998）提出的广义矩（GMM）估计方法可以解决这个问题。同时，动态面板 GMM 估计分为一步 GMM 与两步 GMM 估计，由于两步 GMM 的标准差存在向下偏倚，这种偏倚会导致两步 GMM 估计量的近似渐进分布不可靠。实际应用中，通常采用一步 GMM 进行估计。我们进行了残差自相关的 AR（1）与 AR（2）统计量检验，以及检验工具变量联合有效性的 Sargent 统计量检验，结果发现，我们的估计方法是可靠的。

表4采用二氧化硫作为被解释变量进行检验，分别给出了一步差分GMM及一步系统GMM估计结果。动态面板的估计结果相对于静态面板模型的估计结果，效果改善了很多。具体分析说明如下：

表4			二氧化硫动态面板数据回归			
	一步差分 GMM	一步差分 GMM	一步差分 GMM	一步系统 GMM	一步系统 GMM	一步系统 GMM
	(1)	(2)	(3)	(4)	(5)	(6)
L. so2	− 0. 474 ***	− 0. 484 ***	− 0. 555 ***	− 0. 268 **	− 0. 243 **	− 0. 322 ***
	(− 3. 96)	(− 3. 99)	(− 5. 22)	(− 2. 71)	(− 2. 61)	(− 3. 80)
rhy	− 0. 884	− 0. 827	− 1. 492 **	− 0. 987 *	− 0. 692	− 1. 244 **
	(− 1. 59)	(− 1. 50)	(− 3. 08)	(− 2. 02)	(− 1. 56)	(− 3. 08)
rhy	− 0. 847 **	− 0. 828 **	− 0. 977 ***	− 0. 784 ***	− 0. 691 ***	− 0. 851 ***
	(− 3. 17)	(− 3. 10)	(− 3. 79)	(− 3. 90)	(− 3. 69)	(− 4. 55)
gz	0. 0207 ***	0. 0221 ***		0. 0152	0. 0227 ***	
	(3. 74)	(4. 04)		(1. 89)	(3. 32)	
yf	− 0. 000552		− 0. 00172 **	− 0. 00138 *		− 0. 00209 ***
	(− 0. 85)		(− 2. 74)	(− 2. 19)		(− 3. 83)
gy			0. 000100 ***	0. 0000587 **	0. 0000352	0. 0000989 ***
			(8. 66)	(2. 62)	(1. 82)	(7. 73)
ins	0. 238 **	0. 213 *	0. 172	0. 272 ***	0. 252 ***	0. 281 ***
	(2. 91)	(2. 28)	(1. 76)	(3. 81)	(3. 39)	(3. 66)
incs	− 0. 507 **	− 0. 553 ***	− 0. 402 *	− 0. 383 **	− 0. 491 ***	− 0. 326 *
	(− 2. 67)	(− 3. 36)	(− 2. 01)	(− 2. 80)	(− 4. 24)	(− 2. 18)
open	− 5. 360 ***	− 5. 020 ***	− 5. 729 ***	− 6. 107 ***	− 5. 562 ***	− 6. 780 ***
	(− 5. 77)	(− 5. 41)	(− 5. 05)	(− 8. 05)	(− 8. 31)	(− 6. 69)
cls	0. 247	0. 298	0. 404	− 0. 0928	− 0. 0342	0. 0834
	(0. 49)	(0. 59)	(0. 95)	(− 0. 17)	(− 0. 06)	(0. 17)
rst	0. 107	0. 101	0. 340	0. 0953	− 0. 0378	0. 0762
	(0. 17)	(0. 17)	(0. 51)	(0. 22)	(− 0. 10)	(0. 16)
_cons	− 4. 793 ***	− 5. 094 ***	− 4. 623 ***	− 4. 056 ***	− 4. 606 ***	− 3. 850 ***
	(− 4. 44)	(− 5. 18)	(− 3. 94)	(− 5. 64)	(− 7. 33)	(− 4. 63)

注：括号内为 t 统计值，* 、** 、*** 分别表示在10%、5%、1%水平上统计显著。

（1）二氧化硫一阶滞后项在六个方程全部通过了1%的显著性检验，

符号一致为负。滞后项符号为负，这与类似的动态面板模型滞后项符号为正的经验正好相反。看似矛盾，实际上是反映了我国制造业污染排放的动态特点。若企业上一期污染排放量太多，政府会面临社会压力，并采取相应的措施来制约企业的排放量，于是，在下一期企业就会减少污染排放；反之，若是上一期污染排放较少，政府监管与社会监督可能暂时稍微放松，而企业作为机会主义者则可能在下一期增加排放。因此，存在滞后项与人均行业产出当期项负相关的结果。这个检验结果也说明，在制造业转型升级过程中，制造业排放也不是直线递减的，可能存在排放的波动状态。

（2）在动态面板条件下反应制造业效率的人均行业产出，其二次项符号一致显著为负，一次项符号显著性不再稳定，这可能是引入滞后项，与人均产出相关造成的。

（3）影响制造业转型升级的重要变量环境规制与研发依然基本支持静态面板下的结论。规制与研发的交互项显著性有所提高，符号为正。因此，可得出这样的结论：在政府污染治理加强的条件下，企业研发的直接目的是如何增加产出效率，而不是降低污染。也就是说，虽然研发整体上倾向于降低污染排放，但是政府规制带来的企业研发依然不是环境友好型的，政府规制恰恰是让企业提高产出效率的成本增加。

（4）在动态面板条件下，对外开放度这个变量的符号一致为负，且通过了 0.1% 水平上的显著性检验。改革开放以来，我国制造业出口产品技术含量不断提高，产品结构不断升级，这一结果支持了不断升级的制造业产品出口并未恶化中国环境的结论。

（5）动态面板条件下的国有企业比率变量依然不显著，说明国企与污染并无必然联系。资本劳动结构不显著。同时，在动态面板条件下，行业规模倾向于与行业单位产出污染排放正相关，而行业企业平均规模却倾向于与行业单位产出污染排放负相关。这可能是制造业行业规模扩大有助于发挥外部性的作用，引起产出增长，从而带来污染排放的增加；而企业平均规模的扩大有利于企业效率提高及污染控制，从而使得企业平均规模与单位产出污染排放呈负相关。

以粉尘与烟尘为被解释变量，引入一阶滞后项，用动态面板模型进行估计，估计结果如表 5 所示。与静态面板模型类似，粉尘与烟尘的估计结论基本与二氧化硫动态面板估计结论一致，滞后项依然为负值，人均行业产出项一次项与二次项符号及显著性不在稳定。但是规制、研发、对外开放度等解释变量依然支持二氧化硫的估计结果。

表5　　　　　　　　　　粉尘与烟尘动态面板数据回归

	一步差分 GMM	一步差分 GMM	一步差分 GMM	一步差分 GMM	一步差分 GMM	一步差分 GMM
	粉尘	粉尘	粉尘	烟尘	烟尘	烟尘
	(1)	(2)	(3)	(4)	(5)	(6)
$L.fc/yc$	-0.233	-0.252*	-0.258*	-0.358***	-0.353***	-0.405***
	(-1.88)	(-2.02)	(-2.14)	(-3.95)	(-3.49)	(-4.32)
rhy	1.568	1.656	1.412	-1.204	-1.177	-1.498*
	(0.87)	(0.92)	(0.83)	(-1.68)	(-1.78)	(-2.19)
$rhy2$	-0.00585	0.0125	0.0533	-0.815***	-0.791***	-0.815***
	(-0.01)	(0.03)	(0.11)	(-3.49)	(-3.69)	(-3.50)
gz	0.0365*	0.0429**		0.0198***	0.0200**	
	(2.29)	(2.60)		(4.72)	(3.18)	
yf	-0.00159		-0.00329*	0.000186		-0.000778
	(-1.13)		(-2.10)	(0.14)		(-0.58)
gy	0.000104	0.0000906	0.000197***			0.0000830***
	(1.91)	(1.71)	(4.06)			(5.16)
ins	0.125	0.0599	0.251	0.0735	0.0845	0.0521
	(0.46)	(0.22)	(0.83)	(0.53)	(0.59)	(0.38)
$lncs$	0.237	0.110	0.443	-0.346	-0.320	-0.221
	(0.58)	(0.29)	(1.13)	(-1.70)	(-1.80)	(-1.08)
$open$	-5.650*	-4.498	-7.858**	-4.626**	-4.733**	-5.365***
	(-2.00)	(-1.61)	(-2.62)	(-3.15)	(-3.22)	(-3.65)
cls	-7.505*	-7.325	-7.043*	0.192	0.219	0.441
	(-1.96)	(-1.94)	(-1.98)	(0.15)	(0.17)	(0.39)
rst	-0.651	-0.633	-1.256	0.491	0.426	0.353
	(-0.48)	(-0.47)	(-0.87)	(0.57)	(0.49)	(0.39)

注：括号内为 t 统计值，*、**、***分别表示在10%、5%、1%水平上统计显著。

（三）　延伸检验及结果分析

除去排放水平，排放增长也是个很重要的方面。增长率的变化是制造业转型升级的重要方面，它是效率、技术与政府规制的综合体现，而污染排放增长率则从反面体现着制造业转型升级的进程。这里以三个空气污染物增长率为被解释变量做进一步检验。解释变量取一阶滞后项，这样既与计算增长率过程中涉及的滞后项相对应，也可以避免解释变量与增长率同期自相关，从而避免内生性问题。检验结果如表6所示。二氧化硫增长率回归方程中主要关注变量的系数都显著，其余回归中的关注变量系数皆不显著。若是污染排放与产出正相关，由此可以说明，烟尘和粉尘污染排放的增长主要是由生产规模的扩大带来的。从另一个侧面讲，粗放规模扩大所导致的我国制造业增长这一因素仍占主导地位。同时，二氧化硫这类污染物有特别的物理化学性质；随着产出的增长，二氧化硫不仅在绝对量上在增长，而且二氧化硫排放增长率本身也在增长，只是随着时间的推移这个增长率的增长速度在递减。同时，与表4二氧化硫动态面板回归结果相比较，二氧化硫增长率一阶滞后项符号为正，这表明二氧化硫增长率存在惯性。二氧化硫增长率静态回归方程中主要解释变量系数不显著，说明解释变量对二氧化硫增长率的影响主要在动态条件下才存在。

表6　　　　　　　　　针对污染排放增长率的回归结果

	固定效应 二氧化硫 (1)	固定效应 粉尘 (2)	固定效应 烟尘 (3)	一步差分 GMM 二氧化硫 (4)	一步差分 GMM 粉尘 (5)	一步差分 GMM 烟尘 (6)
$L.so2/fc/yc$				0.0611 ** (2.70)	−0.0363 (−1.55)	−0.320 (−1.68)
rhylag	−83.37 (−1.61)	−3 043.7 (−1.55)	−22.79 (−0.09)	28.39 ** (2.82)	−789.2 (−0.21)	−110.9 (−0.82)
rhy2lag	53.76 (1.58)	581.4 (0.46)	−38.34 (−0.24)	−25.65 *** (−4.33)	−1 770.6 (−0.89)	55.71 (0.77)
gzlag	−0.0781 (−0.49)	−5.339 (−0.73)		0.0546 (0.85)	0.0649 (0.01)	
yflag	−0.00576 (−0.26)		−0.258 ** (−2.80)	0.0110 (1.23)		−0.0987 * (−2.03)
inslag	−0.121 (−0.04)	43.62 (0.40)	15.16 (1.11)	−7.029 *** (−6.61)	−9.936 (−0.08)	16.45 (1.69)
incslag	19.37 *** (3.45)	226.9 (1.26)	52.18 * (2.05)	−3.413 * (−2.40)	−118.2 (−0.25)	38.45 (1.42)

	固定效应 二氧化硫 (1)	固定效应 粉尘 (2)	固定效应 烟尘 (3)	一步差分 GMM 二氧化硫 (4)	一步差分 GMM 粉尘 (5)	一步差分 GMM 烟尘 (6)
openlag	114. 4 ** (2. 88)	216. 0 (0. 16)	− 83. 47 (− 0. 48)	178. 4 *** (6. 25)	2 473. 1 * (2. 31)	64. 77 (1. 52)
clslag	− 30. 56 (− 1. 38)	1 971. 0 ** (2. 66)	− 105. 1 (− 1. 05)	− 9. 065 (− 1. 63)	3 482. 3 (1. 61)	− 281. 9 (− 1. 88)
rstlag	− 46. 64 ** (− 2. 76)	803. 2 (1. 32)	− 17. 67 (− 0. 23)	38. 70 *** (6. 48)	3 468. 8 *** (4. 05)	25. 10 (1. 10)
gylag		− 0. 00129 (− 0. 04)	0. 000543 (0. 21)		− 0. 0416 (− 0. 96)	0. 00428 (1. 45)
_cons	123. 8 ** (3. 04)	1 457. 5 (1. 07)	304. 1 (1. 63)	− 21. 07 (− 1. 84)	− 1 356. 6 (− 0. 49)	223. 0 (1. 25)

注：括号内为 t 统计值，*、**、*** 分别表示在10%、5%、1%水平上统计显著。

五、简要结论与政策思考

在理论分析的基础上，本文构建了相应的计量模型，利用制造业行业细分面板数据，研究了新常态下制造业发展对空气污染的影响。与以往文献不同，本文选取了二氧化硫、烟尘和粉尘三类主要的空气污染物作为被解释变量。检验结果发现，人均行业产出与空气污染物排放负相关，并且人均产出二次项符号为负，说明随着时间的推移，人均行业产出对空气污染物排放的影响在削弱，这个结论与以往的环境库兹涅茨曲线结论不同。同时，粉尘和烟尘与行业人均产出的非线性关系弱于二氧化硫与人均行业产出的非线性关系。环境规制强度符号为正，与空气污染物排放正相关，这说明我国政府污染治理投入对污染排放存在激励效应，由于几乎没有环境损害底线，即使在污染治理投入增加的情况下，只要净利润增加，企业也会在增加逐利产出的同时，从而继续增加污染排放。我们还发现研发变量的符号虽然为负值，但是显著性不强，规制对研发的作用也不稳健。

本文的研究结论有一定的理论意义，首先，在环境污染问题的理论分析中，环境规制在理论上可以减少污染排放，但实践中并不一定能降低污染排放，所以，环境规制理论在实践中要继续创新发展。其次，在实证研究中，被解释变量的选取非常关键，选取不同的被解释变量，得到的结论可能不一样；这也再一次说明，实证研究结论的可靠性，不在于数据的本身，而在于数据的选择与研究问题的逻辑一致性。

通过本文的研究，可以得出以下政策思考：（1）环境规制不仅要加强污染行为的处罚，还必须从根本上提升技术水平，尤其是推动环境友好型技术进步在制造业中的大力应用，这也是制造业转型升级趋势所必须的政策要求。（2）因诸种原因所致现行环境规制还不一定能彻底降低污染排放，必须适当采用法律乃至行政手段，有针对性的强化环境规制的执行力度及其政策权威，对空气污染形成有效的威慑力。（3）虽然制造业污染排放是环境污染的主要来源，但制造业的转型升级会形成新的环境清洁、技术高端的产业，为高新技能人才就业提供更多机会；同时，政府对于因制造业转型升级而出现的结构性失业人员的培训及再就业，需要做好相关准备及支持性工作。（4）对治理空气污染问题，不仅要考虑二氧化硫污染物排放规律，也需要重视烟尘粉尘等污染物排放规律，从而在空气污染问题治理上形成一套适合国情的政策体系。

可以预见，随着《中国制造 2025》——制造强国规划 4.0 版的全面推行，制造业调整结构、转型升级、提质增效落实到位，我国空气污染蔓延的势头就会得到有效遏制。

主要参考文献

1. 陈璐、周阳、姚立英等：《天津市各区县 PM2.5 污染工业行业贡献构成分析》，载于《中国环境科学》2015 年第 1 期。

2. 桂小丹、李慧明：《环境库兹涅茨曲线实证研究进展》，载于《中国人口·资源与环境》2010 年第 3 期。

3. 贺灿飞、张腾、杨晟朗：《环境规制效果与中国城市空气污染》，载于《自然资源学报》2013 年第 10 期。

4. 李雪松、孙博文：《大气污染治理的经济属性及政策演进：一个分析框架》，载于《改革》2014 年第 4 期。

5. 陆旸：《环境规制影响了污染密集型商品的贸易比较优势吗?》，载于《经济研究》2009 年第 4 期。

6. 盛斌、吕越：《外国直接投资对中国环境的影响——来自工业行业面板数据的实证研究》，载于《中国社会科学》2012 年第 5 期。

7. 王丽：《汽车消费和空气污染相关性的面板数据分析》，载于《中国人口·资源与环境》2014 年第 5 期。

8. 王敏、黄滢：《中国的环境污染与经济增长》，载于《经济学（季刊)》2015 年第 2 期。

9. 王勇、施美程、李建民：《环境规制对就业的影响——基于中国工业行业面板数据的分析》，载于《中国人口科学》2013 年第 3 期。

10. 张宇、蒋殿春：《FDI、环境监管与工业大气污染——基于产业结构与技术进步分解指标的实证检验》，载于《国际贸易问题》2013 年第 7 期。

11. Arellano M, Bover O., 1995, Another Look at the Instrumental Variables Estimation of Error – Components Models, *Journal of Econometrics*, 68: pp. 29 – 51.

12. Blundell R, Bond S., 1998, Initial Conditions and Moment Restrictions in Dynamic Panel Data Models, *Journal of Econometrics*, 87 (1): pp. 115 – 143.

13. Copeland, B. R, Taylor, M. S., 1993, North – South Trade and the Environment, *Quarterly Journal of Economics*, 109 (3): pp. 755 – 787.

大区域协调：新时期我国区域经济政策的趋向分析

——兼论区域经济政策"碎片化"现象

丁任重　　陈姝兴[*]

一、我国区域经济政策的变迁

区域经济政策是政府为了解决区域经济发展中的矛盾所制定的相关对策，是整体经济发展的必然产物。它通常是由一个国家的中央政府及其所属的各有关机构或者是授予政策制定权限的地方政府，为构建其区域经济战略布局和经济增长发展，以及妥善处理若干个不同区域之间的经济关系而制订的。因为各地区的经济发展模式各具特殊性，并且区域经济政策目标可能只是解决某一地区的某一特定问题，所以区域经济政策只是部分地区的行为指导（郝寿义、安虎森，1999）。区域经济政策的主要原理是区域援助、区域优先发展和区域均衡发展。适合区域的经济政策可以优化改进区域的福利效用水平，破除区域要素流动障碍，帮助区域形成自身强大的内生经济增长力。

国家可以通过各种手段对区域经济政策施加影响，这些方式归纳起来有三种：第一，利用行政手段对国家的区域经济进行政策规划。区域规划，城市总体规划、土地利用规划、生态功能保护区规划等都属于行政手段，这些政策工具，无论是国家区域经济政策还是地方经济政策，都是属于国家宏观

---

　* 丁任重，西南财经大学经济学院教授，四川师范大学经济管理学院教授；陈姝兴，西南财经大学经济学院。

经济政策在区域空间尺度上的拓展和延续。第二，利用法律手段为依据，正确处理各方利益关系。美国为西部开发颁布了一系列重要的法律法令：如《联邦受援区受援社区法案》（1993）、《地区再开发法》（1961）、《加速公共工程法》（1962）、《经济机会均等法》（1964）、《阿巴拉契亚地区开发法》（1965）以及《农村发展法》（1972）等。这些法律为美国落后地区的经济开发提供了便利，为区域经济政策的权威性和稳定性提供了保障。无独有偶，德国和日本也都非常重视利用法律手段为核心来实施区域经济政策，不仅以宪法为纲，还有地方性法律对其不同阶段的发展予以补充和具体化。第三种办法是区域政策中应用最为广泛、成果最为明显的经济手段，它涵盖的内容多样，应用灵活，包括了区域内财政、金融、科技、产业等诸多方面。经济手段在美国西部开发的区域经济政策利用的效果非常突出，美国的西部包括密西西比河到太平洋沿岸的广大地区，美国政府通过税收、财政倾斜，对西部进行财政补贴和资金投入，仅 1965 年阿巴拉契亚区域用于公共事业就有 11 亿美元的财政支持，区域经济政策促进了银行等金融机构的资金融通，还有专门的法条督促贷款机构向低收入者发放贷款。① 联邦政府还在此区域内大力投资和实施优惠的投资政策，引入私人投资基础设施，更多的社会资本得到高效利用，政府也不从中攫取开发的红利，经济开发形成良性循环。区域产业政策合理地确定了核心主导产业，不仅有种植业畜牧业、农产品加工出口的产业带，还有汇集了高科技产业、国防军工企业和机械设备加工工业等的新型综合工业体系。其中，美国的军工企业就是通过政府有意识的选址，在两次世界大战期间，源源不断的军事武器交易极大地拉动了西海岸的经济，确保西部地区跨越式发展。这些经济手段带给了西部的经济结构翻天覆地的改变，东西部经济实现了均衡发展的政策目标。

在国民经济成长的各个历史阶段，因为有内外部多种因素的作用，区域经济分布结构呈现出差别化的格局与特质。自新中国成立以来，中国经济发展的内外部环境有了很大变化，我国经济发展的原因具有复杂性，经济增长又具有周期波动性。适合的区域经济政策规划是国民经济稳步高效增长的保证，是国家持续稳定发展的重要方向标，不适合的区域政策可能导致社会资源的流失浪费，掣肘区域整体实力和社会发展水平的提升。因而理顺各阶段中国区域经济政策布局的演变路径，可以为进一步保证国民

---

① 1977 年，美国国会通过了美国《社区再投资法》（*The Community Reinvestment Act*）规定"约束金融机构，不得阻碍美国中低收入地区和借款人的信贷需求"。

经济又好又快发展提供重要的理论意义和现实指导。

第一个阶段是从新中国成立的 1949 年到国家"三五"计划完成的 1965 年，由于新中国成立初期生产力东西部的发展极度不平衡，东部沿海地区已经受到第二次工业革命的洗礼，而西部还是以自给自足的小农传统经济为主，半殖民地半封建社会的经济特征明显。为了协调东西部发展，缩小地区工业化差距，我国这个时期的主要区域经济政策是学习借鉴苏联模式，向经济落后地区规划布局生产力，国家通过行政手段把许多的工业生产活动安置在了内陆区域，实行大区协作的区域均衡发展战略。在中西部地区相继建成了一批重点能源项目，包括西安热电站、乌鲁木齐热电站、重庆电站等。以兰州石油机械厂、长春第一汽车制造厂等企业为代表的机械制造业改善了我国工业极端薄弱的情况。均衡的区域发展政策使我国能源、机械等重工业因为"156 项"规划的近千个重点建设项目初具雏形。因此，第一次五年计划中对西部地区进行的大规模投资深刻的改变了其面貌，西部摆脱了完全意义上的落后，经济得以发展，城市化进程也渐上轨道。但是区域经济政策的后期执行由于受到"大跃进"思想的影响，从中央到地方都片面追求区域均衡发展，严重影响了总体经济效益。基础较好的地区生产潜力没有得到充分发挥，嵌入式的区域经济政策又不适合落后地区生产力发展水平。

第二个阶段是在"文化大革命"期间（1966～1976 年），是国民经济施行再平衡发展战略时期，国家通过行政手段将产业和经济建设人才由东部向中西部转移。国内的经济继续开展建设，但此时的国际局势是美苏冷战，两大阵营紧张对峙，处于社会主义阵营的中国面对资本主义世界政治和外交的对抗和围困，出于战备的需要，中共中央把我国疆土划分成了"三线"建设区域，相对安全和落后的西部和中部成为"三线"建设重点，沿海地带的工业、投资、人才①持续转向战略大后方的西部地区和处于过渡地带的中部地区，迅速促使了三线工业企业和城市的崛起，比如四川绵阳、广元的核工业和电子工业，攀枝花的冶金工业，重庆市的军工和潜艇制造业，贵州贵阳的光电工业，等等。不仅如此，也有一大批的科研院所、高校、军事生产基地迁入西南西北，像河南洛阳中国空空导弹研究院，其前身就是由汉中迁来的 158 厂南峰公司，是空空导弹和发射装置的

---

① 三线建设以占据全国基建总投资的 40% 以上的 2 052.68 亿元为投入，国家在三线地区共审批 1 100 多个中大型建设项目，400 万工人、干部、知识分子、解放军官兵进入三线建设，建成全民企业 2.9 万个，其中大、中型企业和科研单位近 2 000 个。

专门制造机构。国家这一时期的区域规划虽然改善了边远地区落后的状况，开发了自然资源的同时建成了大量的基础工业，但是规划导向具有显著的国防偏向和政治色彩，经济运转由于忽视市场的作用规律而效率低下，国民经济结构由于倚重重工业，低估轻工业的发展而不尽合理。

区域经济政策的第三阶段（1978～2000年）是以区域非均衡发展为主要特征的时期。这个漫长的改革过程是自十一届三中全会拉开帷幕以来，经过几十年不断地摸索，在我国思想和政治经济领域逐渐形成的，并且至今还在继续影响我国区域经济的大格局转变。我们从拨乱反正开始进行的经济体制改革和对外政策开放就是因为中国经济发展和社会改革处于社会主义初级阶段，传统的计划经济被打破，但是生产要素市场依旧扭曲（张宇，2001），亟须寻找一个社会发展的突破口，东部地区率先发展就是这一突破的改革现实。随着中央由地区均衡发展战略向不均衡发展战略的转型，我国经济重心东移，梯度推移理论也成为决策部门的划分东中西三大经济地带的依据。在20世纪80年代，邓小平逐渐提出以"两个大局"为标志的区域经济不平衡发展政策，于是，东部由于区位优势明显，现实基础较好，得以获得中央优惠政策的倾斜，利用资源要素的极化效应，在一定空间使得经济活动集聚，从而东部实现了快速的发展。在区域不均衡发展的政策推动下，三大地带政策梯度差距明显：改革开放初期的这五个经济特区——"深圳、珠海、汕头、厦门、海南"都选址于东部沿海地带。当然，也是这五个特区自然禀赋和社会经济条件较好，有广阔的经济腹地，它们率先利用对外开放的优惠政策，引进先进的技术和管理，以经济建设为中心，更加注重社会的效率，经济和社会面貌都发生了深刻而广泛的改善，对内陆地区也有强大的示范和带动作用。综上所述，虽然经济特区自成立之初就饱受政治形态的争议，但其作为改革开放的排头兵，被认为是中国解放和发展生产力，释放经济活力最重大的制度创新。

区域经济政策布局的演变的第四个阶段是从2000年开始直至现在，这一时期我国的区域经济政策规划在又重新将重心转移到区域的协调发展。这是由于国家和地区经济的持续增长，市场机制的基础作用也逐步确立，但双重体制的摩擦还是存在国民经济的许多行业。三大地带的划分因为"反梯度"情况和跳跃发展与国民经济的实际之间的产生了分离的趋势，因而不均衡发展策略已越来越远离完善社会主义现代化建设的要求（丁任重，2006）。市场经济的普及化和随之而来的周期波动、人口失业、贫富分化以及国际区域经济冲突成为经济生活中的主要矛盾。因此，国家或地区的可持续发展亟须全面的均衡规划政策来协调各地区各行业的经济矛盾和社会矛盾。国民经济发展通过转变原来的地区政策倾斜的方式，更加注重公平的区域均衡协调发展，2000 年西部大开发战略的实施是我国区域均衡发展政策的主要标志。区域均衡发展需要认清和充分发挥区域比较优势，发挥市场的基础作用，强调经济结构调整和质量效益。2011 年 3 月，《中华人民共和国国民经济和社会发展第十二个五年规划纲要》指出："推进新一轮西部大开发，全面振兴东北地区等老工业基地，大力促进中部地区崛起，积极支持东部地区率先发展，加大对革命老区、民族地区、边疆地区和贫困地区扶持力度……按照全国经济合理布局的要求，规范开发秩序，控制开发强度，形成高效、协调、可持续的国土空间开发格局。"我们可以看出，地区协调发展的战略的政策机制伴随社会发展的需要不断深化，我国宏观经济规划逐渐从东中西部的三区划分过渡到东部、中部、西部和东北的四大区域规划，并在此大区域格局基础上，以经济联系性和地域同质性或者历史承接性为基本框架的主体功能区规划大体形成，主要经济增长极和次级经济增长极联动并存的多极化的区域规划应运而生。

我们认为，自新中国成立以来，我国的区域经济政策经过了多次调整和改进，由国家成立伊始的大区协作，到后来改革开放将国土规划分割成东、中、西三大经济带，再到深化改革阶段划分出国民经济版图的东、中、西、东北四大版块，时间推移到改革攻坚的现阶段，我国区域经济就是由多个增长极带动的多极化发展。我国区域经济政策制定演化路径是一个从区域"低水平的均衡发展——非均衡发展——高质量的均衡发展"的过程。

二、新时期我国区域经济政策的特征

我国各地区需要继续利用自身比较优势，打造生产要素自由流动的社会环境，建立各具特色的地方功能区，不断努力缩小地域之间的差距，从而助推国土空间形成多极化的总体区域格局。伴随生产力的发展、社会化程度的提高，政府应致力于扩大利益可能性边界，通过制度创新对规划执行的协同进行合理的政策诱导（陈秀山、张可云，2010）。我国政府亦顺应这个趋势，坚持制度创新，根据新时代四大主体功能区的改革思想，全方位改革试点的方式审批建立了一系列规划区域，这将会成为我国新时期区域经济政策的工作重心。我国新时期的区域经济政策和区域规划如表 1 所示。

表1 　　　　　　　　新时期我国出台的区域经济政策与区域规划概览

	新区	上海浦东新区（1992）、天津滨海新区（1994）、重庆两江新区（2010）、浙江舟山群岛新区（2011）、甘肃兰州新区（2012）、广州南沙新区（2012）、陕西西咸新区（2014）、贵州贵安新区（2014）、青岛西海岸新区（2014）、大连金普新区（2014）、成都天府新区（2014）
改革试验区	综合配套改革试验区	上海浦东新区社会主义市场经济综合配套改革区（2005）、天津滨海新区（2006）、重庆市和成都市全国统筹城乡综合配套改革试验区（2007）、武汉城市圈和长株潭城市群全国资源节约型和环境友好型社会建设综合配套改革试验区（2007）、深圳市综合配套改革试点（2009）、沈阳经济区国家新型工业化综合配套改革试验区（2010）、山西省国家资源型经济转型综合配套改革试验区（2010）、义乌市国际贸易综合改革试验区（2011）、厦门市深化两岸交流合作综合配套改革试验区（2011）、黑龙江省"两大平原"现代农业综合配套改革试验区（2013）
	金融改革试验区	温州市金融综合改革试验区（2012）、珠三角金融改革创新综合试验区（2012）、泉州金融服务实体经济综合改革试验区（2012）、云南省广西壮族自治区建设沿边金融综合改革试验区（2013）、青岛财富管理金融综合改革试验区（2014）
	其他试验区	宁夏内陆开放型经济试验区（2012）、中国上海自由贸易试验区（2013）、内蒙古二连浩特重点开发开放试验区（2014）、汕头经济特区华侨经济文化合作试验区（2014）
	产业转移示范区	安徽皖江城市带承接产业转移示范区（2010）、广西桂东承接产业转移示范区（2010）、重庆沿江承接产业转移示范区（2011）、湖南湘南承接产业转移示范区（2011）、湖北荆州承接产业转移示范区（2011）、晋陕豫黄河金三角承接产业转移示范区（2012）
区域规划	西部地区	《绵阳科技城2005～2010年发展规划》（2005）、《西部大开发"十一五"规划》（2007）、《重庆市城乡总体规划（2007～2020年）》（2007）、《广西北部湾经济区发展规划》（2008）、《汶川地震灾后恢复重建总体规划》（2008）、《西安市城市总体规划（2008～2020年）》（2008）、《关中—天水经济区发展规划》（2009）、《甘肃省循环经济总体规划》（2009）、《拉萨市城市总体规划（2009～2020年）》（2009）、《青海省柴达木循环经济试验区总体规划》（2010）、《舟曲灾后恢复重建总体规划》（2010）、《玉树地震灾后恢复重建总体规划》（2010）、《成渝经济区区域规划》（2011）、《南宁市城市总体规划（2011～2020年）》（2011）、《云南省加快建设面向西南开放重要桥头堡总体规划（2012～2020年）》（2012）、《陕甘宁革命老区振兴规划》（2012）、《天山北坡经济带发展规划》（2012）、《西部大开发"十二五"规划》（2012）、《芦山地震灾后恢复重建总体规划》（2013）、《贵阳市城市总体规划（2011～2020年）》（2013）、《芦山地震灾后恢复重建总体规划》（2013）、《支持岷县漳县地震灾后恢复重建政策措施的意见》（2013）、《乌鲁木齐市城市总体规划（2014～2020年）》（2014）、《鲁甸地震灾后恢复重建总体规划》（2014）、《全国对口支援三峡库区合作规划（2014～2020年）》（2014）、《鲁甸地震灾后恢复重建总体规划》（2014）、《左右江革命老区振兴规划（2015～2025年）》（2015）

区域规划	东北地区	《牡丹江市城市总体规划（2006～2020年）》（2006）、《鹤岗市城市总体规划（2006～2020年）》（2006）、《东北振兴规划》（2007）、《辽宁沿海经济带发展规划》（2009）、《中国图们江区域合作开发规划纲要》（2009）、《长春市城市总体规划（2011～2020年）》（2011）、《哈尔滨市城市总体规划（2011～2020年）》（2011）、《东北振兴"十二五"规划》（2012）
	中部地区	《大同市城市总体规划（2006～2020年）》（2006）、《促进中部地区崛起规划》（2009）、《鄱阳湖生态经济区规划》（2009）、《武汉市城市总体规划（2010～2020年）》（2010）、《湘潭市城市总体规划（2010～2020年）》（2010）、《荆州市城市总体规划（2011～2020年）》（2011）、《中原经济区规划》（2012）、《武汉城市圈区域发展规划》（2013）、《保定市城市总体规划（2011～2020年）》（2012）、《新乡市城市总体规划（2011～2020年）》（2013）、《石家庄市城市总体规划（2011～2020年）》（2013）、《洞庭湖生态经济区规划》（2014）、《长沙市城市总体规划（2003～2020年）（2014年修订）》（2014）、《晋陕豫黄河金三角区域合作规划》（2014）
	东部地区	《北京城市总体规划（2004～2020年）》（2005）、《广州市城市总体规划（2001～2010年）》（2005）、《天津市城市总体规划（2005～2020年）》（2006）、《宁波市城市总体规划（2006～2020年）》（2006）、《淮北市城市总体规划（2006～2020年）》（2006）、《福建、浙江、江苏、河北省海洋功能区划》（2006）、《徐州市城市总体规划（2007～2020年）》（2007）、《杭州市城市总体规划（2001～2020年）》（2007）、《珠江三角洲地区改革发展规划纲要（2008～2020年）》（2008）、《江苏沿海地区发展规划》（2009）、《横琴总体发展规划》（2009）、《黄河三角洲高效生态经济区发展规划》（2009）、《无锡市城市总体规划（2001～2020年）》（2009）、《长江三角洲地区区域规划》（2010）、《海南国际旅游岛建设发展规划纲要（2010～2020年）》（2010）、《山东半岛蓝色经济区发展规划》（2010）、《前海深港现代服务业合作区总体发展规划》（2010）、《深圳市城市总体规划（2010～2020年）》（2010）、《海峡西岸经济区发展规划》（2011）、《河北沿海地区发展规划》（2011）、《浙江海洋经济发展示范区规划》（2011）、《广东海洋经济综合试验区发展规划》（2011）、《平潭综合实验区总体发展规划》（2011）、《海口市城市总体规划（2011～2020年）》（2011）、《江门市城市总体规划（2011～2020年）》（2011）、《唐山市城市总体规划》（2011）、《泰安市城市总体规划（2011～2020年）》（2011）、《全国海洋功能区划（2011～2020年）》（2012）、《福建海峡蓝色经济试验区发展规划》（2012）、《广西、山东、福建、浙江、江苏、辽宁、河北、天津、海南、上海、广东省海洋功能区划（2011～2020年）》（2012）、《绍兴市城市总体规划（2011～2020年）》（2012）、《惠州市城市总体规划（2006～2020年）》（2012）、《常州市城市总体规划（2011～2020年）》（2013）、《赣闽粤原中央苏区振兴发展规划》（2014）、《珠江—西江经济带发展规划》（2014）、《福建省深入实施生态省战略加快生态文明先行示范区建设的若干意见》（2014）、《中国—新加坡天津生态城建设国家绿色发展示范区实施方案》（2014）、《珠海市城市总体规划（2001～2020年）（2015年修订）》（2015）

续表

| 区域规划 | 其他经济规划 | 《滇池、海河、辽河、淮河流域水污染防治"十五"计划》（2003）、《渭河流域重点治理规划》（2005）、《松花江流域水污染防治规划（2006～2010年)》（2006）、《全国山洪灾害防治规划》（2006）、《珠江、大清河流域防洪规划》（2007）、《长江、黄河、太湖、海河、松花江、辽河流域防洪规划》（2008）、《淮河流域防洪规划》（2009）、《辽河流域水污染防治"九五"计划及2010年规划》（2010）、《辽河、松花江流域综合规划》（2010）、《海河流域水污染防治规划》（2010）、《全国资源型城市可持续发展规划（2013～2020年)》（2013）、《全国高标准农田建设总体规划》（2013）、《长江经济带综合立体交通走廊规划（2014～2020年)》（2014）、陆上丝绸之路和海上丝绸之路经济带、京津冀都市圈（构想） |

资料来源：国务院官方网站和国家发展改革委员会官方网站。

　　试验区规划，主要是指国家综合配套改革试验区，也包括了金融改革试验区和一些省区区域经济试验区。首先，试验区推出的背景是在改革进入"深水区"的阶段，失业问题、贫富差距扩大、粗放型能源推动发展等困扰着我国体制的现代化和经济的市场化，试验区是一个区域政治、经济、社会文化等再造的过程，是体制改革深入重塑的一个趋势和契机。其次，试验区的重点是综合配套，起初设立在一些大都市区，目的是以有一定基础的城市为依托，激励地方政府制度上的创新，试验区是改革深化时期区域变化的重要探索，触及社会经济生活改革的更深层次，主要试验目标不再单一选择经济发展，是要进而改革整个社会结构文明。综合配套改革试验区的一个亮点在于不再依靠国家具体的政策，而是更注重区内自身的制度创新。再次，随着国家政策的推进，试验区也开始在一些中小城市设置，因此，试验区在目标选择的时候，特别侧重区域一体化的协调发展，均衡发展的思维贯穿始终，不再通过循环累计因果的方式来扩大地区的差距。最后，根据改革需求，发展目标的重点也在不断地具象化和个性化，但是试验区始终是一个试验的举措，是否可以真正地促进经济社会进步也难以确定。

　　副省级新区伊始就由国务院直接进行总体区域定位和初始规划、政策审批，权限级别上升至副部级，其中，"先行先试"的权限赋予了地方经济管理更大的权力。我们很容易看出，国家级新区设立的出发点是促进区域的均衡发展，在一定区域范围内以放宽权限、完善程序的方式打破地方利益壁垒，树立综合的大区域发展目标。特别是在新区实施特殊优惠政策，进行更加开放和创新的制度试验，以营造区域吸引能力和经济密集度，带动整个区域的改革纵深发展，创造更具包容性和共享性的发展模式，为更深入更广泛的改革试错和积累成功经验，国家级新区规划是国家重要发展战略的开路者和承载者。

国务院批准设立的改革开放相关试验区（合作区）有经济特区和沿海经济带等成功经验作为实践的基础，与副省级新区相较而言，属于有先例可循。其次，综合配套改革试验区涉及的区域面积更为宽广，政策的改革关键目标就是根据各个地区的需要，全面、系统的破解转型中的机制体制的阻碍。与此同时，行政划分上有跨省的一些试验区的合作，这对区域协调来说提出了新的挑战，特别是现阶段由于协调政策的实施力度弱和制度不健全，导致合作区发展的动力和政策的周期也比较难以确定，综合配套改革试验区存在改革试错的成本。

改革攻坚深水区时期，区域空间版图逐渐露出更加细分化的端倪，新旧区域经济增长极基本形成，多极化驱动发展的思路下，我国的区域规划政策呈现出以下几个主要特点。

（一）整体上来看，区域规划种类繁多

我国目前区域规划的类型繁多，细分化了我国区域经济版图，由于区域系统具有整体性，不是各个子区域的简单加和，各个规划区之间结构和功能相互作用，彼此转化，是从一个低层级向高层级，从鲜有序到制度秩序的演化。我国目前各种特区、经开区、沿海开放区等纵横交错，既能各自作为区域增长极带动邻近区域发展，又能协同发展促进更大范围的经济发展。

八五时期（1991~1995年）国务院明确地划分了东中西部三大经济区，基于当时的经济发展水平和区域分工的特性，这个划分可以满足当时的社会改革需求，但是进入改革深化时期，区域规划需要更细致具体、目标更全面的进步。就综合配套改革试验区，国务院有区别的规划了侧重现代制造研发和北方国际航运物流中心的天津滨海新区；从经济特区向社会发展转型的深圳市试验特区；以城乡一体化为重点的成渝统筹城乡综合配套改革试验区；探寻新型工业化和新型城镇化的武汉城市圈和长株潭城市群；以及通过优化升级产业结构以达到土地开发和环境保护等多个领域的改革的山西省资源型经济转型综合配套改革试验。这是在区域规划系统上来说，选取具有地域代表性的典型区域，培育经济"增长极"，解决特殊的地域问题，由原来注重经济发展而更多的兼顾社会改革协调发展。

从规划范围来说，出现了跨省区域经济政策规划与不跨省区域经济政

策规划交错存在的情形。一省之内的区域经济政策规划是改革初期就呈点状在沿海沿江地带成为主要的区域经济增长极，新的政策区域如成渝经济区，赣闽粤原中央苏区在点的基础上，突破了行政区域划分限制，解决单一行政主体无法处理的发展和规划问题，培育国家层面意义的增长极，在更大的范围内呈带状或者片状进行改革和发展。现阶段出现的跨区域规划，是全球价值链的深化的要求，以科学技术创新为动力，以长远的规划为手段，以竞争协同网络为基本特征，目的是在区域、全国范围内形成统一的外向型的市场体系。同时，不断进步的制度建设和日趋完善的公共服务体系打破了生产要素扭曲的僵局，赋予资源更大的流动性。但是，突破了行政界线的新的区域规划，各个区域之间责任和事务权利界定不明，协同组织不健全，机构公信力不高，区域合作按照行政级别展开权限，对话沟通机制难以形成，增加了协调的成本，合作达不到预设的目标和应有的广度深度。区域之间的利益协调也是历史难题，各级政府的行为也在博弈中难以达到好的均衡，很可能产生"公有地"的悲剧，长久的短视行为，区域间的行政壁垒也不单是靠规划就能打破。区域内部产业趋同，区域分工合作没有发挥出应有的优势，由于地区相近，资源同质性很高，地区产业结构往往都会选择同样的更具竞争力的产业，区域产业集群的互补性和协调性就大打折扣。

（二）区域规划政策改革实施对象数量增多

改革开放初期我国只设立了几个开放的试点，随着我国经济的高速增长，社会文明结构的不断进步，区域经济政策需要趋向进一步完善，同时，由于我国区域经济发展的不均衡状况严重，区域城镇化的进程的差异也较大，因此，区域规划政策是从长三角、珠三角等最先改革开放的地区开始施行，再逐渐向西部和北部地区发展。天津滨海新区，重庆两江新区，浙江舟山群岛新区，甘肃兰州新区，广东广州南沙新区，陕西西咸新区，贵州贵安新区，青岛西海岸新区，成都天府新区等重点规划的国家级新区，是继浦东新区后如雨后春笋般成长起来的新经济特区。

一些学者用"大跃进"式的区域规划、"区域规划百花齐放"等词组来评价区域经济政策规划的密集出台，也曾预言，在之后也会有区域规划不断浮出水面。这是因为国际上频繁出现的不确定性因素，国家发展需要开发国内需求，扭转产业的模式，保持经济增长的势头，释放自身经济发展内生长活力。以往的规划，过于粗犷和一刀切，许多规划的空间尺度都较为广阔，规划执行主体对区域问题和特点的认识没有足够的思考和经验，没有科学论证、切实可行的政策安排，现在国土规划的安排几乎覆盖了所有的疆域，有侧重的结合地方特色和优势多元化的发展。截至目前统计，全国国家级经济技术开发区总数为 215 家，国家高新区总数为 114家。到现在为止国务院已经先后批准了 11 个国家级新区，12 个国家综合配套改革的试验区和 5 个"金融试验区"。[①]

（三） 政策目标多样化且功能加强化

我国的区域经济政策以政治区域、经济区域和自然地理区域为依据，分别针对各个区域的区位优势进行规划，在改革攻坚阶段，对这些优势进行了更加深入的研究和分类，确立正确的经济增长极，促进各个地区全面发展。我们新的区域规划，不仅考虑了振兴和发展有问题区域，如振兴东北老工业基地，合作开发中国图们江区域；国务院还从大局出发，考虑经济规划中的产业空间布局的合理性以及技术、经济的外溢效应，像中原经济区、武汉城市圈、长株潭城市群，都是中部地区与东西部地区连接的核心节点，完整了国家区域规划布局的总体骨架。而西部地区通过与东中部地区实现良好的区域互动，承接东中部的外向型产业链的同时根据各地的主体功能区划分，规划了一批有全局意识的保护环境和生态，优化资源的配置的新的改革区域。

我国区域规划政策主要采用自上而下的方式，由点及面的展开区域规划体系制定、改造和落实，层次体系上，紧紧围绕国土、人口、资源、经济等相互之间的作用运动机制，从以前的注重生产力解放的层面转为侧重人的生活品质和生态环境问题等社会制度革新。中央提出主要的空间整治目标、原则和任务，覆盖全国的基础性设施的总体要求，再采取中央直接管辖或者地方自主探索创新的方式进行具体地方区域规划的方案，涵盖财政、立法、民主建设等领域。现在，中央也逐渐放权于地方，鼓励和支持地方结合自身特点，采用自下而上的方式进行改革创新。

（四） 注重发挥区域优势

区域经济政策制定更加注重考虑区域经济的特色。区域经济政策作为一种需要符合国家宏观政策的干预手段，在保证中央全局性战略性问题的

---

① 资料来源：根据国家发展改革委员会官方网站整理。

同时，必须兼顾区域利益。只有兼顾区域利益诉求，处理好中央与地方的利益分配问题，才能使政策真正的上行下效。现在，更多的政策由地方通过考察，提出自己对区域经济发展的诉求，中央就对地方申请予以考察批复，而不是全由国家发展改革委员会或者是国务院单方面的制定区域发展政策，地方没有经济政策制定的话语权。这种新的政策制定模式使得政策更适合地方实际经济情况，更加符合区域经济的发展要求，同时还可以调动区域发展的积极性。

我们看到，新的区域规划在另一方面也从政府主导型的规划转向市场主导型的发展规划，侧重点从经济发展转向人民生活和社会发展质量，从关注规划内容转向规划与实施成果齐头并进，针对不同时期国土资源开发和区域空间布局存在的重大问题，提出区域经济政策规划所能达到的目标。如作为我国长期能源基地的山西省，针对自身存在的问题——资源枯竭型经济转型和土地及资源环境破坏，提出发展新能源、建设环境友好型社会两个方面的基本目标。内蒙古二连浩特重点开发开放试验区，就是利用处于中国北方门户的地理优势，占据陆上丝绸之路经济带的北线，将与俄罗斯和蒙古国展开更加紧密的国际合作，确立自己延边地区物流中心的重要地位。

三、我国区域经济政策实施中的问题

我国目前高频率出台的区域规划，是改革开放以来前所未有的密集举措。按照这个发展脉络，区域间的差距有可能会随着区域多极化的发展趋向不断的收敛，区域经济发展由多个增长极带动，东中西部地区都将释放自身的活力，区域内部、区域之间的合作交流加强，城市圈内部一体化进程进入高级阶段，多极化、扩散辐射力强的协调发展局面有望形成。以前的大区规划逐渐转变发展为更加细分和具体的区域经济政策，我们要探索这些政策制度可能的内在的困境，寻求理论预期和实践结果非同一性的解释，从而找到这些区域新规划在我国区域经济政策改革呈现出崭新的特点，为新一轮的改革发展寻求诠释。

（一）区域规划碎片化

新时期从制度创新与设计角度出发，为探索区域开发的有效路径，政府划分了多个区域，如经济试验区就分为改革试验区和发展试验区，当中又细分为许多产业承接转移区，生态环境保护区，海洋经济区，革命老区等。经济发展的一体化是大势所趋，未来经济区规划的地域限制将可能越来越少，跨区域甚至跨国的经济大区都可能实现（陈秀山、董继红、张帆，2012）。省级新区在大区域上又有许多镶嵌重叠，如重庆市、成都市—全国统筹城乡综合配套改革试验区、重庆的两江新区以及重庆沿江—承接产业专业示范区和成渝经济区规划有交叠，这些地区是国家发展的重点区域，因此各种政策在一个地区有部分政策交加和区域交叠也屡见不鲜。但是，由于区域经济政策过于繁复，具体政策碎片化规划，一套班子要同时进行多套任务规划，往往新政策的红利空间被挤占后，区域规划要达到的社会效用改进的结果也不为当局所追求。碎片化的区域规划，也产生了各自为政，GDP锦标赛考核的政府部门默认高投入低效率的产业规模扩张，甚至推动产业重复建设。各级政府没有激励致力于提升核心产业竞争力，而是沉浸在对产业技术的效仿，区域之间的分工合作被恶性竞争所打乱，地区产业趋同，产业质量低下，行政性垄断等非市场化制度导致为了争夺产业转移的机遇的区域恶性竞争时常上映，地方之间的利益博弈，使得正确的选择不一定是博弈均衡的选择。中央政府当局的关注重点，民众的热情，可以动员的资源稀缺性，使区域经济政策的政府财政和项目支持就会受到一定限制，规划的效用会随着数量的增多，规模的扩大出现边际递减的结果，区域规划政策的含金量减小。

当区域经济政策的空间范围过于分散，就难以致力于完善科学完整的规划体系。一方面，我国区域规划政策集中于经济发展速度，GDP数量的论证和预测，没有真正地做到仔细规划，考虑周详。另一方面，传统的经济地理学没有成熟的空间结构理论体系，没有解释市场和政府在区域经济发展过程中的相互规律，国家规划的目标不够明确。比如，资源也集中于供需分析和开发手段和目标，对于如何让加强资源管理和生态保护环境问题力度和深度不够。产业规划方面，没有十分具体的、可操作性强的规划方案，仅仅依据现状和主观的展望，提出产业布局和发展趋势的指示性意见，并且通过基础设施建设或者税收经济优惠加以诱导。规划出台后，我国实施手段非常薄弱，没有形成跟踪和定期监督汇报，没有电子数据库和数据加工分析系统，没有检验规划的质量，下一轮规划就没有切实的依据，政策落实的机制和手段不够完善。一般的区域规划编制，都是属于精英阶层的决策，公众的意见征求没有起到重要的作用。因此，社会各阶层和公众不是十分熟悉规划意图，人们在思想、资源、文化、市场、需要、环境等方面没有很强的一致性，从而没有动力将其转化为自觉行动，政策的落实程度大打折扣。

（二）区域经济政策普惠化

我国目前规划的各个区域越来越多，甚至几个靠的特别近的区域相同的税收政策，相似的招商引资优惠，虽然国家有规划一些发展的方向，但是趋同优惠的政策没有具体的发展功能导向，区域新规划的激励作用被弱化。政策的产生有效作用的前提在于其相对的针对性和稀缺性，且相应的政策红利应该平均分摊（姚慧琴，2004）。区域经济政策供给的扩大伴随的是政策目标效果的减弱。同一政治区域内的规划数量较多，而跨越区域的规划相对偏少，政府主导型的发展下政策作用既缓慢又难以把握关键问题，区域间粗放的、闭门造车的改革思路难以协调。相应的，区域内部产业结构趋同，且产业间缺乏竞争秩序，造成了区域内竞争性太多而互补性不够，这种产业布局与产业发展偏离马克思社会与劳动法的区域分工的客观要求，损伤区域之间的合理分工，牺牲的区域比较优势。数量众多的区域规划引发地区的盲目追逐潮流，过于重视争取优惠的政策而忽略掉了区域自身的发展优势定位。

我国西部地区在大开发之初具有明显的自然资源、区位、劳动力等潜在优势，但数十年过去以后，发展的现实是对区域经济政策普惠化的实证的解释。我国西部地区诸如资源优势、农业优势、市场资源、劳动力资源、区位优势等潜在优势却渐渐转化为劣势，陷入"资源诅咒"的怪圈。资源不仅由国家经营管理，而且开采加工方式十分粗放，生态赤字是西部可持续发展中难以忽略的问题（徐康宁、韩剑，2005）。而且，虽然国家利用优惠政策对西部地区转移支付，但是在资本自由流动的当下，资金和西部的人才、资源等无形资本都在市场规律的作用下回流到经济发达地区（刘生龙、王亚华、胡鞍钢，2009）。由于资源禀赋的优势，西部临近区域低水平的产业结构伴随着同质化严重，且在价格、市场、技术等方面缺乏核心竞争力，虽然区域规划规模在不断扩大，产业占地面积和总量增长，但是产业质量也陷入停滞不前的困境。正是这些方面的原因，使得政策目标无法达到，西部经济发展没有过硬的实体经济支撑，培育形成的增长极显得比较弱势，各个区域均存在显著的条件收敛趋势，中国的经济非均衡发展的趋势仍将长期存在（楚尔鸣、马永军，2013）。

(三) 区域规划政策非动力化

我国的各个地区为了争取国家资金政策的倾斜，各地动用各种人力资源，争取可以都向中央递材料，希望可以得到新规划区域的批复，地方政府没有发展地方经济自力更生的艰苦奋斗的觉悟，反而纷纷走上一条捷径，要政策，希望在财政、土地、金融、项目上得到另眼相看，抢夺政策红利的先机。但是缺乏内部创新和发展的原动力，最后政策大家都有了，不但导致区域间的恶性竞争，而且争取到的政策和规划也难以落实。真正的发展确实还是要看各地的自身条件和努力程度。以往地方都到中央去争相竞争的政策红利，因为中央改革思路在近期的转变，也在一定程度上增加了地方的自主性，但这还是不能马上转变地方的思维。在现行的 GDP 政绩考核观伴随着区域恶性竞争的情况下，长此以往，各级政府和官员在思想和作为方面都或多或少地受到了晋升体系的拘束，从而影响了区域规划的正确有效执行，随之而来的恶性竞争导致了资源错配，最终阻碍我国经济整体的持久、高效、协调发展。

我们看到，资本对 GDP 的贡献率远高于劳动力（宋长青、李子伦、马方，2013），经济增长受资本要素催动是我国经济的主要特征。这种粗放型的增长方式不具有可持续性，要提高经济效率，转变依靠政策红利的发展现实，就要提高区域全要素生产率，找到长期、持久、内生性的发展动力。

区域经济政策规划的制定偏向的是国家与政府的经济发展意图，而对企业诉求的关注相对较少，与此同时，市场协同组织发展不成熟，区域合作中政府间的合作起着主要作用。企业是市场经济活动的主体，企业是拉动市场经济发展的内在推动力，国家的政策和优惠是地区发展的外在吸引力。但是目前，政府间合作的就是建立具有引导作用的产业政策，也没有加强基础设施的统一规划和协调机制。尽管很多区域经济政策和规划文本具有重要的指导意义，但是难以发挥各地的比较优势，通过差异化发展提升区域的整体实力和国际竞争力，不能在现实中真正发挥效力。这是由于区域经济政策的制定和实施涉及多个部门、多个地区——纵向上多头管理，横向上协调不力。地方政府在区域经济政策制定和执行中参与性不足，政策效应的发挥也过多依赖政府优惠政策而忽视市场机制的配置。我国政府主导的局面还需要时间去改变，发挥出市场的基础作用，企业的主体地位，才能改变政策非动力化的局面，才能以市场主体的发展带动经济健康进步，而不是扭曲了市场主体的政府主导的，以竞标赛晋升机制为标准的规划发展。

四、完善我国区域经济政策的对策措施

为了进一步完善我国区域经济政策的制定机制和实施方式，形成科学化、制度化的完整配套体系，充分发挥我国区域经济政策在构建区域经济增长极、减小区域发展差距、促进区域协调可持续发展等方面中的重要作用，我们认为，应该努力从以下几个方面对我国的区域经济政策进行改进。

（一）区域经济政策不仅要有个性化，更要注重大区域协调发展

区域的规划不应该成为国家总体规划的单纯叠加或者行业规划的重复要求，而是应该站在自身的优势特点立场上，在新的阶段区域政策不但更加精细化，而且更加强调区域经济战略定位和发展方向。增强区域政策的针对性和分类指导水平，规避地方政府为追求自身利益而采取的短期行为，提高地区经济发展的稳定性。在 2014 年中央经济会议中对于京津冀协同发展的整体构想，不但要发挥京津"双核"城市圈集群效应，其重要意义更在于城市群经济实力对区域、全国及国际竞争的辐射功能。同时，随着京津冀政府在区域政策制定和执行过程中自主性的增强，经济发展需要体现更强的地方特色。

另外，由于我国区域规划之间相对孤立发展，只关注自身的优劣势分析选择，割裂了与其他区域发展联系。区域规划应该站在全局性的位置上，这就是强调要在科学发展观指导下，根据资源环境的承载力、开发条件和潜力，确定能够体现区域经济特色的战略目标定位，并充分考虑经济、社会、环境三大方面的统一、协调发展，合理规划相关的产业布局和基础建设。经济发展规划、城乡规划、产业规划等各项细分规划应该遵循全局性的区域规划战略。另外，一些区域战略与规划虽然对所在区域具有纲领性的主要地位，且经国务院或国家发展改革委员会批复成为国家级规划，但仍然不及被赋予国家战略意义规划的重要性，需分别认识和对待国家与区域战略意义。早在 1993 年中央就提出长江经济带这个具有国家战

略意义的规划，由 7 个省和 2 个直辖市组成，新时期李克强总理关于长江经济带的建设规划，总体单位变为了 11 个，增加了贵州和云南两个省份。这个宏伟的构想就是要在一个全国高密度的经济地带建设"低成本、低排放、标准化"的长江经济带立体交通走廊，开展以治理"黄金水道"生态环境为主的调结构，惠民生，稳增长的改革路径。不仅如此，中央提出的"一带一路"的规划，由北中南三条路线组成，主要的目的是发展国际商贸，加快自由贸易区的发展，与周边国家形成紧密的合作、密切的利益往来。它是具有国际意义的资源整合和合作有力平台，是泛亚地区最具战略意义的整体规划，是涵盖国际国内更大范围的一体化经济走廊。加强这些区域的道路、通讯、互联网等基础设施的建设，将会为经济带上实现贸易和投资繁荣发展铺平前路。

"一带一路"、京津冀协同发展和长江经济带作为中央的区域经济政策全面落地的施展平台，调结构的重要方式，经济空间格局的优化的主要议题，相较其他的区域经济政策而言，涉及区域和政策范围更广，是国民经济新常态下在大区域、大地带的整体化协调。

（二）改变区域单元各自为政的局面

区域政策的中心思想是协调发展，即以较先进地区的经济辐射带动和引领欠发达地区的进步，进一步缩小不同地区发展的差距。规划执行主体是政府，首先地方政府需要解放思想，建构起分工协同思维，才能有效提高规划的社会执行效果。

京津冀要想实现协同发展，在中国北方培育可以媲美珠三角的经济增长极，应充分发挥比较优势，积极鼓励执行单元从竞争对手成为联盟合作伙伴，形成网络交流与合作的良性互动，促进区域内的各项自然资源和社会资源的有机整合。再然后，便是要在打破由行政区划造成的市场限制和区域间贸易壁垒，优化配置生产要素并实现其在区域间的自由流动，促进产业合理的重构和升级。探求创建标准化的区域协作机制，展开层次丰富、模式多样、领域广泛的区域合作，激励和支援各区域构建区域经济、科技、人才合作的互动关联，以促使东西联动良性发展的格局形成。创建区域间的补偿机制，特别是指生态补偿机制。因地、因时制宜的选择生态补偿模式，以区域协调发展为统筹全局的主体思想，以体制管理政策创新和技术进步为核心动力，以"谁开发谁保护、谁受益谁补偿"为原则，坚持完善协同组织对生态补偿的调控手段，结合市场机制作用，逐渐规划出公平公正、积极有用的生态补偿机制。将生态补偿提上规划议程，针对大气、水资源污染等建立规范的法律制度，有利于各个区域迈进经济与生态良好的现代文明发展之路。

（三）健全体制机制，实现大区域协调发展

在组织机构的完善方面，建议建立由中央和地方政府代表组成设置一个独立的协同发展组织，负责该地区发展规划的编制、执行、评价和完善。美国自20世纪60年代起，就先后成立了区域经济管理的专门组织（地区再开发署和经济开发署），负责统筹落后地区的经济发展。我国也曾经为西部大开发和振兴东北老工业基地成立了西部办和东北等老工业基地振兴司，但遗憾的是组织机构的权责关系还有待进一步完善。

利益差别化是大区域协调需要控制的关键，跨区域统筹规划和网络的合作竞争的实施需要特别关注网络成员合理的长期股权以及收入分配，根据区域的整体发展需要及时改进项目、资金、运行机制和管理体制，搭建起区域间的利益分配机制、政府绩效评估机制和社会信用评估机制。在合作协同机构的统筹下，综合考虑网络市场实际实施，预期收益和成员的贡献，发展战略，风险评估和其他因素，设计一个共享成果、共担危险、协同进步的利益长期配比公式。由中央出面，设立区域开发署，协调关系，制定政策，确保经济政策符合大区域协调的一盘棋。

宏观层面，基于政府在区域规划实施中的扮演重要角色，政府应在原有的奖励和约束机制的基础上广泛听取规划区域方面的意见和建议，包括企业、社会组织和居民，与时俱进的形成有效的跨区域规划的激励制度，尤其是政府人员的激励和约束机制。要注重市场化制度和民主法治的建设，破除区域行政性垄断与经济壁垒，通过市场的基础性地位来提高资源配置的效率和技术进步的效率。因此，区域层面，需要提高各级政府的信誉，公务员、组织部门应根据职业道德与法制，坚守党的纪律，在规划的基本标准和执行等工作中依法办事，树立一个强大的政府公信力。微观层面，应建立健全信用制度，促进区域间的担保网络协作，完善社会诚信系统及其运行机制，使诚信数据可查可判，使诚信主体在规划执行中获得应有的发展机会（杜德昌、卢中华，2011）。

（四）大区域规划要与国民经济发展规划相协调

行政层级要趋向扁平化，在社会全面协调可持续发展过程中实现 GDP

的增长。GDP 的增长不能充分地解释社会的发展。GDP 的增长要走上与社会和谐的发展之路，必须以促进人的全面发展为根本目标，推动行政层级制度变革，才能使 GDP 持续高效健康的增长，同时成为社会发展的推动力。

首先要完善考核体系和经济发展指标系统。我们必须将把经济产出中的要素成本（包括资本、土地和劳动力等）、环境退化成本、资源消耗成本，以及劳动安全成本（安全生产措施需要的费用和工伤处理等）加入国民经济体系进行核算，树立起"绿色 GDP"的区域经济协同竞争模式，构建可持续的国民经济核算体系。为了转变追求 GDP 的增长速度而不顾代价的传统增长方式，我们要把区域经济增长同社会发展的进步结合，与生态环境保护和资源集约利用的观念联系。其次，要做到调动区域注重社会发展的积极性，不再把 GDP 的总量和速度作为衡量干部政绩、决定干部升迁的唯一依据，要按照可持续发展观，建立平衡有效的政绩评价标准，科学透明的评价区域经济发展水平、竞争力、工业化、城市化、现代化水平。既要看 GDP 增长，也要注重反映人与社会全面发展的生态环境维护、资源合理利用、技术创新能力、可持续发展能力、社会文化建设、人民幸福程度等指标，切实把提高群众满意水平和社会全面发展能力当作一切官员评价的核心。

区域政策的制定实施中要注意研究与主体功能区相配套的财政、投资、税收、产业、金融和科技政策及其评价标准。在区域发展评价和官员的绩效考核方面，应针对不同规划定位的主体功能区，执行与之配套的区域发展评价指标体系和政绩考核办法。优化开发区域要注重优化产业结构、减少资源消耗、加强自主创新等转变经济发展方式的评价，弱化对经济增长速度和总量的评价；重点开发区域要注重对 GDP 增速、总体效益、工业化和城镇化程度以及重点产业的自主创新等实行综合评价；限制开发区域要特别注重对生态环境保护、资源节约利用等环境友好型发展方式的评价，弱化对经济增长、工业化和城镇化程度的评价；有关政绩指标主要是生态建设和环境保护就是禁止开发区域评价的标准。

主要参考文献

1. 陈秀山、董继红、张帆：《我国近年来密集推出的区域规划：特征、问题与取向》，载于《经济与管理评论》2012 年第 2 期。

2. 陈秀山、张可云：《区域经济理论》，商务印书馆 2010 版。

3. 楚尔鸣、马永军：《中国全要素生产率增长的区域差异及其收敛性》，载于《区域经济评论》2013 年第 3 期。

4. 丁任重：《西部经济发展与资源承载力研究》，人民出版社 2005 年版。

5. 丁任重：《论中国区域经济布局新特征——兼评梯度推移理论》，载于《经济学动态》2006 年第 12 期。

6. 杜德昌、卢中华：《跨区域规划的执行机理与系统优化——以长江三角洲地区为例》，载于《同济大学学报（社会科学版）》2011 年第 4 期。

7. 郝寿义、安虎森：《区域经济学》，经济科学出版社 1999 年版。

8. 黄新飞、舒元：《中国省区贸易开放与经济增长的内生性研究》，载于《管理世界》2010 年第 6 期。

9. 刘生龙、王亚华、胡鞍钢：《西部大开发成效与中国区域经济收敛》，载于《经济研究》2009 年第 9 期。

10. 宋长青、李子伦、马方：《中国经济增长效率的地区差异及收敛分析》，载于《城市问题》2013 年第 6 期。

11. 徐康宁、韩剑：《中国区域经济的"资源诅咒"效应：地区差距的另一种解释》，载于《经济学家》2005 年第 6 期。

12. 姚慧琴：《试论西部大开发中的政府促动与企业发展》，载于《管理世界》2004 年第 8 期。

13. 张宇：《过渡政治经济学导论》，经济科学出版社 2001 年版。

分税制改革推动了市场统一吗

宋冬林　范　欣[*]

分税制的实施是否有利于全国市场的统一？不同区域下分税制改革对区域市场分割是否存在差异性？目前，学界关于分税制改革与市场分割的理论分析尚未深入，相关的实证研究也不多见。本文尝试分析分税制改革与市场分割的作用机理，通过构建数理模型对两者关系进行阐述，并通过实证加以证实。

一、数理模型

借鉴陆铭等（2004，2007）、范子英等（2010）的做法，本文试图构建一个跨期分工决策模型。该模型包含两个地区、两段时期和两个部门，A 地区（经济相对发达地区）的高技能部门（H 部门）在生产高新技术产品上具有比较优势，而 B 地区（经济相对落后地区）的低技能部门（L 部门）在生产初级产品上具有比较优势。在此，假设高技能部门存在"干中学"效应，而低技能部门不存在"干中学"效应[①]。考虑到各地区均可能既生产高技能产品，也生产初级产品，为使效应函数可解，将其设为：$U = C^H \cdot C^L$，其中，C^H 表示高新技术产品的消费；C^L 表示初级产品的消费。同时，我们将分配到各期的时间标准化为 1。在产品生产过程中，假

　＊　宋冬林，吉林财经大学教授，吉林大学博士生导师；范欣，吉林大学经济学院博士研究生。本研究得到国家社会科学基金（13&ZD022）和吉林大学研究生创新基金资助项目 2015070 资助。

　①　"干中学"效应意味着在该部门第一期做得越多，则在第二期的技能水平将越高。低技能部门虽然同样存在"干中学"效应，但其与高技能部门相比，速度相对较慢，故假设其不存在"干中学"效应。

定要素市场是分割的，即不存在劳动力资源的跨区域流动。此外，假设高新技术产品上的相对初始技术和技术进步速度分别为 A 和 ϕ，两者在 L 产品上相对技术进步为 1，初始技术也标准化为 1。

在不考虑分工的跨期决策中，假设低技能部门生产的初级产品不存在规模报酬，产出是时间的线性函数，且各地区生产的产品全部用于自身的消费，时间作为唯一的投入品。为此，用 y 表示经济相对落后地区的产出，用 Y 表示经济相对发达地区的产出，t_1、t_2 分别表示两期中分别分配到经济相对落后地区高技能部门的时间，T_1、T_2 分别表示两期中分配到经济相对发达地区高技能部门的时间，则实现最优规划是两地区最大化两期的效应和。对于 B 地区而言：

$$\max_{t_1,t_2} u = c_1^H \cdot c_1^L + c_2^H \cdot c_2^L$$
$$y^L = y_1^L + y_2^L = (1-t_1) + (1-t_2) = 2 - t_1 - t_2$$
$$y^H = y_1^H + y_2^H = t_1 + t_1 \cdot t_2 \tag{1}$$

经计算可得：

$$t_1 = \frac{5}{8} \qquad t_2 = \frac{1}{2} \qquad u = \frac{25}{64} \tag{2}$$

同理，对于 A 地区而言：

$$\max_{T_1,T_2} U = C_1^H \cdot C_1^L \cdot C_2^H \cdot C_2^L$$
$$Y^L = Y_1^L + Y_2^L = (1-T_1) + (1-T_2) = 2 - T_1 - T_2$$
$$Y^H = Y_1^H + Y_2^H = A \cdot T_1 + \phi A \cdot T_1 \cdot T_2 \tag{3}$$

经计算可得：

$$T_1 = \frac{1}{2} + \frac{1}{8}\phi \qquad T_2 = \frac{1}{2} \qquad U = A\left(\frac{1}{2} + \frac{1}{8}\phi\right)^2 \tag{4}$$

不考虑分工的跨期决策是一种封闭环境下的决策，意味着商品在地区间市场上无法跨区域流通的情景，本地区的生产量即为本地的消费量，代表商品市场是完全分割的。作为理性决策人，地方政府为实现自身效用最大化，往往愿意去选择生产自身具有比较优势的产品，在不考虑交易成本存在的情况下，对于经济相对发达地区而言，其资源全部用于生产高新技术产品；对于经济相对落后地区而言，其资源全部用于生产初级产品，进而进行交换。但是，在实际生活中，我们不得不考虑到交易成本的存在，为此，假设 B 地区低技能部门生产的单位初级产品的相对价格为 $P_1(P_1 < 1)$，A 地区高技能部门生产的单位产品的相对价格为 $P_2(P_2 < 1)$。地区间的运输成本采用冰川

成本模型（Samuelson，1964）进行测度，意味着 1 单位产品在地区间进行运输，仅有 $1/D$ 单位产品可抵达目的地，其中 D 表示两地之间的运输条件，受自然地理距离、制度因素等影响。考虑到与 B 地区相比，A 地区经济水平较高，更愿意采取分工合作的方式进行生产，令 A 地区产品进入 B 地区的运输条件为 D_1，B 地区进入 A 地区的运输条件为 $D_2（D_1 > D_2）$。同时，考虑到分税制改革目的在于提升"两个比重"，我们在此采取税收来衡量其成效。而税收往往作为政府限制产品进出的重要手段，我们假设对每单位产品征税为 t。若 B 地区单位初级产品征税后的价格大于 A 地区生产初级产品的价格，商品将无法实现跨区域交易，即意味着为限制外来产品对本地产品的冲击，地方政府可能加强地方保护主义行为，进而导致税收与市场分割的同方向变动。反之，当 B 地区单位初级产品征税后的价格仍小于 A 地区生产初级产品的价格，则有动力进行交换，商品能实现跨区域交易。同理，高新技术产品也存在此情况。基于此，对于 B 地区而言，其效用最大化应满足：

$$\max_{c_1^H, c_2^H} u = c_1^H \cdot c_1^L + c_2^H \cdot c_2^L$$
$$\text{s. t.} \quad c_1^L + D_1\left(P_2 + t\right)c_1^H = 1$$
$$c_2^L + D_1\left(P_2 + t\right)c_2^H = 1 \tag{5}$$

同理，对于 A 地区而言，其效用最大化应满足：

$$\max_{c_1^H, c_2^H} u = c_1^H \cdot c_1^L + c_2^H \cdot c_2^L$$
$$\text{s. t.} \quad D_2\left(P_1 + t\right)c_1^L + c_1^H = A$$
$$D_2\left(P_1 + t\right)c_2^L + c_2^H = \phi A \tag{6}$$

通过计算可知，A 地区和 B 地区的效用分别为：

$$U = \frac{A^2\left(1 + \phi^2\right)}{4D_2\left(P_1 + t\right)} \quad u = \frac{1}{2D_1\left(P_2 + t\right)} \tag{7}$$

基于计算结果可知，若地区之间有动力进行商品交换的情况下，经济相对落后地区（或经济相对发达地区）的高新技术产品（或初级产品）的相对价格以及单位产品征税收入是影响市场分割的重要因素。在效用最大化下，相对商品价格保持不变的情况下，征税收入与市场分割呈现反向变动关系，即每单位产品征税收入越多，市场分割程度越弱；而每单位产品征税收入越少，市场分割程度则越强，两者呈现出反向变动的关系。

二、计量模型、数据来源与说明

为进一步验证上述数理模型的有效性，基于陈敏等（2007）、顾乃华（2011）等实证研究中所使用的模型，我们将宏观税负、财政分权、对外开放度、国有经济比重等引入其中，构建如下回归模型：

$$Segm_t^i = \alpha_0 + \alpha_1 MS_t^i + \alpha_2 FD_t^i + \alpha_3 IM_t^i + \alpha_4 IM2_t^i + \alpha_5 NE_t^i + \alpha_6 PO_t^i + \varepsilon_t^i \quad (8)$$

其中，$Segm$ 表示市场分割指数；MS 表示宏观税负；FD 表示财政分权；IM 表示对外开放度；IM_2 表示对外开放度平方项，主要用于验证对外开放度与市场分割是否呈现非线性关系；NE 表示国有经济比重；PO 表示 $0 \sim 1$ 虚拟变量；t 表示时间变量；i 表示各对应省份截面单位；α_0 为常数项向量；$\alpha_1 \sim \alpha_6$ 为系数向量；ε 表示随机干扰项。

关于被解释变量指标的选取，关于市场分割指数的测度，国内外学者们主要采用生产法、贸易法、调查问卷法、价格指数法与经济周期法等。本文采用较为流行的相对价格指数法进行测度，并对其假设前提进行修正（宋冬林等，2014）。其基本步骤包括：（1）计算八类不同商品①相对价格的绝对值 $|\Delta Q_{ijt}^k|$，其公式为：$|\Delta Q_{ijt}^k| = |IN(PI_{it}^k - PI_{jt}^k)|$；（2）计算八类不同商品相对价格的方差，其公式为：$Var(q_{ijt}^k) = Var(|\Delta Q_{ijt}^k| - \overline{|\Delta Q_t^k|})$；（3）将全国范围内不同年份下不同商品的相对价格指数求取均值，分别得出各省市的市场分割指数 $Segm_{it}$。

关于解释变量指标的选取。宏观税负采取各地区财政收入占各地区生产总值的比重来表示。财政分权利用各地区财政收入和财政支出之和占国内财政总收入和财政总支出来之和的比重来衡量。考虑到市场分割的特性，对外开放度采用进口总额占国内生产总值的比重来衡量，并引入对外开放度平方项，主要是为了判断其形状。国有经济比重采用常用的各省市国有企业就业人数占各省市从业人员数的比重来衡量。分税制改革的选取，主要采用 $0 \sim 1$ 虚拟变量来进行衡量，在 1994 年分税制改革推行之

---

① 在数据选择上，本文选择了 1985～2012 年各省市商品零售价格分类指数中的八类商品：粮食、鲜菜、饮料烟酒、服装鞋帽、中西药品、书报杂志、日用品和燃料。鉴于统计口径上存在差异，2003～2012 年鲜菜、中西药品、书报杂志价格指数数据分别采用菜、中西药品及医疗保健用品、书报杂志及电子杂志价格指数代替。

前，设为0；在1994年分税制改革推行之后，设为1，其主要用于判断分税制改革的实施对市场分割是否带来影响。

基于经济体制的差异性，实证数据剔除了香港、澳门和台湾地区。囿于数据可得性，西藏和海南也予以剔除。重庆因1997年方成为直辖市，故数据合并到四川省。在此，我们将整体研究起点定于1985年，研究面板数据集共包括1985~2012年28年间28个截面的784个样本观察值。数据来源于《中国统计年鉴》、《新中国60年统计资料汇编》及各省市历年统计年鉴等。上述变量定义说明与统计描述见表1。

表1   **变量定义说明和统计性描述**

变量名	变量解释	均值	标准差	观察值
Segm	市场分割指数（%）	0.1830	0.1001	784
MS	财政收入占地区生产总值的比重	0.0889	0.2517	784
FD	各地区财政收支占全国财政收支的比重	0.0357	0.9955	784
IM	进口贸易总额占地区生产总值的比重	0.1405	0.0901	784
IM2	进口贸易总额占地区生产总值比重的平方	0.1186	0.036	784
NE	国企就业人数占从业人员数的比重	0.2471	0.0706	784
PO	0~1虚拟变量	0.6794	0.051	784

三、实证分析

（一）不同时序下分税制改革与市场分割的关系研究

我国现行的财税制度源于1994年实施的分税制改革，历经注重收入功能转向注重公平效率功能，具有明显的阶段性特征。"94税改"作为系统性改革，其旨在满足社会主义市场经济体制建设的需要，充分发挥其收入功能，实现"两个比重"的提升；而"04税改"则试图调整税种，减少重复征税，提升税制的法定性和公平性。基于此，我们分别以1994年、2004年为界，来考察不同阶段下分税制改革对市场分割的作用效果。表2反映的是不同阶段下分税制改革与市场分割的估计结果。具体来说，模型一说明的是1985~2012年期间分税制改革与市场分割之间的关系；模型二说明的是1985~2003年期间分税制改革与市场分割之间的关系；模型三说明的是 1994～2012 年期间分税制改革中税制结构性调整与市场分割之间的关系。从模型中我们可以发现，不同阶段下各变量系数并非严格一致，具有其自身独特性，具体来说：

1. 与财政包干制相比，分税制改革的推行有利于全国市场的统一，但分税制改革的结构性调整对市场分割的影响效果不显著。从表 2 的模型一和模型二中我们可以看出，PO 系数在 1% 水平下显著为负，说明与财政包干制相比，1994 年实行的分税制改革更有利于全国市场的统一。分税制改革的实施，初步统一了税制，打破了原有"块块"管理模式，有利于资源在区域间的流动，进而推动全国市场的统一。从表 2 的模型三中我们发现 PO 系数并不显著，这说明与"94 税改"相比，"04 税改"对市场分割的作用效果并不明显，原因可能在于三大税种的调整虽有利于减少重复征税，降低企业税负，但因其重点在于关注税收的公平与效率，对区域市场整合效应不明显。

2. 从全国层面来看，在不同时序下，宏观税负系数均在 5% 水平下显著，且两者呈现负相关关系。在 1985～2012 年期间，宏观税负系数值为 -1.1524，说明宏观税负每提高一个百分点，市场分割程度将下降 1.1524 个百分点。究其原因，一定程度源于宏观税负对市场分割的作用机理较为复杂，一方面，宏观税负对市场分割具有消极效应，降低宏观税负水平意味着政府财政收入将减少，进行降低政府的宏观调控能力，政府对市场的干预程度将可能加强；另一方面宏观税负对市场分割具有积极效应，降低宏观税负减轻企业的税收负担，提高企业从事生产的动力，增进当地政府的税收收入，进行促使政府削弱对市场的干预力度。从表 2 中不同时序下估计结果可以看出，宏观税负对市场分割的反向作用可能在于其消极效应强于积极效应。

3. 不同阶段下，财政分权对市场分割的影响表现不一。从 1985～2012 年期间和 1994～2012 年期间来看，财政分权对市场分割的影响显著，这与既有的研究一致，认为财政分权给予地方政府经济激励来构建贸易壁垒，实行市场分割的政策。而从 1985～2003 年期间来看，财政分权系数不显著（表 2 模型二），可能源于不同机理的综合作用，一方面财政分权给予地方政府经济激励来实行地方保护主义，但一方面财政的转移支付使得落后地区能分享发达地区经济增长的好处，若财政转移支付能使落后地区参与分工合作的效用大于分割时，其将放弃市场分割。

此外，我们还可以观测到其他相关变量的情况。从对外开放度上看，对外开放度对市场分割的影响效果不显著，可能源于多种机理的共同作用下两者出现此关系。具体来说，对外开放一方面有利于激发市场活力，约束政府对市场的非理性干预；另一方面，有可能会挤出国内贸易，不利于民族企业的发展，进而激励地方政府有动机实施地方保护政策，加剧市场分割。从国有经济比重来看，国有经济比重系数显著为正，说明国有经济比重越高，越容易激发政府实施地方保护的动机。

表2　　　　　　　　　　不同阶段下市场分割的估计结果

变量	模型一 （1985~2012）	模型二 （1985~2003）	模型三 （1994~2012）
MS	-1.1524***	-1.0103**	-1.3711***
	(-4.5782)	(-2.2939)	(-8.0533)
FD	2.0905**	2.1149	0.8773*
	(2.0999)	(1.2529)	(1.7913)
IM	-0.0372	0.0087	0.0637
	(-0.4123)	(0.0569)	(0.6945)
IM2	0.0318	0.0144	0.0109
	(0.8844)	(0.2654)	(0.1292)
NE	0.3218***	0.3049***	0.5056***
	(4.5559)	(3.3546)	(9.7011)
PO	-0.2063***	-0.2012***	0.0065
	(-7.4254)	(-5.6542)	(1.1858)
C	0.2729***	0.2657	0.0742***
	(5.3461)	(4.0713)	(4.0426)
Obs	784	532	532
R^2	0.4817	0.4007	0.5774
Model	截面固定效应，时期无效应	截面固定效应，时期无效应	截面固定效应，时期无效应

注：括号中的数值为t值，*、**、***分别代表10%、5%、1%的显著性水平。

（二）不同区域下分税制改革与市场分割的关系研究

表3反映的是不同区域下分税制改革与市场分割的估计结果。具体来说，模型四~模型七分别说明的是四大区域（东部地区、东北地区、中部

地区和西部地区①）层面分税制改革与市场分割之间的关系。从模型中我们可以发现，四大区域下各变量系数也并非严格一致，具体来说：

1. 分税制改革执行与否呈现出明显的区域差异性。从表3中我们可以看出，东部地区和中部地区的 PO 系数均在1%水平下显著，系数值为负；而东北地区和西部地区的 PO 系数效果并不显著。这种区域层面的差异性原因何在？作为经济相对发达的东部地区和中部地区，市场发育程度明显高于经济相对落后的东北地区和西部地区，民营经济相对活跃。分税制改革的实行有利于经济相对发达地区税收收入的提升，提高政府的宏观调控能力，这将有利于鼓励企业基于比较优势下进行跨区域分工与合作，进行推动区域市场整合；而经济相对落后地区自身财力有限，扮演着"吃饭财政"的角色，一方面寄希望在跨区域分工协作用实现税收收入的增长；但另一方面担心本地市场的开放将引致本地企业在竞争中破产倒闭。处于利益博弈之下的地方政府难以实现两全决策，从而可能导致分税制改革的成效在经济相对落后地区的效果不显著。

表3　　　　　　　　　不同区域下市场分割的估计结果

变量	模型四（东部地区）	模型五（东北地区）	模型六（中部地区）	模型七（西部地区）
MS	− 1.2378 ***	0.1583	− 3.4608 **	− 0.6884
	(− 3.7322)	(0.0917)	(− 2.5164)	(− 1.2598)
FD	1.2182	18.34 **	19.663 ***	4.1842
	(0.9838)	(2.3759)	(2.7603)	(1.4083)
IM	0.0392	3.7005 *	− 1.6109	− 1.1653
	(0.3435)	(1.6675)	(− 0.353)	(− 0.7461)
IM2	0.0065	− 17.4804	12.8459	10.68
	(0.1554)	(− 1.3899)	(0.1946)	(0.6734)
NE	0.2663 **	− 0.0083	0.2729	0.4354 ***
	(2.1129)	(− 0.0243)	(1.2663)	(3.9361)
PO	− 0.2664 ***	− 0.1803	− 0.2773 ***	− 0.0724
	(− 5.1587)	(− 1.4995)	(− 2.9837)	(− 1.6326)

① 中国共产党第十六届五中全会第一次明确提出我国区域发展总体战略：继续推进西部大开发，振兴东北地区等老工业基地，促进中部地区崛起，鼓励东部地区率先发展。东中西部和东北地区划分方法依据国家统计局标准。

续表

变量	模型四 (东部地区)	模型五 (东北地区)	模型六 (中部地区)	模型七 (西部地区)
C	0.36 ***	− 0.5511	− 0.0135	0.0966
	(4.0541)	(− 1.3405)	(− 0.0624)	(1.08)
Obs	252	84	168	280
R^2	0.5342	0.5075	0.4866	0.392
Model	截面固定效应，时期 无效应	截面固定效应，时期 无效应	截面固定效应，时期 无效应	截面固定效应，时期 无效应

注：括号中的数值为 t 值，*、**、*** 分别代表 10%、5%、1% 的显著性水平。

2. 经济相对落后地区的宏观税负对市场分割的影响不显著，而经济相对发达地区的宏观税负有利于打破市场分割。对于东北地区和西部地区而言，宏观税负对市场分割的效果不显著，一定程度上在于与东部地区和中部地区相比，东北地区和西部地区的经济水平相对落后，企业的竞争力不足，且投资环境明显不如东部沿海地区，即使当地政府试图通过降低实际税率来吸引投资，但也有可能导致本地企业在竞争中破产，积极作用与消极作用并存，地方政府难以判断实施地方保护是否有利于地方政府的税收收入的提升。对于作为经济相对发达的东部地区和中部地区而言，宏观税负的降低虽短期内减少了政府税收收入，但税收优惠现已并非经济发达地区吸引投资的主要方式，东中部地区的地方政府实施市场分割的手段开始呈现出多元化、隐蔽性等特征，其财政支出投向已转向注重基础设施建设、教育、文化等软实力投资，以期构建新型的市场准入壁垒。

3. 财政分权对市场分割的影响表现不一。从区域层面来看，东北地区和中部地区财政分权均在 5% 水平以下显著正相关，这与既有的结论保持一致。东部地区作为经济相对发达地区效果不显著可能源于财政分权虽给予地方政府财政努力的动力，但分工合作更有利于经济发达地区基于比较优势进行生产，促进地区经济增长；而西部地区作为经济相对落后地区效果不显著原因可能在于多方利益的博弈造成，一方面财政分权给予地方政府经济激励来构建贸易壁垒；另一方面，作为经济相对落后地区，财政转移支付给予了地方政府参与跨区域分工合作的动力。地方政府需努力提升自身企业竞争力，并引进外资发展地方经济，进一步降低市场准入门槛。

四、结论及政策建议

始于 20 世纪 80 年代初期的税制改革，是我国财税体制建设上的重大创新，对我国的经济建设产生了不可磨灭的影响。而分税制作为一种重要的制度创新，是否有利于打破国内市场分割，实现资源的跨区域自由流动，为构建现代市场体系奠定基础引起了我们的深思。本文基于 1985～2012 年我国省际面板数据，从时空角度对分税制改革与市场分割的关系进行实证研究。主要结论如下：

1. 与财政包干制相比，分税制改革的推行有利于全国市场的统一，而分税制改革的内部结构性调整对市场分割的影响效果并不显著，并在区域层面呈现差异性。从表 2 中模型一和模型二我们可以看出，PO 系数在 1% 水平下显著为负，而模型三中我们发现 PO 系数并不显著；从区域层面来看，东部地区和中部地区的 PO 系数均在 1% 水平下显著，系数值为负；而东北地区和西部地区的 PO 系数效果并不显著。

2. 宏观税负有利于打破国内市场分割，经济相对发达地区效果显著，但经济相对落后地区的效果不显著。无论是何种阶段，宏观税负系数均在 5% 水平下显著且负相关。在区域层面，东北地区和西部地区的宏观税负对市场分割的影响不显著，而东部地区和中部地区的宏观税负有利于打破市场分割。

3. 财政分权对市场分割的影响表现不一。不同阶段下，财政分权对市场分割的影响表现不一。从区域层面来看，东部地区和西部地区的效果不显著，而东北地区和中部地区财政分权均在 5% 水平以下显著正相关。

基于上述结论，我们提出如下对策建议：首先，继续深化分税制改革。分税制改革作为一种具有明显中国特色的制度安排，是中央政府与地方政府利益博弈的共生品，伴随着经济发展过程中不可避免会带来一些弊端。政府应充分考虑各级主体的利益，一方面平衡地方政府的事权、财权与财力，实现地方利益公平化；另一方面应继续深化税制改革，在降低税负的同时，减少商品重复征税问题，加强税制建设。其次，积极推进现代市场体系的构建。"以邻为壑"现象在中国长期存在已是不争的事实，政府不应人为强加干预，应充分发挥以市场为主导，实现市场在资源配置中的决定性作用。最后，正确引导地方税收竞争，培育新型制度竞争机制。税收竞争虽然是分税制的本质，但其可能只是制度竞争中较为初级的一种竞争形式。中央政府一方面应加强政策引导，避免地方政府因利益而盲目开展恶性税收竞争，进而导致税收竞争的异化；另一方面亦须政府调整财政支出的结构性偏向，提高投资环境的软实力，以期实现资源的优化配置。

主要参考文献

1. 陈抗、Arye L. Hillman、顾清扬：《财政集权与地方政府行为变化——从援助之手到攫取之手》，载于《经济学（季刊）》2002 年第 1 期。

2. 陈敏、桂琦寒、陆铭、陈钊：《中国经济增长如何持续发挥规模效应？——经济开放与国内商品市场分割的实证研究》，载于《经济学（季刊）》2007 年第 1 期。

3. 陈刚、尹希果、潘杨：《中国的金融发展、分税制改革与经济增长》，载于《金融研究》2006 年第 2 期。

4. 邓明：《财政支出、支出竞争与中国地区经济增长效率》，载于《财贸经济》2013 年第 10 期。

5. 付敏杰：《分税制 20 年：评估与改革》，载于《财经问题研究》2014 年第 6 期。

6. 付文林、耿强：《税收竞争、经济集聚与地区投资行为》，载于《经济学季刊》2011 年第 4 期。

7. 傅勇、张晏：《中国式分权与财政支出结构偏向：为增长而竞争的代价》，载于《管理世界》2007 年第 3 期。

8. 范子英、张军：《财政分权、转移支付与国内市场整合》，载于《经济研究》2010 年第 3 期。

9. 顾乃华：《分税制改革与中国全要素生产率演变》，载于《中南财经政法大学学报》2011 年第 2 期。

10. 柯善咨、郭素梅：《中国市场一体化与区域经济增长互动：1995～2007 年》，载于《数量经济技术经济研究》2010 年第 5 期。

11. 刘尚希：《分税制的是与非》，载于《经济研究参考》2012 年第 7 期。

12. 陆丰泉：《论 1994 年财税体制改革的经济影响》，载于《财经研究》1994 年第 8 期。

13. 陆铭、陈钊、严冀：《收益递增、发展战略与区域经济的分割》，载于《经济研究》2004 年第 1 期。

14. 李涛、周业安：《财政分权视角下的支出竞争和中国经济增长：基于中国省级面板数据的经验研究》，载于《世界经济》2008 年第 11 期。

15. 吕冰洋、郭庆旺：《中国税收高速增长的源泉：税收能力和税收努力框架下的分析》，载于《中国社会科学》2011 年第 3 期。

16. 沈立人、戴国晨：《我国"诸侯经济"的形成及其弊端和根源》，载于《经济研究》1994 年第 3 期。

17. 宋冬林、范欣、赵新宇：《区域发展战略、市场分割与经济增长》，载于《财贸经济》2014 年第 8 期。

18. 王永钦、张晏、章元、陈钊、陆铭：《中国的大国发展道路——论分权式改革的得失》，载于《经济研究》2007 年第 1 期。

19. 徐佳慧：《税收竞争是否有碍市场整合?》，载于《学术论坛》2013 年第 12 期。

20. 尹希果、陈刚、潘杨：《分税制改革、地方政府干预与金融发展效率》，载于《财经研究》2006 年第 10 期。

21. 阎坤、张立承：《中国县乡财政困境分析与对策研究》，载于《经济研究参考》2003 年第 9 期。

22. 余可、于凌云：《分税制改革对地区经济增长的影响》，载于《统计与决策》2007 年第 2 期。

23. 张守文：《税制变迁与税收法制现代化》，载于《中国社会科学》2015 年第 2 期。

24. 张晏、龚六堂：《分税制改革、财政分权与中国经济增长》，载于《经济学（季刊）》2005 第 5 卷第 1 期。

25. 张维迎、粟树和：《地区间竞争与中国国有企业的民营化》，载于《经济研究》1998 年第 12 期。

26. 周飞舟：《分税制十年：制度及其影响》，载于《中国社会科学》2006 年第 6 期。

27. 周黎安：《晋升博弈中政府官员的激励与合作——兼论我国地方保护主义和重复建设问题长期存在的原因》，载于《经济研究》2004 年第 6 期。

28. Lin, Y. F. And Liu, Z. Q. , 2000, Fiscal Decentralization and Economic Growth in China, *Chicago Journals*, 49: pp. 1 – 21.

29. Li, H. and L. Zhou, 2005, Political Turnover and Economic Performance: The Incentive Role of Personnel Control in China, *Journal of Public Economics*, 89: pp. 1743 – 1762.

30. Ma, J. , 1997, *Intergovernental Fiscal Relations and Economic Growth in China*, England Macmillan Press.

31. Poncet, Sandra, 2003, Measuring Chinese Domestic and International Integration, *China Economic Review*, 14 (1): pp. 1 – 21.

32. Samuelson P. , 1964, Theoretical Note on Trade Problem, *Review of Economics and Statistics*, 46: pp. 145 – 164.

33. Shleifer, A. , 1997, Government in Transition, *European Economic Review*, 41:

385 – 410.

34. Zhuravskaya, E. V. , 2000, Incentives to Provide Local Public Goods: Fiscal Federalism, Russian style, *Journal of Public Economics*, 76, pp. 337 – 368.

35. Zhang, T. and Zou, H. , 1998, Fiscal Decentralization, Public Spending, and Economic Growth in China, *Journal of Public Economics*, 67, pp. 221 – 240.

城镇化对房地产市场供需影响的理论研究

葛 扬 何 伟 卢翠翠*

本文试图通过完善衡量城镇化水平的指标，运用动态面板数据进行实证分析，考察各地区城镇化发展对房地产供需的差别影响并提出政策建议。

一、城镇化对房地产供需作用的机制分析

城镇化和房地产市场相互影响，相互作用。一方面，城镇化的推进带来城市人口数量的增多，直接提高房地产的需求，城镇化推进中人口结构的变化会对房地产需求结构产生重要影响，城镇化带来的各种生产要素的集聚对房地产供给的影响也是不可忽视的。另一方面，房地产市场的发展也会助力城镇化进程的推进，房地产市场的繁荣将会改善城镇化发展的宏观经济环境，房地产供给的增多也会为城镇化带来的城市人口创造大量就业机会，从而促进城镇化进程的进一步发展。中共十八大会议上，中央提出了新型城镇化的发展方向，房地产产业的发展与繁荣则影响带动其他产业的发展，从而对整体国民经济具有举足轻重的作用，如何在新型城镇化的战略下推进房地产业的发展与繁荣是今后很长一段时间亟待解决的问题，对社会发展具有重要的历史和现实意义，因此，本文的分析主要研究城镇化对房地产市场供需的单方面影响，而未就房地产市场对城镇化的影

* 葛扬，南京大学经济学院教授；何伟，南京大学经济学院博士生；卢翠翠，南京大学经济学院博士生。

响作深入分析，希望为相关政策的实施提供借鉴。

城镇化的过程包括人口的城镇化和土地的城镇化，人口的城镇化，即农村人口向城市转移，人口的城镇化是城镇化进程推进的直接结果，大量农业人口转化为非农人口，在城市开始新的生活方式。土地的城镇化，即由于城镇化建设的需要，扩大城市的外延，将城市周边的地区划为城区加以发展，城市用地面积不断扩大以满足新增人口的生活服务需求。城镇化的进程伴随着城市规模的不断扩大，形成一个个大型的城市都市圈，同时带来劳动力、资本、技术等各种要素的集聚效应。城镇化带来的这双重效应，不用程度上对房地产的供给和需求造成影响。

（一） 城镇化对房地产需求影响的机制分析

1. 城镇化本身对房地产需求影响的理论分析。房地产需求主要包括房地产的消费性需求，生产性需求及投资性需求，由于本文采用的房地产需求指标是商品房销售面积，为保证一致性，在此主要分析城镇化对房地产消费性和投资性需求的影响。

一方面，人口的城镇化会对房地产市场的消费性需求带来积极影响。房地产的消费性需求主要指居民的居住需求，这部分需求属于刚性需求，是居民首先要满足的房地产需求，随着城镇化的推进，大量农业人口涌入城市，必然带来房地产消费性需求的增加，在城乡二元的户籍制度下，这种对需求的带动效用更为显著，为了获得和城市居民同等的公共服务，外来的人口通常会选择在城市购买住房的方式获得城市户籍，从而进一步带动了房地产的需求量。根据国家统计局的数据，1998～2012年，我国城镇化率增长了22.17%，每年约有2 000万人口进入城市，这部分人口必然带动房地产消费性需求量的提高。与此同时，城镇化进程的推进也会伴随着城市旧城区的改造，被拆迁的城郊居民也会有住房需要，从业增加房地产的消费性需求。另外，城镇化建设会间接带动非住房性消费性需求的增加，随着农村人口涌入城市，现代生活方式也会使得其消费结构发生变化，他们的休闲、旅游等娱乐活动随之增加，从而增加迁入居民对类似度假酒店等场所的非住房性房地产消费性需求。

另一方面，人口城镇化间接带动房地产市场的投资性需求。房地产的投资性需求指的是人们出于保值增值的目的而购入的房地产，是为了在合适的时机出租或者出让获取利益。房地产作为一种特殊的商品同时具有消费性和投资性，随着人们收入水平的提高，如何理财，实现资金的保值增值是人们关注的焦点，而在目前中国股市不稳定，银行利息过低的环境下，房地产市场由于土地稀缺性等特点投资风险较小，吸引了大量的投资者的目光，因而会引致房地产投资性需求的增加，而城镇化所导致的城市房地产消费性需求的持续增加必然会带来房地产市场供给趋紧的状况，房地产升值空间较大，投资者普遍形成对房地产市场发展的乐观预期，加入房地产投机者的行列，因此，城镇化进程的推进通过使投资者形成对房地产市场的乐观预期间接增加房地产投资性需求。

根据以上分析，得出城镇化对房地产供需影响的命题一：城镇化本身会通过城市人口数量的增加，直接提高房地产消费性需求和间接促进房地产投资性需求，从而增加房地产的总需求量。

2. 政府引导下的城镇化对房地产需求的影响。中国的城镇化进程不是自发的过程，而是在政府的行政引导下发生的，因此本文在分析城镇化对房地产需求的影响时考虑政府在其中的作用。根据前面所述，城镇化对拉动内需，促进经济增长的作用巨大，因而在目前政绩考核唯 GDP 的情况下，各地政府积极响应国家推进城镇化建设的号召，通过各种行政手段积极加快城镇化建设，其中最重要的政策是为城镇化建设提供财政支持。一方面，城镇化过程中的旧城改造等活动需要大量资金支持，政府财政支出为此提供重要的资金支撑；另一方面，扩大城市空间，开发房地产需要进行征地，涉及的大量拆迁补偿需要政府的财政拨款；另外，城镇化建设过程中，政府对房地产周边配套公共设施和服务的提供，提高了房地产的潜在价值，从而提高了房地产的需求量。因此，政府的财政支持保证了城市旧城改造等活动的顺利开展，保证了房地产开发的土地供应，同时通过提供配套的公共设施提高了房地产的潜在价值。由此形成了关于城镇化对房地产供需影响的命题二：在政府引导的城镇化条件下，政府的各种政策尤其是财政支持为城镇化提供资金支持，提高了房地产需求。

（二）城镇化对房地产供给影响的机制分析

1. 城镇化本身对房地产供给影响的机制分析。通常而言，影响房地产供给的因素主要包括：房地产市场价格、土地价格和城市土地数量、资金供应量和利率、税收政策、建筑材料供应能力和建筑能力及房地产商的预期。城镇化本身对房地产供给的影响可通过以下几个方面反映出来：

首先，土地城镇化可以增加城市土地面积，促进房地产供给量的上升。土地城镇化是指城镇化进程中的土地开发建设，政府通过征地等方式，将农业用地不断转化为城市用地，从而扩大城市外延，增加城市的土地利用面积，为开发房地产奠定了必要的基础，促进房地产供给量的提高。根据国家统计局的数据，1998～2012 年，我国城市建成区面积由 21 379.56 平方公里增加到 45 565.8 平方公里，城市面积大约扩大了一倍，这部分面积为房地产增量的提高提供了保证。

其次，城镇化带来各种要素的集聚，有利于提高房地产的开发规模和水平，促进房地产供给规模的增加。随着城镇化的开展，城市第二、第三产业比重不断增加，进城人口主要从事一些技术含量相对较低的劳动密集型行业，与房地产相关联的建筑、水泥等行业对这部分新增人口的吸纳能力较强，从而获得快速发展，提高供应能力，为房地产的开发规模和水平提供物质基础，有利于房地产供给的上升。因此得出城镇化对房地产供需影响的命题三：城镇化本身会通过土地城镇化和各种要素的集聚提高房地产的供给量。

2. 政策引导下的城镇化对房地产供给的影响。房地产供给同样受到政府政策的影响，尤其是政府的税收政策和开放政策，对房地产供给的影响颇为显著。

从税收政策角度来看，由于分税制改革对地方政府财权的限制，地方政府的财政自给率①逐年下降，政府通过征收城市土地使用税、耕地占用税等一系列有关房地产的税收获得大量资金，尤其是最近几年，国家为了遏制房价的过快上涨，频繁针对房地产进行宏观调控，房产税改革等措施频繁实施，"国八条"、"新国八条"接连推出，这些政策的实施一方面提高了房地产开发的成本，另一方面使房地产开发商产生国家打压房价的预期，因此抑制了城镇化过程中房地产商的房地产开发活动，房地产的供应会更加谨慎，供应量也会有所减少。

从开放政策角度来看，随着全球经济一体化进程的加快，外国资本对我国经济发展作用愈加显著，各地政府通过各种优惠政策吸引外国资本的进入，从而促进当地经济的增长。外商直接投资在我国推进城镇化建设的进程中，同样发挥着重要作用。外商直接投资可以推动一个地区工业化的发展，促进产业结构的优化升级，从而直接或间接为城镇化进程提供动力，尤其是在长三角、珠三角等经济发达地区，外国资本的进入可以显著推动城市化进程。具体作用机制包括：其一，FDI 为各地带来先进的技术

---

① 指地方财政一般预算内收入与地方财政一般预算内支出的比值。

和资金，从消费、投资、出口等各个方面推动了各省市经济的增长，促进各城市经济的增长，为城镇化建设提供了动力；其二，FDI 通过增加农业剩余及发展第三产业，从而改变各地经济结构，为城镇化建设提供了基础和后续动力；其三，FDI 有利于发展城市经济，创造更多就业机会，直接吸引农村剩余人口向城市转移，推动城镇化进程的开展，此外，FDI 还可以通过影响各省市的制度变迁，间接对城镇化建设产生影响。

二、计量理论模型

（一）模型设定

从现有的研究中可以发现，城镇化对房地产影响的核心是其对房地产供给和需求的影响，因此，本文将二者的关系分成两部分加以研究，即分别研究城镇化对房地产需求的影响和城镇化对房地产供给的影响。本文设定的模型为动态面板数据，不仅考虑城镇化对本期的房地产供需的影响，还考虑内生的滞后房地产供需变量本身造成的影响，模型具体设定如下：

$$Xsm_{it} = \alpha Xsm_{it-1} + \xi Urban_{it} + X_{it}'\beta + \mu_t + \delta_i + \varepsilon_{it} \tag{1}$$

$$Xsm_{it} = \alpha Xsm_{it-1} + \xi Urban_{it} + \varphi Urban \times Z_{it}^{PH} + X_{it}'\beta + \mu_t + \delta_i + \varepsilon_{it} \tag{2}$$

$$Jg_{it} = \alpha Jg_{it-1} + \xi Urban_{it} + X_{it}'\beta + \mu_t + \delta_i + \varepsilon_{it} \tag{3}$$

$$Jg_{it} = \alpha Jg_{it-1} + \xi Urban_{it} + \varphi Urban \times Z_{it}^{PH} + X_{it}'\beta + \mu_t + \delta_i + \varepsilon_{it} \tag{4}$$

式（1）中，Xsm_{it} 表示 i 地区 t 时期的房地产需求变量，即房地产销售面积；Jg_{it} 表示 i 地区 t 时期的房地产供给变量，即房地产竣工面积；Xsm_{it-1} 和 Jg_{it-1} 为之后一期的商品房销售面积及商品房竣工面积[①]。主要解释变量 $Urban$ 为 i 城市 t 时期城镇化水平。我们根据城镇化特征将其细分为人口城镇化（人口城镇化率）、产业结构城镇化（第二、第三产业增加值占 GDP 比重）、土地城镇化（城市建成区面积）三个变量。系数 ξ 可以反映城镇化水平对房地产供需变量的影响。X_{it} 表示其他影响房地产供给和需求的因素，包括商品房销售价格、城镇居民人均可支配收入、人口年龄结构、房地产行业从业人数及房屋造价。μ_t 为时间固定效应，δ_i 为各省市的固定效应，ε_{it} 为随机误差项。

---

① 根据 SIC 信息准备和模型的稳健性，本文采用一阶滞后的房地产供需变量。

本文在式（2）、式（4）中加入政府财政支持政策（Z_{it}^{PH}）与城镇化水平的交互项，φ 用于考察在宏观政策背景下，城镇化水平对房地产供需的影响。

（二）估计方法

标准的面板数据固定效应模型要求解释变量与随机误差项之间不相关，即 $Cov(Urban_{it}, \varepsilon_{it}) = Cov(X_{it}, \varepsilon_{it}) = 0$，但由于本文模型引入了房地产供需变量的滞后项，会造成固定效用模型估计结果的有偏和非一致。同时，本文的动态面板模型还可能存在某些与房地产变量的联立性问题，比如商品房价格的变动会影响到房地产供需的变动，但房地产供需的变化同时也会决定着房地产的价格水平。针对这样的问题，阿里拉罗和邦德（Arellano and Bond，1991）提出了一阶差分广义距估计（Difference GMM）方法，引入内生变量滞后项的差分作为工具变量进行估计，可以有效克服内生性问题，但这种方法可能会造成小样本的偏误问题，为此，阿里拉罗（1995）和邦德（1998）进一步提出系统广义矩估计（System GMM）方法，该方法克服了差分广义矩估计的缺点，估计效果较好。本文为保证估计结果的准确性，采用房地产供需变量的二阶滞后量作为其一阶滞后量的工具变量，同时采用差分广义矩和系统广义矩的一步和两步估计方法。

（三）变量选择和数据说明

本文重点研究中国除西藏外 30 个省市自治区[①]1998～2012 年的数据。被解释变量分别采用商品房销售面积、商品房竣工面积来度量各地区房地产的需求和供给量。

影响房地产需求和供给的主要解释变量为各地区城镇化水平，分别从人口城镇化、土地城镇化两个方面来表示，其中，人口城镇化用城镇化率（Ul）度量，土地城镇化用各地城市建成区面积（$Square$）度量。

政府财政政策用各地财政支出占 GDP 比重（cz）度量，反映房地产市场发展中政府发挥的作用，各地的国际化程度用外商直接投资占 GDP

---

① 30 个省市自治区包括东部 11 个省市（北京、天津、河北、辽宁、上海、江苏、浙江、福建、山东、广东、海南），中部 10 个省市（山西、内蒙古、吉林、黑龙江、安徽、江西、河南、湖北、湖南），西部 10 个省市自治区（广西、四川、重庆、贵州、云南、山西、甘肃、青海、宁夏、新疆）。

比重度量，反映国际视角下的城镇化对房地产供给的影响。

影响房地产需求的其他解释变量包括，各省市商品房销售价格（Hp）、城镇家庭人均可支配年收入（Inc）、人口年龄结构（Rk）。影响房地产供给的其他解释变量包括，各省市商品房销售价格（Hp）、房地产行业从业人数（E）、房屋竣工造价（Cb）。以上变量 1998～2012 年数据均来自各年度《中国房地产统计年鉴》、《中国统计年鉴》和中经网，对所有变量数据进行对数处理，各变量的描述性统计结果如表 1 所示

表1   变量描述性统计分析结果

变量	标记	全国	东部	中部	西部
城镇化变量：					
人口城镇化 （城镇化率）	Ul	3.741 (0.355)	3.972 (0.363)	3.670 (0.262)	3.540 (0.271)
土地城镇化 （城市建成区面积）	$Square$	6.703 (0.785)	7.014 (0.822)	6.918 (0.359)	6.084 (0.734)
房地产供需变量：					
商品房销售面积	Xsm	6.969 (1.206)	7.438 (1.125)	6.935 (1.004)	6.433 (1.282)
商品房竣工面积	Jg	7.035 (1.045)	7.511 (1.077)	7.012 (0.775)	6.479 (0.992)
政策变量：					
财政支出	$Fiscal^{PH}$	17.273 (7.932)	14.131 (5.017)	14.178 (4.175)	24.551 (9.187)
外商直接投资	FDI	17.273 (7.932)	14.131 (5.017)	14.178 (4.175)	24.551 (9.187)
其他解释变量：					
城镇家庭人均可支配年收入	Inc	9.227 (0.507)	9.453 (0.515)	9.106 (0.470)	9.084 (0.435)
商品房销售价格	Hp	7.811 (0.604)	8.203 (0.638)	7.566 (0.472)	7.604 (0.421)
人口年龄结构	Rk	2.436 (0.213)	2.530 (0.173)	2.405 (0173)	2.353 (0.250)
房地产行业从业人数	E	10.532 (0.873)	10.919 (0.832)	10.548 (0.596)	10.043 (0.942)
商品房造价	Cb	7.203 (0.418)	7.434 (0.395)	7.049 (0.369)	7.092 (0.370)
观测值		450	165	150	135

注：表中数值为样本期平均值，小括号内为标准差。

三、计量结果分析

（一）城镇化本身对房地产供需的影响

由表 2 结果可知，该模型不存在二阶序列相关及过度识别问题，房地产供给和需求的滞后变量均通过显著性检验，这说明房地产的供给和需求量具有延续性。从全国来看，上一期的需求量提高 1%，将导致本期的房地产需求提高 0.59%，上一期的房地产供给提高 1%，将导致本期的房地产供给提高 0.79%，说明当期房地产的供给和需求受上一期影响较大。

从需求方面来看，全国范围内，城镇化率和人口年龄结构对房地产需求影响显著，城镇化率每增加 1%，将导致商品房的销售面积提高 1.39%，命题一得到验证。由此可得城镇化对房地产需求的正向效应 ξ 为 1.39。东部地区与全国类似，人口年龄结构和人口城镇化率主导着房地产需求，但城镇化率对商品房销售面积的正向效应明显低于全国，ξ 为 0.47。在中部地区，城镇化对房地产需求的影响极为显著，正向效应 ξ 为 1.83。对于相对落后的西部地区，人口城镇化每增加 1 个百分点，会使房地产销售面积增加 0.99%。

城镇化对房地产供给的影响也存在一定的差异性。整体上看，土地的城镇化与房地产的供给量正相关，命题三得到验证。土地的城镇化对房地产竣工面积的正向效应整体较弱，只有 0.105%，中部地区这种正向效应最弱，仅为 0.083%。

总体来看，城镇化对房地产供需的影响是相当显著的，说明城镇化的进程对房地产的发展起到推动作用。

表 2 城镇化对房地产供需的影响

被解释变量	商品房销售面积（Xsm_{it}）				商品房竣工面积（Jg_{it}）			
	全国 （1）	东部 （2）	中部 （3）	西部 （4）	全国 （5）	东部 （6）	中部 （7）	西部 （8）
Xsm_{it-1}	0.592 *** （0.118）	0.679 *** （0.078）	0.590 ** （0.237）	0.429 *** （0.085）				
Jg_{it-1}					0.787 *** （0.058）	0.814 *** （0.127）	0.666 ** （0.080）	0.691 *** （0.106）

续表

被解释变量	商品房销售面积（Xsm_{it}）				商品房竣工面积（Jg_{it}）			
	全国 （1）	东部 （2）	中部 （3）	西部 （4）	全国 （5）	东部 （6）	中部 （7）	西部 （8）
Ul_{it}	1.387 *** （0.393）	0.466 ** （0.190）	1.828 *** （0.338）	0.990 ** （0.403）				
$Square_{it}$					0.105 *** （0.031）	0.084 *** （0.043）	0.083 *** （0.070）	0.117 ** （0.055）
Hp_{it}	−0.282 （0.212）	−0.193 （0.202）	−0.373 *** （0.139）	−0.014 （0.139）	0.030 （0.070）	−0.058 *** （0.067）	0.174 *** （0.095）	0.306 *** （0.113）
Rk_{it}	0.834 *** （0.132）	0.578 *** （0.155）	0.894 *** （0.220）	0.533 *** （0.109）				
Inc_{it}	0.183 （0.322）	0.008 （0.251）	1.077 *** （0.327）	0.430 （0.283）				
E_{it}					0.105 *** （0.057）	0.098 ** （0.080）	0.286 *** （0.079）	0.175 *** （0.074）
Cb_{it}					0.016 （0.073）	0.094 （0.085）	−1.646 *** （0.704）	−0.189 *** （0.081）
AR（1） 检验	［0.001］	［0.003］	［0.000］	［0.006］	［0.006］	［0.040］	［0.037］	［0.005］
AR（2） 检验	［0.000］	［0.006］	［0.005］	［0.057］	［0.027］	［0.050］	［0.297］	［0.229］
Hansen 检验	［1.00］	［1.00］	［1.00］	［1.00］	［1.00］	［1.00］	［1.00］	［1.00］
观测值	450	165	150	135	450	165	150	135

注：（1） ***、**、* 分别表示在1%、5%、10%的水平下显著。（2）小括号内为稳健标准误。（3）中括号内为一阶序列相关检验、二阶序列相关检验、Hansen检验的 p 值结果。一阶序列相关、二阶序列相关检验原假设为"不存在序列相关"。Hansen检验为工具变量过度识别检验，原假设为"过度识别限制是有效的"。（4）本文分别用一步和两步的差分GMM与系统GMM进行估计，并采用滞后二阶的被解释变量和滞后一阶的解释变量作为工具变量。由于篇幅限制，表2只列出了最有效的估计结果。第（1）~（8）列显示的是一步系统GMM估计结果。

（二）在政府主导和国际化的背景下城镇化对房地产供需的影响

加入政府政策和国际化两个因素后，城镇化对房地产供需的影响发生了变化，如表3所示。具体而言，加入政府财政支出和城镇化的交互项后，从需求方面来看，全国范围内，城镇化率和人口年龄结构对房地产需求影响显著，命题二得到验证，城镇化率每增加1%，将导致商品房的销售面积提高1.105%，低于没有交互项情况下的1.39%，但是，在引入政府财政变量后，东部地区的城镇化水平对房地产需求的拉动作用显著增强，达到1.31%，这说明由于东部地区的财政力量雄厚，对城镇化支持力度较大，从而显著提高了房地产需求。

引入国际化变量后，土地城镇化对房地产供给的影响也发生了变化。全国及中东西部地区土地的城镇化与房地产的供给量正相关作用均显著，命题四得到验证，其中，全国范围上看，土地城镇化每增加1%，会使房地产竣工面积增加0.066%，同样低于没有交互项情况下的0.105%；东部地区在引入FDI变量之后，土地城镇化对房地产竣工面积拉动效应由0.084%提高到0.128%，但在中部地区这种正向效应略有下降，为0.061%。

表3   引入交互项后城镇化对房地产供需的影响

被解释变量	商品房销售面积（Xsm_{it}）				商品房竣工面积（Jg_{it}）			
	全国 (1)	东部 (2)	中部 (3)	西部 (4)	全国 (5)	东部 (6)	中部 (7)	西部 (8)
Xsm_{it-1}	0.419 *** (0.116)	0.470 *** (0.301)	0.691 *** (0.142)	0.432 *** (0.082)				
Jg_{it-1}					0.806 *** (0.058)	0.752 *** (0.110)	0.657 *** (0.097)	0.720 *** (0.068)
Ul_{it}	1.105 *** (0.367)	1.31 ** (0.905)	1.247 *** (0.456)	0.954 *** (0.257)				
$Square_{it}$					0.066 ** (0.037)	0.128 ** (0.081)	0.061 ** (0.068)	0.111 *** (0.066)
Hp_{it}	-0.143 (0.187)	-0.558 (0.365)	-0.392 *** (0.126)	-0.115 (0.170)	0.004 (0.058)	-0.075 (0.054)	0.128 ** (0056)	0.260 *** (0.065)
Rk_{it}	0.663 *** (0.127)	0.581 *** (0.160)	0.815 *** (0.222)	0.486 *** (0.124)				
Inc_{it}	0.452 (0.308)	0.025 (0.090)	1.127 *** (0.346)	0.698 *** (0.303)				
E_{it}					0.093 *** (0.053)	0.372 *** (0.110)	0.266 *** (0.085)	0.146 *** (0.068)

续表

被解释变量	商品房销售面积（Xsm_{it}）				商品房竣工面积（Jg_{it}）			
	全国 （1）	东部 （2）	中部 （3）	西部 （4）	全国 （5）	东部 （6）	中部 （7）	西部 （8）
Cb_{it}					0.026 （0.068）	0.298 *** （0.103）	－ 0.067 （0.031）	－ 0.164 *** （0.079）
$Ul_{it} \times Z_{it}^{PH}$	－ 0.210 （0.131）	0.041 （0.053）	－ 0.146 （0.314）	－ 0.21 ** （0.096）				
$Ul_{it} \times Z_{it}^{PH}$					0.012 （0.013）	0.079 *** （0.028）	0.024 （0.050）	0.004 * （0.019）
AR（1） 检验	［0.001］	［0.003］	［0.050］	［0.006］	［0.003］	［0.048］	［0.022］	［0.005］
AR（2） 检验	［0.000］	［0.006］	［0.322］	［0.042］	［0.221］	［0.054］	［0.542］	［0.580］
Hansen 检验	［1.00］	［1.00］	［1.00］	［1.00］	［1.00］	［1.00］	［1.00］	［1.00］
观测值	450	165	150	135	450	165	150	135

四、结论与启示

本文通过分析城镇化与房地产供需的关系，构建了城镇化影响房地产供需的理论框架，并在该框架中考虑政府财政政策和国际化产生的影响。为验证该假说，我们利用动态面板模型对 1998 ~ 2012 年中国 30 个省市自治区数据进行 GMM 估计。结果显示：（1）整体上城镇化对房地产供需的拉动作用明显，各地的正向效应存在差异，中部地区城镇化本身对房地产供需的拉动效应最显著；（2）在政府财政主导和国际化的外部环境下，城镇化水平的提高会造成房地产供需的提高，地区拉动效应发生变化，东部地区的拉动作用更为明显，这与东部地区的财政支持力度大和开放程度高有很大关系。

目前中国城镇化水平已经超过 50%，城镇化的快速推进过程已经过去，中共十八大确立了新型城镇化目标。新型城镇化不是"房地产化"，它对房地产的影响应该是质的提升，而不是量的扩张。传统的城镇化主要依赖土地财政，对土地等资源进行集中配置，城市化速度较快，而传统的房地产业发展是粗放式的，同城市产业的结合度较低，房地产开发和运营分离。新型城镇化不再追求城镇化高速度和规模扩张，避免城市过度依赖土地财政，从而掀高地价再推高房价。新型城镇化战略的提出和实施，为房地产业进一步发挥服务功能提供了很好的环境和时机，也为房地产业创新和转型创造力良好的条件。我国城镇人口增速趋于放缓，首套房刚需逐渐放缓，但随着消费升级带动改善型需求潜力巨大，老龄化、政策扶持推动养老地产业迎来发展机遇，保障房、租赁市场作为商品住宅市场的有力补充，有利于构建全面的住房体系。同时，经济转型消费升级，产业、商业、旅游地产迎来发展契机，因为，新型城镇化要求的不仅仅是简单的房地产市场开发过程。如何通过物联网、云计算等新一代信息技术，打造"智慧城市"的城市新形态，最大限度地整合、利用城市信息资源，从而实现节能减排"生态文明"，这才是新型城镇化过程中的基本要求。

在新型城镇化建设的背景下，我们应充分发挥城镇化对房地产市场的带动效应，同时拉动其他相关产业的发展，最大限度地提高我国居民需求。政府也应当制定鼓励城镇化建设的政策，从资金、法规等各方面支持城镇化的建设，保证我国经济的平稳健康发展。

第四篇

创新驱动的新布局与思路

中国经济发展新常态下的创新驱动发展战略

郭　晗　任保平[*]

近 30 多年来，得益于经济增长旧常态下的人口红利、资源红利、市场化红利和开放红利，中国经济发展以要素驱动和投资驱动为基本动力，取得了举世瞩目的成就。近年来，随着各项传统红利的消退，中国经济发展从旧常态进入新常态。在新常态背景下，中国经济发展的动力机制要从要素驱动和投资驱动转向创新驱动。中共十八大报告指出，"坚持科学发展观要以加快转变经济发展方式为主线，把推动发展的立足点转到提高质量和效益上来，着力激发各类市场主体发展新活力，着力增强创新驱动发展新动力，着力构建现代产业发展新体系，着力培育开放型经济发展新优势，不断增强长期发展后劲。"这表明创新驱动已经成为国家发展的重要战略，着力构建以企业为主体、市场为导向、产学研相结合全面创新体系，将成为当前和下一阶段我国实现经济发展方式转变的重要任务。

实施创新驱动是经济发展方式转变的重要内容和体现，随着中国经济发展进入新常态，势必将使中国经济逐步走向一个依赖研发创新与品牌进行国际竞争的新舞台，进入高效率、低成本、可持续的中高速增长阶段。基于此，需要对实施创新驱动的战略目标、战略内容、战略重点和战略路径进行深入探讨。

一、实施创新驱动的战略目标：增长质量与增长数量的统一

实施创新驱动的必要性在于：通过解决中国当前经济增长面临的"质

---

[*] 郭晗，西北大学经济管理学院讲师；任保平，西北大学经济管理学院教授。

量不高"和"速度放缓"两大问题，实现经济增长数量与经济增长质量的统一。

中国当前经济增长面临两大问题：一是增长的质量不高；二是增长的速度放缓。增长质量不高体现在过去的要素驱动和投资驱动型增长导致了增长结构失衡、增长效率低下、增长波动性大、资源环境代价过高、福利分配不均衡和国民经济素质低下；增长速度放缓体现在长期支持中国高速增长的各项基础条件——体制转轨红利、人口红利、投资红利、资源红利和外资与外贸红利逐渐消失，导致潜在经济增长率下降，增长速度放缓。

与中国经济增长面临的两大问题相对应，新阶段中国经济增长面临两大要求：一是增长质量相对应的国民经济发展"好"的要求，二是与增长数量相对应的国民经济发展"快"的要求。在传统的要素驱动和投资驱动背景下，由于经济增长数量和经济增长质量的不一致性，无法满足国民经济发展"好"的要求，而由于增长条件变化导致的潜在增长率下滑，又无法满足国民经济发展"快"的要求。而从要素驱动转向创新驱动，则能解决这两大问题和满足这两大要求，提高经济增长质量和效益，提高潜在增长率，从而实现国民经济又好又快发展。

实施创新驱动，一是能够促进经济增长质量的提升。与要素驱动和投资驱动的发展方式相比，创新驱动对经济增长质量的影响主要体现在：第一，能够改善经济增长的结构，特别是能够使经济增长的重点从低端制造业转向以高端服务业；第二，能够提高经济增长的效率，创新驱动本身就是全要素生产率提高的表现；第三，能够改善经济增长的波动性，使经济增长不再由于大规模投资的变动而出现大起大落；第四，能够降低资源和环境代价，改变过去经济增长对于环境的破坏和资源的消耗；第五，能够提高国民经济素质，创新驱动本身就是以人力资本积累和"人才红利"的发挥为基础的，所以创新驱动本身就是国民经济素质提高的体现。二是能够保证经济增长速度平稳较快发展。这实质上就是指创新驱动能够改善经济增长的供给面，从而提高潜在增长率。与要素驱动和投资驱动的发展方式相比，创新驱动对经济增长数量的影响主要体现在：一是能够改善增长的动力结构，实现从依靠要素扩张为主的规模优势到依靠科技进步的竞争优势转变，从而突破要素禀赋条件变化的制约，形成经济增长新的动力来源；二是能够提升经济增长的禀赋结构，创造出内生比较优势，扩大生产可能性边界，从而加速经济增长。现代经济增长主要体现为产业升级和技术进步，而创新正是产业升级和技术进步的直接推动力。因此，在一定程度上，创新决定了产业升级和技术进步，从而加速了经济增长。

二、实施创新驱动的基本内容："六位一体"的全面创新体系

实施创新驱动战略的主要内容是：以战略创新为前提，科技创新为重点，体制创新为保障，产业创新为形式，管理创新为手段，文化创新为支持，构建"六位一体"的全面创新体系。

（一）战略创新是实施创新驱动的前提

以往对创新的研究对战略创新认识不足，在一定程度上忽视了战略创新在创新体系中的先导性地位。战略创新实质上是通过发展战略的调整来统筹各方面资源，进而达到协同创新。战略创新的目标是：以形成具有自主知识产权的创新体系为基础，发展具有比较优势的产业链，提高国家创新能力，根据比较优势形成产业链以增强国际竞争力，带动经济快速增长。

（二）科技创新是实施创新驱动的重点

现代创新型经济的重点已经从技术创新转向了科技创新，近年中国科技发展取得了一定成果，但自主创新能力还不强，很多关键技术和核心技术受制于人，先导性战略高技术领域科技力量薄弱，重要产业对外技术依赖程度仍然较高。科技创新的目标是：通过引进国外高新技术并在此基础上进行进一步创新，同时加大对高新技术人才的培养与引进，加大科技投入，大力推动自主创新，形成完备的科技创新体系。

（三）体制创新是实施创新驱动的保障

当前我国要素市场的行政性垄断和区域、行业部门的市场分割仍然存在，市场竞争机制尚未充分发挥作用，阻碍了企业的自主创新热情。要素价格扭曲不能充分反映市场供求关系，客观上保护了落后的企业和生产结构，导致企业倾向于高消耗的增长方式。体制创新的目标是：通过深化改革，不断进行体制创新，为经济发展方式的转变提供有利的制度环境。

（四）产业创新是实施创新驱动的形式

产业创新是科技创新的最终落脚点和实现形式，也是整个创新体系建设成果的实现形式。产业创新的动力从根本上说是科学技术发展和市场需求拉引共同作用的结果。"十二五"时期，随着我国经济发展方式转变过程的不断深入，我国的产业层次和产业能力都将有所突破。产业创新的目标是，构建以高端制造、创新驱动、品牌引领、低碳发展为特征的新型产业体系。

（五）管理创新是实施创新驱动的手段

管理创新则是指形成一种创造性思想并将其转换为有用的产品、服务或工作方法的手段。管理创新包括社会管理创新、经济管理创新和企业管理创新。管理创新是建立全面创新体系的主要手段，贯穿于科技创新和产业创新的整个过程。管理创新的目标是：通过管理观念的创新和时间，全面促进管理流程的科学化、精细化，在宏观和微观经济运行中提高资源配置效率和资源利用效率，将科技创新和产业创新的成果实现作用最大化。

（六）文化创新是实施创新驱动的支持

文化创新体现为创新的软环境，没有文化的创新，科技创新将缺乏精神的引领和智慧的支撑。而且，文化创新所形成的创意产业也是调整产业结构、支撑经济发展方式转变的重要方向。因此，在科技创新驱动的基础上提出文化创新驱动，不仅深化了对加快转变经济发展方式的认识，更符合了加快转变经济发展方式的演化方向。文化创新的目标是：通过培育勇于创新、善于创新的创新文化，营造开放和包容的创新氛围，为建成全面创新体系提供精神动力和智力支持。

三、以创新驱动发展的战略重点：要处理好的几对关系

在创新驱动体系形成过程中，应该重新认识并处理好以下几对关系：

（一）政府与市场的关系

关于政府与市场的关系，传统的观念有两种：一种以结构主义为代表，认为政府应当主动推动产业结构升级，以推动经济增长；另一种以新

古典经济学为代表，则认为应该充分发挥市场作用，政府不应干预经济。但在创新驱动发展战略背景下，对于政府与市场的关系应当重新认识和界定。具体而言，对政府与市场关系的认识与科技发展的水平和阶段有关，第二次工业革命前后技术进步的方式不同，在第二次工业革命之前的技术进步主要是依赖经验积累，这类技术进步没有专门的研发成本，创新活动本身内嵌于分工体系，因此可以完全依赖市场机制。而二次革命后以实验室为代表的科技进步意味着创新活动独立出来（林毅夫，2007），此时的创新需要成本，专利法的实施对弥补创新成本起到了很大作用，但专利只能弥补创新活动成功的成本，而不能弥补创新活动失败的成本。这就会形成创新活动中私人成本与社会成本的不一致，从而导致创新活动缺乏激励。因此必须在坚持市场在创新活动中的决定性作用基础上，使政府发挥一定的作用以改善激励结构以促进创新。但政府发挥的作用在于因势利导，而非直接成为创新主体。在创新驱动发展阶段，政府与市场的关系不是对立而是互补的，政府主要通过设定激励结构改善创新环境，解决企业发展的技术瓶颈、资金瓶颈和体制瓶颈。而企业则是创新活动的主体，通过企业技术中心建设，逐步提高创新资源在企业的集聚度，提高科技成果转化能力，而对不具备创新基础条件的地方，企业要积极向创新前端渗透，推进产业链和价值链从低端环节向上游高端攀升，然后在创新链的上下游进行延伸，形成较强的创新优势。

（二）科技创新与产业结构高级化的关系

关于科技创新与产业结构高级化的关系，传统的观念有两种，一种认为应当通过引进国外先进技术，尽快达到技术前沿，从而加速本国产业结构升级，实现产业结构高级化，另一种认为应当结合本国的要素禀赋结构，通过自主创新发展适合于本国的产业结构。但在创新驱动发展战略背景下，对于科技创新与产业结构高级化的关系应当重新认识和界定。根据新结构经济学的基本理论，在创新驱动发展阶段中，如果通过技术引进来加快产业升级，那么此时的技术结构和产业结构将会高于本国禀赋结构，与比较优势不符，这将丧失经济效率，导致结构性扭曲（林毅夫，2011），但如果完全按照现有的禀赋条件进行自主创新，那么将会陷入"低端锁定"，甚至陷入比较优势陷阱。因此在从技术引进到自主创新的过程中，应当处理好比较优势与产业升级的关系，具体而言，科技创新对产业结构的偏离度与经济绩效存在着一条类似倒"U"型曲线的关系，要使经济增长质量和效益达到最佳，就要使科技创新程度与我国比较优势的偏离度处于最佳均衡点（倒"U"型曲线顶点），在这种条件下，产业结构升级的速度将与禀赋结构升级的速度保持同步，从而能够以最有效率的路径实现产业结构高级化。具体而言，一是要依靠科技创新，促进产业结构以最合理的速度不断向产品技术高级化、产品附加值高级化、产业加工高级化以及产业集约高级化的方向发展，进而实现产业比较优势逐步从劳动密集型优势向技术密集型优势转移；二是要依靠主导产业的科技创新带动其他关联产业的科技创新与升级，从而充分发挥比较优势，进而依靠产业科技创新与升级的诱导机制和产业发展的关联机制的复合作用，促进整个产业结构体系向着高级化的方向发展。

（三）科技创新与产业结构合理化的关系

关于科技创新与产业结构合理化的关系，传统的观念认为，科技创新主要发生在工业领域和部分生产性服务业领域，因此以科技创新促进经济增长就体现在工业化过程中，科技创新对产业结构造成的影响就体现在工业化率和工业科技含量的不断提升中，特别是以重化工业为代表的资本密集型产业和以电子信息产业为代表的技术密集型产业的不断扩张中。但在创新驱动发展战略和第三次工业革命浪潮背景下，对于科技创新与产业结构合理化的关系应当重新认识和界定。随着新一轮科技革命的来临，特别是以生物技术为代表的高新技术产业快速发展，以及信息技术在金融服务业等领域的作用不断提升的背景下，科技创新将不仅仅局限于工业领域，而是第一、第二、第三产业全面协调的创新，这就要求我们要依靠科技创新促进产业结构的合理化发展。一方面，要依靠科技创新，并基于经济发展的整体目标，优化第一、第二及第三产业在整个国民经济结构中的配置及投入产出比例，既要注重各类产业的规模和数量，也要注重各类产业的优化升级，并使其各自朝着产业链的高端方向迈进。具体而言，应把农业科技创新摆到更加突出的位置，大力发展与装备制造业、原材料工业等支柱产业密切相关的具有高附加值的设计、研发等生产性服务业，加快服务业与现代工业相互融合、共同发展。另一方面，要依靠科技创新，大力增强产业间的相互辐射效应，不断提升产业结构内部关联作用的程度，进而实现产业结构整体效益的提升。

（四）新兴产业与传统产业的关系

关于新兴产业与传统产业的关系，传统的观念认为，产业创新就是新兴产业快速发展从而代替传统产业的过程，因此创新就意味着新兴产业的扩张和传统产业的淘汰。但在创新驱动发展战略实施过程中，对于新兴产业与传统产业的关系应当重新认识和界定。根据反映产品创新周期的"沙漏模型"，新产品的进入和旧产品的退出之间存在一个渐进的不断演化的过程（G. Giulioni，2011），旧产品不是退出市场而是通过技术附加值的提升来实现升级换代。这意味着培育发展战略性新兴产业不是对传统产业的简单替代，而是通过促进新兴技术的产业化和传统产业的高技术化实现产业的升级换代。从中国产业发展的实际来看，中国仍是传统产业占主导地位的国家，产业结构调整的重点和难点在于传统产业的转型和升级。大多数战略性新兴产业的发展不能凭空而为，必须依赖传统产业的技术积累、制造能力、产业组织。传统产业并不等同于落后产业，通过创新、变革，传统产业可以转变成新兴产业、现代产业。一方面，要依靠科技创新，通过产业主导技术的升级、产业既有技术的重新整合以及产业技术的全面升级等多种途径或方式，衍生、催生出一批新的产业，不断适应需求结构的变化，着力培育与发展一批具有核心竞争力的国民经济支柱产业及主导产业群，为国民经济培育新的增长点，提升国民经济发展的质量与效益。另一方面，还要加快传统产业的再创新，要依靠科技创新，有计划分步骤地加强对传统产业的改造，大力促进新产品、新技术、新工艺及成熟技术等科技成果在传统领域的推广及示范应用，并加快传统产业的技术改造与升级，从而增强相关产业的核心竞争力。

（五）虚拟经济与实体经济的关系

关于虚拟经济和实体经济的关系，传统的观念认为，虚拟经济是为实体经济服务的，在创新活动中，虚拟经济的发展可以为高新技术产业提供金融支持，从而加速经济从要素驱动向创新驱动的转型。但在经济发展阶段转换背景下，对于虚拟经济与实体经济的关系应当重新认识和界定。当经济社会发展水平处于初级阶段时，由于工业化过程的需要，大量资本投向产业领域，居民消费能力有限，从而制约了对创新产品的购买力度，随着居民收入的提高，居民对创新产品的消费能力逐步增强，当经济发展或财富积累到相当的程度，私人资本更愿意投向金融资产、房地产等财富形态，大量资本流向虚拟经济领域，就会减少对实体产业的投资，实体产业就会放慢产业创新的步伐，自主创新能力减弱，创新动力弱化。因此，对于虚拟经济和实体经济的关系不应是简单的相互促进的关系，而是存在一个最佳均衡点，使得虚拟经济对创新活动的正效应高于对创新活动的负效应。这就要在宏观调控过程中把握这个最佳比例，一方面抓好实体经济，加大新兴产业的财税支持力度，完善投融资体系，引导更多的资金投到实体产业中，尤其是投向高新技术产业、新兴产业领域，同时要抑制部分行业的产能过剩和重复建设，将培育新兴产业和提升传统产业相结合，另一方面抓好虚拟经济，进一步完善创新有关的金融制度，发挥金融市场的资本优化配置作用，积极为高新技术产业、新兴产业领域的商业化项目筹资，将资金引导流向产业创新领域；同时要加强对货币市场、资本市场、房地产等的管控，严格控制金融风险，防范虚拟经济领域的过度投机行为。最终实现创新驱动实体产业发展，在此有力的支撑下发展虚拟经济，从而防止实体经济和虚拟经济的背离，弱化经济发展中的系统性风险，减少经济波动，提高经济增长的质量和效益。

（六）国有企业与民营企业的互补关系

关于国有企业与民营企业的关系，传统的观念认为，民营企业与高新技术成长机制高度耦合，正是民营经济的持续创业活动，催生了中国原始创新的能力，也使民营企业成为参与全球竞争的生力军，因此创新主体主要应当是民营企业。但在创新驱动发展战略和背景下，对于国有企业与民营企业的关系应当重新认识和界定。从一般通用技术理论出发，国有企业与民营企业应当是互补关系。一般通用技术理论是 20 世纪 90 年代以来在经济增长领域发展起来的一种增长理论，与传统的经济增长理论不同，它关注具有广泛应用而且能够推动其他部门技术进步的重大技术进步，这些技术应用和扩散面广、影响大，企业能在其基础上发展专有技术、开发新产品。国有企业的优势在于技术力量雄厚、规模大，相对来说可以不太顾及短期利润率的回报，而注重长远的战略性目标，这恰恰在共性技术供给方面具有天然优势；而民营企业的优势在于机制灵活、敢于创新、敢于自担风险，因此要探索与国有企业在自主创新方面的合作形式，从而谋求双赢。一方面，充分发挥国有企业在创新中的示范作用，努力提高关键核心技术研发攻关的协同和集成能力，不断增强自主创新水平，重点突破具有战略意义的关键共性技术。构建多层次、网络化的创新创业服务体系，整合高等院校、科研院所和企业的研发优势，建立公共技术研发平台、公共技术服务平台，对产业共性的关键应用性技术进行联合攻关，解决高新技术企业快速发展的技术瓶颈，另一方面，充分调动民营企业科技创新的积极性和创造性，引导民营企业加大配套产品技术攻关和科技成果转化力度，在生产成套设备、提高产业集群竞争力中发挥更大作用。

四、实施创新驱动的转型路径：动力、来源、内容、机制

从要素驱动到创新驱动的转化路径是：从被动创新到主动创新；从模仿创新到自主创新；从技术创新到全面创新；从分离创新到协同创新。

（一）从实施创新驱动的动力来看，主要是实现从被动创新到主动创新的转型

过去的创新动力是在产业升级和产业转移大背景下，以适应工业化和城市化要求的"倒逼机制"原理而形成的。在这种背景下微观主体进行创新活动的成本和收益不一致[①]，进而造成作为创新主体的企业往往不愿意进行创新，而只在产业升级和转移的压力和倒逼作用下进行创新活动，这种创新从形式上说属于以政府为主体推动的创新，从本质上来说属于被动创新，缺乏内生动力；而要保持长期持续创新，就要变被动创新为主动创新，使制度正确，把激励做对，通过良好的机制设计改变过去微观主体的成本收益比，实现微观主体创新与宏观经济发展的激励相容，进而形成创新的内生动力。

（二）从实施创新驱动的来源来看，主要是实现从模仿创新到自主创新的转型

过去的创新来源主要是以技术引进为主的模仿创新，以模仿创新作为创新的长期来源存在两个问题：一是随着中国科学技术不断发展，与发达国家技术差距不断缩小，甚至在某些领域已经达到技术前沿，通过模仿创新获得的边际收益逐渐缩小；二是由于引进的技术结构与被引进国的禀赋结构相一致，但却与本国的禀赋结构不一致，这种不一致在客观上造成了技术结构偏离比较优势，从而难以形成产业发展的自生能力。因此要解决

---

① 创新活动无论是成功还是失败都存在正外部性。专利法仅仅能够弥补微观主体创新成功后的正外部性，但无法弥补企业创新失败的正外部性，而一般的创新活动失败的可能性是很大的，出于加入风险因素的成本收益考量，作为微观创新主体的企业往往不愿意进行创新活动。

这两个问题，就要变模仿创新为自主创新，着力构建以企业为主体、市场为导向、产学研相结合的全面创新体系，最大程度推动本国禀赋结构、产业结构和技术结构的同步升级，实现经济增长的速度、质量和效益的最大化。

（三）从实施创新驱动的内容来看，主要是实现从技术创新到全面创新的转型

过去的创新内容只强调技术创新，从创新活动的产生来看，技术创新的确是最早出现的创新活动，也是最为主要和对经济社会发展作用最为直接的创新活动。但随着传统社会向现代社会的转型不断深入，人们逐渐意识到创新不仅仅包括技术创新，也包括为技术创新提供环境保障的战略创新、体制创新和文化创新，还包括为技术创新提供来源的科学知识创新、为技术创新提供辅助手段的管理创新，以及为技术创新提供需求拉引的产业创新和市场创新。因此，要最大程度推进技术创新，恰恰是要变技术创新为全面创新，构建一个包括战略创新、科技创新、产业创新、管理创新和文化创新的全面创新体系，通过全面创新体系的建设，不断推动经济社会向前发展。

（四）从实施创新驱动的机制来看，主要是实现从分离创新到协同创新的转型

在经济发展初期的创新机制主要体现为分离创新，在分离创新机制下各创新主体、创新内容、创新要素和创新信息都是分离的，在这种机制下，不仅无法实现资源整合和信息汇聚，难以达成合作，甚至在一定程度上还会出现重复建设和资源浪费等损失。在经济发展进入新阶段、创新主体和创新活动不断增加的背景下，就要变分离创新为协同创新。协同创新是指创新资源和要素有效汇聚，通过突破创新主体间的壁垒，充分释放彼此间"人才、资本、信息、技术"等创新要素活力而实现深度合作。因此，实施创新驱动的机制转型就是构建创新的协同机制，从而使创新主体形成合力，以实现资源整合，从而最大限度提高创新活动的投入产出比。

主要参考文献

1. 洪银兴：《论创新驱动经济发展战略》，载于《经济学家》2013 年第 1 期。
2. 洪银兴：《关于创新驱动和协同创新的若干重要概念》，载于《经济理论与经

济管理》2013 年第 5 期。

3. 林毅夫：《新结构经济学——重构发展经济学的框架》，载于《经济学季刊》2011 年第 1 期。

4. 林毅夫：《李约瑟之谜、韦伯疑问和中国的奇迹——自宋以来的长期经济发展》，载于《北京大学学报（哲学社会科学版)》2007 年第 7 期。

5. 刘志彪：《从后发到先发：关于实施创新驱动战略的理论思考》，载于《产业经济研究》2011 年第 4 期。

6. 迈克尔·波特：《国家竞争优势》，华夏出版社 2002 年版。

7. 任保平、郭晗：《经济发展方式转变的创新驱动机制》，载于《学术研究》2013 年第 2 期。

8. 任保平、郭晗：《新增长红利时代我国大国发展战略的转型》，载于《人文杂志》2013 年第 4 期。

9. 夏天：《创新驱动过程的阶段特征及其对创新型城市建设的启示》，载于《科学学与科学技术管理》2010 年第 2 期。

10. G. Giulioni, 2011, The Product Innovation Process and GDP Dynamics, *Journal of Evolutionary Economics*, 12：pp. 595 – 618.

分配治理是国家治理的重要课题

吴晓宇[*]

党的十八届三中全会提出，要"紧紧围绕更好保障和改善民生、促进社会公平正义深化社会体制改革，改革收入分配制度，促进共同富裕，推进社会领域制度创新，推进基本公共服务均等化，加快形成科学有效的社会治理体制。"[①] 分配治理是从国家治理层面来解决分配问题，是国家治理体系和治理能力现代化的重要内容。研究中国特色社会主义分配治理问题，对于推进中国特色社会主义分配理论创新、指导社会主义初级阶段分配实践，具有重大的理论价值和现实意义。

一、分配治理的提出及内涵

治理，源于古典拉丁文和古希腊语中的"掌舵"一词，原意是控制、引导和操纵。一直以来，"治理"与"统治"、"管理"词义交叉使用，主要应用于国家政治活动管理研究中。但自 20 世纪 90 年代以来，随着全球化和信息化成为发展潮流，新秩序新理念形成，越来越多的西方政治学和经济学家开始赋予治理更多内涵，治理，与管理、统治相对而言，存在实质区别。其中最重要一条，管理、统治着眼点于政府，而治理着眼点在整个社会。正像政府统治有"善政"和"恶政"之分，治理也有"善治"

* 吴晓宇，国防大学马克思主义教研部博士生，军事交通学院政治教研室讲师。基金课题：国家社科基金特别委托项目"中国治理道路研究"支持。
① 《中国共产党十八届三中全会公报》，载于《人民日报》2013 年 11 月 14 日，第 1 版。

和"恶治"之别。① 一般来说，善治包含了传统善治以及现代民主的要素，特别是法治、公正、透明、责任、稳定、廉洁等。在中国传统文化中，虽然没有西方现代意义上的"治理"概念，但事实上，5 000多年的历史长河中，在"治国理政"名义下，治理向来就是中国传统政治文化的重要命题和构成内容，其基本含义是统治者治理国家和处理政务之意。中共十八大以来，"治理"一词在党的文献报告中出现多次，其意义是在中国特色社会主义道路的既定方向上，在中国特色社会主义理论的话语语境中，在中国特色社会主义制度的坚持和完善的改革意义上，中国共产党领导人民科学、民主、依法和有效地治国理政。不同于中国传统的皇权统治者的"治国理政"，又有别于西方政治和管理理论中倾向于向政府分权、实现社会多中心治理和社会自治的"治理"概念。

分配治理是解决分配问题的新理念新实践。改革开放以来，在中国特色社会主义的康庄大道上，我们创造了同期世界上大国最快的经济增长速度、最快的对外贸易增长速度、最快的外汇储备增长速度、最快且人数最多的脱贫致富速度、最大规模的社会保障体系。然而，作为一个转型中国家，在经济改革和经济发展取得历史性成就的同时，中国也快速成为一个在收入分配、财富分配和社会资源等各个领域高度不平等的国家。不平等水平居高不下，不平等状况代际传递，不平等阶层开始固化，不平等根源逐渐制度化。这一些不平等不仅仅是经济问题，更是政治问题和社会问题。然而，现实中大多数对分配问题的舆论仅表达对现状的不满，既缺少科学理论说明，也缺少实践操作可行性，很难解决实际问题。恩格斯在《反杜林论》中指出，研究分配问题"诉诸道德和法的做法，在科学上丝毫不能把我们推向前进"②。所以，研究分配问题不能仅诉诸于情感，就分配谈分配，必须站在理论的高度，才能为解决现实分配问题提供科学的指导。2013年11月，中共十八届三中全会提出了"推进国家治理体系和治理能力现代化"。从管理到治理，虽一字之差，却是代表着理念上的巨大转变。这就意味着我们对中国特色社会主义的认识从制度优势转移到治理效能；对现代化的认识从"四个现代化"到制度和治理现代化；对国家

---

① 俞可平：《中国治理评论》，中央编译出版社2012年版，第1页。
② 《马克思恩格斯选集》第3卷，人民出版社1972年版，第189页。

治理的认识从传统治理到现代治理。① 把这一理念运用到分配领域，一方面，分配问题尤其是再分配问题的解决主体不再局限于政府，可以引入更多社会力量；另一方面，分配问题的解决方式方法不再单一，既可以通过借助于市场经济手段，也可以通过一些非营利组织社会动员等方式，这对于缓和分配矛盾、根治分配问题提供了新的视角。这在理论上将是一次新的尝试，在实践上将有助于提高治理前瞻性，促进分配公平，走出"分配困局"，具有重要而深远的意义。

分配治理研究，简而言之，是提出包含目标与道路，理想与筹划，动力与纲领的系统工程，是可望又可及、可知又可行的治理战略，是作出以治理目标、治理主体、治理方式、治理原则为基本内容的理论阐述。

1. 分配治理的目标。中国特色社会主义分配治理的目标，既不是马克思主义经典作家设想的共产主义社会第一阶段"按劳分配的分配状态"，也不是共产主义社会高级阶段"按需分配状态"，更不是资本主义社会"两极分化状态"，它是建立在公有制为主体、多种所有制共同发展的所有制结构之上，与社会主义初级阶段生产力发展水平相适应，通过市场经济体制初次分配和政府再调节实现的"两头小、中间大"的橄榄型分配格局。在这一分配格局中，中等收入者占多数，低收入者和高收入者均占少数，它既能够获得绝大多数人民群众的支持，又能够激励劳动者的创造活力。

2. 分配治理的主体。分配治理的主体就是指对分配活动有认识和实践能力的人。应该说，中国共产党的领导核心地位，决定了在中国特色社会主义分配治理中处于总揽全局、协调各方的地位。人民政府在党的领导下，负责具体事务的组织、计划和落实，起到了第一责任人的作用。各类社会组织，具有公益性、非营利性、独立性、民间性等属性，是公民参与社会治理的重要载体，其在分配治理中的作用不可忽视，从人力物力财力上弥补不足，在分配治理事务中发挥着助手作用。广大人民群众是我们党的力量之源，胜利之本、执政之基，也是推进国家治理体系和治理能力现代化的根本力量。总体言之，中国共产党、人民政府、各社会组织以及广大人民群众共同构筑了中国特色社会主义分配治理的主体。

3. 分配治理的方式。治理分配问题必须通过一定的体制机制去实现。

①　颜晓峰、李徐步：《中国特色社会主义治理观研究》，载于《中国特色社会主义研究》2014 年第 5 期。

习近平同志指出："法律是治国之重器，法治是国家治理体系和治理能力的重要依托。"① 因此，法治是中国特色社会主义分配治理的主要途径。中国特色社会主义分配治理必须做到有法可依、有法必依、执法必严、违法必究，在全社会形成对法治的信仰和遵守，自觉运用法治理念、原则和逻辑认识、分析和解决问题。此外，中华民族的道德伦理、德治传统在漫长的社会文明进程中长期占据着中心地位，它以其说服力和劝导力提高社会成员的思想认识和道德觉悟，使人们自觉地扶正祛邪，扬善惩恶，保证分配秩序的健康运行，促进分配结果的合理化，也是中国特色社会主义分配治理的一个重要途径，它与法治相互联系、相互补充、相得益彰。

4. 分配治理的原则。党的十八大报告鲜明提出，"初次分配和再分配都要兼顾效率和公平，再分配更加注重公平。"② 这为中国特色社会主义分配治理提供了根本遵循。所谓公平，就是指运用统一尺度合理分配权利或利益，不偏袒哪一方面。而在社会经济生活中，公平是指不同经济主体的权利和利益分配合理，不偏不倚。效率是一个经济学概念，它既体现于社会主义市场经济微观经济体中，同时也体现于整个国民经济资源配置中，需要加以区分。从微观经济学来看，效率是指投入与产出之间的对比关系；从宏观经济的角度考察，效率是指在国民经济中各种资源得到利用的程度。做到初次分配和再分配都要兼顾效率和公平，再分配更加注重公平，就是要求在整个过程中既要尊重生产要素创造财富的贡献，同时又要照顾到人的尊严，不能影响其生命体的生存和发展。

二、分配治理在国家治理中的地位和作用

习近平指出，"党的十八届三中全会提出的全面深化改革的总目标，就是完善和发展中国特色社会主义制度、推进国家治理体系和治理能力现代化。"这就要求我们深化、细化研究国家治理理论。而作为其具体组成部分，分配治理理论的深入研究必将推动国家治理体系研究的创新发展。

---

① 《关于〈中共中央关于全面推进依法治国若干重大问题的决定〉的说明》，载于《人民日报》2014 年 10 月 29 日。

② 胡锦涛：《坚定不移沿着中国特色社会主义道路前进　为全面建成小康社会而奋斗——在中国共产党第十八次全国代表大会上的报告》，载于《人民日报》2012 年 11 月 18 日。

（一）分配治理是国家治理体系中的重要组成部分

党的十八届三中全会提出，"全面深化改革的总目标是完善和发展中国特色社会主义制度，推进国家治理体系和治理能力现代化。"① 确立这个总目标，对全面深化改革有重大指导作用，对坚持和发展中国特色社会主义、实现社会主义现代化有重大理论意义和实践意义。需要指出的是，这一总目标是由"国家治理体系"和"治理能力现代化"两部分构成，前者是后者的前提和基础，后者是前者的目的和结果。从发展观上看，国家治理体系和能力的现代化是一个长期的系统工程，分为好几个阶段，每个阶段都有各自的任务和重点。从横向上看，国家治理体系由经济治理、政治治理、文化治理、社会治理、生态治理五大体系组成。一般说来，在经济领域，中国特色社会主义理论包括社会主义本质论、社会主义初级阶段论、基本经济制度论、社会主义分配论、经济发展理论、经济全球化与对外开放的理论等六个方面。分配治理理论，指的就是在社会主义分配领域，指导中国特色社会主义治理实践的根本观点组成的理论体系。

在社会发展领域，治理的目标就是构建社会主义和谐社会，和谐社会基本特征包含民主法治、公平正义、诚信友爱、充满活力、安定有序、人与自然和谐相处，其中公平正义是社会和谐的基本要求和目标，也是一个社会文明进步的标志。分配问题如果处理不好，会直接侵犯社会主义的公平正义，会使部分经济困难的群体产生不满，进而引发社会动荡。

在文化发展领域，分配问题容易造成人们价值观的扭曲和人生观的庸俗化，甚至会导致社会道德水准下滑。社会上"奢靡之风"的持续盛行，某种程度上缘于部分人赚钱过于容易。此外，分配悬殊问题导致社会成员之间难以建立相互信任的关系。

在政治发展领域，良好的政治环境与财富分配息息相关。长期以来，由于体制机制的不健全以及监督的不得力，公共权力容易渗透到经济领域，一些公共权力部门在当裁判员的同时，又乐于当运动员，直接或间接导致分配问题的愈演愈烈。具体来看：一是政治权力赋予的垄断破坏了社会分配秩序；二是政治权力本身的腐败会恶化分配状况；三是法律法规、政策的不健全限制保障体系功能的发挥。因此，分配治理不仅是经济治理问题，更是社会治理问题、文化治理问题和政治治理问题。它是国家治理

---

① 《中国共产党十八届三中全会公报》，载于《人民日报》2013 年 11 月 14 日。

体系的重要组成部分。没有分配治理的现代化，就没有国家治理的现代化。

（二）分配治理成效是检验国家治理成效的重要标尺

分配治理成效，指的是国家治理分配问题取得的效果和功效，其好坏直接关系到社会的长治久安，关乎着人们日常生活，与国家民族的前途命运紧密相连，一直是古今中外执政者高度关注的问题之一。历史的经验教训反复证明了一个道理：分配顺，天下则兴；分配乱，国运则衰。一个国家，要想保持政治稳定、经济繁荣和社会和谐，所创造的财富必须得到公正的分配。反之，分配问题处理不好，一是会使弱势群体人力资本积累缓慢，降低一个国家的平均消费倾向，消费不足会带来内需不足，从而拖累经济增长；二是会使低收入群体产生心理失衡和被剥夺感，社会成员之间隔阂日益严重，相互信任度降低，特别是这一过程包含许多不合理因素，会使赖以实现机会均等的制度和政策失灵，威胁社会的稳定和经济的持续发展；三是分配问题极易蔓延至司法领域，致使基层的司法机关成为强权的保护伞，从而激起民变，引发社会动荡。

唐朝后期，土地高度集中，兼并日益恶化，农民只好租种地主土地，受尽重重盘剥，终日劳作，仍难以维持，稍有天灾，就得卖妻卖儿，呈现出一幅"朱门酒肉臭，路有冻死骨"的社会现实，引起人民的极大不满。随后，相继爆发了裘甫起义、庞勋起义和王仙芝、黄巢起义，最终致使唐王朝在靡靡之音中分崩离析。

20世纪五六十年代，"亚洲四小龙"之一的菲律宾，在东南亚曾是令人羡慕的国家，世界银行称其为"未来经济强国"。但自80年代以来，命运似乎和菲律宾开了一个残酷的玩笑。在迈入中等收入国家门槛后的数十年时间里，"中等收入陷阱"如幽灵一般纠缠着菲律宾。之所以出现这种社会状况，主要在于：贫富分化过大，导致低收入者长期得不到基本的生活、教育、卫生等保障，他们的生存和发展能力越来越差，无法提供经济转型所需的人力资源。贫富分化最终引起人民不满，社会难以稳定，政局持续动荡，政变频繁上演，最终导致长期陷于"中等收入陷阱"难以自拔。

当前，我国正处在转变经济发展方式的关键时期，需要寻求改革的突破口。其中，分配改革是最为关键的。一方面，较大的收入分配差距造就了"富人有钱消费难拉动，穷人想消费没有钱"的尴尬局面，严重抑制了整体消费水平的增长；另一方面，改革是一项艰巨的事业，需要强大的动力支持，如果不从分配问题着手，则难以汇聚排山倒海的力量，难以获取千千万万人的支持。因此，分配治理的成效直接决定了国家治理的成效。

（三）分配治理是国家治理中难啃的"硬骨头"

分配问题，说到底是利益问题。新的历史条件下，在我国经济"蛋糕"越做越大的同时，如何合理分好"蛋糕"，日益成为社会各界关注的重大民生问题，也是异常棘手的社会难题。

第一，"触动利益比触及灵魂还难"。当前，我国经济发展正处于从高速到中高速的增长速度换挡期、结构调整阵痛期、前期刺激政策消化期。在"三期叠加"的新时期，治理分配问题，不仅牵涉固有利益群体，而且涉及既得利益群体，上上下下牵动，其难度和阻力可想而知，需要有突破利益固化的藩篱的勇气。

第二，分配问题本身就是世界级难题。当前，在我国，分配问题与市场经济体制环环相扣。在市场经济发育完善的发达国家，尚且仍在为如何治理分配的问题苦苦求索，与之相比，中国建立市场经济时间并不长久，各方面制度还很不完善，缺乏经验，对于与之相伴出现的分配问题更是缺乏有效方法。

第三，治理分配问题具有反复性，容易出现反弹。俗话说得好，干一项事业，一时容易长久难，开头容易长久难。分配治理过程犹如逆水行舟，不进则退。改革开放初期，"平均主义"是分配治理的重点，随着双轨制的实行，"官倒"是社会关注的焦点，20 世纪 90 年代，市场经济突飞猛进，提倡效率优先。进入 21 世纪后，社会公平成了老百姓的心声。应该说，随着经济社会的不断发展，分配治理的重点也在不断转移。因此，治理分配问题需要久久为功的韧劲以及驰而不息的精神，才能成就一番大事业。

第四，分配治理是一件全局性的大事，涉及方方面面利益调整，时间长、范围广、层次深，是一项十分艰巨复杂的系统工程，改革之难不言而喻，单靠某一个领域、某一个部门、某一段时期难以完成。比如，缓解收入差距过大问题，需要进行相关领域体制机制的改革，包括改革现行的户籍制度、就业制度、税收制度、市场准入制度、金融制度、反腐制度等。除此之外，在收入差距扩大的同时，贫富差距扩大的问题正变得越来越严重，解决这一问题也绝不是简单地抽肥补瘦问题，而是需要综合考量、顶层设计、全民参与、系统推进，才能达到预想治理成效。

三、分配治理研究的几个问题

分配治理研究什么？分配，在马克思看来，其含义不外乎以下两种：一种是要素的分配；另一种是产品的分配。要素的分配是属于生产本身的分配范畴，与生产产品的最终分配有着必然的联系。但是在不同体制下，决定分配的机理不同，决定分配的方式和途径不同，分配结果也自然不同。例如，同样都是生产资料私有制的社会，奴隶社会、封建社会和资本主义社会，这三种社会形态显然具有不同的分配形式。因此，我们不难看出，分配治理中的"分配"有三层含义：一是生产要素的分配；二是分配体制机制；三是最终结果的分配。分配治理的研究对象，就是解决这三个层面上存在的问题。在生产要素的分配层面上，着重解决贫富差距问题，即分配存量问题，因为贫富的分化直接决定了收入能力的扩大；在分配体制机制层面上，现有的体制机制不完善放大了原有的收入差距问题，要着重完善体制机制，堵塞制度漏洞；在分配结果层面上，现有分配结果调控政策的不完善以及执行的不得力会强化分配结果的不合理，需要研究制定政策法规，确保分配结果公平公正。

研究分配治理思路是什么？"中国特色社会主义分配治理"课题，总体上循着立论基础—主要内容—实践运用的思路进行研究。中国特色社会主义分配治理的立论基础由理论基础和实践基础组成。马克思主义经典作家对社会主义收入分配的重要论述、中国特色社会主义分配理论、中国传统文化中有关分配治理的思想遗产、西方分配治理理论等，共同构筑了分配治理理论的理论依据。改革开放以来，国有企业的股份制改革、农村家庭联产承包制的改革、私营经济迅猛发展、市场机制逐步完善，这些具体的实践迫切需要在分配治理理论上进行新的概括，它们共同构筑了中国特色社会主义分配治理理论的实践基础。研究中国特色社会主义分配治理需要从分配治理主体、分配治理目标、分配治理原则、分配治理制度机制四个方面展开分析。在中国特色社会主义分配治理理论分析的基础上，结合现实分配问题，提出相关对策措施。

研究分配治理的方法是什么？研究分配治理问题离不开科学的方法。一是历史分析法。中华民族蕴涵着丰富的治理经验和传统，贫富分化一直是统治者关注的问题。梳理前人留下的分配治理思想遗产将有助于提出符合中国国情的方法对策。二是文献研究法。分配问题是一个世界性难题，西方学者在分析研究分配治理问题时根据本国的情况提出了相关理论。改革开放以来，我国学者一直致力于分配理论研究，提出了众多解决分配问题的对策。研究经济理论的学者根据掌握的文献资料，揭示经济理论发展的规律。这些无疑对我国的分配治理提供了有益借鉴。三是理论与实践结合法。正确的分配治理理论的创新必须与现实社会紧密相连，随时随地以当时历史条件为转移，确保分配治理理论创新向前每推进一步都经得起实践的检验。

主要参考文献

1. 冯仕政：《当代中国的社会治理与政治秩序》，中国人民大学出版社 2013 年版。

2. 国家行政学院：《推进国家治理体系和治理能力现代化》，国家行政学院出版社 2014 年版。

3. 胡鞍钢：《中国国家治理现代化》，中国人民大学出版社 2014 年版。

4. 李培林：《社会改革与社会治理》，社会科学文献出版社 2014 年版。

5. 李泉：《治理思想的中国表达：政策、结构与话语演变》，中央编译出版社 2014 年版。

6. 徐海清：《国家治理体系和治理能力现代化》，中共中央党校出版社 2013 年版。

7. 颜晓峰：《国家治理现代化学习读本》，人民日报出版社 2014 年版。

8. 俞可平：《治理与善治》，社会科学文献出版社 2000 年版。

9. 俞可平：《论国家治理现代化》，社会科学文献出版社 2014 年版。

10. 俞可平：《敬畏民意——中国的民主治理与政治改革》，中央编译出版社 2012 年版。

11. 俞可平：《国家治理评估——中国与世界》，中央编译出版社 2009 年版。

论我国城镇化进程中的公用事业
发展与政府监管改革

谢 地 孔 晓*

近年来，我国城镇化的速度逐渐加快。截止到 2014 年，我国城镇人口占总人口的比重达到 54.77%，比 2005 年的 42.99%，10 年间提升了近 12 个百分点。但是，在迅速城镇化的过程中，我国城市公用事业供给难以满足城镇化需要的"短板"效应日益明显，交通大规模拥堵、交通事故频发、燃气泄漏、水质污染、供暖劣质、排水系统瘫痪等问题屡见不鲜，层出不穷。城市公用事业是城市文明的基本标识，既是城镇化的重要的组成部分，也是支撑城镇化的基础设施。现阶段，进一步提升我国城市公用事业供给水平和质量，是加快推进我国城镇化必须着力解决的重要问题。城市公用事业普遍存在市场失灵问题，因而是政府监管的传统领域，政府在公用事业的发展进程中的作用不可小觑。推进城市公用事业的发展应该按照"让市场在资源配置中发挥决定性作用，同时更好发挥政府作用"的原则，通过深化政府监管改革，努力为城市公用事业这一容易发生市场失灵的领域重构市场机制的有效作用空间，释放公用事业增长的内生动力，尽快弥补城市公用事业发展与城镇化发展不匹配的"短板"。

---

* 谢地，辽宁大学经济学院教授；孔晓，辽宁大学经济学院讲师，博士研究生。本文系国家社科基金重点项目"中国城市公用事业政府监管体系研究"（批准号 12AZD107）的系列研究成果。

一、城镇化、公用事业与政府监管

（一）城镇化水平与公用事业发展

城镇化，即农村人口转变为城镇人口的过程[①]。综合国内学者研究，本文把城镇化构成要素分为七个方面，具体构成要素及其衡量指标体系如表1所示。

表1　　　　　　　　　　　　现代城镇化指标体系

构成要素	衡量指标
人口聚集水平	城市人口数；人口增长率；第三产业从业人员数等
城市经济水平	GDP；第二、第三产业GDP；非公有投资占总投资比重等
基础设施发达水平	自来水质量标准及普及率；给排水设备的完整性；供暖供电普及率；交通水平等
社会服务水平	大学专、本科以上学历人口数；医疗水平；文化娱乐体育设施水平等
社会保障水平	社会化服务体系的健全程度；慈善机构的服务能力；城市防灾能力等
城市环境水平	人均绿地面积；垃圾处理能力等
市民基本素质	社会风气；文化生活；法制观念等

资料来源：根据已有文献整理。

在城镇化指标体系中，基础设施发达水平、社会服务水平、社会保障水平、城市环境水平的部分甚至全部衡量指标都属于公用事业范畴。城市公用事业的发展是城镇化进程的重要组成部分。城市公用事业既为城镇化发展提供了物质保障，又为保障城市安全、改善环境发挥了重要的作用，城市公用事业现代化是城市现代化的标志。

本文利用2004～2013年的数据对我国城镇化率与城市公用事业发展水平进行了相关分析。其中，城镇化率即城镇人口占全国人口的比重。由于城市公用事业种类繁多，行业间的标准也不尽相同，很难把全部的公用事业加以衡量。为简便计算过程，结合已有国家统计局公布的权威数据，本文选取水、电、燃气的生产和供应业、交通运输仓储和邮政业、水利环

[①]　吴友人：《关于我国社会主义城市化问题》，载于《城市规划》1979年第3期。

境和公共设施管理业这三个具有明显公用事业特征的城市基础设施行业不含农户的固定资产投资总额来衡量城市公用事业水平，具体数据如表2所示。

表2　　　　　　　　　城市公用事业水平与城镇化水平相关数据

年份	城市基础设施部分行业的全社会固定资产 投资总额 X（亿元）	城市化率 Y（%）
2004	19 511.46	41.76
2005	24 249.86	42.99
2006	28 997.81	44.34
2007	33 369	45.89
2008	40 476.71	46.99
2009	56 704.67	48.34
2010	66 818.03	49.95
2011	68 956.86	51.27
2012	79 183.7	52.57
2013	95 634.02	53.73

资料来源：根据国家统计局网站整理并计算。

假设城市公用事业与城镇化存在线性相关关系，建立线性回归方程：

$$Y = \alpha + \beta x + \varepsilon$$

其中，Y 为城市化率；X 为城市基础设施部分行业的全社会固定资产投资总额；α 为常数项；β 为相关系数；ε 为误差因子。根据表2的数据进行一元回归分析，回归分析的结果为：

$$Y = 0.000156X + 39.77$$

$$R^2 \approx 0.97$$

$$SIG = 0$$

对显著检验的结果进行分析，$SIG = 0$ 说明城市公用事业发展对城镇化水平具有较强的解释力。$R^2 \approx 0.97$，结果接近1，说明拟合度很好，因此，前面假设成立，城市基础设施部分行业的全社会固定资产投资的增长与城市化率正相关，城市基础设施部分行业的全社会固定资产投资总额每增加1亿元，城市化率提高0.000156个百分点，即城市公用事业发展与城镇化水平正相关。

分析可见，城市公用事业的发展是影响城镇化的重要因素，城市公用事业水平和城镇化水平的正相关性，较高的城市公用事业水平可以促进城镇化的发展，而相对滞后的城市公用事业则会掣肘城镇化的发展进程。

（二） 公用事业与政府监管

城市公用事业一般具有部分自然垄断性、明显的外部性、资本规模大、沉淀成本高的等特征，是城市经济社会发展的重要基础设施。落实到具体的城市公用事业领域，技术经济特征虽有所差异，但普遍存在市场失灵问题，因而是政府监管的传统领域。政府在公用事业发展进程中的作用不可小觑。政府对公用事业的监管主要包括监管机制、监管体制与监管制度三个层面，其中，监管机制是政府采用的旨在规避市场失灵或政府失灵的具体监管方法或工具；监管体制是在国家政策和各种法规的约束下，相关行业的监管职责、权力分配方式和组织制度；监管制度是监管法律制度，涉及相关法律法规及政策。监管机制、监管体制与监管制度有机结合、不可或缺。监管机制只有通过监管体制和监管制度的变革才能在实践中得到体现，好的监管机制设计是监管体制和监管制度安排的基础，而监管体制和监管制度也相互融合，监管制度规范监管体制的运行，监管体制可以保证监管制度的落实。

公用事业发展首先与政府监管机制选择有关。监管机制选择主要包括准入监管、价格监管、质量监管等方面。（1）准入监管。随着对公用事业需求的不断增加，仅依靠国有资本的投入是远远不够的，民间资本的进入势在必行。民间资本主要通过直接竞争、产权重组、项目融资和资产证券化等方式进入城市公用事业。城市公用事业市场化程度不断提高，"市场失灵"问题也逐渐凸显，需要政府对城市公用事业准入（退出）进行相应监管设计及改革。城市公用事业的准入监管改革，既包括通过充分竞争优胜劣汰提高某些公用事业领域的供给水平，也包括通过严格的准入机制保障某些公用事业领域的质量，并建立合理的退出机制及时淘汰不符合标准的企业，通过准入—退出两方面监管机制的设计，来保障城市公用事业的供给数量与质量。（2）价格监管。城市公用事业在价格监管方面主要体现为价格水平的调整和价格监管机制的调节。城市公用事业的价格关系到城镇居民的切身利益，也会影响到企业进入公用事业的预期，居民和企业的预期价格可能会有所偏差，政府的监管则是解决这一矛盾的关键。政府需要对公用事业产品的价格进行监管，制定合理的价格政策，让进入该行业的企业得到的利润同时，还要满足维持居民基本生活的要求。（3）质量监管。公用事业产品和服务涉及到居民生命健康生活安全，必须要靠政府的严格监管来保证相关公用事业产品和服务的质量。政府对公用事业质量监管的重要目标就是维护居民基本权利，为居民提供高质量的公用事业产品和服务。在政府监管机制中，价格监管是核心，准入监管是重要组成部分。在监管手段上，又分为激励性监管、非对称监管等。

公用事业发展还在很大程度上取决于政府监管体制和监管制度设计。构建完善的监管体制可以实现政府监管机构、被监管的企业、投资者和消费者等权益主体建立一种激励相容的氛围，促进城市公用事业的健康发展。城市公用事业监管制度是规范监管体制框架、确保监管机制有效执行的法制保障，旨在为城市公用事业政府监管机制的设计和政府监管体制改革提供法律支持，为城市公用事业发展提供法制保障。

城市公用事业政府监管的目的在于为公用事业这一传统的市场失灵领域重构市场机制有效发挥作用所需要的机制、体制及制度，激发市场主体的活力，发挥市场在资源配置的决定性作用，同时更好发挥政府的作用。政府监管也要有所为有所不为，对涉及民生和公共利益的重要公用事业领域必须进行微观干预，保障产品和服务的有效供给；对可引入竞争的领域，则需要放松政府对公用事业的监管强度，适度引入民间资本，通过竞争来激发市场活力，提高公用事业水平，政府监管的重点则转向产品和服务质量的监控。

二、我国城市公用事业发展与城镇化速度不相匹配

到 2014 年，我国城市化率已经达到 54.77%，大致相当于美国 20 世纪 20 年代的水平，日本 20 世纪 40 年代的水平。[1] 根据王海燕（2013）的研究[2]，美国在 1930 年城镇化率就已达到 56.1%，到 1960 年达到 70%。表 3 为部分国家的城镇化发展水平（以城市化率为标准），根据表 3 可以

---

①　新浪财经，周其仁在参加"国浩法制论坛暨中国城镇化发展与法治论坛"时作上述表示。

②　王海燕：《美国城镇化发展的特点和启示》，载于《经济研究参考》2013 年第 36 期。

画出图1。

表3　　　　　　　　　部分国家城镇化发展水平　　　　　　　单位：%

国家＼时间	1950	1960	1970	1980	1990	2000	2011
日本	53.40	63.30	71.90	76.20	77.30	78.70	91.30
法国	55.20	61.90	71.10	73.30	74.10	76.90	85.80
美国	64.20	70.00	73.60	73.70	75.50	79.10	82.40
英国	79.00	78.40	77.10	78.50	78.10	78.70	79.60
德国	68.10	71.40	72.30	72.80	73.10	73.10	73.90
中国	11.80	16.20	17.40	19.40	26.40	35.90	51.30

资料来源：中国产业信息网：全球主要国家城市化水平分析，http://www.chyxx.com/industry/201310/222284.html。

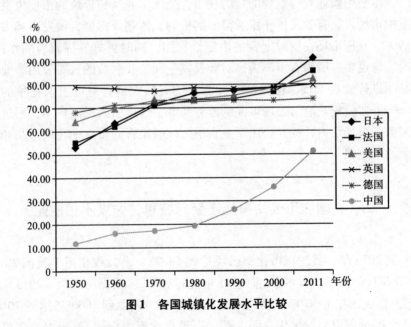

图1　各国城镇化发展水平比较

通过各国城镇化发展水平的比较可以看出，我国城镇化发展的起步较晚，增速较快，但发展现状与发达国家仍有很大差距。

表4　　　　　我国 2004～2013 年城市公用事业水平基本情况

项目	年份	2004	2005	2006	2007	2008	2009	2010	2011	2012	2013	平均增速（%）
城市居民生活	城市用水普及率（%）	88.8	91.1	86.7	93.8	94.7	96.1	96.7	97	97.2	97.6	1.06
	城市燃气普及率（%）	81.5	82.1	79.1	87.4	89.6	91.4	92	92.4	93.2	94.3	1.63
公共交通	人均城市道路面积（平方米）	10.34	10.92	11.04	11.43	12.21	12.79	13.21	13.75	14.39	14.87	4.12
	每万人拥有公共交通车辆（标台）	8.41	8.62	9.05	10.23	11.13	11.12	11.2	11.81	12.15	12.78	4.76
环境	人均公园绿地面积（平方米/人）	7.39	7.89	8.3	8.98	9.71	10.66	11.18	11.8	12.26	12.64	6.15
卫生	生活垃圾清运量（万吨）	15 509	15 577	14 841	15 215	15 438	15 734	15 805	16 395	17 081	17 239	1.18
	每万人拥有公共厕所（座）	3.21	3.2	2.88	3.04	3.11	3.15	3.02	2.95	2.89	2.83	-1.39
城镇化率（%）		41.76	42.99	44.34	45.89	46.99	48.34	49.95	51.27	52.57	53.73	2.84

资料来源：根据国家统计局网站整理并计算。

　　一般来说，城镇化率的提高代表了城市人口比重不断增加，但同时城镇化指标体系中的很多衡量指标又都与城市公用事业水平有关。但我国城市公用事业发展与城市化水平并不匹配，已经成为我国城镇化进程中的"短板"。根据联合国开发计划署研究，发展中国家城市基础设施投资最好占固定资产投资 10%～15% 的比例，占 GDP 的 3%～5%，但是我国1994～2006 年这一占比仅分别为平均 6% 和 2.6%，均未达到合理水平。①

---

① 洪迪：《基于 PPP 模式的城市基础设施政府监管机制研究》，2013 年重庆交通大学硕士论文。

根据诺瑟姆的研究，城镇化率在 30%～70% 之间是基础设施高速发展时期。但我国 2004～2013 年的数据表明，城市公用事业发展与城镇化速度的不匹配十分明显。

根据表 4，2004～2013 年，我国城镇化率提高近 12 个百分点，年均提高超过 1 个百分点，平均增速约为 2.84%。然而很多城市公用事业水平衡量指标的平均增速要低于城镇化率的增速，有些指标甚至出现了负增长，部分指标尽管增速很大，但由于基数很小，仍处于较低的发展水平；城市用水普及率、燃气的普及率等城市公用事业中涉及民生的重要方面，其发展速度低于城镇化的速度；人均公园绿地面积增速较快，但发展水平仍然很低，主要发达国家的人均绿地面积都在 40 平方米以上，美国华盛顿市居民绿地面积在 2007 年就已经达到 40.8 平方米[1]，等等。通过与其他国家城市公用事业的比较可以更清楚地了解我国公用事业发展水平，如表 5 所示。

表 5　　　　我国主要公用事业水平与国外一些城市的比较

项目	单位	中国城市平均水平		国外城市（1981 年前后数据）				
		1985	1998	汉城	东京	伦敦	巴黎	纽约
人均道路面积	平方米/人	3.05	8.26	8.4	9.68	26.3	9.3	28
万人均公交汽电车	辆/万人	3.43	8.6	Null	Null	30.7	Null	Null
人均生活用水量	升/人/天	151	214	265	340～500	290～300	320	Null
污水处理率	%	2.42	29.56	Null	90	95	93	Null
燃气普及率	%	23.2	78.78	Null	Null	85～100	Null	Null
人均公共绿地面积	平方米/人	2.8	6.06	13	1.6	30.4	12.21	19.2
垃圾处理率	%	1.69	58.41	Null	100	Null	Null	100

资料来源：冯长春，刘成：《中国大陆城市基础设施建设与发展》，载《重庆建筑大学学报》2001 年第 23 卷增刊。

综合表 3、表 4 和表 5 可知，在 20 世纪 80 年代，我国城市公用事业水平比照同时期发达国家的城市公用事业水平有着明显的差距，此时我国

---

[1]　周宏春、李新：《中国的城市化及其环境可持续性研究》，载于《南京大学学报（哲学社会科学版）》2010 年第 4 期。

城市化率仅为 19.4%，美国、英国、法国和日本等发达国家的城市化率都已达到 70% 以上。到目前为止，我国城市公用事业水平较 20 世纪 80 年代有了显著的提高，但用 2013 年的相关数据与发达国家 1981 年前后的数据对比，我国城市公用事业仍有一定差距，此时我国城市化率已经提高到 53.73%。我国城市公用事业的发展水平已经或正在成为掣肘城镇化进程的重要因素。

三、公用事业进一步发展亟待深化政府监管改革

城市公用事业供给水平及质量与经济发展阶段密切相关。但由于城市公用事业是政府监管强度较高的领域，其发展在很大程度上也与政府监管机制、体制及制度设计有很大的关系。我国城市公用事业的政府监管改革取得了一系列重要的进展，较好地释放了市场主体的活力，增加了有效供给。但同时，政府监管的机制、体制和制度还存在若干掣肘公用事业加快发展的因素。

一方面，通过对城市公用事业政府监管机制、体制和制度进行改革，我国城市公用事业在产权结构、市场结构、企业治理、投资、运营等方面发生了一系列积极变化，城市公用事业产品及服务的供给水平有很大的改进：（1）市场化的多元投融资结构初步建立，形成外资、内资、民营、国有多元化投资格局。并通过股份制改制、资本市场直接融资、银行贷款间接融资，以及通过企业资产或特许经营权抵押借款、提供附加服务等方式，实现融资渠道的多元化。同时，市场竞争机制全面引入。在市场准入机制放松背景下，多种所有制企业进军城市公用事业，共同参与开发建设经营。例如在在城市水务行业有法国威立雅、英国泰晤士、德国柏林以及国内北京首创水务等知名供水企业。在城市燃气行业有以新奥、首创为骨干的企业集团，在一定地域和时间段形成多元竞争格局。（2）特许经营制度全面推行。在租赁、承包、合作、代建、委托等多种经营形式发展基础上，特许经营方式在我国城市供水、排水、燃气、交通、环卫等行业陆续推进且成效显著。

另一方面，由于缺乏监管改革的顶层设计，没有理顺政府监管与市场化之间的关系，城市公用事业改革发展也暴露出一系列问题，具体表现在：（1）城市公用事业改革导致国有资产流失和腐败问题严重。在城市公

用事业改革实践中，个别地方政府将"市场化"简单或片面的理解为"推向市场"，在将国有资产"一卖了之"的同时也将政府相应责任一概推卸出去。在缺乏国有资产科学评估和对经营项目严谨论证的情况下，急于对公用企业或项目实行民营化，通过"政企合谋"，有意低估国有资产真实价值，追求国有资产出让、转让和资产变现给地方政府或个人带来的短期利益。在我国历年反腐败案件中，城市公用事业改革中国有资产流失与腐败案件并不占少数。（2）固定投资回报与价格过快上涨，激化政府、企业与消费者的矛盾。在城市公用事业改革中，投资回报率一直是政府和企业博弈的焦点，也是民营化改革不得不面对的难题。过高的投资回报率在吸引民间投资的同时给价格上涨带来较大隐患，不利于民营化的顺利推进，也给政府造成财政负担。因此，在改革实践中，政府一边为吸引资金承诺较高的投资回报率，另一边又无力给予足够的财政补贴，导致城市公用事业改革往往伴随价格不断上涨，引发消费群体的强烈不满。如沈阳市水务民营化案例中，沈阳市政府在与中法水务签订特许经营协议时，允诺中法水务获得第八水厂 30 年的特许经营权，并保证 18% 的平均回报率。当制水成本和市场供需状况等发生改变导致水价持续高涨时，过高的投资回报率导致沈阳市政府背上 3 亿元的债务包袱，最终不得不以高达 9 亿元的代价完成退市，远高出最初上市募集的 6.8 亿资金。① （3）产品和服务质量及安全危机频现，普遍服务难以保障。以特许经营为代表的多种市场化模式如 BOT 模式、BOO 模式、股份剥离模式等在我国城市公用事业得到广泛的运用，但与此同时对公用事业产品及服务的质量、安全以及城市公用事业普遍服务属性也有所忽略。例如，长沙市公交民营化后，由于政府监管的缺失，公交运营企业在利润趋势下漠视公共事业的普遍服务属性，服务质量低下，企业内部管理混乱，多次造成严重交通违章现象，严重威胁公共安全和公众利益。南京、重庆、合肥等城市公交实行民营化改革后陆续出现交通事故频发、公交线路覆盖不全面与拒载老人等服务质量低劣问题，严重背离城市公用事业改革的初衷。② （4）政府承诺缺失，民营化改革难以为继。城市基础设施建设由于高投资和大量沉淀成本，导致

---

① 周耀东、余晖：《政府承诺缺失下的城市水务特许经营——成都、沈阳、上海扒城市水务市场化案例研究》，载于《管理世界》2005 年第 8 期。

② 章远志、朱志杰：《我国公用事业特许经营制度运作之评估与展望》，载于《行政法学研究》2011 年第 2 期。

较高的市场进入壁垒和退出障碍。通过公私合作如 PPP 的方式在政府与私营机构之间建立长期伙伴关系，一方面可以缓解政府发展城市公用事业资金短缺的矛盾，另一方面也能够满足民间资本投资公用事业降低风险、增加收益诉求，有利于政府与民间资本在长期博弈中形成利益均衡。但现实的情况是地方政府为吸引投资者的进入，降低其对风险的顾虑，往往针对价格和产量达成某种协议，并单方面提供价格、生产数量、投资回报以及优先获得新项目特许经营权等超越法律授权的承诺。当技术水平、市场范围、需求状况发生变化或政府决策调整导致企业严重亏损、普遍服务无法保障或政府财政债台高筑时，政府承诺也就变成一纸空文，无法兑现。政府承诺缺失的根源在于"无法对政府进行长期有效的制度性的监管和约束"，即"制度性的有效承诺缺位"。[①] 主要体现在滥用承诺和承诺不连续性，监管机构的缺失和法律的缺失几方面。我国成都、沈阳、上海等城市水务市场化进程均不程度地反映了政府监管中存在承诺缺失这一问题。

（5）政府高价回购，"逆民营化"现象普遍。随着城镇化进程的加快，国家对节能减排、污水和垃圾处理等公用事业提出更高要求，迫切需要加大供水和污水处理等基础设施建设。地方政府迫于财政压力，将城市公用事业产权或经营权像"土地财政"一样一卖了之，在盲目招商引资、搞"政绩工程"的同时，也将政府的责任推卸的一干二净。急速推进的公用事业民营化加剧公共利益和私人利益之间的矛盾冲突：一方面由于生产资料价格上涨等因素，民营企业要求政府提供财政补贴，或大幅提高产品和服务的价格；另一方面公用事业产品和服务质量严重下滑、普遍服务难以保障，导致民众怨声载道。政府最终不得不高价回收城市公用事业项目，由地方国有企业经营，出现市场化的"回潮和反复"。[②] 近年来发生在我国浙江、安徽、南京等城市公共交通民营化改革中的逆民营化现象，都具有这种性质。

四、深化政府监管改革促进城市公用事业发展的政策建议

按照"使市场在资源配置中发挥决定性作用和更好发挥政府作用"的

---

①　周耀东、余晖：《政府承诺缺失下的城市水务特许经营——成都、沈阳、上海等城市水务市场化案例研究》，载于《管理世界》2005 年第 8 期。

②　周志忍：《认识市场化改革的新视角》，载于《中国行政管理》2009 年第 3 期。

总要求，公用事业监管改革的基本理念应该是为市场失灵领域重构市场机制作用所需要的机制、体制和制度安排。同时，基于公共利益和经济社会发展的共同需要，必须有效发挥政府微观干预职能。公用事业领域的政府监管改革应该以推进公用事业加快发展，有效支撑和推进城镇化进程为己任，通过监管机制、监管体制和监管制度创新，弥补快速城镇化进程中的公用事业"短板"，以提供更好的经济社会发展所必需的基础设施，支撑经济稳定增长，不断提升国民的幸福指数和福祉水平。为此，建议公用事业政府监管改革应该从以下几个方面加大力度：

第一，着力深化进入监管机制改革，在继续发挥好公用事业领域既存国有经济作用的基础上，吸引民间资本的进入，增加有效供给。针对我国大部分公用事业行政垄断与自然垄断并存的现象，一方面，在自然垄断特征明显的公用事业领域，引入各种激励性监管手段，如通过特许经营权竞标、标尺竞争等监管机制选择，引入间接竞争，刺激既存的、处于垄断地位的公用事业企业提升产品和服务质量。也可以通过 BOT、PPP、特许经营权的转让、股权融资、资产证券化等等方式吸引民间资本的进入，发展混合所有制，实现城市公用事业领域国有资本存量与民间资本增量有机结合，促进城市公用事业投资主体的多元化，提升供给水平。另一方面，对非自然垄断性业务领域，应加快市场化进程，通过非对称监管政策为潜在进入者创建一个公平竞争环境，破除行政垄断，构建有效竞争格局。政府应进一步放松对公用事业的准入监管，引入民间资本或外资，推进投资主体多元化，通过市场竞争激发企业活力，提高城市公用事业的供给水平。城市公用事业中的竞争性行业，政府则可以放开市场准入限制，由市场决定该行业的发展，优胜劣汰，实现资源最优配置。

第二，深化城市公用事业价格形成机制改革，激活公用事业企业发展动力。城市公用事业中的大部分行业具有自然垄断性质，如地铁、自来水等。其产品和服务的价格大都由政府控制，价格水平较低，部分行业甚至无法弥补企业的固定成本，只能由政府通过补贴等方式勉强经营。城市公用事业价格机制调整涉及利益格局的深刻变革，需要与市场准入机制、引入竞争机制、市场结构调整等政策配套执行，统筹协调、系统推进。（1）发挥市场配置资源的"决定性"作用，完善价格形成机制。通过缩小政府定价范围，逐步放开非自然垄断环节的价格监管，采取特许投标确定价格或"厂网分离、竞价上网"的方式，让价格决定权回归市场。（2）强化成本约束机制。建立价格联动需求的信息收集、分析和诚信档案制度，保证价格监管部门对城市供水、供气等发展项目的及时介入、全程跟踪，加强成本约束力度，杜绝成本倒逼价格现象。同时，可以借鉴英国的经验，结合成本和利润进行最高限价，给予企业一定的利润空间，激发企业潜能，提高企业的供给效率。（3）建立长效补偿机制。根据低收入群体对价格变动的实际承受能力，完善低收入群体的补偿机制；同时，优化公用企业财政补贴绩效考核机制，根据企业投资情况、价格水平及时调整补贴政策，优化税费、用地、特许经营等扶持政策组合，降低市场化改革对生产和生活的影响。（4）加强价格监管的透明度，完善企业价格信息披露制度，解决监管部门与企业的信息不对称，实现企业利润提高和政府监管效率提高的"共赢"。

第三，深化公用事业监管制度和监管体制改革。（1）完善城市公用事业监管的基本法律框架；（2）完善城市公用事业监管制度的细则，对监管机构设置、权责划分，有关价格、服务质量、市场准入环境和安全等方面，以及公用事业企业的责任、日常经营行为等内容作出具体规定，增强法律的可操作性；（3）增强公用事业政府机构监管的独立性，提升监管能力。监管的独立性是城市公用事业监管体制得以顺利运行的基础，维护监管的独立性，要做到政监分开、政企分开、监企分开。监管机构要独立于政府相关行政部门和被监管的公用事业企业发挥监管作用，只有这样，才能在监管过程中，做到超然、公正、权威，避免监管越位和监管缺位并存，以及重复监管和监管"俘虏"等问题，不断提升监管能力与效率。

第四，创新公用事业监管，引入第三方监督、加强公众参与，建立和完善政府监管部门、公共事业企业和消费者之间的对话协调机制，进一步完善公开招标制度、价格听证制度和监管谈判制度，让社会各种力量都广泛参与到城市公用事业市场化改革中，最大限度的矫正政府监管失误，提升政府监管质量，改进公用事业产品和服务的供给质量，为城市公用事业健康发展提供良好的社会氛围，创造更为有利条件。

主要参考文献

1. 李东序：《市政公用事业市场化与政府监管》，载于《城市发展研究》2005 年第 6 期。

2. 李乐：《美国公用事业政府监管绩效评价体系研究》，载于《中国行政管理》2014 年第 6 期。

3. 潘加军：《目前我国公共事业管理体制创新的模式选择》，载于《前沿》2010

年第 19 期。

4. 王俊豪：《英国公用事业的民营化改革及其经验教训》，载于《公共管理学报》2006 年第 1 期。

5. 谢地、刘佳丽：《垄断行业监管机制的法经济学研究——监管机制、体制与制度协调论》，经济科学出版社 2013 年版。

6. 谢地、刘佳丽：《非经营性国有资产监管机制、体制及制度亟待改革》，载于《经济学动态》2013 年第 10 期。

7. 姚军：《城镇公用事业市场化改革的理论反思与探讨》，载于《理论探讨》2011 年第 1 期。

我国新型城镇化进程与农村宅基地制度改革

蔡继明　程世勇*

当前城市化、工业化进程中，城市土地短缺已经成为我国重要的宏观经济问题。农村宅基地作为农村建设用地的重要组成部分，不仅关系着城乡土地资源的配置效率，而且有助于缓解城乡居民财富分配结构失衡、货币供给短缺，最终实现经济的可持续发展。

一、城市化土地短缺与农村宅基地闲置二者的结构性矛盾

随着中国经济的快速转型，城市化、工业化速度的加快，城市建设用地的需求不断扩张。2020 年要达到城市化率 60%、工业化率 70% 的目标，所需要的建设用地需要增加 1.5 亿亩，主要用于工业、交通和基础设施、住宅、城市公共建设。根据国土资源部发布的《国土资源"十三五"规划纲要》，新增建设用地总量将控制在 3 256 万亩，建设用地存在着约 1.2 亿亩供需缺口。土地要素的稀缺程度已经超越了劳动和资本要素，成为制约中国经济未来发展的最稀缺的要素。

而另一方面，在农村建设用地中居于主体地位的宅基地却大量闲置。根据存量的统计①，全国建设用地总量为 20.34 万平方公里，其中农村建设用地 16 万平方公里，占总建设用地面积的 4/5，相当于我国河南省的总面积。从流量上统计，从 1980~2007 年，由职业转换、身份转换和代际转换原因，约有 4 亿农村居民转移到城市成为城市市民。而随着城市化进程的加速，中

---

* 蔡继明，清华大学政治经济学研究中心教授；程世勇，首都师范大学经济系副教授。
① 国土资源部编：《中国国土资源统计年鉴》，地质出版社 2014 年版。

国城乡人口结构变动还会更加明显。农民市民化已经成为当前城市化进程的一个主要特征。由此产生了一个基本的经济现象：城市的住房及公共用地需求在刚性增长，而同时农村的住房用地需求却在加速缩减。我国经济转型中所呈现出的这种经济现象从体制上与传统计划经济时期延续至今的土地配置模式发生了深刻的冲突。计划经济年代，由于国家公共财政不足，货币性的社会保障覆盖面不足，宅基地就长期行使着农村居民的居住保障功能。在限制宅基地流动的基础上，也严格限制农村人口和其他要素向城市流动。

而20世纪80年代以来，随着城市要素报酬率的提高和城乡户籍制度的松动，大量的农村劳动力通过各种途径转移到城市。城市化通过职业转换、身份转换，在大规模地进行农民变市民的过程中，长期以来却不能很好地解决城市土地集约利用和农村宅基地大量闲置之间的矛盾。随着我国市场体制改革和城市化进程的加速，农村宅基地问题所引发的矛盾日益突出。实践表明，城市化速度越快，农村宅基地闲置状况越严重。农民在城市化进程中，城市的房子买不起，农村房子卖不掉。宅基地闲置一方面从资源配置的层面致使城乡土地要素配置失衡。由当前城市化进程中的城市土地短缺和农村宅基地大量闲置所引发的土地要素的配置失衡，又进一步导致货币资本、劳动力、技术要素在城乡之间配置效率的损失，使社会总生产函数的产出效率降低。另一方面农民宅基地闲置导致资产流动性滞后，农民的财产性收入无法得到有效的实现。当前城乡居民收入差距日益拉大的一个重要根源是城乡居民财产性收入的差距，而农村宅基地及房产是农村居民所拥有的最为重要的资产。在当前大力推进城市化和农民市民化的过程中，如果不能有效解决农村宅基地的显著问题，不仅影响土地资产财富效应的分享，而且还影响到农村金融的深化。长期以来，由于农村地区抵押品缺失，导致农村货币供应量不足，产业发展受到资金流的限制。因此，农村宅基地使用权的商品化、资本化，是加速城市化进程，进而提升要素配置效率和财富分配结构并最终促进当前宏观经济持续发展的重要选择。

二、宅基地闲置的制度根源与集体产权交易的制度风险

（一）宅基地闲置的制度根源及使用权交易的制度演变

城市土地短缺和农村宅基地限制这一矛盾的根源在于长期以来的城乡

二元土地管理体制。在城乡分割的二元制度下，所有的农村集体建设用地作为一种特定的产权形式被严格管制而不能和城市资本结合并进行有效的配置。由于宅基地兼具生产和生活资料两种职能，对其流转和交易的管制更是严格。新中国成立以来由于土地制度的变更，对宅基地的管制也并非一成不变①。依次可以归纳为以下四个阶段。

阶段1：过渡时期法律认可下的宅基地民间自由交易阶段。新中国成立初期（1949～1961年），农村宅基地的所有权、使用权及宅基地上的房产，农民可依法进行自由处置。因为以农民土地所有制为基础的土地产权，是新中国成立初期基本的土地产权形式。1949年的《共同纲领》和1954年的《宪法》，通过正式法律的形式确立了农民对土地拥有完全的私有权。共同纲领规定，要有步骤地将封建半封建的土地所有制改变为农民的土地所有制，土地改革是发展生产力和国家进行工业化的必要条件。不仅要保证农民土地私有权的取得，还有确保农民土地私有权的持有。《共同纲领》第27条规定，凡已实行土地改革的地区，必须保护农民已得土地的所有权。凡尚未实行土地改革的地区，必须发动农民群众，实现耕者有其田。1954年《宪法》仍进一步重申，"国家依照法律保护农民的土地所有权和其他生产资料的所有权"（第8条）。所有权不仅包括使用权，还包括受益权、抵押权和处置权。

阶段2：集体土地产权的确立和宅基地禁止交易阶段。1962～1977年，随着农村土地产权的集体化进程，农村宅基地使用权的流转便受到了严格的限制。1962年中共中央在党的八届十中全会上通过了《农村人民公社工作条例修正案》（简称"人民公社60条"）对宅基地的产权属性、使用权及地上房产作了如下规定。（1）宅基地所有权的性质从农民私人所有转变为土地集体所有。（2）宅基地的使用权归农户所有，但宅基地不能买卖或出租。（3）农民对宅基地上的房屋拥有完整的所有权，房产可自由处置。这三条关于宅基地的规定前两条"紧"，第三条"松"。虽然表面上将房产的交易与地产的交易分割开，而实际上房和地是不可分的，禁止了其中之一，交易便是不可进行的。而另一方面，在计划经济非货币化的制度环境中，无论是房还是地，即便是想卖也卖不出去。由此形成了城乡土地的二元分割体制。

---

① 高圣平、刘守英：《宅基地使用权初始取得制度研究》，载于《中国土地科学》2007年第2期。

阶段3：市场经济时期宅基地交易的法律真空阶段。此阶段的典型特征是国家正式法律制度没有明令禁止，但同时对宅基地交易也没有规范性的指导。《土地管理法》规定"农村居民出卖，出租住房后，再审请宅基地的，不予批准"（第62条）。从此款可以看出，法律并不禁止居民将宅基地出卖和出租这种经济行为。而新出台的《物权法》对宅基地使用权交易的规定如下，"已经登记的宅基地使用权转让或者消灭的，应当及时办理变更登记或者注销登记"（第155条）。此项条款不仅对宅基地的转让没有禁止，而且还进一步规定要进一步做好不动产权属变更的登记。对于具体的细节，物权法规定"宅基地使用权的取得、行使和转让，适用土地管理法等法律和国家有关规定"（第153条）。因此，处于此法律真空时期，市场自发的、以地下交易为特征的宅基地交易成为经济体制改革以来主要的交易形式。而四川都江堰市在汶川地震后以地方政府主导的引导城市资金与农村居民宅基地进行"联建"的要素流转模式是这一时期的一个重要探索。

阶段4：政府宏观政策禁止城乡宅基地交易阶段。由于城市房价的攀升，一些城市居民选择到农村购买宅基地自建房或者购买宅基地上建的小产权房。为了避免农民的居住权益受到侵害，近年来国务院连续出台文件，禁止农村宅基地向城市居民转让与房屋转让的交易行为。宅基地交易依然受到严格的管制。从政策的延续来看，目前对于我国农村宅基地使用权的有关管理，依然沿袭着计划经济时期的管理模式。虽然公共政策以促进社会公平和正义为出发点，但要素配置的绩效和城乡收益分配结构却逐步偏离了政策的初始目标。上述过程表明，我国农村要素市场化进程要明显滞后于城市的市场化进程。我国市场化的改革虽然始于农村，但城市土地使用权目前已经完全实现了市场化，土地使用权及房屋的资产性功能得到了完全实现。与城市相比，虽然农村农产品市场和劳动力市场逐步走向市场化，但作为农村建设用地重要组成部分的宅基地依然沿袭着计划经济体制。宅基地使用权在履行完保障功能以后，权利仍然凝固化而不能进行市场交易。宅基地使用权的凝固化导致我国目前宅基地和房屋分离的体制一直延续至今，农民土地使用权和房屋的交易始终面临制度困境。

（二）阻碍我国农村宅基地使用权交易的制度因素

第一，通过限制流转，地方政府能通过宅基地保障降低公共财政性保障支出。从"60条"到目前的农村土地管理制度，其制度设定的前提假设是把农村的宅基地定位于基本的社会保障功能。计划经济时期由于城乡分割和商品经济的落后，保障低收入的农民具有基本的居住权是政府管理社会的一项基本功能。而目前由于我国经济的不发达和保障体制的不健全，继续用农村宅基地充当重要的保障功能仍然十分重要。各级政府在公共职责上承担着居民居住保障的职能与相应的财政支出。如果大力推动宅基地使用权交易的市场化进程，可能导致部分承担居住保障功能的宅基地使用权的丧失。这必然会加重地方政府的保障性财政支出规模。地方政府为了规避农村居民宅基地交易所引发的财政支出风险，一般会选择刻意强化宅基地的保障性功能而忽视其商品性功能的发挥。

第二，担心宅基地流转威胁农村土地集体产权制度。宅基地属于农村集体产权性质的土地，而集体产权又属于公有制的重要实现形式。农村集体组织由于拥有封闭性和身份性两个典型特征而区别于股份制和股份合作制这两种财产的组织模式。集体产权中的"集体"是农村基于特定生产关系而形成的一个相对稳定并且同质的抽象化的组织结构。禁止农村宅基地向集体以外成员或者城市流转，就能保证农村集体组织固有的内部结构。农村集体土地的所有者，归农民集体所有。而允许农村宅基地使用权流转，城市居民或者其他和原集体不相关的法人和自然人就可能进入集体组织并成为集体组织的成员。而集体组织成员身份和来源的多元化必然与长期以来所坚持的集体组织成员的同质化二者发生矛盾。因此，限制宅基地流转可在短期内维持传统的农村土地集体产权制度。

第三，宅基地使用权流转影响城市房地产进而减少政府的财政收入。城市地产和房产及相关产业的交易是地方政府财政收入的主要来源。农村宅基地使用权流转，不仅客观上增加了城市的土地供给，而且将一部分房屋需求释放到农村，直接导致城市土地价格和房产价格的回落。房地产市场的波动直接触及的就是地方政府的利益。2009年，通过土地垄断高价出让，地方政府获得土地出让金收入1.6万亿元，而同期全国财政收入的总量仅为6.8万亿元（不含土地出让金），占总量的1/4①。2007年，房地产六项税②占全国地方政府财政收入的40.7%。工商联进一步调研发现，地方政府的税，出让金、建设营业税等各种税以及各个部门收的费，已经占

---

① 通常人们说的财政收入，都是指一般预算财政收入。一般预算财政收入，不包括基金收入（其中分两部分，一块是社保基金收入，另一块是土地基金收入，即俗称的土地出让金）。

② 主要有营业税、城建税、土地增值税、房地产税、印花税、契税（房地产交易税）。

到了目前房价的50%，而其中最大的部分就是地方政府的土地出让金。基于以上三点，农村宅基地使用权的流转比一般的农村集体建设用地流转面临的制度障碍更多。

三、宅基地市场自发交易的经济绩效与制度缺失引发的利益冲突

（一）宅基地升值和自发交易双方经济福利的增加

在计划经济体制下，由于取消了商品交换和价格机制，加之国家对城乡人口及要素流动的严格限制，农民宅基地发挥的基本功能就是生活保障功能。而随着市场化的深入所引发的人口和要素的流动，特别是城市化加速过程中城乡劳动者职业和身份的转换、农村居民收入水平的显著提高和宅基地相对价格的升值，导致宅基地的功能发生了转换。宅基地传统保障性功能弱化的同时，资产性功能成为宅基使用权交易的内在需求。北京宋庄画家村宅基地交易就是近年来比较有代表性的一例。土地价格的上涨是宅基地使用权流转的内在动力。20世纪90年代的宋庄，随着全国知名艺术家对宋庄的青睐，并且宋庄镇政府于2006年把宋庄规划为中国十大文化产业集聚区之一，一时间宋庄成为全国最大的艺术家群落。在城市化扩张和当地文化产业的带动下，当地地价和房价迅速上涨。从1996～2006年，宋庄农民宅基地房年租金涨了15倍。高租金使得利益驱使下的自发性宅基地交易成为常态。画家村里一些已经不从事农业生产的原住民，由于担心宅基地长期闲置所造成的收益损失，便以相对较高的价格把房屋和土地使用权一并转让给了当时想定居于此作画的画家。此行为虽然属于违背国家土地管理制度的市场自发秩序，但同城乡分割状态下宅基地使用权禁止流转相比，仍然是一种福利的帕累托改进。通过交易，合约双方的经济福利都得到了提升。

（二）地价攀升后契约优势方依托原有制度谋划撕毁合约获取超额收益

房价和租金价格的迅速上涨，特别是原住民得知画家村已纳入市政规划并且将来的拆迁补偿将超过百万元时，所有转让宅基地给画家们的村民们，要求撕毁当初的合约，"收回"已经"卖出"的房屋和宅基地使用

权。因为当初的协议价格和未来宅基地使用权的资产回报相比，差距太大。因此，在利益的驱动下，村里14家较早转让房产的农民，以合同"不符合"国家法律为由，先后把村里的画家们告上法庭。农民马海涛诉讼画家李玉兰案便是比较有代表性的一宗。合约双方的利益博弈表现为法院的三次不同裁定。第一次裁定，法院严格依据了土地管理法和国家相关政策的规定，认定马海涛与李玉兰所签署的《买卖房协议书》合约无效，理由是"宅基地（使用权）不可买卖"。因此，判画家李玉兰败诉并要求其限期退出房屋，并无权获得任何补偿。由于当事人画家的申诉引发了法院的二次裁定。这次裁定不仅以土地管理法为基础，最大的特点在于对由双方自由意志所签署的"私人合约"的重视。法院认定，虽然法院判协议不符合国家土地管理法的规定无效，但合约一方当事人由于"信用缺失"给一方当事人所造成的损害负有赔偿责任。画家李玉兰可申请由私人合约的"信用缺失"所造成损失的赔偿。

画家李玉兰之后反诉农民马海涛。李玉兰主要以合约"信赖利益损失"为由诉宅基地原主马海涛赔偿高达48万元的补偿费。这笔补偿费不仅包括李某对原房产投资的支出费用，最核心的补偿是由地价升值所要求的重置区位补偿。鉴于这则纠纷的复杂性，法庭希望合约双方能调解解决。合约当事人双方基于前期的法律判决重新对宅基地权益进行分配。针对画家李玉兰提出要求马海涛赔偿48万元经济补偿的巨额成本，马海涛表示画家李玉兰可以继续居住直至房屋拆迁。拆迁时的补偿到时再行分配。无独有偶，画家村14起农民房争端中，另外2例撤销诉讼并调解成功的也基本是在尊重原先私人合同的基础上，双方对潜在的利益进行了更明确地界定。以原有合约为基础，最终的利益分配按如下思路进行：画家可以继续在其所购房屋居住，直至国家实施拆迁。拆迁时的补偿费，地上物补偿款、拆迁费用、区位补偿款归艺术家所有；而对宅基地土地补偿款归村民所有。通过正式程序（法律或仲裁）对宅基地使用权流转合同进行某种程度的修正是画家村宅基地纠纷案得到的最终结果。这场纠纷试图在回答，城市化和市场经济条件下，农村宅基地使用权合约交易双方的利益如何获得稳定的制度保障，从而降低交易成本和合约风险。

（三）我国宅基地使用权交易的一般性推论

（1）城市化加速和农民的市民化是农村宅基地流转的制度环境。随着城市化进程的加速，城市周边特别是城乡结合部农民凭借多样化的商品和劳务收入，已经从传统的温饱型过渡到富裕型，职业特征和传统的身份特征都已经发生了根本性的转化。农民逐步摆脱农业耕种职业，身份转型为城市居民，农村宅基地大量闲置。宅基地使用权的流转正式在这样的制度环境中产生的。宅基地流转不仅能优化城乡建设用地资源的配置效率，而且有助于实现城乡居民财富收入的均等化。但由于城乡土地流转的制度规制，宅基地使用权的流转主要还处于自发进行阶段。

（2）宅基地传统的居住保障功能已经弱化，资产功能正在增强。农民在城市化的推动下，已经逐渐成为城市居民，由职业和身份改变所引发的居住场所也已经发生变化。长期来农村宅基地作为固定居所的保障功能弱化，其已经不能适应市场经济条件下职业和身份变更的需要。而进入城市的农民在宅基地保障功能弱化的同时，对宅基地使用权流动性等相应的资产性功能的需求增加了。市场经济背景下，农民在城市化后，目前所有解决的关键问题是宅基地资产形态的货币化问题。而长期计划经济时期形成的宅基地使用权的凝固化，如同股票等证券资产的非流通性一样，土地财产权利的凝固化了导致城市地价房价攀升的同时，数额巨大的农村宅基地资源不能得到资产变现，农民宅基地的持有成本即机会成本不断增加。土地使用权人的资产性收益不能得到实现。

（3）宅基地由市场经济自发秩序所引发的效率损失不容忽视。宅基地使用权相对价格的升值和宅基地持有成本的上升，引发了大量经济规律作用下自发交易的行为。而当宅基地的相对价格大于违反宅基地管理制度对宅基地使用者所产生的成本加上宅基地闲置成本之和时，市场的自发秩序便形成了。参与宅基地流转的居民越多，单个居民违反宅基地管制的正式制度成本就会越小。这种由宅基地使用权流转所形成的自发秩序就会导致国家正式管制制度的失灵。虽然市场的自发秩序是对城乡分割状态下禁止宅基地使用权流转的一种帕累托改进，但同正式的国有土地市场交易制度相比，其效率损失是显而易见。其一是由制度缺乏导致宅基地使用权的资产价值被低估。因为非正式的交易内在地包含更多的风险性因素，而由于正式制度的缺失，这些因素导致农村宅基地使用权流转的定价偏低。正如赫尔南多·德·索托所指出的，大多数转型国家正是由于市场交易制度的缺失，导致大量存量的资产是以僵化的、凝固的形式存在的①。因此，才出现了转型国家一方面资本短缺需要从国外引入资本，而另一方面国内大

_____

① 赫尔南多·德·索托：《资本的秘密》，华夏出版社 2007 年版。

量的资本却处于"沉睡状态"而不能得到有效地利用。二是由于正式制度的缺乏所可能引发的撕毁合约的风险。有效率的制度能最大化地降低交易成本。反之，正式制度的缺失增加了合同维护的成本和合约的不确定性。由于农村宅基地自发交易缺乏制度保护，一旦未来出现巨大的潜在收益，原来宅基地的所有者就会撕毁合约，试图获得收益的分配权。由于缺乏正式制度的安排，土地相对价格变动必然引发矛盾冲突。诺斯指出，为了实现经济增长，一个社会的土地制度应该不断适应要素相对价格的变化[①]。因此，农村宅基地使用权制度的改革一定要围绕和服务于城市化这个宏观制度环境。

四、城乡土地资源的优化配置和宅基地使用权流转的制度设计

（一）城市化背景下推进农村宅基地使用权市场体制改革的必要性

对于计划经济时期以身份特征为标志的社会结构而言，农村宅基地使用权凝固化有利于社会管理。而在市场经济深化和我国快速实现城市化的进程中，由大量农村人口的城市化所导致的农村宅基地闲置问题已经十分严重。因此，解决好当前农村宅基地使用权流转对于更有效地配置土地资源有着重要的意义。城市化背景下推进农村宅基地使用权市场体制改革可以解决三个问题：一是通过国家对农村宅基地使用权的管理体制改革，减少宅基地的私下交易行为，最大限度地减少自发交易所造成的效率损失。二是通过国家对农村宅基地使用权的管理体制改革，激活农村大量的闲置宅基地资源，通过正式的市场交易制度一方面使宅基地使用权主体获得充分的资本收益和资产的货币价值，另一方面提高城乡土地集约使用的效率，使城市土地的增加和农村建设用地的缩小两者相挂钩。三是通过国家对农村宅基地使用权管理体制改革，有助于形成宅基地使用权人合理的预期，有助于发现价格、保护土地资源。

---

① Douglass C. North, Institutions and the Process of Economic Change, *Management International*, 2005 9 (3): pp. 1 – 7.

（二）集体产权性质的宅基地使用权资产性功能的完善

（1）完善以"交易性地权"为基础的宅基地用益物权制度。随着人均收入水平的提高和城市化步伐的加快，农村宅基地作为农村建设用地的重要组成部分，保障功能已经弱化，其各项资产功能的完善有助于提高宅基地使用权这项资产的使用效率。同城市国有土地使用权市场转让制度相同，农村宅基地使用权也可以进行转让。实现国有土地和集体建设用地相同的用益物权功能。在实际交易中为了保障宅基地使用权现有保障功能的实现，在转让过程中可以设定相关的条件。宅基地的交易性地权制度，能实现土地、资本与劳动力在城乡之间的动态优化组合。

（2）构建以"资产性地权"为补充的宅基地使用权担保物权制度。以农村宅基地使用权用益物权制度为核心，在此基础上完善宅基地的抵押权功能。在城市化进程中，农村宅基地的使用权不仅可以转让，而且还必须可以进行抵押融资。通过宅基地资产性地权制度的建立，一方面提升农村地区的资金融通能力和发挥金融的杠杆性功能；另一方面能以地权交易为中介，实现风险的转移和配置。以农村建设用地流转中的自物权为制度内核，实现用益物权和担保物权制度在国有土地与集体土地两种产权间权利分布的对等化。

（三）收益分配结构：农民是宅基地收益分配的主体

在农村宅基地使用权制度改革中，农民作为宅基地使用权人理应成为受益主体[1]。虽然宅基地属于农民集体建设用地，农民集体作为所有权主体相对模糊，但农村宅基地使用权的权利界定是十分清楚的。因此，在宅基地使用权流转中农民作为权利的主体，同时也是土地财产性收入的收益主体。在天津滨海新区"宅基地换房"推进城市化的过程中，正是以农民为利益实现的主体，农民获得了宅基地国有化过程中的所有资产性收益。在农村宅基地使用权制度改革中，只有以城市化为实现条件，以农民为利益实现主体，以宅基地土地使用权资产性功能的完善为核心，才能更好更快地促进我国经济和社会的转型，缓和当前城乡收入差距，并最终实现宏观经济的均衡发展和城乡经济社会的一体化进程。

---

[1] 陈剑波：《农地制度：所有权问题还是委托代理问题》，载于《经济研究》2006 年第 7 期。

主要参考文献

1. 蔡继明：《中国征地制度改革的三重效应》，载于《社会科学》2006 年第 7 期。

2. 国土资源部编：《中国国土资源统计年鉴（2014）》，地质出版社 2014 年版。

3. 高圣平、刘守英：《宅基地使用权初始取得制度研究》，载于《中国土地科学》2007 年第 2 期。

4. 赫尔南多·德·索托：《资本的秘密》，华夏出版社 2007 年版。

5. 陈剑波：《农地制度：所有权问题还是委托代理问题》，载于《经济研究》2006 年第 7 期。

6. Douglass C. North, 2005, Institutions and the Process of Economic Change, Management International, 9（3）：pp. 1 – 7.

FDI、环境规制及企业技术创新

——基于省际面板数据的实证检验

陈甫军　胡德宝[*]

一、问题提出

近年来，中国的环境保护问题成为大家普通关注的话题。尤其是全国出现大范围的"雾霾"天气后，民众对环保有了更多的期待。多年的经济高速增长造成了对资源的过度依赖以及对环境的严重破坏，使得我国原有的粗放型增长模式难以为继。2013 年我国一次能源消费量 36.2 亿吨标煤，消耗量占全球的近 20%，单位 GDP 能耗是世界平均水平的 2.5 倍，美国的 3.3 倍，日本的 7 倍，同时高于巴西、墨西哥等发展中国家。高能源消耗带来了高排放和高污染。环保部公布的数据显示，2013 年，全国化学需氧量排放总量 2 352.7 万吨，氨氮排放总量 245.7 万吨，二氧化硫排放总量 2 043.9 万吨，氮氧化物排放总量 2 227.3 万吨，均有不同程度的下降，但排放量仍居世界第一位。

为了改善环境质量，实现经济社会的可持续发展，更加严格的环保执法以及更加有效的环保措施势在必行。截至 2013 年年底，中国至今已有 1 543 部国家级的环境保护标准。2014 年，更加严格的环保措施也呼之欲

* 陈甫军，中国人民大学商学院教授；胡德宝，中国人民大学国际学院副教授。基金项目：本文是国家自然科学基金项目"中国自然垄断产业管制模式的优化比较研究——基于福利损失测度的视角"（项目编号：70940012）和国家社科基金重大课题"全球平衡增长议题对中国贸易摩擦的影响机制研究"（项目编号：09&ZD033）的阶段性研究成果。

出：政府将抓紧修改环境保护法、大气污染防治法，完善严格监管所有污染物排放的环境保护管理制度，实行最严格的源头保护制度、损害赔偿制度和责任追究制度。在实际施行环保政策措施时，政府也越来越多地考虑外商直接投资（FDI）的影响。2013 年在中国的 FDI 达到 1 176 亿美元，累计超过 1.4 万亿美元，中国已经连续 21 年成为吸收外资最多的发展中国家。外商投资在为中国经济发展带来重要贡献的同时，一些负面问题也开始显现，如偷逃税款、在技术转移中的过度保护、向中国转移高污染产业等（桑百川，2006）。

由此引发了以下的问题：FDI 是否会引致更严厉的环保规制措施？诸多的环保标准是否对污染型企业的生产行为产生了约束？换句话说，更加严格的环境规制是否是有效的，是否引致了企业的技术创新并达到减排目的？这都是评估中国环境政策效应绕不开的问题。

二、基 本 模 型

FDI 不仅促进了资金和技术的全球扩散，也促进了环境污染和资源压力的转移，其对环境的影响与这些资金和技术的环境特征相关（Grossman & Kruege，1991）。FDI 对环境的影响机制主要包括技术溢出效应、结构效应和规模效应。

（1）规模效应。在经济系统中，假定工业污染只来自于污染密集型产业，而其他产业的污染较少且可自然消解，对污染密集型产业的产品需求 Q 与本国引进 FDI 的规模 E 保持固定比例，即 $Q = kE$，其中 $k > 0$。

（2）技术效应。经济增长带来技术进步，使污染密集型产业的产品单位污染量 $w(E)$ 下降，即 $w(E)$ 关于 E 的一阶导数 $w'(E) < 0$。由于技术进步的有限性，GDP 增长不可能不消耗污染密集型产品且不产生污染，因此 $w(E)$ 关于 E 的二阶导数 $w''(E) < 0$。不妨设 $w(E) = E^{-\alpha}$，其中 $\alpha > 0$。

（3）结构效应。随着经济增长，产业结构升级，经济较发达国家通过 FDI 将污染密集型产业逐渐转移至他国，但是当地消费结构并未随之发生改变，即本国并不相应减少对该产品的消费，而是通过贸易的方式购入该产品以满足本国消费。设本国对该产品的生产比例为 $\theta(E) = 1 - \eta E$，则从他国进口的比例为 ηE，其中 $0 < \eta < 1$。

因此，当经济发展处于某个水平时，在规模经济效应、技术效应以及结构效应的共同作用下，本国的污染为：

$$F = (Q \cdot \theta) \cdot w$$
$$= kE(1 - \eta E)E^{-\alpha}$$
$$= k(-\eta \cdot E^{2-\alpha} + E^{1-\alpha}) \qquad (1)$$

当 $0 < \alpha < 1$ 时，技术进步的作用适中，此时有：

$$\frac{\partial [Q(E) \cdot c(E)]}{\partial E} = (1 - \alpha)E^{-\alpha} > 0 \qquad (2)$$

$$\frac{\partial^2 [Q(E) \cdot c(E)]}{\partial E^2} = (1 - \alpha)E^{-\alpha} < 0 \qquad (3)$$

也就是说，随着引进 FDI 数量的增长，环境持续恶化，只不过恶化的趋势减缓，但是技术进步不足以抵消规模效应给环境带来的压力。然而，当 FDI 的增加以及污染治理力度的加强带来了产业结构的转型升级，这一局面便会发生改变。此时有：

$$F(E) = (Q \cdot \theta) \cdot c$$
$$= k(-\eta \cdot E^{2-\alpha} + E^{1-\alpha}) \qquad (4)$$

函数 $F(E)$ 虽不是开口向下的二次曲线，但其轨迹仍然符合倒 "U" 型曲线，符合库茨涅兹的假说（Environment Kuznets Curve，EKC）。

从而，在经济发展的初始阶段，产业政策偏重于工业发展，利用 FDI 增加产出是人们最关心的问题。此时，规模效应要大于技术溢出效应和结构效应，环境污染变得更为严重。随着引入 FDI 的增加以及经济的增长，人们对生活质量的要求越来越高，环境规制也越来越严格，此时产业结构开始发生调整，技术溢出效应和结构效应要大于规模效应，于是环境污染随着经济增长而减轻。三种效应的共同作用产生了 FDI 与环境规制间的倒 "U" 型的环境库兹涅茨曲线。

三、实证研究

（一）模型构建

为了考察 FDI 对环境规制强度的影响并根据前面推导得到的模型进行检验，并着重考察在我国不同地区的表现，设立如下实证方程：

$$er_{it} = \alpha_0 + \alpha_1 fdi_{it} + \alpha_2 (fdi_{it})^2 + \alpha_3 Controls_{it} + \varepsilon_{it} \qquad (5)$$

方程（5）中被解释变量 er_{it} 表示 i 省在第 t 年的环境规制水平。对于中国各地区环境规制水平，已有文献较常用的代理变量主要有如下几种：工业治污费用的投入比重（张成等，2011；李小平等，2012）、地区排污费征收强度（Ljungwall and Linde‑Rahr，2005；Dean et al.，2009）、污染排放物的处理程度（张中元和赵国庆，2012a，2012b）以及人均收入水平（陆旸，2009）。本文利用综合指数方法，采取与污染强度指标测算类似的方法，综合考虑直接指标和间接指标，选取省份内废水排放达标率、二氧化硫去除率、固体废物综合利用率作为直接指标以及产业内单位工业增加值能耗率下降率作为间接指标，将各指标标准化后按照 30%、30%、30% 和 10% 的比重加权平均，从而得到各省份的规制强度①。

解释变量 fdi_{it} 代表 i 省在第 t 年的外商投资水平，用外商投资（包括港澳台地区）企业增加值占工业总产值的比重来测算。为了准确考察 FDI 对环境规制的影响，实证方程还加入了其他控制变量 $Controls_{it}$，分别为：

①区域财政盈余水平（Government Budget），即财政收入与财政支出之差与财政收入之比。地方政府有强大的财政激励，财政盈余水平是决定其对企业污染行为的容忍程度和执法强度的重要因素。财政盈余水平越低，地方政府的财政压力越大，对辖区企业的环境规制水平也越低。

②区域产业结构（Structure），使用第二产业增加值占 GDP 的比重衡量。产业结构的转型升级通常意味着二次产业比重的降低、三次产业比重的逐步增加，并促使经济增长方式向"资源节约、环境友好"的增长方式转变，减少地区的降耗及减排压力。

③区域人均 GDP 水平。环境库兹涅茨曲线理论（EKC）认为经济发展与环境污染之间存在倒"U"型关系。因此，参照普拉卡什和波托斯基（Prakash and Potoski，2007）、李小平和卢现祥（2010）、曾和伊斯丁（Zeng and Eastin，2007，2012）等人的实证研究，我们在方程中加入人均 GDP（gdp）以及人均 GDP 的平方（gdp^2）。

④国有经济的比重，用年末国有经济所有制单位从业人员数除以年末从业人员数来表示。国有经济对地区环境规制可能有正向和负向两方面的影响。一方面，相对于民营企业，国有企业与地方政府的政治关联度更大，面对环保执法通常拥有更强的"讨价还价"能力，导致了对国有企业

---

① 李玲、陶锋（2012）对该方法做了详细介绍，本文不再赘述。由于能耗与减排密切相关，本文在其基础上，将直接指标与间接指标相结合，使指标选取更为合理。

的规制约束和惩罚力度更弱（Wang and Jin，2007）；另一方面，出于政绩的考虑以及来自于上级政府和公众的压力，使地方政府更加重视环保工作（Zheng et al.，2013），尤其当国企的高管由地方政府考核任命的情况下，国有企业贯彻落实地方政府环保政策的激励更大。

因此，可得到如下的实证模型：

$$er_{it} = \alpha_0 + \alpha_1 fdi_{it} + \alpha_2 (fdi_{it})^2 + \alpha_3 gov_{it} + \alpha_4 str_{it} + \alpha_5 gdp_{it} + \alpha_6 (gdp_{it})^2 + \alpha_7 soe_{it} + \varepsilon_{it}$$

$$(6)$$

其中，gov_{it} 和 str_{it} 分别表示 i 省在第 t 年的政府财政盈余水平及二次产业比重；gdp_{it} 表示 i 省在第 t 年的实际人均 GDP（以 1997 年为基期），由各省当年 GDP 总量（以 1997 年为基期）与当年年末全省人口之比计算得到；soe_{it} 表示国有经济所占的比重；ε_{it} 为随机误差项，满足独立不相关正态分布，i 分别对应着全国除港澳台和西藏外的 30 个省（直辖市、自治区），t 对应着 1998～2012 年。

（二）实证分析及结果

由于环境规制强度也将影响到 FDI 的布局，如低水平的环境规制能够吸引更多的外商直接投资，从而引发实证估计的内生性。因此，参照科尔等（Cole et al.，2006）、梁（Liang，2008）的研究，我们可选取地区人均移动电话数量（phone）作为工具变量进行两阶段最小二乘（2SLS）估计。该指标能显著影响外商投资水平，但与环境规制强度不存在明显关系。为了进一步检验回归结果的稳健性，我们可采用单位工业产值污染治理投资作为测度规制强度的替代指标，相关数据见历年《中国环境年鉴》和各省份统计年鉴。

表 1 分别列出了式（6）的普通最小二乘法（OLS）、两阶段最小二乘法（2SLS）的估计结果。其中，列（2）和列（4）为采用环境规制强度的替代指标得到的实证结果。在 2SLS 估计中，进行了内生性检验以及针对工具变量的联合显著性检验、弱工具变量检验和过度识别检验。针对工具变量的检验结果表明：第一阶段回归中两个工具变量在 1% 的水平上联合显著；弱工具变量检验得出的 F 值很高，这表明不存在弱工具变量；过度识别检验没有拒绝本文使用的两个工具变量是外生的这一原假设。上述结论表明工具变量是有效的。

表 1　　　　　　　　　　**FDI 与环境规制：全样本数据的实证分析**

解释变量	OLS 估计		2SLS 估计	
	（1）	（2）	（3）	（4）
fdi	− 0. 1347 ***	− 0. 1406 ***	0. 3162 ***	0. 3079 ***
	（− 3. 8925）	（− 4. 7740）	（4. 0173）	（3. 8945）
gov	1. 7612 **	1. 4782 **	1. 3526 **	1. 4028 **
	（2. 0871）	（2. 1047）	（2. 0987）	（2. 1124）
str	− 0. 3082 ***	− 0. 2754 ***	− 0. 1073 ***	− 0. 0969 ***
	（− 4. 9023）	（− 3. 8144）	（− 3. 3328）	（− 3. 2865）
gdp	18. 0743 ***	16. 2679 ***	3. 8711 ***	3. 4165 **
	（4. 9331）	（3. 9576）	（3. 1794）	（1. 9532）
gdp^2	− 5. 8713 ***	− 5. 5094 **	− 2. 8943 **	− 2. 6410 **
	（− 2. 6324）	（− 2. 0990）	（− 2. 1501）	（− 2. 0013）
soe	− 0. 0553	− 0. 0587	− 0. 0502	− 0. 0540
	（− 1. 5794）	（− 1. 3376）	（− 1. 4286）	（− 1. 6670）
a	37. 4285 ***	34. 2470 ***	27. 5306 ***	23. 8378 ***
	（6. 3294）	（5. 9906）	（4. 5892）	（4. 1702）
观测值 *N*	450	450	450	450
R^2	0. 7806	0. 8042	0. 7911	0. 8327
F 检验（*IV*）			0. 000	0. 000
弱工具变量检验			F = 77. 045	F = 80. 328
过度识别检验			P = 0. 276	P = 0. 238

注：*、** 和 *** 分别表示 10%、5% 和 1% 的显著性水平，括号内为 *t* 统计量。

2SLS 估计结果与 OLS 的估计显著不同，列（3）、（4）的结果显示，变量 fdi 及其替代变量的系数分别为 0. 3162、0. 3079 且在 1% 的水平上显著，也就是说 FDI 的增加能够显著提升地区环境规制强度。这可能是由于外商投资企业执行与母国统一的环保标准，并通过技术外溢的扩散效应促使当地企业提高自身环保标准；与此同时，外商直接投资的增加会促使东道国企业采用更先进的治污标准和更严格的环保手段，并通过示范作用提升了其他企业实现规制约束的技术水平，进而带来地区环境规制强度的整体提高。

我们可进一步考查实证研究中 2SLS 估计方法结果的控制变量系数。变量 *str* 的系数显著为负，这表明产业结构的优化升级对区域环境规制的影响较为显著。这是因为产业结构优化以及经济转型升级能够降低环境规制强度，这是与"二型"（资源节约型、环境友好型）经济社会发展是相一致的。变量 *gov* 的系数在 5% 的水平上显著为正，可见地方政府财政压力越大，环境规制强度就越低。这是由于增加财政收入的压力，使得地方政府其对企业污染的容忍度更高，这与"污染避乱所假说"也是不谋而合的。国有经济比重 *soe* 对环境规制的影响并不显著，这是由于环保部门对国有经济的规制约束虽然较弱，但在国企高管由地方政府考评任命的情况下，国有企业贯彻环保政策的动机和执行力较强，正反两方面的影响相互抵消。*gdp* 及 *gdp*^{2} 的系数分别为正和负，表明环境规制水平与人均 GDP 之间存在倒"U"型关系。

整体来看，这表明了当其他经济因素不变时，在我国，FDI 整体上与环境规制的关系呈现倒"U"型分布。FDI 能够提升地区的环境规制强度，主要是通过政府引资竞争和外资技术溢出等途径实现的。同时，随着 FDI 的流入，我国整体上的环境污染状况却日益严峻，对应了"污染避难所"效应的基本特征，这说明我国的环境规制还有还需要进一步强化。

（三）环境规制与技术创新：计入 FDI 的影响

我们进一步验证中国的环境规制对企业的技术创新和吸收的激励效应。以地区企业技术进步 *tg* 为被解释变量，以环境规制 *er* 为解释变量，其含义及计算与前面一致。企业的技术进步尤其是在污染治理领域的投入除了受环境规制强度的影响外，还受区域差异、外商直接投资以及与企业规模的影响。中国的区域非均衡发展战略导致东、中、西部的经济发展水平、产业结构差异较大。在经济转型和产业升级的背景下，东部沿海地区受到严格的资源环境约束，政府规制机构对企业采取了更为严格的环保标准和规制工具，但由于中、西部地区由于有招商引资的压力和接受产业转移的激励，在"污染避乱所"效应的作用下放宽环保要求从而影响了对环保的技术研发投入。企业规模也直接影响企业的环保技术研发应用。大型企业在品牌保护、社会责任以及企业可持续发展等因素的考虑下较中小型企业会更注重技术吸收和治污技术的投入。此外，由于 FDI 的技术外溢效应，将提升国内企业对环保技术的应用；同时 FDI 产生的对国内企业的竞争作用，使国内企业加速对先进技术的研发力度。

因此，模型中引入了区域差异 *reg*、企业规模 *siz*、外商直接投资 *fdi* 等控制变量。由于外商直接投资与环境规制具有高度相关性，为解决共线性问题，本文将控制变量 *fdi* 与解释变量环境规制程度 er_{it} 的交叉项纳入模型中并加以检验。从而，我们构建出如下非线性面板计量经济检验模型：

$$tg_{it} = \alpha_i + \beta_1 er_{it} + \beta_2 er_{it}^2 + \beta_3 siz_{it} + \beta_4 reg_{it} + \beta_5 fdi_{it} + \beta_6 fdi_{it} er_{it}$$
$$+ \beta_7 fdi_{it} er_{it}^2 + \mu_t + \varepsilon_{it} \tag{7}$$

式（7）中，α_i 为地区的个体效应，β_1，β_2，$\cdots$，β_7 为相关系数。与前面一致，i 代表区域，t 代表时间。因此，μ_t 表示所有地区共同面临的时间因素，ε_{it} 为随机扰动项，满足独立不相关分布的条件。

$$令 \beta_1^* = \beta_1 + \beta_6 fdi_{it}，\beta_2^* = \beta_2 + \beta_7 fdi_{it} \tag{8}$$

则式（7）可以变形为：

$$tg_{it} = \alpha_i + \beta_1^* er_{it} + \beta_2^* er_{it}^2 + \beta_3 siz_{it} + \beta_4 reg_{it} + \beta_5 fdi_{it} + \mu_t + \varepsilon_{it} \tag{9}$$

为得到最佳技术进步水平，对式（7）中的变量 er 求解一阶条件，有：

$$\beta_1 + 2\beta_2 er + \beta_6 fdi + 2\beta_7 fdi \cdot er = 0 \tag{10}$$

即 $\beta_1^* + 2\beta_2^* er = 0$，由此可计算得到最佳技术进步所对应的环境规制强度为：

$$er = -\frac{\beta_1^*}{2\beta_2^*} \tag{11}$$

根据式（9）可推导得到不同的 β^* 取值以及技术进步 tg 与环境规制 er 间的对应关系，如表 2 所示。

表 2　　　　　　　　不同 β^* 取值以及 tg 与 er 间的对应关系

β^*	tg 与 er 的关系
$\beta_1^* > 0$, $\beta_2^* = 0$	单调递增
$\beta_1^* < 0$, $\beta_2^* = 0$	单调递减
$\beta_1^* < 0$, $\beta_2^* > 0$	"U" 型
$\beta_1^* > 0$, $\beta_2^* < 0$	倒 "U" 型

根据计量模型（7）可以估计出变量的相关系数 β，然后根据式（9）可求出 β_1^* 和 β_2^* 值，并进一步判断出技术进步与环境规制间的曲线关系，从而得到环境规制强度对企业环境技术进步的影响效应。

1. 变量。面对政府日益严厉的环境规制，企业为了自身生存、追求利润从而积极响应政府的环保措施，通过技术引进、吸收和创新开展污染治理。例如，加大企业环保的研发投入、设备更新、技术购买等。目前，中国还没有专门关于环境技术研发的统计数据，我们可用整体的企业研发（R&D）经费支出表示。解释变量、被解释变量与控制变量指标如表3所示。

表3 各变量的描述

名称	变量	指标
被解释变量	企业的技术进步 tg	企业研发（R&D）经费支出
解释变量	环境规制强度 er	与前文一致，采用单项指标综合得到
控制变量	地区差异 reg	引入虚拟变量
	企业规模 sig	区域内规模以上企业的比重
	外商直接投资 fdi	与前文一致

2. 数据来源。本文选择中国除港澳台和西藏外的省份作为研究对象，时间跨度为 1998～2012 年。因此，i 代表区域；t 代表时间，即 1998～2012。各指标的原始数据从历年《中国统计年鉴》中获得。

3. 实证分析。对模型（7）采用广义矩估计法（GMM）分步进行回归。第一步，不考虑交叉项和控制变量，仅检验被解释变量 tg 与解释变量 er 间的非线性关系；第二步，不考虑交叉项，在纳入控制变量的条件下检验被解释变量与解释变量间的相关关系；第三步，同时考虑交叉项和控制变量，检验被解释变量与解释变量间的相关关系。运用 Stata 软件实证估计，得到的回归结果如表4所示。

表4 计量回归结果

变量 方法	一步 GMM 估计	二步 GMM 估计	三步 GMM 估计
er	0. 4238 （12. 57）	0. 5024 ** （13. 77）	0. 4762 *** （23. 65）
er^2	− 0. 3479 （− 11. 78）	− 0. 1730 * （− 14. 76）	− 0. 4025 *** （− 17. 73）
siz		0. 3651 * （14. 93）	0. 3209 *** （15. 46）
fdi		0. 6657 * （− 14. 78）	0. 6802 *** （16. 75）
reg		0. 1472 （11. 65）	0. 1420 （11. 73）

变量＼方法	一步 GMM 估计	二步 GMM 估计	三步 GMM 估计
$fdi \cdot er$			-0.1306^{***} (-19.94)
$fdi \cdot er^2$			-0.3203^{***} (-16.40)
R^2	0.9206	0.9131	0.9413
观测值	450	450	450

注：*、**、*** 分别代表1%、5%、10%水平下显著，括号里的数值为 t 检验值。

表4的实证结果表明，仅考虑二者间的函数关系，环境规制强度对企业技术创新的激励表现出的倒"U"型曲线关系不明显；将外商直接投资、企业的区位等因素考虑进来后，二者关系表现出较为显著的倒"U"型曲线关系，这可能是因为在这些因素的共同作用下，企业初始选择"逃避"，如对外资企业的简单模仿或区际间污染产业转移，并未能迅速提高技术创新，然而持续的环境规制的高压，倒逼着企业通过转型升级并加大研发投入来提升技术创新水平；根据式（11）可计算出技术创新的峰值（倒"U"型曲线的拐点）；通过计算发现中国的实际创新水平均处于曲线的左半段的"爬坡"阶段，表明中国的技术创新还有很大的挖掘潜力，FDI带来的环境规制的增强对于我国的技术创新还有较大的空间。

4. 稳健性检验。为克服可能存在的估计的内生性问题，也可采用标准的固定效应或随机效应估计方法将导致参数估计的非一致性（Greene，2002）。本文采用劳动生产率作为技术进步的替代变量，不需要受到函数设定的影响①。考虑到样本观测值的有限性，本文以因变量的一阶滞后项（$L. er$）作为工具变量。本文对包含30个省份的全样本和东、中、西部地区样本分别建立系统 GMM 模型分析。我们可按照经济发展水平，将中国分为东部、中部、西部三大区域经济带②，来分析省份间的差异对人民币

---

① 劳动生产率＝产业增加值/从业人数。其中，制造业增加值和就业人数由制造业分行业数据加总，服务业劳动生产率用第三产业 GDP 和就业人数来计算，数据来自于《中国统计年鉴》和各省的统计年鉴。卢锋等、韩晓亚（2006）也选取了这一指标。

② 这是经济学上的区域划分，而不是根据纯地域上的方位进行划分的概念。划分标准参照纪宝成的《中国统一市场新论》（中国人民大学出版社 2007 年版）中的区域划分。

汇率的影响。东部省份包括北京、天津、河北、辽宁、上海、江苏、浙江、福建、山东、广东；中部省份包括山西、内蒙古、吉林、黑龙江、安徽、江西、河南、湖北、湖南；西部省份包括四川、重庆、海南、广西、贵州、云南、陕西、甘肃、青海、宁夏、新疆。运用 Stata 软件进行估计，估计结果如表 5 所示。

表 5　　　　　　　　整体及分区域回归结果：系统 GMM 方法

变量 \ 样本	全国	东部	中部	西部
$L. er$	1.011 *** (20.67)	1.207 *** (18.94)	1.193 *** (17.65)	1.078 *** (16.59)
er	0.4317 *** (20.33)	0.4833 *** (22.54)	0.4520 *** (21.84)	0.4157 *** (18.65)
er^2	-0.4176 *** (-19.05)	-0.4110 *** (-20.26)	-0.4092 *** (-18.41)	-0.3872 *** (-15.24)
siz	0.3373 *** (16.85)	0.3578 *** (20.50)	0.3428 *** (17.46)	0.3062 *** (14.12)
fdi	0.6093 *** (13.84)	0.6627 *** (18.68)	0.6360 *** (16.77)	0.5932 *** (13.49)
reg	0.1562 (13.93)	0.1609 (15.44)	0.1520 (13.76)	0.1556 (14.03)
$rdi \cdot er$	-0.1562 *** (-20.17)	-0.1380 *** (-16.70)	-0.1347 *** (-15.28)	-0.1278 *** (-13.54)
$rdi \cdot er^2$	-0.3024 *** (-13.77)	-0.3376 *** (-15.26)	-0.3140 *** (-14.54)	-0.3589 *** (-17.10)
R^2	0.9206	0.9107	0.9024	0.9003
观测值	450	150	135	165

　　通过比较方程变量的估计系数可判断实证结果的稳健性。综合系统 GMM 回归方法的回归结果可以发现，各变量系数的显著性水平、变量系数的稳健性与计量检验模型是一致的，实证结果具有稳健性。

　　从区域上来看，环境规制对企业的创新水平的影响存在地区差异，其影响程度呈东、中、西部依次递减的趋势。东部地区面临转型升级的压力更大，环境规制的强度也在加强，从而推动企业技术创新提速，处于倒"U"型曲线左端加速上升的区域；中西部地区处于倒"U"型曲线的左下端，由于面临发展地方经济、加大招商引资的诉求更强，承接来自东部沿海地区的产业转移，放松了环境规制的要求，尽管技术进步处于上升阶段，但相对于东部地区来说仍有一定的差距。从另外一个角度看，如果为了发展经济放任环境污染发展是不可取的，因为经济发展差距是一个综合性问题，而非仅仅由环境规制问题所决定的。

与之类似，FDI 对技术创新的影响从东、中、西部依次递减。从 FDI 流入的区域结构来看，沿海地区是吸引外商投资的主要区域，如截至 2011 年底，东部地区外商直接投资企业达 61.6 万家，占全国比重为 83.4%，且 53.2% 以上投资于服务业，其溢出效应和结构效应对企业的技术创新产生了更显著的影响。因此，区域不均衡发展对技术创新的影响差异通过 FDI 得到了强化。

四、研究结论与政策建议

本文利用我国 1998～2012 年 30 个省份的面板数据，从全国整体和分区域层面考察了 FDI、环境规制以及企业技术创新的作用机制，并对其影响效应进行了实证检验。

本文主要得到了以下结论：

第一，FDI 通过溢出效应、结构效应和规模效应影响环境规制，从理论上符合库茨涅兹曲线效应，本文的数据验证了这一关系在我国成立，即 FDI 整体上与环境规制的关系呈现倒"U"型分布。

第二，环境规制与企业技术创新之间的倒"U"型路径在本文中得到了检验，但中国环境规制对于企业技术创新的负向激励处于曲线的左下端，因此环境规制强度对技术创新还有较大的空间可挖掘，应扫除企业进行环境技术创新的阻碍因素。在调整产业结构、加快产业转型的同时，应继续加大外资引进并积极调整引资结构，发挥好 FDI 对环境规制的正向作用。

第三，由于发展不均衡，环境规制及 FDI 对技术创新的效应存在区域差异，分别呈西、中、东部依次递减的趋势。这意味着中西部地方政府依靠放松环境规制无法解决经济发展问题，应优化引资结构和质量，促进区域均衡发展。因此，实施环境政策时应提高政策工具的差异性与协调性，如在强化环境规制之外，可建立区域间生态补偿机制，避免对西部欠发达地区的污染产业转移，可适度加大对这些区域的生态补偿。

主要参考文献

1. 白嘉、韩先锋、宋文飞：《FDI 溢出效应、环境规制与双环节 R&D 创新——基于工业分行业的经验研究》，载于《科学学与科学技术管理》2013 年第 1 期。

2. 白雪洁、宋莹：《环境规制、技术创新与中国火电行业的效率提升》，载于《中国工业经济》2009 年第 8 期。

3. 包群、陈媛媛、宋立刚：《外商投资与东道国环境污染：存在倒 U 型曲线关系吗?》，载于《世界经济》2010 年第 1 期。

4. 才国伟、钱金保、鲁晓东：《外资竞争、行政效率与民营经济发展》，载于《世界经济》2012 年第 7 期。

5. 陈德敏、张瑞：《环境规制对中国全要素能源效率的影响——基于省际面板数据的实证检验》，载于《经济科学》2012 年第 4 期。

6. 李玲、陶锋：《中国制造业最优环境规制强度的选择——基于绿色全要素生产率的视角》，载于《中国工业经济》2012 年第 5 期。

7. 李小平、卢现祥、陶小琴：《环境规制强度是否影响了中国工业行业的贸易比较优势》，载于《世界经济》2012 年第 4 期。

8. 李永友、沈坤荣：《辖区间竞争、策略性财政政策与 FDI 增长绩效的区域特征》，载于《经济研究》2008 年第 5 期。

9. 李真、黄达、刘文波：《中国工业部门外商投资的环境规制约束度分析——基于 1995 ~ 2011 年数据分析》，载于《南开经济研究》2013 年第 5 期。

10. 陆旸：《环境规制影响了污染密集型商品的贸易比较优势吗?》，载于《经济研究》2009 年第 4 期。

11. 沈能、刘凤朝：《高强度的环境规制真能促进技术创新吗? ——基于"波特假说"的再检验》，载于《中国软科学》2012 年第 4 期。

12. 盛斌、吕越：《外国直接投资对中国环境的影响——来自工业行业面板数据的实证研究》，载于《中国社会科学》2012 年第 5 期。

13. 许和连、邓玉萍：《外商直接投资导致了中国的环境污染吗? ——基于中国省际面板数据的空间计量研究》，载于《管理世界》2012 年第 2 期。

14. 张成、陆旸、郭路、于同申：《环境规制强度和生产技术进步》，载于《经济研究》2011 年第 2 期。

15. 张中元、赵国庆：《FDI、环境规制与技术进步——基于中国省级数据的实证分析》，载于《数量经济技术经济研究》2012 年第 4 期。

16. 朱平芳、张征宇、姜国麟：《FDI 与环境规制：基于地方分权视角的实证研究》，载于《经济研究》2011 年第 6 期。

17. Carolyn, F., Parry, I. W. H., Pizer, W. A., 2003, Instrument Choice for

Environmental Protection When Technological Innovation is Endogenous, *Journal of Environmental Economics and Management*, 45 (3): pp. 523 – 545.

18. Christmann, P. , G. Taylor, 2001, Globalization and the Environment: Determinants of Firm Self – Regulation in China, *Journal of International Business Studies*, 32 (3): pp. 439 – 458.

19. Cole, M. A. , R. J. R. Elliott, J. Zhang, 2011, Growth, Foreign Direct Investment, and the Environment: Evidence from Chinese Cities, *Journal of Regional Science*, 51 (1): pp. 121 – 138.

20. Cole, M. A. , R. J. R. Elliott, P. G. Fredriksson, 2006, Endogenous Pollution Havens: Does FDI Influence Environmental Regulations?, *Scandinavian Journal of Economics*, 108 (1): pp. 157 – 178.

21. Dean, J. M. , M. E. Lovely, H. Wang, 2009, Are Foreign Investors Attracted to Weak Environmental Regulation? Evaluating the Evidence from China, *Journal of Development Economics*, 90 (1): pp. 1 – 13.

22. Fischer, C. , Newell, R. G. , 2008, Environmental and Technology Policies for Climate Mitigation, *Journal of Environmental Economics and Management*, 55 (2): pp. 142 – 162.

23. Heala, G. and Tarui, N. , 2010, Investment and Emission Control under Technology and Pollution Externalities, *Resource and Energy Economics*, 32 (1): pp. 1 – 14.

24. Lan, J. , M. Kakinaka, X. Huang, 2012, Foreign Direct Investment, Human Capital and Environmental Pollution in China, *Environmental and Resource Economics*, 51 (2): pp. 255 – 275.

25. List, J. A. , C. Y. Co, 2000, The Effects of Environmental Regulations on Foreign Direct Investment, *Journal of Environmental Economics and Management*, 40 (1): pp. 1 – 20.

26. Milliman, S. , Prince, R. , 1989: Firm Incentives to Promote Technological Change in Pollution Control, *Journal of Environmental Economics and Management*, 17 (3): pp. 247 – 265.

27. Perinoa, G. , Requate, T. , 2012, Does More Stringent Environmental Regulation Induce or Reduce Technology Adoption? When the Rate of Technology Adoption is Inverted U – Shaped, *Journal of Environmental Economics and Management*, 23 (5): pp. 234 – 251.

28. Prakash, A. , M. Potoski, 2007, Investing Up: FDI and the Cross – Country Diffusion of ISO 14001 Management Systems, *International Studies Quarterly*, 51 (3): pp. 723 – 744.

29. Requate, T. , Unold, W. , 2003, Environmental Policy Incentives to Adopt Advanced Abatement Technology: Will the True Ranking Please Stand up, *European Economic*

Review, 47（1）: pp. 125 – 146.

30. Taguchi, H. , 2001, Do Developing Countries Enjoy Latecomers'Advantages in Environmental Management and Technology? Analysis of the Environmental Kuznets Curve, *International Review for Environmental Strategies*, 2（2）: pp. 263 – 276.

31. Ulph, A. , Ulph, D. , 2007, Climate Change – Environmental and Technology Policies in A Strategic Context, *Environment and Resource Economics*, 37（1）: pp. 159 – 180.

32. W. Keller, A. Levinson, 2002, Pollution Abatement Costs and Foreign Direct Investment Inflows to the U. S. States, *Review of Economics and Statistics*, 84（4）: pp. 691 – 703.

33. Wang, H. , Y. Jin, 2007, Industrial Ownership and Environmental Performance: Evidence from China, *Environmental and Resource Economics*, 36（3）: pp. 255 – 273.

34. Xing, Y. , C. D. Kolstad, 2002, Do Lax Environmental Regulations Attract Foreign Investment?, *Environmental and Resource Economics*, 21（1）: pp. 1 – 22.

35. Zeng, K. , J. Eastin, 2012, Do Developing Countries Invest Up? The Environmental Effects of Foreign Direct Investment from Less – Developed Countries?, *World Development*, 40（11）: pp. 2221 – 2233.

36. Zhao, Z. and K. H. Zhang, 2010, FDI and Industrial Productivity in China: Evidence from Panel Data in 2001 – 2006, *Review of Development Economics*, 14（3）: pp. 656 – 665.

37. Zheng, S. , M. E. Kahn, W. Sun and D. Luo, 2013, Incentivizing China's Urban Mayors to Mitigate Pollution Externalities: The Role of the Central Government and Public Environmentalism, *NBER Working Paper No.* 18872.

R&D溢出、人力资本对全要素生产率影响

——基于中国省级面板数据的实证分析

杨 玲 许传龙*

随着我国经济发展步入新常态，经济增长逐步从要素驱动向创新驱动转换，大众创业、万众创新成为我国社会经济发展的主要推动力。创新的本质是技术水平的不断进步，而 R&D 投入与人力资本积累则是技术进步的重要影响因素。

近年来，我国 R&D 经费支出大幅增加。中国科技局公布的数据显示，2013 年我国 R&D 经费支出总额达到 11 846.6 亿元，比上年增长 15%；R&D 投入强度（R&D/GDP）也稳步提高，2013 年达到 2.08%，首次突破 2%；从地区看，北京、上海、天津、江苏、广东、浙江、山东和陕西等 8 个省（市）R&D 经费投入强度超过全国平均水平。与此同时，我国人力资本积累也取得长足进步，普通中学和大学生毕业人数都明显增加。随着中国区域间经济联系的日益紧密，R&D 投入是否产生了跨越地理边界的溢出效应进而影响了 TFP 增长？人力资本积累的提升是否有效促进了 TFP 增长？本文的分析将回答上述问题。

本文尝试利用空间计量的方法研究 R&D 溢出与人力资本对 TFP 增长影响具有积极的理论价值与现实意义。基于此，本文在相关学者研究的基础上构建 TFP 增长理论模型，进而建立空间杜宾模型并使用 2002～2013 年我国 30 个省（区、市）的面板数据进行计量分析，研究 R&D 溢出效应及人力资本对我国 TFP 的影响，并提出相应建议。

* 杨玲，武汉大学经济与管理学院人口资源环境经济研究中心副教授；许传龙，武汉大学经济与管理学院硕士研究生。本文为教育部普通高校人文社会科学重点研究基地重大项目"中国人口增长与经济可持续发展问题研究"（批准号：14JJD790042）阶段性研究成果。

一、理论与计量模型

（一）理论分析框架

罗默（Romer）指出技术进步可以表现为产品种类数量的扩张[①]，格罗斯曼（Grossman）等认为技术进步的另一种表现形式为现有的一系列产品质量的提升[②]。从产品种类和产品质量这两个方面体现技术进步是一种相互的补充而不是对立。

借鉴格罗斯曼和赫尔普曼（Grossman & Helpman，1991）、阿吉翁和霍伊特（Aghion & Howitt，2009）的研究，本文将 TFP 定义为：

$$Z_i(t) = A_i(t)^{1-\alpha} M_i(t)^{((1-v)/v)\alpha} \tag{1}$$

式中，因子项 $A_i(t)$ 体现产品质量部分，因子项 $M_i(t)$ 体现的产品种类部分。

根据厄图尔（Ertur）等[③]的理论将 $A_i(t)^{1-\alpha}$ 定义为：

$$A_i(t)^{1-\alpha} = \xi \prod_{j=1}^{n} \left(\frac{Z_j(t)}{Z_i(t)} \right)^{\gamma W_{ij}} \tag{2}$$

γ 取值为 $[-1, 1]$，表示技术的扩散程度。W_{ij} 为空间相互作用项。

依据格罗斯曼的产品数量扩张及 R&D 与人力资本关系理论：

$$M_i(t)^{((1-v)/v)\alpha} = R_i^{\theta}(t) H_i^{\psi}(t) \prod_{j=1}^{n} (R_j^{\theta}(t) H_j^{\psi}(t))^{\gamma W_{ij}} \tag{3}$$

其中，θ 和 ψ 分别为 R&D 和人力资本存量的弹性系数；$R_i(t)$ 和 $R_j(t)(j=1, 2, \cdots)$ 分别表示地区 i 和其他地区的 R&D 支出；$H_i(t)$ 代表地区 i 的技术吸收与创新能力，本文用人力资本水平来衡量。

将式（2）和式（3）同时代入式（1）取对数并整理后可得：

---

① Romer, P. M. , 1990, Endogenous Technological Change, *The Journal of Political Economy*, 98（5）: pp. 71 – 102.

② Grossman, G. M. , Helpman, E. , 1991, Quality Ladders in the Theory of Growth, *Review of Economic Studies*, 58（1）: pp. 43 – 61.

③ Ertur, C. , Koch, W. , 2011, A Contribution to the Theory and Empirics of Schumpeterian Growth with Worldwide Interactions, *Economic Growth*, 16（3）pp. : 215 – 255.

$$\ln Z_i(t) = \beta_0 + \beta_1 \ln R_i(t) + \beta_2 \ln H_i(t) + \rho \sum_{j=1}^{n} W_{ij} \ln Z_j(t)$$

$$+ \lambda_1 \sum_{j=1}^{n} W_{ij} \ln R_j(t) + \lambda_2 \sum_{j=1}^{n} W_{ij} \ln H_j(t) \tag{4}$$

其中，$\beta_0 \equiv \dfrac{\ln\zeta}{2}$，$\beta_1 \equiv \dfrac{\theta}{2}$，$\beta_2 \equiv \dfrac{\psi}{2}$，$\lambda_1 \equiv \dfrac{\gamma\theta}{2}$，$\lambda_2 \equiv \dfrac{\gamma\psi}{2}$。$W_{ij}\ln Z_j(t)$ 代表地区 i 的相邻地区 TFP 的平均值；$W_{ij}\ln R_j(t)$ 代表地区 i 的相邻地区 R&D 支出水平的平均值；$W_{ij}\ln H_j(t)$ 代表地区 i 的相邻地区人力资本水平的平均值。可将式（4）写成如下矩阵形式：

$$Z = I\beta_0 + R\beta_1 + H\beta_2 + \lambda_1 WR + \lambda_2 WH + \rho WZ \tag{5}$$

其中，Z，R，H 均为 $n \times 1$ 矩阵；W 为 $n \times n$ 空间相互作用矩阵。

（二）计量模型设定

基于实证分析的需要，本文将误差项 ε，空间效应项 μ 以及时间效应项 τ 加入到公式（5）中，可得如下计量模型：

$$Z = I\beta_0 + R\beta_1 + H\beta_2 + \lambda_1 WR + \lambda_2 WH + \rho WZ + \mu + \tau + \varepsilon \tag{6}$$

式（6）为空间杜宾模型（SDM）的形式，空间杜宾模型包含了所有自变量和因变量的空间滞后项。为确保研究的全面性，本文分别基于地理距离和经济距离构建权重矩阵 W^d 和 W^e。其中根据各地区省会城市间的直线距离 d_{ij} 构造的地理距离权重矩阵如下：

$$\begin{cases} W_{ij}^d = \left(\dfrac{1}{d_{ij}}\right)^2, \ \text{if } i \neq j \\ W_{ij}^d = 0, \ \text{if } i \neq j \end{cases}$$

借鉴李婧等[①]的方法构造如下经济距离权重矩阵：

$$\begin{cases} W^e = W^d diag(\overline{Y_1}/\overline{Y}, \ \overline{Y_2}/\overline{Y}, \ \cdots, \ \overline{Y_n}/\overline{Y}), \ \text{if } i \neq j \\ W_e^{ij} = 0, \ \text{if } i = j \end{cases}$$

其中，$\overline{Y_i}$ 为地区 i 观测期内人均 GDP 均值；$\overline{Y}$ 为全国观测期内人均 GDP 均值。以上两种矩阵构建以后，本文均对其进行了行标准化处理。

当空间相关性被纳入到模型后，普通最小二乘回归（OLS）将是不准确的，因为因变量滞后项和空间相关性的存在，使得 OLS 方法估计出的结

---

① 李婧、谭清美、白俊红：《中国区域创新生产的空间计量分析——基于静态与动态空间面板模型的实证研究》载于《管理世界》2010 年第 7 期。

果具有不一致性和无效性。为保证估计结果的一致性和有效性，常用的估计方法是极大似然估计法。

二、数据来源与回归结果分析

本文利用 2002~2013 年我国 30 个省（区、市）（不包含西藏和港澳台地区）的面板数据进行实证分析。人力资本水平采用人均受教育年限表示；R&D 投入采用各省 R&D 支出占本省 GDP 的比重来衡量；对于 TFP 数据的获取，本文参考颜鹏飞和王兵[①]的思路，运用 DEA 方法计算出了 2002~2013 年各省 TFP 增长数据[②]。以上数据来源于《中国统计年鉴》和各地区统计年鉴，并经整理计算得到。

首先基于普通面板数据进行 OLS 回归，估计结果如表 1 所示。模型（Ⅰ）、（Ⅱ）、（Ⅲ）和（Ⅳ）分别为混合 OLS 估计结果、空间固定效应 OLS 估计结果、时间固定效应 OLS 估计结果和时空双向固定效应 OLS 估计结果。从表 1 中可见，LR 检验均在 0.01 的水平下拒绝原假设，因此模型应该为时空双向固定效应模型。

根据模型（Ⅳ）回归结果，R&D 投入和人力资本水平的提升对于 TFP 的增长分别在 5% 和 10% 的显著性水平下显著，R&D 投入每提升 1 个百分点会使 TFP 增长 0.006%，人力资本水平每提升 1 个百分点会使 TFP 增长 0.017%。但溢出效应在普通面板回归时不易得出。此外，在地理距离权重矩阵和经济距离权重矩阵下，LM 检验均拒绝了原假设，这表明可以选择 SDM。

表 1   普通面板数据模型 OLS 回归结果

变量	混合估计（Ⅰ）	空间固定效应（Ⅱ）	时间固定效应（Ⅲ）	空间和时间固定效应（Ⅳ）
$\ln R$	0.007 *** (8.92)	0.006 *** (12.33)	0.004 ** (5.23)	0.006 ** (5.12)
$\ln H$	0.013 * (1.86)	0.018 * (1.79)	− 0.001 (− 0.25)	0.017 * (1.60)

---

① 颜鹏飞、王兵：《技术效率、技术进步与生产率增长：基于 DEA 的实证分析》，载于《经济研究》2004 年第 12 期。

② 限于篇幅，本文未列出详细计算结果。

续表

变量	混合估计（Ⅰ）	空间固定效应（Ⅱ）	时间固定效应（Ⅲ）	空间和时间固定效应（Ⅳ）
LM 空间滞后检验				
W^d	302. 57 ***	314. 13 ***	265. 06 ***	66. 70 ***
W^e	287. 92 ***	296. 36 ***	241. 38 ***	59. 31 ***
LM 空间误差检验				
W^d	421. 49 ***	330. 55 ***	292. 38 ***	50. 53 ***
W^e	356. 07 ***	219. 43 ***	223. 15 ***	43. 74 ***
LR 空间固定效应检验	763. 96 ***			
LR 时间固定效应检验	358. 32 ***			

注：***、**、*分别表示在1%、5%、10%的水平下显著；括号中数值为 t 值。

从表2可知，在地理距离权重矩阵和经济距离权重矩阵下，Wald 检验的两个原假设均被拒绝，表明选择 SDM 模型是恰当的。此外，Hausman 检验也均拒绝原假设，说明应该选择固定效应 SDM。

表2　　　　基于空间杜宾模型 R&D 溢出和人力资本对 TFP 的影响

空间杜宾模型	W^d（地理距离）	W^e（经济距离）
ρ	0. 372 *** （6. 58）	0. 405 *** （7. 34）
$\ln R$	0. 007 *** （11. 17）	0. 009 *** （12. 40）
$\ln H$	0. 006 （1. 01）	0. 015 * （2. 89）
$W-\ln R$	0. 011 ** （3. 96）	0. 013 ** （3. 77）
$W-\ln H$	0. 127 （0. 23）	0. 049 * （2. 12）
空间滞后 Wald 统计量	25. 60 ***	12. 29 **
空间误差 Wald 统计量	27. 13 ***	21. 66 ***
Hausman 值	38. 71 ***	

注：***、**、*分别表示在1%、5%、10%的水平下显著；括号中数值为 t 值；Hausman 检验拒绝了原假设，因此选择固定效应模型；Wald 检验说明空间杜宾模型是最优选择。

进一步，由于 SDM 模型回归系数不能被简单地视为自变量对因变量的偏效应，为此本文在表3中给出了直接效应、间接效应（溢出效应）和总效应。本文首先考虑 R&D 的直接效应，可以看到两种空间权重矩阵下 R&D 的直接效应与 SDM 模型的回归系数都非常接近（见表3第2、第5列与表2第2、第3列 $\ln R$ 回归系数）。回归系数估计值与直接效应估计值的不同意味着反馈效应的出现，即相邻地区的冲击反馈回本地区。因为直接效应估计值大于回归系数估计值，说明出现了正反馈效应。同理可以算出人力资本的反馈效应在地理距离与经济距离权重矩阵下分别为 0.006 和 0.001（见表 3 第 2、5 列与表 2 第 2、3 列 lnH 回归系数）。

表3　　　　R&D 溢出、人力资本对 TFP 增长的空间杜宾模型的
直接效应、间接效应和总效应

空间杜宾模型	W^d（地理距离）			W^e（经济距离）		
变量	直接效应	间接效应	总效应	直接效应	间接效应	总效应
lnR	0.009 *** (6.37)	0.045 *** (7.09)	0.054 *** (7.83)	0.010 *** (8.51)	0.063 *** (12.32)	0.073 *** (9.28)
lnH	0.012 * (2.04)	−0.003 (−0.55)	0.009 * (3.11)	0.016 * (2.57)	0.007 * (2.89)	0.023 ** (4.46)

注：***、**、*分别表示在 1%、5%、10% 的水平下显著；括号中数值为 t 值。

从表 3 可见，在两种空间权重矩阵下 R&D 的直接效应均为正向且显著，这表明对 TFP 增长具有正的影响。R&D 的间接效应（溢出效应）也都是正向的且显著，这表明本地区 R&D 的增长会带动相邻地区 TFP 的增长。R&D 的总效应为正且绝大部分由间接效应构成，这说明了溢出效应对 TFP 的增长具有重要推动作用。

人力资本的直接效应为正且显著，表明人力资本对本地区 TFP 的增长具有促进作用。人力资本的间接效应（溢出效应）在经济距离权重矩阵下较显著，说明本地区人力资本水平的提升能带动相邻地区 TFP 的增长。人力资本的总效应较为显著且大部分是由直接效应构成。

从计算结果看，R&D 支出占 GDP 比重每扩大 1 个百分点可以使本地区 TFP 分别在 W^d 和 W^e 两种权重矩阵下增长 0.009% 和 0.010%，即提高 R&D 投入强度有利于地区 TFP 的增长。人力资本水平每提升 1 个百分点可以使本地区 TFP 在 W^d 和 W^e 矩阵下增长 0.012% 和 0.016%。R&D 支出占 GDP 比重每扩大 1 个百分点可以使相邻地区 TFP 分别在 W^d 和 W^e 两种权重矩阵下增长 0.045% 和 0.063%，显示 R&D 溢出效应对于 TFP 的增长具有不可低估的作用；人力资本水平每提升 1 个百分点可以使相邻地区 TFP 在 W^e 矩阵下增长 0.007%，反映出人力资本溢出效应对于 TFP 的增长也起到了积极的促进作用。

三、政策建议

基于上述计量分析结果，本文提出以下政策建议：

第一，增加 R&D 投入，加强区域间的学习与合作，促进 TFP 增长率的提高。竞争条件下，各省区 TFP 的增长不但受益于本地区 R&D 投入增加还会受益于其他地区 R&D 投入产生的新技术或新产品。因此增加 R&D 投入、加强省域间对新技术新产品的学习交流有利于消化吸收新技术进而推动 TFP 的增长。此外，促进区域间合作，还可以使相邻区域更紧密地联系起来，减小距离衰减效应对 R&D 溢出的不利影响。

第二，构建区域间交流合作的有效平台，加大人力资本投资，努力提升人力资本积累水平以提高各区域的技术吸收和创新能力；充分发挥发达地区 R&D 活动"增长极"作用，落后地区应利用"后发优势"并努力提升人力资本积累以扩大 R&D 溢出效应，提高地区 TFP 增长率，缩小与发达地区的差距。

主要参考文献

1. 李婧、谭清美、白俊红：《中国区域创新生产的空间计量分析——基于静态与动态空间面板模型的实证研究》，载于《管理世界》2010 年第 7 期。

2. 颜鹏飞、王兵：《技术效率、技术进步与生产率增长：基于 DEA 的实证分析》，载于《经济研究》2004 年第 12 期。

3. Ertur, C., Koch, W., A Contribution to the Theory and Empirics of Schumpeterian Growth with Worldwide Interactions, *Economic Growth*, 2011, 16 (3): pp. 215 – 255.

4. Grossman, G. M, Helpman, E., Quality Ladders in the Theory of Growth, *Review of Economic Studies*, 1991b, 58 (1): pp. 43 – 61.

5. Romer, P. M., Endogenous Technological Change, *The Journal of Political Economy*, 1990, 98 (5): pp. 71 – 102.

第五篇

对外开放的新布局
与思路

中国外贸发展"新常态"：表现、成因及对策

张二震　戴　翔*

一、问题的提出

20 世纪 70 年代中后期至 2008 年全球金融危机爆发约 30 年间，得益于全球经济繁荣稳定，以及贸易投资自由化趋势下跨国公司主导的全球价值链分工深入发展，全球贸易经历了一个迅猛增长阶段。然而，这一过程被"突如其来"的 2008 年全球金融危机打断。受其影响，2009 年全球贸易大幅受挫，衰退幅度高达 23% 之多，远远高于全球 GDP 增速下滑幅度。有些学者将本轮危机冲击下全球贸易大幅衰退称为"贸易大崩溃"（The Great Trade Collapse）。在全球贸易进入低速增长通道的大背景下，中国亦未能独善其身，统计数据表明，2009 年中国出口贸易下降幅度高达 -16.00%，与此同时，进口贸易下挫幅度也高达 -11.20%。为应对突如其来的看似"经济周期性"全球经济危机，世界主要国家联手采取"凯恩斯主义"的宏观经济刺激政策，以图早日走出经济危机的阴霾。刺激性经济政策虽然取得了一定效果，但并未实现期望的经济和贸易恢复性增长。时至今日，全球经济和贸易仍然处于后危机时代的低迷期，至今难见尽头！具体到中国而言，"刺激效应"下 2010 年和 2011 年虽然出现外贸恢复性增长，但伴随"刺激效力"的逐步衰减，2012 年、2013 年及 2014 年连续三年未达到既定增长目标，并跌破过去长达约 20 年的两位数超高

---

* 张二震，南京大学经济学院教授；戴翔：安徽财经大学国际经济贸易学院教授。

速增长①。尤为引人注意的是，以往远高于 GDP 增速的贸易增长，近几年增速却落在了 GDP 增速之下。这种变化似乎并非完全是"经济周期性"所致，更可能是经济基本面发生了深刻变化，只不过"经济危机"使其提前且加速"暴露"。那么随之而来的问题是：中国外贸的"低速"增长是否将成为"新常态"？导致这种增速变化的原因除危机冲击外，是否存在基本面因素深刻变化的影响？进入"低速"增长通道后，中国外贸发展会呈现怎样的新特征？外贸进一步发展应采取怎样的战略？等等。对诸如上述问题的探讨，是理论和实践部门面临的重要课题。

二、增速放缓：中国外贸发展新常态的重要表征

改革开放以来至 2008 年全球金融危机爆发期间，中国在进、出口方面均保持着较高的增长率。表 1 显示了 20 世纪 90 年代以来中国进出口贸易的增长率情况。

表 1   **1994~2014 年中国进、出口额及增长率**   单位：亿美元、%

年份	出口额	出口增长率	进口额	进口增长率	进出口总额	总额增长率
1994	1 210.06		1 156.15		2 366.21	
1995	1 487.80	22.95	1 320.84	14.24	2 808.64	18.70
1996	1 510.48	1.52	1 388.33	5.11	2 898.81	3.21
1997	1 827.92	21.02	1 423.70	2.55	3 251.62	12.17
1998	1 837.12	0.50	1 402.37	-1.50	3 239.49	-0.37
1999	1 949.31	6.11	1 656.99	18.16	3 606.3	11.32
2000	2 492.03	27.84	2 250.94	35.85	4 742.97	31.52
2001	2 660.98	6.78	2 435.53	8.20	5 096.51	7.45
2002	3 255.96	22.36	2 951.70	21.19	6 207.66	21.80
2003	4 382.28	34.59	4 127.60	39.84	8 509.88	37.09
2004	5 933.26	35.39	5 612.29	35.97	11 545.55	35.67
2005	7 619.53	28.42	6 599.53	17.59	14 219.06	23.16

---

① 中国海关总署的统计数据表明，2012 年、2013 年 2014 年中国外贸增长的预期目标分别为 10%、8% 和 7.5%，而实际增长则分别为 6.2%、7.6% 和 3.4%。

年份	出口额	出口增长率	进口额	进口增长率	进出口总额	总额增长率
2006	9 689. 36	27. 16	7 914. 61	19. 93	17 603. 97	23. 81
2007	12 179. 40	25. 70	9 558. 45	20. 77	21 737. 85	23. 48
2008	14 285. 50	17. 29	11 330. 80	18. 54	25 616. 3	17. 84
2009	12 016. 7	-16. 00	10 056	-11. 20	22 072. 7	-13. 83
2010	15 736. 86	30. 96	13 934. 21	38. 57	29 671. 07	34. 42
2011	18 986	20. 65	17 434. 6	25. 12	36 420. 6	22. 75
2012	20 489	7. 92	18 178	4. 3	38 668	6. 19
2013	22 096	7. 82	19 054	7. 3	41 150	7. 55
2014	23 427	6. 1	19 602	0. 4	43 030	3. 4

资料来源：根据国家统计公布的统计数据整理而得。

从表 1 报告的数据可以发现，1994～2008 年间，除个别因特殊影响的年份外，中国进出口额增长率尤其是出口额增长率基本保持在两位数。特别是在 2002～2007 年间，年增长率均在 20% 以上。而全球金融危机冲击后的 2010 年和 2011 年虽然也呈现出较高增长率，但主要还是因为危机冲击的 2009 年出现较大负增长致使基数大幅降低。在刺激性宏观经济政策作用后，2012～2014 年近三年的外贸增速基本上可以看作是较为平稳的增长状态，但其增速与高速增强时期相比已明显下降并跌破至个位数。因此，从外贸增速的表象角度看，从长期以来的超高速增长转为低速增长，将成为中国外贸发展进入新阶段的基本特征之一，我们不妨将之称为外贸发展"新常态"。当然，低速增长能否成为"新常态"，即是否是将为一个相对较长时期的较为平稳的增长状态，或许三年的情况可能还不具备足够的说服力，因为外贸增速下滑会不会仅仅是一个周期性现象，从而在经历一段"坎坷"后重新回到 2008 年之前的超高速增长轨道？对此，现有的相关研究也能够在一定程度上佐证中国外贸可能由此从超高速增长转向低速增长的"新常态"。一是有关经济增长的相关研究，二是有关经济增长与贸易关系的相关研究。著名英国经济史学家安格斯·麦迪森在《中国经济增长的长期表现——公元 960～2030 年》一书中就曾指出[1]，从

---

[1]　安格斯·麦迪森：《中国经济增长的长期表现——公元 960～2030 年》，上海人民出版社 2008 年版。

2003～2030 年中国人均 GDP 大约会以平均每年 4.5% 的速度增长，但增长速度会逐步放慢；而最近有关中国经济进入新常态的诸多讨论，未来一段时期中国经济增长速度基本维持在 7% 左右基本是学术界的共识（李扬，2014；李伟，2014；刘世锦，2014；石建勋，2015）。尽管贸易与经济增长之间的关系较为复杂，但一般而言经济基本面是贸易发展的决定因素，因此经济增长状况在很大程度上可以决定贸易增长状况。另据中国社会科学院的一项最新研究预期表明[①]，未来若干年贸易的收入弹性几乎不会有太大变化，即贸易增速和 GDP 增速之比将会维持在一个相对稳定的水平。从这一意义上说，伴随经济增速进入"新常态"，外贸发展从增速层面看将进入"新常态"基本已成定局。

三、经济基本面：中国外贸发展进入新常态的决定因素

增速变化只是一种表征现象，除了受到周期性的经济危机冲击外，更为重要的是决定增速变化的基本面因素已经发生了重大变化。从基本面因素角度分析中国外贸增速放缓的原因，实际上更能体现中国外贸进入低速增长通道可能是一个长期趋势性特征，从而更能体现所谓的"新常态"。

首先，从外部环境看。改革开放以来尤其是中国浦东开发开放和 2001 年中国加入 WTO 以后，中国外贸增长奇迹固然与自身改革等因素密不可分，但也取决于外部环境状况。过去一段时期支撑中国外贸超高速增长的外部环境至少表现在三个方面。一是相对繁荣稳定的世界经济进而形成的强劲需求，特别是来自于发达经济体的强劲需求，显然为中国外贸的超高速增长奠定了需求面基础。二是产业和产品生产环节和阶段的国际梯度转移，为中国外贸的超高速增长奠定了供给层面和产业成长面基础。一个不争的事实是，改革开放以来中国通过承接 FDI 推动的产业和产品生产环节和阶段的国际梯度转移，以及通过承接国际大买家订单方式融入国际分工，继而成为"世界工厂"和全球"出口平台"，是中国外贸发展的典型特征。三是全球价值链分工的深入演进，为中国外贸超高速增长奠定了统计意义层面的基础。中国的改革开放正值全球价值链分工深入演进之际，

[①] 中国社科院世界经济与政治研究所：《2015 年世界经济黄皮书》，社会科学文献出版社 2014 年版。

因而中国融入全球分工体系的本质是参与全球价值链分工。由于在全球价值链分工模式下，一国只是专业化于产品生产的某一或某些特定环节和阶段，因而必然涉及中间产品的多次跨境流动问题，进而放大了统计意义上的贸易增速。对此，国内外学者如赫梅尔等（Hummels et al.，2001）以及刘志彪等（2006）的研究就指出，一个经济体贸易增长，贸易自由化政策、关税下降、运输成本降低等只能解释增长中的 2/5，其余则与分工形态相关。具体到中国，融入跨国公司主导的产品内国际分工的事实特征，决定了中国外贸增速必然被放大甚至被"夸大"，因为出口产品往往富含大量来自他国的进口中间品。这种特征性分工引发了近年来有关贸易附加值的研究热潮，而基于中国数据的许多经验研究定量分析了价值链分工背景下中国外贸被"放大"或"夸大"的程度，包括外贸顺差等不平衡问题都需重新审视（祝坤福等，2013；张杰等，2013；罗长远等，2014；中国全球价值链课题组，2014）。然而，全球经济在经历了"大稳定"的黄金时期尤其是 2008 年全球金融危机后，中国外贸发展面临的上述三个基本面因素均发生了或正在发生重要变化：一是全球经济增速放缓；二是承接制造业国际梯度转移放慢，特别是发达经济体的"高端回流"和其他更多具有成本优势的发展中国家吸引造成的"低端转移"；三是制造业全球价值链确立，国际贸易分工格局基本定型。正如 WTO 的一份研究指出[1]，由于全球价值链现在已发展到足够深的程度，边际深化难度加大，因此这一提升贸易增速的动力不复存在。

其次，从内部环境看。改革开放以来，中国主要依托低端要素等形成的"低成本"竞争优势，走出了一条"血拼式"竞争道路，在具有比较优势领域的劳动密集型制造业领域创造了外贸发展奇迹。然而，目前国内经济基本面因素发生的三个变化，使得基于上述发展模式的外贸超高速增长难以为继。

一是国内各类生产要素价格进入集中上升期，支撑低成本的低端要素基础正在弱化。比如，从劳动力成本角度看，如果不求严格[2]，以居民人

---

① WTO，World Trade Report 2014，https：//www.wto.org/english/res_e/booksp_e/world_trade_report14_e.pdf.

② 根据国际劳工组织（ILO）的规定，劳动力成本构成不仅包括以货币形式表示的工资、所得、薪金，还包括雇主所承担的如工人招聘费用、实物发放、职工住房成本、社会保障、技术培训乃至雇佣员工发生的税收成本等物质及非物质形式的费用支出。因此，在实践中对劳动成本的准确度量是个难题。

均可支配收入和平均工资变化来大体反映劳动力成本的变化态势，则现实情况的确表明"人口红利"已接近尾声。国家统计局的统计数据显示，城镇居民人均可支配收入从 2000 年的 6 280 元增长到 2013 年的 26 955 元，13 年间增长了约 4.3 倍，年均增长率高达约 11.86%，城镇单位就业人员平均工资已从 2000 年的 9 333 元迅速增加到 2013 年的 51 483 元，13 年间增长了约 5.64 倍，年均增长率高达约 14.22%。况且，许多实证研究表明（蔡昉，2010；周燕和佟家栋，2012；王必达和张忠杰，2014）中国"刘易斯拐点"基本到来。从用地成本看，多年来各级地方政府依赖于土地财政的融资模式，一方面是以优惠的土地政策进行招商引资，另一方面则在通过推高地价中获取更多的非税收收入，从而使得土地供给越发紧张和稀缺，用地成本呈现不断"高企"，最终使得制造业发展的实际生产成本和机会成本不断攀升（刘志彪，2013）。从环境成本看，环境问题日益严峻以及环境规制不断加强，已经使得传统的依赖"环境红利"的模式不可持续。不容否认，长期以来中国开放型经济发展具有典型的粗放式特征，突出表现就是资源、能源消耗大，生态环境日趋恶化。许多基于中国经验数据的实证检验基本表明，"污染天堂"假说在中国是成立的，而导致中国环境日益突出和压力不断增大的最主要因素之一，就是贸易和自由化趋势下国际低端尤其是污染密集型产业和产品价值增值环节向国内的梯度转移（沈利生等，2008；陆旸，2009）。尤其伴随中国成为全球第二大经济体，上述问题亦日益突出。作为世界环境污染物排放的主要国家之一，中国面临的全球环境保护"责任"越来越重，中国采取的环境规制措施已经给传统出口带来了影响。最新的一项利用中国的城市—行业数据的研究表明（Laura et al.，2014），政策实施目标城市在实行了更为严格的环境标准后，部门的出口尤其是环境污染比较严重的行业，出现明显的下降。

二是新的竞争优势尚未建立，比较优势产业面临"断档"风险，导致外贸增长的动力衰减。客观而论，目前中国正处于产业竞争优势的转型发展期，一方面，犹如前文所述，一些具有传统低成本优势的行业由于要素成本上升，以及其他发展中国家冲击而不断丧失竞争力，但另一方面，新的具有比较优势的产业却还没有形成，在竞争优势上形成了一个"断档期"和"真空期"。现有研究发现，作为工业主体和决定工业技术整体素质的关键基础部门，如化工、材料、机械、电子、精密仪器、交通设备等中等技术行业的出口占比下降（金碚等，2013）、价值链低端锁定特征明显、产品品质提升困难的事实特征的确表明，新的产业竞争优势还有待培育，外贸增长的产业动力亟待重塑。

三是产业结构演进规律作用显现，"结构性"变化致使外贸超高速增长的制造业基础受到"侵蚀"。经济发展史表明，当一个经济体农村劳动力转移完成，"刘易斯拐点"到来，第二产业劳动力占比将达到顶峰并向第三产业转移，此时生产率增速放缓，制造业比重下降，即学术界通常称之为"去工业化"。这是一种结构性变化而非周期性因素，是增长的阶段性特点并且难以通过经济政策加以解决。而王庆等（2011）对减速拐点的研究表明，按照购买了评价计算，当一个经济体人均 GDP 达到 7 000 美元左右时，基本可以认为到达了"结构性减速拐点"。这与中国目前所处的发展阶段基本相同，也与中国产业结构演进的现实基本吻合。因此，"结构性减速"可能会动摇长期以来以制造业为依托的外贸超高速增长的坚实实体基础。

最后，从贸易国情看。贸易规模的日益扩大，使得外贸超高速增长的国际市场容纳力下降。联合国贸发会议的统计数据显示，中国在改革开放之初的 1978 年其出口贸易总额仅为 167.6 亿美元，占同期全球出口贸易总额 1.31 万亿美元的比重为 1.27%；而到了 2014 年，中国出口贸易总额已经"井喷"至 2.21 万亿美元，占同期全球出口贸易总额 18.81 万亿美元的比重随之上升至 12.2%。不难理解，由于基数不同，即便相同的增长率所带来的总量扩张效应显然也是不同的。具体而言，在贸易规模基数较小的情形下，其超高速增长所导致的规模总量扩张效应有限，从而不会对国际市场的容量产生明显的"冲击力"；但是，经过一段时期的超高速增长之后，在规模基数已经扩张到较大水平的情形下，如果再继续保持以往的超高速增长率，那么其所形成的总量扩张效应就会对国际市场产生显著的冲击力，甚至达到国际市场难以"容忍"的程度。这就是中国外贸发展的现实国情。目前，无论是从中国自身的经济体量来看，还是从中国进出口总额进而在全球贸易中所占比重已经位居榜首的事实特征来看，继续保持以往的超高速增长的可能性几乎不存在。在应对得当的前提下，从超高速增长转为低速增长可能是进入"新常态"及其过渡期的现实选择。

四、从"量"到"质"：中国外贸发展新常态的基本特征

基于以上分析可以预期，由于国内国际经济基本面因素的变化，低速增长将成为中国外贸未来一段时期内发展"新常态"。中国外贸增速下降，

并非意味着外贸发展不再重要，相反，这是促进中国外贸转型发展的倒逼机制。如果说，前期外贸超高速增长主要"以量取胜"的发展战略，从而引领经济超高速增长的话，那么进入低速增长通道后的"新常态"，中国外贸发展更应注重"以质取胜"，从而引领经济转型发展。一个不容否认的事实是，由于前期多年超高速增长已经形成了巨大体量基础，因此尽管中国外贸增速下降，但规模增长仍是客观实践。因此，增速放缓后应更加注重"以质取胜"，实质上就是要在"新常态"下寻求"量"和"质"的新平衡。总之，中国外贸发展"新常态"不只是速度状态，更要体现新的质量状态。具体而言，与以往的外贸发展模式相比，增速放缓的"新常态"下中国外贸发展需要也必将呈现如下几个方面的突出特征：

一是与以往相比，依托比较优势的来源有所不同。中国外贸发展的"旧常态"，其比较优势主要依托廉价劳动力和资源要素投入，以及对环境资源掠夺式开发和粗放式利用所形成的低成本竞争优势，从而比较优势相应地表现在劳动密集型产业领域。但是面临国内各类要素成本的集中上升，以及全球金融危机后国际市场对劳动密集型产品的需求下降，劳动密集型产业领域的传统比较逐步弱化已成为不争的事实。因此，迈入"新常态"后，所依托的比较优势来源会有不同，将会从"数量"优势向"质量"优势转变，从依靠数量投入向创新驱动转变。当然，在以往的外贸发展过程中，创新也发挥着重要作用，但以往的创新大多是跟随模仿式创新。新阶段的外贸发展仅靠跟随模仿式创新是不够的，更要注重转向实施创新驱动战略，而其重要抓手和突破口就是科技和人才。换言之，以往外贸发展依托人口众多等数量优势，而进入"新常态"的比较优势依托将转向人才资源等质量优势。

二是与以往相比，外贸发展的产业内容不同。犹如前文所述，依托低成本要素形成的比较优势，承接产业和产品增值环节和阶段的国际梯度转移，是中国外贸发展的典型特征之一，其产业发展内容主要表现为处于全球价值链底部的组装、加工、装配，以及生产型制造业成长。而伴随传统比较优势的弱化，培育新的比较优势的实质就是要在过去制造业发展的基础之上，主要依托服务业尤其是高级生产者服务业发展，进而引领制造业转型升级和战略性新兴产业的发展。通过制造业转型升级，包括劳动生产率的提升、精致化生产和品质水平的提高，以及向高端产业领域攀登，是克服和规避传统比较优势弱化之后产业断档，包括产业间断档、价值链断档和产品品质断档等风险的关键所在。概言之，依托新比较优势培育的产业内容，从产业间看将会是从传统低端产业向高端产业攀升，从价值链角度看将会是沿着价值链向研发、设计、营销等两侧高端攀升，而从产品品质角度看则是向精致化高端方向发展。

三是与以往相比，外贸发展的动力机制不同。中国外贸发展进入"新常态"，旧的发展模式被重构，新的驱动力亟待注入。改革开放以来很长一段时间内，中国外贸发展呈现的另外一个突出特征就是依赖政策刺激，即政策红利。为了促进开放型经济发展，国家采取了一系列促进改革的特殊政策，更确切地说，依赖各种各样的"优惠待遇"助推了特定地区、特定产业、特定主体的贸易发展。30 多年前的深圳特区、20 多年前的浦东新区、10 多年前的西部大开发、各种各样的产业开发区、具有不同政策扶植的外贸产业、遭受不同待遇的外贸微观主体等等，无不反映了"特政"催生下的外贸发展模式。这种改革模式下外贸发展的基本动力上来自于"得利"，即形成了"谁改革谁得利，先改革先得利"的外贸发展局面。当前，"政策红利"已经逐步淡化，低成本竞争优势也接近尾声，犹如前文所述，外贸发展进入"新常态"后需要转向创新驱动，能否进行有效创新则取决于能否释放微观经济主体的创新活力。如何释放微观经济的活力？其动力机制显然来自于能够为微观经济主体进行创新提供"便利"，即进一步通过深化开放型经济体制改革，为微观主体提供一个统一、开放、竞争、有序的完善市场体制，从而实现动力机制从"政策红利"向"制度红利"的转变。目前，上海自贸区放弃过去单靠产业振兴计划等"政策红利"扶持的做法，通过放松管制、强化市场化机制的改革就是提供"制度红利"的有益探索。

四是与以往相比，外贸发展的战略目标不同。改革开放之初，中国经济基础比较薄弱，物资极度匮乏，甚至面临着百姓温饱难以解决的问题。在特定的历史条件下，要迅速摆脱贫穷，实现经济跨越式发展，就必须运用各种可能的手段促进经济快速增长，可以说，加快发展是当时一切工作的重中之重，GDP 竞赛几乎成为压倒一切的行为目标和硬道理。而发展外贸的主要目标和任务也就是要拉动 GDP 的迅速增长。基于当时的现实要素禀赋约束，中国以"低端嵌入"的方式融入发达国家跨国公司主导的全球价值链分工体系，其实质是为了最大限度地基于中国的比较优势，用足本国的低端要素，依托国际市场的庞大需求，加速形成中国制造业的生产能力和出口能力，以此拉动 GDP 的快速增长。这就是为什么长期以来出口被视为拉动中国经济增长的三驾马车之一的重要原因。然而，经过 30

多年的快速发展，在以外贸为主要内容的开放型经济发展战略带动下，中国经济总量已今非昔比，进入到一个新的发展阶段。虽然这一阶段仍然重视物质财富的创造，仍要一心一意搞建设，但对其他方面的追求比如生活质量、环境质量和可持续发展等，越来越受到重视，甚至可以为此而接受一定程度上降低经济增长为代价。对外贸易长期以来作为中国经济增长的重要驱动力，同时也是国民经济的重要组成部分，进行"新常态"后显然应服务于中国经济转型的重要战略目标。

五是与以往相比，外贸发展的最终结果不同。依托低成本竞争优势以"低端嵌入"的方式融入发达国家跨国公司主导的全球价值链分工体系，实现了中国外贸发展的"爆炸式"增长，使得中国从国际贸易意义上的"小国"迅速发展成为"大国"。但以往"血拼式"的竞争道路也带来了不协调、不平衡和不可持续等问题，亟待转型发展。有些研究甚至表明，中国出口规模扩张不但没有逻辑地带动出口品质提升，反而导致了持续下降（李坤望等，2014）。外贸发展进入"新常态"后，在巨大体量规模的基础之上，更加注重效益、更加注重质量、更加注重可持续、更加注重创新驱动的发展模式，必将推动中国不断地攀升一个个产业高地、不断沿着全球价值链向两端延伸、不断提升出口产品的品质水平、不断提升影响乃至掌控全球价值链的能力，从而实现"贸易大国"向"贸易强国"的转变。

总之，与之前相比，中国外贸发展进入"新常态"后，其特征不仅表现为增速从高速转为低速，更重要的还表现为比较优势主要依靠廉价劳动力和资源要素投入等低成本向创新驱动方向转变，依托的产业内容从低端制造业向服务业尤其是高级生产者服务业进而由此引领的制造业转型升级和战略性新兴产业方向转变，发展的动力机制将由"政策红利"向"制度红利"转变，发展的目标从拉动GDP增长向提升经济增长质量方向转变，发展的结果将从促成贸易大国向贸易强国转变。

五、对策思考

当然，中国外贸发展进入以增速放缓为表征的"新常态"后，从"量"性特征转变为"质"性特征的发展模式，并非是一个自然而言的演进过程，更多地取决于是否采取了正确的发展战略，取决于是否能够更加注重长远，培育中国外贸发展的长足后劲。为此，需要在进一步扩大开放中打造外贸企业竞争新优势，并注重以下几方面的问题。

（一）依托"一带一路"战略促进外贸平稳发展和转型升级

扩大开放是促进改革以及加快产业升级的动力源泉，因此，必须抓住"一带一路"战略实施的重要契机，不断提高参与全球经济竞争与合作的能力。由于"一带一路"战略的核心内涵包括政策沟通、道路联通、贸易畅通、货币流通和民心相通，即在于与沿边国家之间相互扩大开放，尤其是实现"互联互通"中实现真正的"共赢"经济发展格局。这一战略对于外贸发展带来了重要契机，不仅表现为贸易发展的障碍会在"互联互通"中得以降低甚至消除，而且对于"产能输出"、发展服务贸易、构建更多的合作平台、引领贸易新规则制定等方面均发挥着重要作用。因此，借助大力推进"一带一路"建设的战略机遇，大力发展与"海丝"沿线国家的贸易，对于实现中国外贸平稳发展乃至转型升级都有着极为重要的战略意义。

（二）依托服务贸易发展培育新增长点

在货物贸易增速放缓的"新常态"下，引领外贸增长的另一重要引擎可能就是服务贸易，这也是目前全球贸易发展的一个重要突出特征，因为全球服务贸易正在以快于货物贸易增长的速度发展。适应这一新趋势，加快我国服务业发展，不断提升我国服务业国际竞争力，促进服务贸易发展，不仅有利于打造出新的外贸增长点，而且对于货物贸易的平稳发展，甚至转型升级都有着重要促进作用。因为经验表明，制造业的转型升级有赖于服务业，尤其是高级生产者服务业的支撑和引领。因此，抓住全球服务贸易发展的重要契机，在努力提升中国服务贸易发展和竞争力的同时，充分发挥服务贸易进而促进服务业发展，在促进我国制造业产业升级中的重要作用，不仅有利于稳定货物出口，更有利出口"升级"。

（三）依托科技创新提升外贸转型发展能力

促进外贸转型发展，尤其是实施创新驱动发展战略，从而重塑新的增长动力，科技创新是依托。技术水平是决定外贸发展水平和竞争能力的重要因素，要培育出外贸发展的竞争新优势尤其是创新驱动的发展优势，就必须提高外向型产业尤其是制造业的技术水平。目前，虽然在全球价值链分工模式下中国已经成为全球价值链中的重要制造业基地之一，但总体而言，仍然处于全球产业链的低端，或者是高端产业和产品的低端环节，附加值相对较低。与美国以及北欧的一些工业较强的经济体相比，我国制造业的技术水平相对而言还比较落后，创新能力还有待加强，整体上与世界先进水平尚有较大差距。由于技术改造和研发投入不足，我国大多数行业和企业没有自己的核心技术、知识产权和核心品牌。因此，我国必须加大对技术研发的投入力度，提高技术水平，并加快利用先进适用技术和高新技术改造提升传统劳动密集型产业，使其获取新的竞争优势；加强基础研究的自主力度，加强产学研合作，促进科技成果的转化。

（四）依托培育人力资本增创外贸发展新优势

在当前以全球价值链为主导的国际分工和生产模式下，国内生产要素成本的不断上升进而进入高生产成本时代背景下，所谓提升外贸转型发展能力和培育竞争新优势，其实质就等同于能否顺利地沿着价值链攀升，能够在更高的价值链上获取竞争优势。显然，这种新的竞争优势不仅取决于劳动力的数量，更取决于劳动者的质量，或者说人力资本，因为在所有的生产要素中，"人"的作用最为关键，起着决定性作用。归根到底，国与国之间的竞争，企业与企业之间的竞争，最终取决于人才的竞争。通过对劳动者本身的投资，加大人力资本的培育和积累，从依赖数量型扩张向依赖质量型提升转变，从而为外贸产业升级和贸易转型发展奠定人才基础。

（五）依托企业"走出去"带动外贸发展

当前，基于全球价值链的外贸发展的突出特征之一就是贸易投资一体化，通过企业"走出去"参与全球价值链甚至布局价值链，是促进外贸发展的重要驱动力。实际上，依托企业"走出去"不仅能够转移国内过剩产能，或者将已经丧失比较优势的产业和产品价值增值转移出去，从而在其他国家和地区搭建贸易平台，还能够带动国内相关产品的出口。更为重要的是，从"走出去"的不同动机看，除了市场寻求型从而能为外贸拓展更为广阔的发展渠道外，还具有资源寻求型特别是技术寻求型，而这一点对于目前发展阶段的中国而言可能更为重要。因为在国内产业结构尚不具备高级化的条件下，依托企业"走出去"从而获取国外更为先进的技术等高端要素，从而更有利于国内产业结构的优化升级，为外贸转型发展奠定基础。总之，依托企业"走出去"整合和利用全球资源、全球市场，对于提升外贸发展综合优势具有重要作用。

（六）依托引进国际先进要素提升外贸发展质量

长期以来，中国外贸发展具有典型的"外资嵌入型"特征，当然，这也是融入跨国公司主导下的全球价值链的必然表现和结果。当前，伴随各种生产要素跨国流动的不断增强，引进国际生产要素尤其是先进生产要素能力高低，在很大程度上决定了中国外贸发展质量的高低。换言之，中国外贸转型发展，离不开"虹吸"国际先进生产要素可能发挥的重要作用。在"新常态"下的外贸发展中，我们应该通过确立"全要素"的发展理念，充分发挥通过"引资"带动诸如技术、品牌、管理、营销渠道、制度等"一揽子生产高级要素动"向我国集聚。通过集聚更为全面优质的生产要素，尤其是高级管理人才和科技型人才等"外智"，显然有利于中国外贸转型发展中提升整合各类先进要素进行创新活动的能力，不断增强外贸发展后劲。

主要参考文献

1. 安格斯·麦迪森：《中国经济增长的长期表现——公元 960～2030 年》，上海人民出版社 2008 年版。

2. 李扬：《提质增效适应增速新常态》，载于《人民日报》2014 年 6 月 11 日。

3. 李伟：《适应新常态迈向新阶段》，载于《人民日报》2014 年 12 月 29 日第 7 版。

4. 刘世锦：《进入增长新常态下的中国经济》，载于《中国发展观察》2014 年第 4 期。

5. 石建勋：《中国经济新常态的演变逻辑分析及展望》，载于《光明日报》2015 年 1 月 29 日。

6. 中国社科院世界经济与政治研究所：《2015 年世界经济黄皮书》，社会科学文献出版社 2014 年版。

7. 刘志彪、吴福象：《贸易一体化与生产非一体化：基于经济全球化两个重要假说的实证研究》，载于《中国社会科学》2006 年第 2 期。

8. 祝坤福、陈锡康、杨翠红：《中国出口的国内增加值及其影响因素分析》，载于《国际经济评论》2013 年第 4 期。

9. 张杰、陈志远、刘元春：《中国出口国内附加值的测算与变化机制》，载于《经济研究》2013 年第 10 期。

10. 罗长远、张军：《附加值贸易：基于中国的实证分析》，载于《经济研究》2014 年第 6 期。

11. 中国全球价值链课题组：《全球价值链与我国贸易增加值核算报告》，http：//images. mofcom. gov. cn/www/201412/20141226182657100. pdf。

12. 蔡昉：《刘易斯转折点与公共政策方向的转变——关于中国社会保护的若干特征性事实》，载于《中国社会科学》2010 年第 6 期。

13. 周燕、佟家栋：《"刘易斯拐点"、开放经济与中国二元经济转型》，载于《南开经济研究》2012 年第 5 期。

14. 王必达、张忠杰：《中国刘易斯拐点及阶段研究——基于 31 个省际面板数据》，载于《经济学家》2014 年第 7 期。

15. 刘志彪：《我国地方政府公司化倾向与债务风险：形成机制与化解策略》，载于《南京大学学报》2013 年第 5 期。

16. 沈利生、唐志：《对外贸易对我国污染排放的影响——以二氧化硫排放为例》，载于《管理世界》2008 年第 6 期。

17. 陆旸：《环境规制影响了污染密集型商品的贸易比较优势吗?》，载于《经济研究》2009 年第 4 期。

18. 金碚、李鹏飞、廖建辉：《中国产业国际竞争力现状及演变趋势——基于出口商品的分析》，载于《中国工业经济》2013 年第 5 期。

19. 王庆、章俊：《2020 年前的中国经济：增长减速不是会否发生，而是如何发生》，载于《金融发展评论》2011 年第 1 期。

20. Laura H. and Sandra P., Environmental Policy and Exports：Evidence from Chinese cities, *Journal of Environmental Economics and Management*, 2014, 68 (2): pp. 296 – 318.

21. WTO, World Trade Report 2014, https：//www. wto. org/english/res_e/booksp_e/world_trade_report14_e. pdf.

从特区到自贸区：中国自贸区的特殊使命

陶一桃[*]

　　如果说 35 年前深圳经济特区的诞生是新中国历史的一个石破天惊的伟大事件——她标志着一个时代的结束和另一个时代的开始，那么 2013 年 9 月上海自贸区的成立，则是新中国改革开放史上一个足以与经济特区诞生相媲美的重要里程碑——她标志着中国社会改革开放的深化，标志着由外向型经济向开放型经济的转型以及新一轮更加深刻的制度型开放的开启，同时更意味着以厘定政府权力为核心的法制的社会主义市场经济体系的营建与完善已经开始向纵深发展。

　　自上海自贸区"试水"成功，2015 年 4 月，国务院又正式批准了广东自贸区、福建自贸区和天津自贸区，其中广东自贸区涵盖了广州南沙自贸区、深圳前海蛇口自贸区和珠海横琴自贸区。可以说，犹如当年"5 + 2"传统经济特区（深圳、珠海、汕头、厦门、海南、上海浦东、天津滨海）以其先行先试的实践引领中国改革开放的方向一样，今天的自贸区作为新的历史条件下中国经济特区的一种新形式，将继续以其先行先试的率先实践和时代赋予的崭新功能，承担起中国社会深化改革的时代使命。

　　1. 正如中国的经济特区从来就不是一个简单的经济概念一样，中国的自贸区同样也不是一个纯粹的经济概念，它是经济全球化和区域经济一体化的产物，同时也是中国社会深化改革的产物。甚至从更深层的意义上而言，其所肩负的改革使命远远高于其所承担的单纯的经济使命。当然，没有经济的可持久发展就无所谓改革的成功与开放的成就，但经济的可持续发展从根本上说并不是作为改革的原因，而是作为改革的结果而存在的。同时，我们绝不能以发展替代改革，因为中国社会改革的任务还远远

　　* 陶一桃，深圳大学经济学院、深圳大学中国经济特区研究中心教授。

没有完成，还有相当漫长而艰辛的路要走。

从概念上说，中国自由贸易区是指在国境内关外设立的，以优惠税收和海关特殊监管政策为主要手段的，以贸易自由化、便利化为主要目的的多功能经济特区。其核心是营造一个符合国际惯例的，对内外资都具有国际竞争力的良好的国际商业环境。但是，中国目前的自由贸易区既不是国际通行的真正 FTA 概念，也不是完全意义上的 FTZ 概念，而是一个功能上超越 FTZ，而规则上又不同于 FTA 的具有中国特色的自由贸易区的概念。

FTA（Free Trade Area）源于 WTO 有关自由贸易区的规定，最早出现在 1947 年《关税与贸易总协定》文本中。该协定第 24 条第 8 款（b）对关税同盟和自由贸易区的概念作了专门解释：自由贸易区应理解为在两个或两个以上独立关税主体之间，就贸易自由化取消关税和其他限制性贸易法规。其特点是：设立主体是多个主权国家或地区，是由两个或多个经济体组成的集团；从区域范围来看，是两个或多个关税地区；从通行的国际惯例来说，遵循的是 WTO 准则；从核心政策来看，强调的是贸易区成员之间贸易开放、取消关税壁垒，同时又保留各自独立的对外贸易政策；从法律依据来看，遵守的是双边或多边协议。目前世界上已有的欧盟、北美自由贸易区，中国－东盟自由贸易区就是典型的 FTA。

FTZ（Free Trade Zone）则是源自于有关"自由区"的规定，1973 年世界海关理事会签订的《京都公约》中指出，FTZ 是缔约方境内的一部分，进入该区域的任何货物就进口关税而言，通常视为关境之外。其特点是：设立的主体是单个主权国家或地区，是单个主权国家或地区的行为；从区域范围来看，是一个关税区内的小范围区域；从通行的国际惯例来看，遵循的是 WCO 准则；从核心政策来看，强调的是海关保税、免税政策为主，辅之以所得税的优惠等投资政策；从法律依据来看，是主权国国内立法，而非多边协议约束。当然无论 FTA 还是 FTZ，都是为了降低国际贸易成本，促进对外贸易和国际商务的发展而设立的，其本质更多的或主要是经济共同体或经济区域。

发展经济一直是中国社会改革的现实的逻辑起点，也是中国制度变迁的切入口。35 年前在邓小平"发展才是硬道理"的战略指引下，经济特区不仅在"让一部分人先富起来"的口号下成功地探索出一条由普遍贫穷走向共同富裕的制度变迁道路，而且还令世人瞩目地完成了由计划经济向市场经济转型的试验田的使命。如果说，改革的职能始终是中国经济特区的最根本使命，那么深化改革则无疑构成了今天中国自贸区的最根本使命。

中国自由贸易区如同当年的经济特区一样，是一个使命（改革）与发展（促进经济全球化、贸易自由化）的共同体，更是一个体制机制创新与制度创新的试验田。如对上海自由贸易区的总体要求是：试验区肩负着我国在新时期加快政府职能转变、积极探索管理模式创新、促进贸易和投资便利化，为全国深化改革和扩大开放探索新途径、积累新经验的重要使命①。对天津自贸区的总体要求是：紧紧围绕国家战略，以开放促改革，促发展，促转型，以制度创新为核心，发挥市场在资源配置中的决定性作用，探索转变政府职能新途径、探索扩大开放新模式，为我国全面深化改革和扩大开放探索新途径，积累新经验，发挥示范带动、服务全国的积极作用②。对广东自由贸易区的战略定位是：当好改革开放的排头兵、创新发展的先行者，以制度创新为核心，贯彻"一带一路"建设等国家战略，在构建开放型经济新体制、探索粤港澳经济合作新模式、建设法制化营商环境等方面，率先挖掘改革潜力，破解改革难题。要积极探索外商投资准入前国民待遇加负面清单管理模式，深化行政管理体制创新，提高行政管理效能，提升事中事后监管能力和水平③。对福建自贸区的总体要求是：紧紧围绕国家战略，立足于深化两岸经济合作，立足于体制机制创新，进一步为深化两岸经济合作探索新模式，为加强与 21 世纪海上丝绸之路沿线国家和地区的交流合作拓展新途径④。

笔者认为，从中国改革开放和中国道路形成的逻辑起点上来说，给予经济特区怎样高的评价都不为过。因为，没有经济特区就没有中国的改革开放；没有经济特区就不可能有市场经济的确立与形成；没有经济特区就不可能有引发中国社会的观念更新与革命；没有经济特区就不可能形成中国社会源自于每个公民的创造力的展示；没有经济特区就不可能有让世界震惊的"中国奇迹"的创造；没有经济特区就不可能有经济发展方式转型的内在驱动力；没有经济特区就不可能有科学发展观的现实依据和"中国梦"提出的社会物质与精神基础；没有经济特区更不可能有让亿万人富裕

---

① 中国（上海）自由贸易试验区总体方案。
② 中国（天津）自由贸易试验区总体方案。
③ 中国（广东）自由贸易试验区总体方案。
④ 中国（福建）自由贸易试验区总体方案。

的"中国道路"的形成。经济特区是中国改革的突破口，同时也是中国社会以非均衡发展方式实现现代化的一条捷径。所以，我们应该从中国改革开放的全过程来研究、理解经济特区不可取代的历史地位，对中国改革开放的独特推动作用，对中国社会实现现代化的使命意义。

笔者认为，经济特区已经不只是一种暂时的经济现象，也不是一个阶段性的产物，更不是一项政策上的权宜之计，而是中国实现全方位改革的实验田，完成社会转型与制度变迁的一条有效的路径选择，是在经济发展不平衡的大国里加速实现现代化的一条"捷径"。如果从中国改革的全过程来分析，如果从中国改革开放的视角来考察，经济特区的使命还远没有完成。以深圳为代表的早期经济特区成功的经验证明了这一点，以喀什、霍尔果兹、图们江为代表的新兴经济特区的产生证明了这一点，今天自由贸易区的形成更加印证了这一点。中国自由贸易区作为承担更深刻改革使命的升级版经济特区，必将继续以先行先试的品格和敢为天下先的实践从理论与实践两个方面丰富中国道路的实质与内涵。

2. 先行先试，探索路径与道路，为中国社会的改革提供可借鉴、可复制的成功经验，是中国社会制度变迁的独特的道路选择。这一独特道路选择的正确性不仅为中国改革开放 35 年的成功现实所验证，为亿万中国人民所创造的"中国奇迹"所证明，更为中国经济特区的成功经验和其持久的生命力所证实。因此，从中国改革开放路径选择的意义上说，正如当年先行先试是中国经济特区的重要功能一样，先行先试今天可谓中国自贸区不同于 FTA、FTZ 的"中国特色"。

创办经济特区作为一种自上而下的正式制度安排，它以先行先试的示范，不仅大大减少了传统意识形态占主导地位的情况下制度变迁的体制内阻力，降低了制度创新的意识形态和社会成本，而且还成功地规避了改革有可能带来的更大的风险，从而使制度变迁的绩效在短时间内就能迅速显现出来，并卓有成效地示范全国。因此从根本上说，先行先试既是一个创新的过程，又是一个向先进学习的过程，先行先试不仅是经济体制机制的先行先试，还必然包括政治体制、法制环境、政府治理体制机制与能力现代化和文化意识形态等社会诸方面更深层次制度变迁的先行先试。这是中国经济特区与生俱来的品质，更是新时代赋予中国自由贸易区的更具挑战性的新使命。

从某种意义上说，自由贸易区是新的历史条件和发展背景下被赋予了新使命的经济特区。先行先试，为中国社会的改革提供可复制、可推广的经验，从而推动中国社会改革的进程依然是自由贸易区的历史使命。如国家对上海自贸区的要求是紧紧围绕国家战略，进一步解放思想，坚持先行先试，以开放促改革、促发展，率先建立符合国际化和法治化要求的跨境投资和贸易规则体系，使试验区成为中国进一步融入经济全球化的重要载体。具体地说，"在风险可控前提下，可在试验区内对人民币资本项目可兑换、金融市场利率市场化、人民币跨境使用等方面创造条件进行先行先试"。"推动中转集拼业务发展，允许中资公司拥有或控股拥有的非五星旗船，先行先试外贸进出口集装箱在国内沿海港口和上海港之间的沿海捎带业务"①。对广东自贸区的要求是："在扩大开放的制度建设上大胆探索，先行先试，加快形成高标准投资贸易规则体系"②。对天津自贸区的要求是："鼓励在人民币跨境使用方面先行先试"；"促进跨境投融资便利化和资本项目可兑换的先行先试"；"联合国内外知名股权投资机构共同创立创投基金，在自贸试验区先行先试"③。对福建自贸区的要求是："推动两岸金融合作先行先试"④。

先行先试是中国经济特区的功能，是中国道路的独特路径，同时也必然是中国自由贸易区的独特功能与使命。从这个意义上说，从特区到自贸区是中国道路的内容，是中国道路的体现，又是中国道路的发展。剑桥大学高级研究员斯蒂芬·哈尔珀（Stephen Halper）曾说："当我们说到中国道路的时候，主要是指中国在过去30多年里的发展和一系列改革"⑤。笔者认为，尽管中国道路是一个很宽泛丰富的概念，但从中国改革开放的内在逻辑来看，中国道路可以表述为：从创办经济特区为起点，以先行先试为路径，以改革开放为宗旨，以建立法制的社会主义市场经济为目标，以社会全方位改革和全面发展为方向的，具有中国特色的实现现代化的道路。

3. 如果说35年前创办经济特区是为了完成由计划经济向市场经济的转型，确立社会主义的市场经济体系，实现闭关自守向对外开放的改变，从而以社会制度安排的创新为内在动力，推动政府职能的转变。那么，今

---

①　中国（上海）自由贸易试验区总体方案。

②　中国（广东）自由贸易试验区总体方案。

③　中国（天津）自由贸易试验区总体方案。

④　中国（福建）自由贸易试验区总体方案。

⑤　转引自魏晓文、刘志礼：《近期国外的中国模式研究、趋势、困境与启示》，载《理论视野》2010年第10期。

天中国自由贸易区的建立，则是为了进一步完善市场经济体系，实现外向型经济向开放型经济的转变，从而不仅推动、促使中国社会由政策开放走向制度开放，也将有效推动、促使我们的政府由全能政府走向服务政府，由服务政府走向授权政府，借此逐步完成全面深化改革的使命。

无论经济特区还是自贸区都是自上而下的强制性制度变迁的产物，它们都是国家整体战略的一部分，并且都在中国社会改革开放不同历史时期承担着不同使命。同时，以开放促改革又构成了它们共同的逻辑起点。正如当年"5＋2"传统经济特区的区域辐射作用一样，今天的中国自由贸易区也同样肩负着重塑、完善中国经济发展区域版图的重要功能，而且都曾经是，并将继续成为区域协同发展的强有力的支撑点和引擎。如广东自贸区的功能就是促进内地与港澳经济的长期合作，形成互利互惠、繁荣共享的泛珠三角经济圈，成为21世纪海上丝绸之路的重要枢纽；天津自贸区将成为京津冀区域协同发展实现一体化的火车头；福建自贸区则重在两岸合作，同时加强与21世纪海上丝绸之路沿线国家和地区的交流开拓新途径。同时，正如当年传统经济特区都必然担负起转变政府职能，改革政府的、探索功能一样，今天的中国自由贸易区从更加深刻的层面上继续着这一艰难，但却关系到中国社会改革成败的探索。在政府的权力还需要政府的权力剥夺的强制性制度变迁中，政府自身的认识能力无疑是至关重要的。

中国社会进行的是自上而下的强制性制度变迁。在自上而下的强制性制度变迁中，政府，尤其是中央政府是这场制度变迁的发轫者、领导者或者是最直接倡导者，同时又是这场制度变迁中首当其冲的"被改革者"，没有中央政府的决策和授意，就不可能有改革开放的实践，如特区、自贸区的产生就既是中央赋予地方政府特殊政策的结果，又是中央整体发展战略部署的产物。

中国35年改革开放的实践证明：对于转型国家而言，政府在强制性制度变迁中的作用无疑是巨大的，甚至可以说，没有政府自上而下的强大政治力量的推动，既无法完成由计划经济向市场经济的转型，更不可能有今天市场经济的普遍确立和社会经济的繁荣。尤其中央政府和强大的"举国体制"，会在资源稀缺或有限的情况下，高效地集中资源干大事，并以决策的高效性引领社会经济的发展方向。但是，以强制性制度变迁确立市场经济体制和在市场经济体制基本确立以后完善市场经济，两种情形下政府的职能与作用是不同的，前者或许更需要政府通过比较强势的干预，推进市场经济的形成，从而加速完成由计划向市场的转变，而后者则要求政府在尊重市场规律和机制的前提下，矫正市场失灵，服务于市场而非驾驭、主导市场。强大的国家与发达的市场作为结果，无疑是令人向往的，但作为实现的过程，它要求处理好国家与市场，或者说政府与市场的关系。

中国社会的制度变迁，是沿着一条实用主义路线进行的。尽管如此，它也不会向诱致性制度变迁那样，仅仅由于潜在获利机会的存在而自然发生。因为强制性制度变迁往往会改变利益在原有社会集团之间的分配，甚至会带来一部分人的利益丧失（尤其是作为改革主体和实施者的政府官员自身利益的丧失）和一部分人的利益获取。所以，从原则上，对于一个正处于发展之中的市场经济来讲，一个保护性政府可以在培育和支援内在制度上做出巨大贡献。在限制转型过程中，政府的职能和作用"具有规模经济"的效应。然而，政府政策的失效，也会降低或阻碍制度变迁的效益和进程，从而增加着社会改革的成本。从一般意义上说，维持一种无效的制度安排，和国家不能采取行动来消除制度不平衡，都属于政策失败。

有什么样的政府就会有什么样的制度安排，政府的文明是制度文明的前提与保障。同时，政府的认知能力也在相当程度上决定了改革的成本与效力。所以，改造政府、转变政府职能，提高政府官员的认知能力和执政能力，是深化改革，政府治理体制机制和治理能力现代化的内存逻辑要求。而中国自由贸易区正继传统经济特区之后，担负着这一深化改革的使命。

追求富裕与富强几乎是世界各国人民共同愿望与追求的目标。尽管人类追求的目标很多是相同的，但实现或达到目标的路径与途径则是多样的，并不存在一个"放之四海而皆准"的发展路径与模式。各国发展的经验是可以借鉴分享的，但适合自己的才是最好、最有用，进而最有绩效的。同时，中国无须让自己陷入只有通过无限的经济增长才可能健康的思维，可以理性调整自己努力的方向，从无限的产量增长变为提升人的社会福祉。在这方面我们或许还要面临理想与现实冲突的煎熬，但可以肯定的是前途是无限光明而美好的。中国自由贸易区以她的勃勃生机向我们昭示着这样一个灿烂辉煌的未来。

进口中间投入、生产效率与人民币汇率传递

——基于我国出口企业微观数据的实证研究

向训勇 陈飞翔 陈 婷[*]

一、引 言

人民币汇率传递效应是一个当前日益引起各方面高度关注的问题。总体上看，中国已经是一个经济外向度相当高的国家，出口对保持国民经济的中高速增长仍然具有重要的战略意义，而人民币汇率波动扩大带来的挑战十分明显。近期，随着人民币汇率制度改革不断向前推进，人民币汇率由过去的盯住单一美元转向盯住一揽子货币，汇率波动幅度逐步放宽，更加灵活的汇率使中国企业的出口面临更多的不确定性。人民币汇率变动对企业出口价格的传递作用到底有多大？企业的不同特征会对人民币汇率传递产生怎样的影响？产生影响的机制又是什么？对以上问题的回答可以为制定合理的货币政策、汇率政策和产业政策等提供必要的理论依据。

通过把企业进口中间投入和企业生产率同时引入一个异质性企业汇率传递模型，本文来研究企业异质性如何影响汇率传递。同时利用我国高度细化的微观数据来对以上理论模型进行实证检验。本文可能的贡献主要体现在以下两个方面：第一，集中从企业异质性视角来分析汇率传递效应的作用机理。理由是，企业是出口贸易的行为主体，面对变动不定的汇率，最终做出价格决策的是企业，不同的企业往往会有不同的决策。尽管随着

---

* 向训勇，上海交通大学安泰经济与管理学院博士生；陈飞翔，上海交通大学安泰经济与管理学院教授；陈婷，宁波大学商学院。

新新贸易理论的发展，越来越多的研究在汇率传递问题的研究中考虑了企业异质性（Berman et al.，2012；Li et al.，2015），但相关的分析仍缺乏系统性，本文把这个领域的研究向前推进了一步。第二，本文利用中国海关提供的企业－目的国－产品层面数据来检验人民币汇率变动对企业出口价格的传递效应，可形成对最近几年才出现的、利用微观数据来考察汇率传递问题的少数文献的补充。

二、异质性企业与汇率传递

假设本国出口到 N 个不同的国家，企业生产差异化的产品，并且在同一部门进行垄断竞争。国家 i 的代表性消费者的效用函数为：

$$U(C_i) = \Big[\int_{\Omega} x_i(\varphi)^{\frac{\sigma-1}{\sigma}} \mathrm{d}\varphi \Big]^{\frac{\sigma}{\sigma-1}} \tag{1}$$

其中，$\sigma > 1$ 是商品之间的替代弹性；Ω 是市场上存在的商品的集合；$x_i(\varphi)$ 是商品 φ 的消费量。

本国的产品出口到目的国 i 存在三种不同的成本：一是以冰山贸易成本表示的运输成本，用 $\tau_i > 1$ 表示；二是固定出口成本 $F_i(\varphi)$；三是分销成本（主要包括营销、广告、保险等成本），分销成本是在出口目的国用当地的货币支付的，假设在出口目的国 i 每销售一单位商品需要耗费 η_i 单位当地的生产要素。假设以本国货币计价的商品 φ 的出口价格为 $p_i(\varphi)$，而以出口目的国货币计价的消费者价格为 $p_i^c(\varphi)$，则有：

$$p_i^c(\varphi) = \frac{p_i(\varphi)\tau_i}{\varepsilon_i}\eta_i\omega_i \tag{2}$$

其中 ε_i 表示本国与出口目的国之间的名义汇率，即一单位出口目的国的货币可以兑换 ε_i 单位本国的货币，ω_i 是出口目的国生产要素的价格，η_i 代表每单位商品耗费的分销成本，用每单位商品进行分销需要多少当地的生产要素来表示。

根据效用最大化的一阶条件，可以得到第 i 种商品的需求函数为：

$$x_i(\varphi) = Y_i P_i^{\sigma-1} \big[p_i^c(\varphi) \big]^{-\sigma} \tag{3}$$

其中，Y_i 代表出口目的国 i 的收入水平，P_i 表示出口目的国 i 的价格水平。伯曼等（Berman et al.，2012）假定生产要素全部来自国内，因而他们得到每生产 $x_i(\varphi)\tau_i$。单位产品 φ 并销售到国家 i 的总成本为 $\dfrac{\omega x_i(\varphi)\tau_i}{\varphi} + F_i(\varphi)$，

其中 ω 是生产要素的国内价格水平，它这里假设所有的生产要素都来自国内，然而这个假设跟现实并不太相符，尤其像中国这样一个已经融入全球价值链的贸易大国，不仅出口量很大，同时也从国外进口了大量中间投入品，而这可能又是影响汇率传递的关键因素。因而，本文扩展了伯曼等（2012）的模型，假定每单位生产要素中有 λ 单位来自进口（$0 < \lambda < 1$），另外（$1 - \lambda$）单位来自国内，所以每生产 $x_i(\varphi)\tau_i$ 单位产品 φ 并销售到国家 i 的总成本就变成了 $\dfrac{\omega x_i(\varphi)\tau_i(\varepsilon_i\lambda + 1 - \lambda)}{\varphi} + F_i(\varphi)$。

根据以上的假设，可以得到企业生产商品 φ 并出口到目的国 i 的利润函数为：

$$\pi_i(\varphi) = \left[p_i(\varphi) - \frac{\omega(\varepsilon_{i\lambda} + 1 - \lambda)}{\varphi} \right] x_i(\varphi)\tau_i - F_i(\varphi) \tag{4}$$

根据利润最大化的一阶条件，并利用（2）和（3）式以及实际汇率水平 $q_i = \dfrac{\omega_i \varepsilon_i}{\omega}$，求解得到最优的价格水平为：

$$p_i(\varphi) = \frac{\sigma}{\sigma - 1} \frac{\omega}{\varphi} \left(\frac{\eta_i \varphi q_i}{\sigma \tau_i} + \frac{\omega q_i}{\omega_i}\lambda + 1 - \lambda \right) \tag{5}$$

根据（5）式来分析汇率变动对企业出口价格的影响，由（5）式可以求得企业出口价格的汇率弹性为：

$$e_{pi}(\varphi) = \frac{dp_i(\varphi)}{dq_i} \frac{q_i}{p_i(\varphi)} = \frac{1}{1 + \dfrac{(1 - \lambda)\sigma\tau_i\omega_i}{\omega q_i(\eta_i\varphi + \sigma\tau_i\lambda)}} > 0 \tag{6}$$

根据（6）式可以得到企业出口价格的汇率弹性是企业生产率水平 φ 和企业进口中间投入份额 λ 的增函数，同时也是分销成本 η_i 的增函数。另一方面，由汇率传递的定义可以得到实际汇率变动对企业出口价格的传递率为 $1 - e_{pi}(\varphi)$，所以企业进口中间投入份额越大，汇率传递率越低，企业生产率水平越高，汇率传递率越大。根据以上的分析我们得到以下两个结论。

结论一：企业出口价格的实际汇率弹性，即汇率传递率，是企业进口中间投入份额的减函数。

结论二：企业出口价格的实际汇率弹性，即汇率传递率，是企业生产率的减函数。

三、实证模型和数据说明

（一）实证模型

本文同时考虑了企业进口中间投入占变动成本的比重和企业生产率，考察这两个变量是如何影响人民币汇率传递的。根据第三部分理论模型的结论，我们设定了以下的计量模型：

$$\text{Ln}P_{ijct} = (\alpha_p + \beta\Phi_{it} + \gamma * \text{Ln}TFP_{it})\text{Ln}RER_{ct} + (\delta_p + b * \text{Ln}TFP_{it}) + \mu_{ijct} \quad (1)$$

P_{ijct}是企业 i 在时间 t 出口到目的国 c 的 HS 8 位编码产品 j 的价格，由于在海关数据中我们看不到每个产品的价格，本文用出口产品的单位值来替代。

RER_{it}是人民币与出口目的国 c 之间的实际汇率，本文中的汇率采用直接标价法，即一单位外国货币可以兑换多少单位人民币，所以 RER_{it} 上升表示人民币在贬值。

Φ_{it}是企业 i 的进口中间投入占企业总变动成本的比重，由于海关数据的进口产品包括最终消费品、资本商品和中间投入，我们参照国际上通用的 BEC（Broad Economic Categories）标准产品分类编码挑选出中间品，其中，BEC 代码为"111"，"121"，"21"，"22"，"31"，"322"，"42"，"53" 等八类是本文要研究的中间投入；而企业的总变动成本由本年应付工资总额和工业中间投入两部分构成。

TFP_{it}是企业的生产率水平的对数值，估计企业生产函数的主流方法是使用结构模型方法，该方法由奥利和佩克斯（Olley and Pakes，1996）提出来的，利用可以观察到的企业投资来控制不可观测的生产率，但是 OP 方法依赖企业投资是企业生产率的严格递增函数这个关键条件，而现实中企业投资调整的灵活性较差，很多企业的投资都为零，为了使 OP 方法中关键假设继续满足，必须把投资为零的样本全部剔除，但这将会造成很大的效率损失，为了避免这个问题，莱文索恩和彼得林（Levinsohn and Petrin，2003）方法（LP 方法）提出用中间投入品（如原材料、能源、电力等）作为生产率的代理变量，因为企业总是要使用中间投入品，本文中企业生产率就是根据 LP 方法计算得到的。

（二） 数据来源

1. 企业水平的生产数据。本文使用的企业生产数据来自中国工业企业调查数据库，包括了 2000～2006 年每年约 230 000 个制造业企业的生产信息，该数据库的统计对象为规模以上工业法人企业，包括全部国有和年主营业务收入 500 万元及以上的非国有工业法人企业，与《中国统计年鉴》的工业部分和《中国工业统计年鉴》中的覆盖范围一致。平均而言，这套数据每年涵盖的企业生产总值占中国总工业生产总值的约 95%。为了结果的可靠，我们选取了其中的制造业企业，并结合鲁晓东和连玉君（2012）以及戴觅和余淼杰（2013）的做法，对数据进行筛选。

2. 产品层面的贸易数据。产品层面的贸易数据来自中国海关总署的海关进出口数据库，这套数据包含了 2000～2006 年产品层面交易的月度数据，它涵盖了中国境内所有进出口企业。这个数据库包括样本期间内中国境内 717 个市县的 314 757 家进出口企业，涉及 239 个贸易国与地区以及多达 8 197 种 HS8 位码的商品，每年平均的观测值数目由 2000 年的 1 000 万增加到 2006 年的 1 600 万。

3. 汇率数据。文中用到的各个国家之间的名义汇率和 CPI 数据均是从世界银行网站上下载，其原始来源是国际货币基金组织（IMF）的国际金融统计（International Financial Statistics，IFS）。IMF 的名义汇率数据都是各个国家的货币跟美元之间的汇率，因而为了获得人民币和各个出口目的地货币之间的实际汇率，首先需要根据人民币和美元的汇率以及其他各种币种和美元之间汇率，将其汇率换算成人民币与其他币种之间的名义汇率，然后选取了 IFS 汇率数据中的 OECD 国家作为研究对象，根据得到的名义汇率和不同国家的 CPI 指数，可以计算得到人民币相对于不同国家的实际汇率水平。本文使用的汇率采用直接标价法，即一单位外币可以兑换多少单位人民币，汇率增加表示人民币在贬值，反之则表明人民币在升值。

（三） 数据匹配

本文用到的数据需要把这两套数据进行合并，但是把两者很好地进行合并也是一个巨大的挑战。虽然两个数据库中的企业都有企业代码，但是一个是 10 位的企业代码，另一个是 9 位的企业代码，而且企业代码的编制方法完全不一样，因而不能通过企业代码来进行合并。为了克服这一困难，马等（Ma et al., 2014）使用企业的中文名称来进行匹配，匹配的规则是，如果在同一年两个企业在两套数据中的中文名称相同，这两个企业就是同一个企业。于（YU, 2014）则更进了一步，他采取两种方法来进行匹配，先是通过企业名称来进行匹配，然后再根据企业的邮政编码和电话号码的最后 7 位来进行匹配，因为在每一个邮政地区中，企业的电话号码都是不同的。为了使得匹配的数据能够包括尽量多的企业，只要企业可以通过以上任何一种方法成功匹配，就将它纳入合并数据中。本文将借鉴于（2014）的方法对两套数据进行匹配，最终得到的匹配企业数目与他们大致相同，具体的匹配结果如表 1 所示。本文只选取了出口到 OECD 国家的样本进行分析，一方面是因为中国出口到这些国家的出口值占到出口总值的很大比例，同时这些国家的宏观指标也很齐全，可以很好地计算实际汇率等指标。

表 1　　　　　　　　海关进出口数据和工业企业数据合并结果

年份	贸易数据		生产数据		合并数据		
	产品	企业	原始数据	筛选数据	筛选数据：企业名称	筛选数据：邮编电话	筛选数据：总体
	(1)	(2)	(3)	(4)	(5)	(6)	(7)
2000	10 586 696	80 232	162 883	56 192	16 136	9 084	19 755
2001	12 667 685	87 404	169 031	53 951	19 108	9 425	22 622
2002	14 032 675	95 579	181 557	70 028	21 799	9 165	25 106
2003	18 069 404	113 147	196 222	79 032	30 799	8 157	33 682
2004	21 402 355	134 895	277 004	84 487	39 747	7 934	42 192
2005	24 889 639	136 604	271 835	146 550	39 966	12 991	44 039
2006	16 685 377	197 806	301 960	154 890	47 346	6 913	49 624

注释：第（1）列是海关进出口贸易数据中 HS8 位产品层面的月度观测值数目，第（2）列是海关进出口数据库中每年的企业数目，第（3）列是未经筛选的中国工业企业生产数据中的企业数目，第（4）列是经过相关处理，筛选后的企业数目，第（5）是按照企业名称对贸易数据和筛选后的生产数据进行匹配后得到的企业数目，第（6）列是根据电话号码的后 7 位和邮编对贸易数据和筛选后的生产数据进行匹配后得到的企业数目，第（7）列是根据企业名称以及邮编电话把贸易数据和筛选后的生产数据进行匹配后得到的企业数目。

四、实证检验结果与分析

（一）企业异质性对汇率传递的影响

为了考察进口中间投入份额和企业生产率对人民币汇率传递的影响，我们从简单的没有考虑企业异质性的模型开始回归，一直到同时考虑进口中间投入和企业生产率的计量模型（1）为止，回归结果如表2所示。在回归时考虑了时间固定效应和行业—目的国固定效应，其中的行业是根据HS四位码来定义的。

第1列没有考虑企业异质性对于汇率传递的影响，直接用汇率对出口价格进行回归的结果，汇率前面的系数显著为正；第2列只加入企业生产率与汇率的交互项，来考察企业生产率对人民币汇率传递的影响，结果显示汇率以及汇率与进口中间投入份额前面的系数都显著为正；第3列只加入进口中间投入份额与汇率的交互项，来考察企业进口中间投入份额对人民币汇率传递的影响，结果显示汇率以及汇率与进口中间投入份额前面的系数都显著为正；而第4列则同时考察企业异质性的两个方面——进口中间投入份额和企业生产率，对人民币汇率传递的影响，实证结果表明汇率和两个交互项前面的系数都显著为正。由以上的实证结果可以得到以下结论。

首先，企业异质性的确会对汇率传递产生影响，从本文最主要的实证结果第3列中可以看到，如果一个企业的进口中间投入份额为0而生产率的对数值为1.66（分别对应两个变量分布的第5百分位数），那么汇率传递系数为88.5%（$1 - 0.093 - 1.66 \times 0.013$）；如果企业的进口中间投入份额还是0，但是生产率水平上升到2.21（生产率分布的第95百分位数），则汇率传递系数下降为87.8%（$1 - 0.093 - 2.21 \times 0.013$）；保持企业生产率水平不变，企业进口中间投入份额由0上升到0.492（分别对应两个变量分布的第95百分位数），汇率传递系数变成84.9%（$1 - 0.093 - 2.21 \times 0.013 - 0.492 \times 0.059$）。以上分析表明进口中间投入份额和企业生产率共同作用对人民币汇率传递产生了显著影响，其中进口中间投入份额通过边际成本影响企业对冲外汇率风险的能力，而企业生产率通过价格加成影响企业调整价格加成率的能力，两者共同作用对企业出口价格的汇率传递效应产生显著的影响。

其次，当只考虑企业生产率这一企业异质性的一个方面时，如第2列所示，在自变量中加入了企业生产率和汇率的交互项，我们发现企业生产率会对汇率传递系数产生显著的影响，企业生产率每增加10%，汇率传递系数将下降0.84%。进口中间投入份额对汇率传递有显著的影响，一个企业生产率的对数值1.66的企业，其汇率传递系数为82.5%（1－0.036－0.084×1.66），而一个生产率对数值为2.21（生产率分布的第95百分位数）的企业，其汇率传递系数则下降为77.8%（1－0.036－0.084×2.21）。正如第三部分理论模型推导得到的结论，进口中间投入份额不同的异质性企业其汇率传递程度存在很大的差异，进口中间投入份额越大的企业在汇率变动时可以通过边际成本这个渠道对冲一部分汇率变动带来的价格波动，因而汇率传递程度更低。

再次，当只考虑企业进口中间投入份额这一企业异质性的一个方面时，如第3列所示，在自变量中加入了进口中间投入份额和汇率的交互项，我们发现进口中间投入份额不同的企业其汇率传递系数呈现明显的差异，企业的进口中间投入份额每增加10%，汇率传递系数将下降0.43%。进口中间投入份额对汇率传递有显著的影响，一个进口中间投入份额为零的企业，其汇率传递系数为88.1%（1－0.119），而一个进口中间投入份额为0.492（进口中间投入份额的第95百分位数）的企业，其汇率传递系数则下降为84%（1－0.119－0.084×0.492）。正如第三部分理论模型推导得到的结论，进口中间投入份额不同的异质性企业其汇率传递程度存在很大的差异，进口中间投入份额越大的企业在汇率变动时可以通过边际成本这个渠道对冲一部分汇率变动带来的价格波动，因而汇率传递程度更低。

最后，在没有考虑企业异质性的情况下，如第1列所示，人民币每升值10%，企业以人民币计价的出口价格将降低1.23%，即汇率传递系数为87.7%（＝1－0.123）。

第4～6列的结果分别对应于第1～3列，只是使用的样本不一样，第4～6列只保留了那些连续存在两年以上的样本。从表2中可以看出，第4～6列的结果与对应的第1～3列的结果相差很小，原来的结论依旧成立。

表2　　　　进口中间投入份额和企业生产率对人民币汇率传递的影响

因变量：LnP	(1)	(2)	(3)	(4)	(5)	(6)	(7)	(8)
LnRER	0.123 ***	0.04	0.119 ***	0.093 **	0.120 ***	0.01	0.113 ***	0.079 ***
	(0.03)	(0.04)	(0.03)	(0.04)	(0.03)	(0.03)	(0.03)	(0.03)
LnRER * Φ			0.084 ***	0.059 ***			0.080 ***	0.053 ***
			(0.01)	(0.01)			(0.01)	(0.01)
LnRER * LnTFP		0.043 ***		0.013 **		0.051 ***		0.013 **
		(0.01)		(0.01)		(0.01)		(0.01)
Φ			1.232 ***	1.150 ***			1.233 ***	1.156 ***
			(0.02)	(0.02)			(0.02)	(0.02)
LnTFP		0.775 ***		0.719 ***		0.815 ***		0.778 ***
		(0.02)		(0.01)		(0.02)		(0.01)
行业—目的国	是		是	是	是		是	是
固定效应								
年份固定效应	是		是	是	是		是	是
样本量	1 837 021	1 836 840	1 804 457	1 804 276	961 407	961 316	944 005	94 3914
R^2	0.51	0.51	0.52	0.51	0.56	0.57	0.57	0.58

注释：括号中报告的是稳健标准误。*、** 和 *** 分别表示在10%、5%和1%的显著性水平。

（二）稳健性检验

1. 按照进口中间投入份额分位数的人民币汇率传递。

表2中的实证结果验证了前面第三部理论模型的结论，但是我们想验证实证结果是平滑的，研究结论不受异常样本值的影响。因而根据企业进口中间投入份额的分位数，把企业分成五类。根据企业分类的不同引入四个虚拟变量 δ_i（$i = 1, 2, 3, 4$），当所有的 δ_i（$i = 1, 2, 3, 4$）都为0时，说明企业属于进口中间投入份额最低的那一组；δ_1 等于1的话说明企业属于进口中间投入份额第二低的那一组，以此类推，当 δ_4 等于1的时候，说明企业属于进口中间投入份额最高的那一组。通过把 δ_i 和 RER 的交互项引入计量模型，来考察进口中间投入份额不同对汇率传递的影响。从表3第1列的回归结果可以看出，随着进口中间投入份额的增加，回归系数基本上单调递增的，这表明进口中间投入份额越大，企业的汇率传递

率越低。但是 δ_4 和 RER 交互项前面的系数比 δ_1、δ_2 和 δ_3 与 RER 交互项前面的系数都要小，这表明进口中间投入份额最大的企业汇率传递率反而更小，这可能是因为中国存在不少纯来料加工装配贸易企业的缘故。纯来料加工装配贸易企业的进口料件由外商提供，不需付汇进口，制成品由外商销售，经营企业收取加工费。因而，对于纯来料加工装配贸易企业来说，尽管它们的进口中间投入份额最高，但这并不影响企业的出口定价，也不会影响汇率传递率。

为了印证上面的猜想，本文根据海关进口数据找出那些从事来料加工装配贸易的企业，然后删除这些企业，用剩下的样本来进行分析。仍然根据企业进口中间投入份额的分位数把企业分成五类，表 3 中的第 2 列是对应的回归结果。可以看出，在删除来料加工装配贸易企业后，随着进口中间投入份额的增加，回归系数时基本上是单调递增的，这表明进口中间投入份额越大，企业的汇率传递率越低。

表 3　按照进口中间投入份额和企业生产率分位数分组的人民币汇率传递

因变量：LnP	(1)	(2)	(3)
LnRER	0.101 **	0.043 *	0.109 ***
	(0.04)	(0.02)	(0.037)
Ln$RER * \delta_1$	0.028 ***	0.021 **	−0.005
	(0.01)	(0.01)	(0.004)
Ln$RER * \delta_2$	0.030 ***	0.026 ***	0.002
	(0.01)	(0.01)	(0.007)
Ln$RER * \delta_3$	0.037 **	0.024 *	0.017 *
	(0.02)	(0.01)	(0.010)
Ln$RER * \delta_4$	0.02	0.04	0.046 *
	(0.04)	(0.03)	(0.024)
行业—目的国固定效应	是	是	是
年份固定效应	是	是	是
样本量	1 837 021	1 471 020	1 837 021
R2	0.51	0.52	0.507

注释：括号中报告的是稳健标准误。*、** 和 *** 分别表示在10%、5%和1%的水平上统计显著。

2. 按照企业生产率分位数的人民币汇率传递。

接下来，根据企业生产率的分位数把企业分成五类。根据企业分类的不同引入四个虚拟变量 δ_i（$i = 1$，2，3，4），当所有的 δ_i（$i = 1$，2，3，4）都为 0 时，说明企业属于生产率最低的那一组；δ_1 等于 1 的话说明企业属于生产率第二低的那一组，以此类推，当 δ_4 等于 1 的时候，说明企业属于生产率最高的那一组。通过把 δ_i 和 RER 的交互项引入计量模型，来考察生产率不同对汇率传递的影响。从表 3 第 3 列的回归结果可以看出，随着企业生产率的增加，回归系数基本上是单调递增的，这表明企业生产率越大，企业的汇率传递率越低。

五、总结及政策含义

尽管中国在 2013 年已经成为世界第一大货物贸易大国，但是在一些发达国家不停指责中国操纵汇率来促进本国出口，以及人民币升值和人民币汇率浮动幅度不断增大的大背景下，中国的出口将面临诸多的挑战和不确定性。本文从异质性企业视角出发，利用匹配的微观数据对人民币汇率传递问题进行了深入的研究，获得了若干有意义的发现，从而可以为当前正确处理好出口和人民币汇率政策之间的关系提供一些参考。

总结全文，我们得到的结论主要有以下几点：

第一，定性来看，企业异质性对人民币汇率传递产生了显著的影响。体现企业异质性的进口中间投入份额和企业生产率，分别通过边际成本和价格加成这两个渠道来影响企业对冲汇率风险的能力和调整价格加成率的能力，从而对企业出口价格的汇率传递率产生影响。

第二，定量来看，企业的进口中间投入份额每增加10%，汇率传递系数将下降 0.59%；而企业的生产率每增加 10%，汇率传递系数将下降 0.13%。如果企业的进口中间投入份额和生产率分别由 0 和 1.66（分别对应两个变量分布的第 5 百分位数）上升到 0.4962 和 2.21（分别对应两个变量分布的第 95 百分位数），汇率传递系数将由 88.5% 下降到 84.9%。

本文研究结论具有以下政策含义。首先，由于中国出口的汇率传递率总体看来还是较高的，因而在面对剧烈的汇率冲击时中国的出口可能会遭受巨大的影响，未来中国政府部门一方面在人民币汇率改革方面应该结合中国的出口现状稳步向前推进，同时要合理引导出口企业转型升级，提高企业的出口定价能力，从而减少在遇到重大外部冲击的影响。其次，由于进口中间投入份额和企业生产率的提高都能减少企业对出口价格的汇率传递，因而从有效规避出口汇率风险的角度来说，通过技术创新提高企业生产率以及鼓励企业积极参与全球化分工来提高企业国际化程度，将是两种有效的应对方式。

主要参考文献

1. 戴觅、余淼杰：《企业出口前研发投入、出口及生产率进步—来自中国制造业企业的证据》，载于《经济学（季刊）》2012 年第 1 期。

2. 李艳丽、彭红枫：《人民币汇率对出口价格的传递效应——考虑预期与结构变化的分析》，载于《金融研究》2014 年第 10 期。

3. 刘修岩、吴燕：《出口专业化、出口多样化与地区经济增长——来自中国省级面板数据的实证研究》，载于《管理世界》2013 年第 8 期。

4. 倪克勤、曹伟：《人民币汇率变动的不完全传递研究：理论及实证》，载于《金融研究》2009 年第 6 期。

5. 鲁晓东、连玉君：《中国工业企业全要素生产率估计：1999～2007》，载于《经济学（季刊）》2012 年第 2 期。

6. 徐奇渊：《人民币汇率对 CPI 的传递效应分析》，载于《管理世界》2012 年第 1 期。

7. Amiti, M., Itskhoki, O., and Konings, J, 2014, Importers, Exporters, and Exchange Rate Disconnect, The American Economic Review, 104 (7): pp. 1942 – 1978.

8. Berman, N., Martin, P., Mayer, T, 2012, How do Different Exporters React to Exchange Rate Changes?, The Quarterly Journal of Economics, 127 (1): pp. 437 – 492.

9. Bernard A. B., Redding S. J., Schott P. K., 2011, Multiproduct Firms and Trade Liberalization, The Quarterly Journal of Economics, 126 (3): pp. 1271 – 1318.

10. Betts C., Devereux M. B, 2000, Exchange Rate Dynamics in a Model of Pricing-to – Market, Journal of International Economics, 50 (1): pp. 215 – 244.

11. Burstein A., Jaimovich N., 2009, Understanding Movements in Aggregate and Product – Level Real Exchange Rates, Mimeo, UCLA and Stanford University.

12. Campa J. M., Goldberg L. S., 2005, Exchange Rate Pass-through into Import Prices, Review of Economics and Statistics, 87 (4): pp. 679 – 690.

13. Choudhri, E. U., Hakura, D. S., 2006, Exchange Rate Pass-through to Domestic Prices: does the Inflationary Environment Matter?, Journal of International Money and Finance, 25 (4): pp. 614 – 639.

14. Devereux M. B., Engel C., 2003, Monetary Policy in the Open Economy Revisited: Price Setting and Exchange – Rate Flexibility, The Review of Economic Studies, 70 (4): pp. 765 – 783.

15. Dornbusch, R., 1987, Exchange Rates and Prices, The American Economic Re-

view, 77 (1): pp. 93 – 106.

16. Fitzgerald D. , Haller S. , 2014, Pricing-to – Market: Evidence from Plant – Level Prices, *The Review of Economic Studies*, 81 (2): pp. 761 – 786.

17. Goldberg P. K. , Hellerstein R. , 2013, A Structural Approach to Identifying the Sources of Local Currency Price Stability, *The Review of Economic Studies*, 80 (1): pp. 175 – 210.

18. Krugman, P. R. , 1986, Pricing to Market When the Exchange Rate Changes, *NBER Working Paper*, No. 1926.

19. Levinsohn, J. , Petrin, A. , 2003, Estimating Production Functions Using Inputs to Control for Unobservables, *The Review of Economic Studies*, 70 (2): pp. 317 – 341.

20. Li, H. , Ma, H. , Xu, Y. , 2015, How do Exchange Rate Movements Affect Chinese Exports? – A Firm – Level Investigation, *Journal of International Economics*, 97 (1): pp. 148 – 161.

21. Ma, Y. , Tang, H. , Zhang, Y. , 2014, Factor Intensity, Product Switching, and Productivity: Evidence from Chinese Exporters, Journal of International Economics, 92 (2): pp. 349 – 362.

22. Melitz M. J. , Ottaviano G. I. , 2008, Market Size, Trade, and Productivity, *The Review of Economic Studies*, 75 (1), pp. 295 – 316.

23. Melitz M. J. , 2003, The Impact of Trade on Intra-Industry Reallocations and Aggregate Industry Productivity, *Econometrica*, 71 (6): pp. 1695 – 1725.

24. Obstfeld M. , Rogoff K. S. , Wren-lewis S, 1996, *Foundations of International Macroeconomics*, Cambridge: MIT Press.

25. Olley, G. S. and Pakes, A. , 1996, The Dynamics of Productivity in the Telecommunications Equipment Industry, *Econometrica*, 64 (6): pp. 1263 – 1297.

26. Taylor, M. P. , Peel, D. A. , 2000, Nonlinear Adjustment, Long – Run Equilibrium and Exchange Rate Fundamentals, *Journal of international money and finance*, 19 (1): pp. 33 – 53.

27. Yu, M. , 2014, Processing Trade, Tariff Reductions and Firm Productivity: Evidence from Chinese Firms, *The Economic Journal*, 125 (585): pp. 943 – 988.

经济全球化下的两岸金融合作

苏秋燕　庄宗明[*]

一、引　　言

经济全球化是市场化的国际扩张逐步制度化的过程，是世界经济发展的必然趋势，体现为国际秩序和国际经济组织的建立，以双边或多边的区域一体化的制度安排、自由贸易区、共同市场以及货币合作等形式展现。

欧盟、东盟以及非盟，北美自由贸易区、亚太经合组织（APEC）以及区域经济全面伙伴关系（RECP）等是应对经济全球化和区域一体化的发展趋势而提出来的，是世界各国（地区）积极融入经济全球化的表现。中国—东盟自由贸易区（CAFTA）、中国—韩国自由贸易区（CKFTA）、欧盟境内首个"葡萄牙—中国经贸合作区"的成立、中国与拉丁美洲加勒比经济技术合作和中国与非洲经贸合作的积极推进，表明中国也在顺应历史发展趋势，积极融入经济全球化，实现互利共赢。习近平总书记上任后，在亚太区域经济整合策略上展现的新意，例如推动亚太自由贸易区（FTAAP）路径图倡议、持续参与正在推动的区域全面经济伙伴关系（RCEP）、推动一带一路区域发展战略，以及筹建亚洲基础设施投资银行（AIIB，以下简称"亚投行"），更是中国大陆进一步融入经济全球化的重要战略。

当然，中国大陆也非常愿意两岸进行各个领域的制度化合作，透过两岸制度化合作，携手融入经济全球化，创造共同繁荣的局面。在当前"大

---

* 苏秋燕，厦门大学经济学院博士生；庄宗明，厦门大学世界经济研究中心教授。

经贸、小金融"不平衡的两岸合作架构下，加强两岸金融合作势在必行。然而，《海峡两岸服务贸易协议》在台湾审议受阻作为导火索，表明台湾仍然没有清楚地认识到经济全球化加深的大趋势，没有意识到台湾面临的"被边缘化"的风险和加强两岸经贸往来和金融合作的紧迫性。如果台湾继续纠缠于统独之争，不承认"九二共识"，继续内斗，继续沉迷于"四小龙"的优越感，不清醒地面对岛内经济发展现状，甚至持有"逢中必反"的立场和态度，必然会在经济全球化浪潮中错失一些发展机遇。

因此，本文在全面认识经济全球化是世界经济发展的必然趋势的基础上，细化到两岸金融合作的层面，解读经济全球化下两岸金融合作的必要性与可行性，并对经济全球化下加强两岸金融合作的着力点深入剖析，对未来经济全球化下两岸金融合作进行总结。

二、经济全球化是世界经济发展的必然趋势

经济全球化仍然是全球化的基础与核心，经济全球化是当代世界经济的重要特征之一，也是世界经济发展的必然趋势。从国际上对全球化的界定，济全球化的发展进程，以及经济全球化形成的内在机制，表明经济全球化是历史发展的必然结果，是世界经济发展的必然趋势。

（一）经济全球化的界定

"经济全球化"一词最早是由 T. 莱维于 1985 年提出的，但至今没有一个公认的定义。国际货币基金组织在 1997 年发表的《世界经济展望》中曾对经济全球化下过这样的定义："全球化是指跨国商品与服务交易及国际资本流动规模和形式的增加，以及技术的广泛迅速传播使世界各国经济的相互依赖性增强。"

总的来说，经济全球化是各种经济资源在世界范围内日益广泛和深入地进行自由流动和合理配置的过程；是世界各国（地区）的经济联系日益加深，世界各国（地区）经济相互间高度依赖和融合的过程；是在科技和生产力达到更高水平、阻碍生产要素自由流通的各种壁垒不断削减、规范生产要素流通的国际规则逐步形成并不断完善的这样一个历史过程。

（二）经济全球化的过程

经济全球化是世界各国（地区）逐步由各自孤立走向国际社会，在经济上相互影响、互动和依存关系日益加强，使得具有共性的经济模式逐渐成为全球通行标准，世界范围内各国（地区）经济相互交织、相互影响、相互融合成统一整体的过程。

经济全球化的发展历程是与一些重大事件紧密关联的。经济全球化的产生可以追溯到16世纪西欧资本主义的兴起和近代市场经济的建立。18世纪末，以蒸汽机为标志的第一次工业革命推动了经济全球化进程。19世纪末以电气化为标志的第二次科技革命，进一步推动了经济全球化。第二次世界大战结束后，国际货币基金组织、世界银行以及关贸总协定的出现，推动了全世界之间的经贸往来。20世纪90年代，苏联解体，"冷战"结束，经济全球化进程加快。现在一般所谈及的经济全球化，主要是指20世界90年代"冷战"结束后至今的经济全球化。

（三）经济全球化的内在机制

经济全球化的动力机制来源于以跨国公司为代表的市场力量，生产社会化是经济全球化的物质动因，历史选择是经济全球化的主导因素。生产社会化加速了商品、服务和生产要素的跨国界流动，以及国际化生产经营在全球的扩展。经济全球化是在科技和生产力达到更高水平、阻碍生产要素自由流通的各种壁垒不断削减、规范生产要素流通的国际规则逐步形成并不断完善的这样一个历史过程。

总之，推动经济全球化发展的基本动因是世界市场固有的扩张性和微观经济主体的趋利动机。同时历史发展进程中的重大科技革命、各国推行的经济体制改革、各类国际经济组织的出现等，也为经济全球化起到了推动作用。

（四）经济全球化是世界经济发展的必然趋势

经济全球化是经济活动即物质生产到市场交换的一个必然结果，是不以人的主观意志为转移的，是世界经济发展的必然趋势。虽然从20世纪80年代末以来，经济全球化浪潮与反全球化浪潮风起云涌，尤其是在1997年的亚洲金融危机和2008年美国次贷危机引发的全球金融危机的冲击下，贸易保护主义抬头，经济全球化出现争议，经济全球化进程受到一定的阻碍。但从长远来看，伴随着科学技术的进步、各国经济相互依存度的加强、国际组织机构和规则的有效建立，以及新兴市场的崛起与推动，经济全球化发展的大趋势不会改变，经济全球化是不可阻挡的历史潮流，该趋势不但不会放慢，反而会加快。

三、经济全球化下两岸金融合作的必要性

既然经济全球化是世界经济发展的必然趋势，那么，中国大陆和台湾地区应积极参与经济全球化，抓住机遇，加强交流与合作，促进繁荣与发展。伴随着经济全球化，金融自由化也应运而生。在经济全球化与金融自由化背景下，应对金融危机，防范金融风险，加强两岸金融合作有其必要性。

（一）"大经贸、小金融"的不平衡合作架构，经济全球化下两岸金融合作势在必行

20 世纪 70 年代，中国大陆因"文化大革命"，错失融入经济全球化的良机，而此时，台湾地区抓住经济全球化的先机，率先对接国际市场，由此出现了"台湾奇迹"，台湾也因此成为"亚洲四小龙"之一。直到 80 年代，中国大陆充分认识到融入经济全球化的重要性，积极参与国际事务，谋求双边与多边国际经济合作与交流。中国大陆开始实施改革开放，逐步加入了经济全球化的浪潮中。尤其是 2001 年中国成功加入世界贸易组织，这是中国经济融入世界经济的重要里程碑，标志着中国融入经济全球化进程的加快。从 1978 年的改革开放，到 2001 年的中国成功加入世界贸易组织（WTO），再到 2015 年以"一带一路"和"亚投行"为主的区域经济整合战略，记录了中国大陆积极融入与推动经济全球化的发展历程。

在经济全球化的大趋势下，海峡两岸地理距离临近，要素禀赋有一定的互补性，依据比较优势、进行互通有无，实现合作发展，携手融入经济全球化本是顺理成章的事。然而，两岸曾长期处于敌对状态，使得贸易往来与交流合作受到阻碍。直到 2008 年马英九当选台湾地区领导人，国民党再次执政台湾以来，海峡两岸在"九二共识"的基础上实现了全面直接双向"三通"，翻开了两岸经济制度化合作的新篇章。在当前两岸经济往

来中"大经贸、小金融"的不平衡合作架构下,加强两岸金融合作,是保障两岸经贸往来的前提基础,因此,在经济全球化下,加强两岸金融合作势在必行。

(二) 全球金融体系依然脆弱,经济全球化下两岸金融合作刻不容缓

美国次贷危机和欧洲主权债务危机的爆发,使蕴藏在全球金融体系中的系统性风险充分释放,并通过国际金融市场不断蔓延开来,对各国(地区)实体经济的经济成长造成了致命的冲击(见表1)。尽管目前全球主要银行已趋于稳定,但过度杠杆化问题并未完全消除,金融机构资产负债表的修复尚需时日,全球金融体系依然脆弱。与此同时,经济全球化与金融自由化的进程未曾停歇,国家或地区间的金融风险传递日益显现。经济全球化加速了金融危机的传递与扩散,金融危机的扩散与传递在客观上又阻碍了经济全球化进程。中国大陆和台湾同处于经济全球化体系中,面对依然脆弱的全球金融体系,加强两岸金融合作刻不容缓。

表1 部分国家(地区)的经济成长率 单位:%

年份	中国台湾地区	美国	日本	德国	法国	英国	中国大陆	中国香港地区	韩国	新加坡
2007	6.52	1.8	2.2	3.3	2.4	2.6	14.2	6.5	5.5	9.1
2008	0.70	-0.3	-1.0	1.1	0.2	-0.3	9.6	2.1	2.8	1.8
2009	-1.57	-2.8	-5.5	-5.6	-2.9	-4.3	9.2	-2.5	0.7	-0.6
2010	10.63	2.5	4.7	4.1	2.0	1.9	10.6	6.8	6.5	15.2
2011	3.80	1.6	-0.5	3.6	2.1	1.6	9.5	4.8	3.7	6.2
2012	2.06	2.3	1.7	0.4	0.3	0.7	7.7	1.7	2.3	3.4
2013	2.23	2.2	1.6	0.1	0.3	1.7	7.7	3.1	2.9	4.4
2014	3.77	2.4	-0.1	1.6	0.2	2.8	7.4	2.5	3.3	2.9

资料来源:根据台湾行政主管部门"主计处"统计数据所得。

(三) 台湾地区金融市场困境,经济全球化下两岸金融合作成为迫切要求

从2005~2014年,台湾整体经济增长相对缓慢,除2010年出现10.63%的峰值以外,其他年份的增长率都在6%以下。其服务业,包

括金融业在内也是如此。数据显示，2011～2014年间台湾地区金融和保险业生产毛额的增长率分别为1.37%、2.62%、3.64%、5.65%①，虽然有所增长，但绝对幅度依然较低。同时，金融行业占台湾地区GDP的比重也在下降，截止到2014年底，台湾地区金融行业占台湾地区GDP的6.64%。不仅如此，台湾地区金融机构过多、规模较小、同构性高，市场竞争激烈，同时，台湾当局对金融业实行严格的分业设立原则，银行、保险与证券业等不能兼营，限制了台湾地区金融业的规模化经营，使得台湾金融业资产报酬率不断走低。据统计，近10年台湾地区的年平均资产报酬率仅为0.355%，存放利差仅1%左右，几近全球最低。

台湾地域小市场容量有限，岛内金融机构众多，存在过度竞争状况、生存空间萎缩的困境，如果不开拓市场空间，岛内许多金融机构的生存和发展将面临巨大的压力和困难。台湾地区金融业人士看好中国大陆金融市场，企盼开拓中国大陆金融市场的欲望也在不断地增加与增强。同时，广大在大陆的台商也企盼台湾金融业能尽快到大陆拓展业务，为他们在大陆投资、贸易提供便利、快捷的金融服务。而中国大陆经济发展态势良好，对资金的需求缺口很大，具有良好的投资前景和广阔的金融市场。因此，在经济全球化大背景下，两岸金融合作成为迫切要求。

（四）两岸合作步入"深水区"，经济全球化下加强两岸金融合作不容迟缓

2008年以来，海峡两岸逐步加强交流与合作，积极融入经济全球化。两岸关系从原来的紧张对峙走到现在的和平发展，从原来的不完全开放、单方面开放到现在的多领域多层次开放、互相开放，从原来的功能性、事务性转向制度性、机制性。这些合作成效都是在"先经后政、先易后难"的合作原则下取得的，这意味着两岸合作从"浅水区"步入了"深水区"，包括两岸金融合作在内的经济合作进程会越来越难。然而，经济全球化进程的加快，又使得两岸经贸往来和金融合作不容迟缓。

---

① 中国台湾网，http://www.taiwan.cn/jinrong/lajrhzdsj/，2015年5月1日。

四、经济全球化下两岸金融合作的可行性

对于同宗同源的台湾地区，中国大陆积极推动两岸经贸往来与金融合作，希望海峡两岸携手融入经济全球化，在经济全球化趋势下，趋利避害，实现互利共赢。从 2009 年《海峡两岸金融合作协议》到 2010 年《海峡两岸经济合作框架协议》，再到 2012 年《海峡两岸投资保护和促进协议》、2013 年《海峡两岸服务贸易协议》（尚未经审议），标志着海峡两岸制度化合作的深化，海峡两岸金融合作的加强。这是海峡两岸积极融入经济全球化的表现，也取得了一定的成效，表明两岸金融合作是切实可行的。同样，在新的经济全球化趋势下，两岸金融合作也有其可行性。

（一）中国大陆的区域整合战略为两岸金融合作提供可能性

顺应经济全球化，中国大陆于 2013 年提出"一带一路"战略，并于 2015 年 3 月 28 日公布《推动共建丝绸之路带和 21 世纪海上丝绸之路的愿景与行动》，正式发布"一带一路"线路图。希望透过丝绸之路经济带和 21 世纪海上丝绸之路，贯穿亚、欧、非大陆，构建连接东亚经济圈及欧洲经济圈的新陆权时代。"一带一路"战略，是顺应经济全球化的发展战略，同时，"一带一路"发展战略的实施，可以进一步加强亚、欧、非之间的交流与合作，推动经济全球化进程。

除了推动"一带一路"策略外，中国大陆积极筹建亚洲基础设施投资银行，用以筹募"一带一路"战略中基础设施建设过程中所需资金，提升"一带一路"的成功机率。2013 年 10 月 2 日，习近平主席在雅加达提出筹建亚投行的构想，希望整合中国大陆周边亚洲国家资金进行基础设施建设开发。2014 年 10 月 24 日 21 国①正式签署《筹建亚投行备忘录》，2016 年 1 月 16 日亚投行正式开业。原来以亚洲国家和地区为主的亚投行，在对融资需求和供给者都有好处的情况下，欧洲国家亦着眼于亚投行贷款获利预期及开发亚洲基础设施的利基而纷纷加入。截至 2016 年 1 月 1 日，

---

① 21 个意向创始成员国包括孟加拉国、文莱、柬埔寨、中国、印度、哈萨克斯坦、科威特、老挝、马来西亚、蒙古国、缅甸、尼泊尔、阿曼、巴基斯坦、菲律宾、卡塔尔、新加坡、斯里兰卡、泰国、乌兹别克斯坦和越南。

亚投行 57 个意向创始成员国已全部签署《亚洲基础设施投资银行协定》。这 57 个创始成员国覆盖了亚洲、大洋洲、欧洲、南美洲、非洲五大洲[①]，囊括发达国家、新兴经济体和发展中国家，是对经济全球化的充分诠释，也有助于进一步推动经济全球化。

中国大陆提出的区域经济整合战略顺应了经济全球化，又进一步推动了全球化，主要商机为亚投行所构建的金融互联体系以及"一带一路"的基础设施建设互建体系所提供的合作商机。据亚洲开发银行估计，2010～2020 年 10 年间，亚洲各国（地区）要想维持现有的经济成长水平，内部基础设施投资至少需要 8 兆美元，平均每年需投资 8 000 亿美元。现有的多边机构并不能提供如此巨额的资金。亚洲开发银行的总资金约为 1 600亿美元，世界银行也仅有 2 230 亿美元，目前，两家银行每年能够提供给亚洲国家（地区）的资金大约只有 200 亿美元，远不能满足亚洲为维持现有经济成长水平所需投资。通过亚投行所建立的国际联贷体系，可以弥补亚洲开发银行（ADB）职能，增加溢注与亚太地区基础设施建设的额度，提供亟须改善基础设施建设的国家（地区）财源，益于金融合作。

对于中国大陆的区域经济整合战略，台湾地区应从整体利益出发，摒弃"亚洲四小龙"的优越感，正视自身"闷经济"的发展现状，重视在亚太地区"被边缘化"的风险，抓住此次区域经济整合和机遇，展开两岸经贸往来，推动两岸金融合作，谋求在区域经济整合过程中，在亚投行的互联体系中，借力自身金融发展优势，摆脱台湾本土市场规模小、竞争激烈的先天因素，积极谋求两岸金融合作。中国大陆"一带一路"的发展战略以及亚投行的筹建，为经济全球化下的两岸金融合作提供了可能与机遇。

（二）自贸区（尤其是福建自贸区）的设立为两岸金融合作提供可能性

2015 年 3 月，中国批准了福建、天津和广东三个自贸区。加上之前的上海自贸区，中国大陆有上海自贸区、广东自贸区、天津自贸区和福建自贸区四大自贸区，以及深圳前海、广州南沙、珠海横琴、福建平潭等开放合作区。自贸区的设立，可以进一步减小贸易成本，推动贸易自由化和投资自由化，进而顺应经济全球化并推动经济全球化进程。

---

① 其中，亚洲 34 国，欧洲 18 国，大洋洲 2 国，有美洲 1 国，非洲 2 国。

在四大自贸区的合作上，福建自贸区的地理位置特殊，并且长久以来与台湾地区拥有特殊的渊源，其成立和多项创新举措都重点针对台湾地区，成为两岸服务贸易协议的先行先试区。事实上，目前福建自贸区在推动两岸服务贸易协议先行先试的立意甚佳，然而尚未全面推动服贸先行先试，目前仍以金融服务承诺为主，并以扩大通讯运输及旅游医疗的开放为辅，实质性收效甚微。然而，福建自贸区的成立，为两岸积极融入经济全球化，加强两岸金融合作，实现互利共赢提供了可能。

五、经济全球化下两岸金融合作的着力点

在经济全球化大环境下，自 2008 年国民党执政后，海峡两岸关系在坚持"九二共识"的基础上出现历史性转折，进入和平发展新阶段，两岸金融合作也朝着正常化、制度化的方向迅速发展，收效显著（见表 2）。然而，伴随着《海峡两岸服务贸易协议》在台湾地区审议受阻，两岸金融合作受到一定程度的影响。时至今日，虽然服务贸易协议在台受阻，但中国大陆坚信服贸协议确实是惠及两岸金融和企业民生的重要文件，两岸已经达成的金融合作共识不应因该协议的卡关而停摆。中国大陆始终在为改善两岸关系，促进两岸经贸往来与金融合作斡旋奔走。但服贸协议在台受阻致使两岸金融合作进入冷缓期，让我们不得不思考两岸金融合作过程中存在的制约与瓶颈，以及接下来进一步深化两岸金融合作的着力点。

表 2　　　　　　　　　　两岸金融合作的行业成效

行业	成效
银行业方面	截止到 2015 年 5 月，台湾金融主管部门已核准 13 家台湾地区银行赴中国大陆地区设立分（支）行及子行，其中已有 22 家分行，8 家支行以及 1 家子行开业，并已收购 1 家子行，另设有 3 家办事处。其中，已有 5 家台资银行在中国大陆设立满 1 年之后办事处升格分行或子行的申请案件获"金管会"核准，均已正式开业，包括兆兴银行苏州分行、台湾银行上海分行、玉山银行东莞分行及台湾企银上海分行及永兴银行南京子行。大陆在台湾地区设立的中国银行、交通银行及中国建设银行台北分行等 3 家银行也均已开业，并设有 1 家办事处。到 2014 年 12 月 31 日，台资银行在中国大陆分行已开办全面性金融业务者包含华银深圳、彰银昆山、国泰上海、一银上海、合库苏州、土银上海等 6 家分行及其支行。另外，已开办台资企业人民币业务者，包括兆兴苏州（在 2015 年 1 月 1 日起已开办全面性人民币业务）、玉山东莞、中信上海、一银上海等 4 家分行。

行业	成效
证券期货业方面	截止到 2015 年 5 月，台湾金融主管部门已核准 1 家台湾地区证券商赴大陆地区参股设立期货公司，5 家投信事业赴大陆地区参股设立基金管理公司，其中 1 家自行提出撤件、4 家已营业，另有 10 家证券商赴中国大陆设立 20 处办事处。其中，有 17 家台湾投信事业向大陆提出申请 QFII 资格，均已获得大陆证券监督管理机构核准资格并取得投资额度合计 36.07 亿美元，至于保险业部分，有 10 家台资保险业向大陆提出申请 QFII 资格，均获大陆证券监督管理机构核准资格并取得投资额度合计 32 亿美元，银行业部分亦有 3 家台资银行获大陆证券监督管理机构核准资格并取得投资额度合计 2.5 亿美元。
保险业方面	截止到 2015 年 5 月，已有富邦人寿保险股份有限公司及富邦产物保险股份有限公司共同申请至大陆地区的参股投资申请已获台湾"金管会"核准。在保险业部分，台湾金融主管部门已核准 12 家台湾岛内保险业及 2 家保经公司赴大陆地区参股投资，其中 6 家保险业者、2 家保险经纪人公司已获大陆核准营业，保险业并设有 14 处代表人办事处；并有 2 家产险公司及 2 家寿险公司赴大陆参股投资案例由中国大陆监理机构审核中。

资料来源：根据台湾地区"金融监督管理委员会"资料整理而得。

随着 2010 年 6 月 29 日《海峡两岸经济合作框架协议》（ECFA）和《海峡两岸金融监管合作谅解备忘录》（MOU）的签署，降低了海峡两岸金融服务的管制成本和政策不确定性风险，为两岸资本市场提供了多元化、多层次、多领域的合作契机。在现阶段下，两岸金融合作滞后迟缓的制约和瓶颈是：台湾单方面的抗拒、两岸技术和制度层面的限制。因此，如何打消台湾当局和台湾民众的疑虑，如何摆脱技术和制度方面的限制，如何有效利用当前经济全球化趋势，是经济全球化下两岸金融合作的着力点。

（一）打消台湾当局和台湾民众的疑虑与误解，正确认识两岸金融合作的利弊

台湾单方面的抗拒、台湾当局设置的种种限制性壁垒是两岸金融合作难以深入的关键。"九合一"选举后，两岸政治互信不足进一步加剧。台湾社会各界多疑虑，甚至认定两岸经贸往来和金融合作会导致政治整合，会有经济安全甚至"国家安全"的风险，因而对两岸合作持保护主义心态和歧视性做法，对中国大陆金融业设置过高的限制性门槛，如市场准入资金过高、市场准入审批严苛以及在法律和行政审批上附加限制性条件等，致使两岸金融合作步伐迟滞，进展缓慢。

正确认识经济整合与政治整合的关系，打消对两岸金融合作的疑虑，是在两岸金融合作上保持正确态度的前提。在经济全球化趋势下，要切实有效地推进两岸金融合作，要消除台湾当局和台湾民众的疑虑与误解，要充分认识到"九二共识"是两岸经济制度化合作的基础，两岸经济制度化合作是经济全球化的客观要求和必由之路，深化两岸金融合作是顺应经济全球化和金融自由化的必然选择，是互利共赢、共同发展的双赢举措。

（二）摆脱技术和制度的限制，中国大陆积极推进金融改革与人民币国际化

在通汇方面，目前大陆部分商业银行的分支机构均与台湾地区的银行建立了"直接通汇"或代理业务，但是这种直接通汇或代理业务只局限在外汇指定银行（OBU）进行，且直接通汇只限于贸易和非贸易项下，并不包括直接投资、有价证券投资或未经法令许可事项为目的的汇款。通过OBU 通汇的企业或个人必须在 OBU 内设有账户，才能通汇。在结算业务方面，目前两岸结算业务主要是通过台币、人民币以外的第三种可自由兑换货币（主要以美元作为支付与结算手段）进行通汇。这种支付和结算方式虽然可以满足两岸贸易结算与民间交往的需求，但在资金到达速度和通汇成本方面存在较大的不足。在进行两岸贸易时需通过美元结算，面临二次兑换的汇率波动风险，再加上二次手续费，这不利于两岸经贸的持续稳定较快发展。另外，在货币清算方面，海峡两岸并没有展开直接的货币清算。由于中国大陆方面目前仍实施资本账户管制，出于管理的需要，两岸的人民币清算服务仍主要是通过香港金融机构进行人民币清算。此外，两岸金融监管法律法规的不协调，两岸语言文字使用的不同，两岸金融统计口径、会计准则、专业用语的不同，也给两岸金融合作造成了一定的阻碍。

因此，推动经济全球化下的两岸金融合作，应摆脱以上所述的技术和制度性限制。尤其是就中国大陆而言，一方面应顺应经济全球化趋势，积极稳步推进中国的金融改革，以金融组织体系改革、金融要素价格体系改革和金融监管体系改革为基本路线，全面落实金融改革，以消除两岸金融合作中的技术和制度性约束；另一方面顺应金融自由化趋势，推进人民币国际化进程，并使人民币国际化的红利为两岸共享，进而推动两岸金融合作，实现互利共赢。

（三）借力"一带一路"、亚投行以及自贸区，积极推动两岸金融合作的深化

在亚投行方面，台湾地区加入亚投行"破局"。在自贸区方面，福建自贸区的地理位置特殊，并且长久以来与台湾地区拥有特殊的渊源，其成立和多项创新举措都重点针对台湾，成为两岸服务贸易协议的先行先试区。事实上，目前福建自贸区在推动两岸服务贸易协议先行先试的立意甚佳，然而尚未全面推动服贸先行先试，目前仍以金融服务承诺为主，并以扩大通讯运输及旅游医疗的开放为辅，实质性收效甚微。

目前台湾地区已经是当时"亚洲四小龙"表现排名最后的地区，如果在台湾地区本土持续"闷经济"的现状下不及时顺应时代发展潮流，抓住机遇，而是继续沉沦，形成"逢中必反"的奇怪做派，台湾地区有可能与经济全球化的发展主题渐行渐远，进而面临"被边缘化"的风险。中国大陆国台办已表示，欢迎台湾地区以"适当名义"加入亚投行，是一个可以预期的表态。

中国大陆推动的"一带一路"战略、筹建的亚投行以及设立的自贸区，是符合经济全球化发展趋势的举措，台湾地区面对这一经济全球化新形势，应权衡利弊，从长远利益与动态利益出发，顺应时代发展，积极推进两岸金融合作。台湾若能参与"一带一路"同时能够加入亚投行，除了能够多一个融资建设渠道外，也有利于加入亚投行构建的资金互联体系，有利于台湾地区金融业打入"亚洲杯"，有利于深化两岸金融合作，实现互利共赢。同时，两岸应积极推动福建自贸区与台湾自经区的有效对接，让"服贸协议"先行先试以及金融合作承诺不仅仅停留在书面上，而是切实有效地发挥实际作用，切实推动两岸金融合作，惠及海峡两岸。

六、结　语

经济全球化始终是世界经济发展的必然趋势，中国大陆推动的"一带一路"以及亚投行战略，将开启亚太区域经济整合的新篇章，也将进一步深化经济全球化与金融自由化。在此背景下，两岸金融合作有其必要性和可行性，海峡两岸只有全面正确解读当前的经济全球化形势，抓住深化两岸金融合作的着力点，才能实现两岸金融深化与互利共赢。

主要参考文献

1. 曹小衡、李文铜：《台湾金融业发展现状及前景探讨》，载于《亚太经济》2013年第3期。

2. 邓丽娟、朱兴婷：《台湾学运背后的经济发展困境》，载于《台湾研究集刊》2014年第6期。

3. 高明霞：《试论经济全球化的实质》，载于《特区经济》2010年第4期。

4. 李沃墙：《两岸金融合作的发展历程与展望》，载于《区域经济评论》2014年第2期。

5. 林晓伟、李非：《福建自贸区建设现状及战略思考》，载于《国际贸易》2015年第1期。

6. 宋逄明：《加强两岸银行金融业交流推动海峡和平发展——两岸金融合作的必要性和迫切性》，载于《金融理论与实践》2010年第1期。

7. 谢八妹：《两岸金融合作的制度化之路：从MOU到ECFA——基于经济动因的分析》，载于《长春大学学报》2010年第11期。

8. 杨青：《金融危机与经济全球化》，载于《中国与世界》2009年第8期。

9. 元惠萍、陈浪南：《海峡两岸金融一体化模式》，载于《东南学术》2002年第5期。

10. 章安平、范越龙：《两岸金融合作的成果及建议》，载于《国际经济合作》2013年第11期。

附录：

入选会议论文目录

（按第一作者姓名拼音排序）

作者姓名	其他作者	第一作者单位	文章标题
蔡继明	程世勇	清华大学政治经济学研究中心	我国新型城镇化进程与农村宅基地制度改革
陈建华	陈雪莹 陶秦青 殷鹏欢 司艳玲	深圳大学经济学院	马克思价值形态理论的形成研究
陈玲	林小平	福州大学经济与管理学院	我国财政支农资金的使用效率研究
陈美华		福建师范大学经济学院	社会主义城市地租理论及其当代价值——陈征经济思想述评
陈少晖	张锡书	福建师范大学经济学院	产业结构高级化、贸易开放度与福建经济增长——基于福建自贸区建设的契机
陈享光		中国人民大学经济学院	金融化与现代金融资本的积累
陈银娥	孙琼	中南财经政法大学经济学院	我国城市基础设施发展水平差异及其驱动机制的实证研究
陈甬军	胡德宝	中国人民大学国际学院	FDI、环境规制及企业技术创新——基于省际面板数据的实证检验
程承坪	邓国清		新常态下影响耕地流转的因素和对策研究
程民选	白晔	西南财经大学经济学院	信息不对称、市场秩序与公民财产权保护
程启智	罗飞	中南财经政法大学经济学院	生产力和生产关系的二维理论及其马克思经济学的发展
崔日明	陈晨	辽宁大学经济学院	美国"新丝绸之路"战略研究——基于中国"一带一路"战略比较
崔向阳	邱旭	南京财经大学经济学院	价值链分工视角下的我国国际贸易利益问题研究
丁任重	陈姝兴	四川师范大学	大区域协调：新时期我国区域经济政策的趋向分析——兼论区域经济政策"碎片化"现象

作者姓名	其他作者	第一作者单位	文章标题
丁长发	林燚琳	厦门大学经济学系	二战后台湾第一次农地制度变迁与经济绩效研究
杜书云	牛文涛	郑州大学旅游管理学院	土地财政是否加剧了"半城镇化"问题？——基于中国省级面板数据的经验研究
段杰	张智立	深圳大学经济学院	深圳自主创新模式分析及自主创新能力评价
范从来	杜晴	南京大学商学院	中国高货币化率的产业结构变动解释
范方志	汪延明	江苏理工学院商学院	论国家道德与通货膨胀
范欣	宋冬林	吉林大学经济学院	税收、税收竞争与市场分割
盖凯程		西南财经大学经济学院	经济新常态与新常态经济学：范式转向的视角
高波	范馨 王英杰	南京大学经济学院	快速城镇化背景下中国公共教育供给之殇：一个财政分权视角
葛扬	何伟 卢翠翠	南京大学经济学院	城镇化对房地产市场供需影响的理论研究
郭广珍	刘瑞国	辽宁大学经济学院	车与路：基础设施的作用机制研究
郭晗	任保平	西北大学经济管理学院	中国经济发展新常态下的创新驱动发展战略
韩艳红		吉林财经大学经济学院	我国产业国际化的战略选择——基于全球价值链理论的视角
何爱平	赵仁杰	西北大学经济管理学院	丝绸之路经济带背景下西部生态文明建设的政治经济学分析
和军		辽宁大学经济学院	交易成本、沉淀成本与公私合作治理机制
洪银兴		南京大学经济学院	中国特色社会主义政治经济学是创新的马克思主义政治经济学
黄泰岩	张晓晨	中央民族大学中国人民大学	构建中国特色社会主义经济理论新体系
贾利军	杨静	北京理工大学人文与社会科学学院	农村劳动力弱化治理视角下的我国粮食安全保障研究
简新华		武汉大学经济管理学院	中国新常态应该开始实行新战略
金兆怀	迟明园	东北师范大学经济学院	新常态下创新农业经营体制和发展模式的探讨
李丹		辽宁大学经济学院	"一带一路"战略与全球经贸格局重构
李玲娥		山西财经大学经济学院	德国鲁尔区转型规划方法的转变及其启示

作者姓名	其他作者	第一作者单位	文章标题
李萍	王军	西南财经大学经济学院	城镇化发展对不同收入水平农民增收的影响研究——以四川省为例
李雪松	李婷婷	武汉大学经济与管理学院	农村水环境污染与农村经济增长关系研究——基于 1993～2012 年中国省级面板数据的实证检验
李怡乐		西南财经大学经济学院	工人力量的变化与中国经济增长——基于规模以上工业企业数据的分析
李长安		对外经济贸易大学公共管理学院	经济新常态背景下的创业与就业
李政	杨思莹	吉林大学经济学院	区域创新强度、产业结构升级与城乡收入差距
李志强	陈泽珅	山西大学中国中部发展研究中心	制度变迁与技术进步对中国经济增长影响的实证分析——基于向量误差修正模型
梁洪学		吉林财经大学马克思主义经济研究中心	混合所有制公司控制权配置的演进、变革及启示——基于英美模式与德日模式的比较视角
梁向东	魏逸玭	长沙理工大学经济与管理学院	生产性服务业影响城镇化机制及实证分析
刘灿		西南财经大学马克思主义经济学研究院	深化自然垄断行业国有企业改革的路径——一个基于产权、竞争与公司治理的理论分析
刘凤义	崔学东 张彤玉	南开大学经济学院	发展混合所有制经济需要深化认识的几个基本问题
刘佳丽	谢斯儒	吉林大学经济学院	PPP 背景下我国城市公用事业市场化与政府监管面临的新课题
刘建华	孙立冰 付宇 李明	吉林财经大学经济学院	社会主义政府作用问题的探索
刘明国		贵州财经大学经济学院	论中国传统农业生产经营组织模式的科学性——兼对"农业现代化"理论的批判和李约瑟之谜的解释
刘艳梅		中央党校经济学部	大宗农产品国际定价博弈中的信息价值
卢江		浙江大学马克思主义学院	自我调节还是自我扬弃？——现代市场资源配置的逻辑演化

作者姓名	其他作者	第一作者单位	文章标题
卢现祥		中南财经政法大学经济学院	为什么中国缺乏数目字管理？——基于制度分析的视角
栾彦		辽宁大学经济学院	新常态的新外沿、对地方政府偿债能力的影响及及对策研究
马万里		山东大学（威海）商学院	从权力本位向权利本位转变：中国财政分权改革的下一步
马昀		深圳大学经济学院	"一带一路"建设中的风险管控问题
毛中根	孙豪	西南财经大学消费经济研究所	中国省域经济增长模式评价：基于消费主导型指标体系的分析
孟捷		清华大学《资本论》与当代问题研究中心	劳动力价值再定义与剩余价值论的重构
慕丽杰		辽宁大学经济学院	中国金融排除测度及干预路径研究
欧阳北松		深圳大学经济学院	干扰因素还是相变契机——生活世界的在场性与经济理性开放重构的现实性
乔榛		黑龙江大学经济与工商管理学院	从生产力水平到生产力容量：一个经济发展的新机制
曲创	张欣	山东大学经济学院	纵向分离、进入壁垒、进入壁垒与电信行业可竞争性行业可竞争性行业可竞争性
任保平	郭晗	西北大学经济管理学院	新常态下提高我国经济增长质量的路径转型与改革取向选择
沈小平	江娜平	深圳大学经济学院	现代服务业区域集聚专业化、多样化、集聚结构与集聚效应实证研究—以深圳为例
宋冬林	范欣	吉林财经大学	分税制改革推动了市场统一吗？
宋明月	臧旭恒	山东大学经济学院	消费粘性视角下我国城镇居民财富效应检验——基于28省市2000～2012年季度面板数据的研究
宋晓巍		东北师范大学经济学院	"一带一路"战略与新一轮高水平对外开放
苏秋燕	庄宗明	厦门大学经济学院	经济全球化下的两岸金融合作
孙宁华	孙涛	南京大学经济学院	商业周期中的房地产与中国宏观经济波动
唐德森		武汉理工大学	"非均衡理论"调适：区域经济均衡发展
陶一桃		深圳大学经济学院	从特区到自贸区：中国自贸区的特殊使命
王朝明	胡继魁	西南财经大学	经济发展新常态下制造业转型升级与空气污染问题

作者姓名	其他作者	第一作者单位	文章标题
王东风	赵泽东	辽宁大学经济学院	日本泡沫经济中货币政策与经济周期的相关性分析
王海杰	吴颖	郑州大学商学院	全球价值链分工中欠发达地区产业升级策略研究——以河南省为例
王今朝	许晨龙斧	武汉大学经济发展研究中心	构建以国有企业为微观基础的经济运行新常态机制
王卓然	钱书法	南京财经大学经济学院	剩余价值国际转移理论的一个扩展：模型、解析及启示
魏达志		深圳大学	并蒂双开报春花——广东自贸区中前海与蛇口的叠加优势和特殊使命
魏杰		清华大学经济管理学院	中国"十三五"期间的关键问题是结构调整
卫兴华		中国人民大学	怎样理解和把握"发展当代中国马克思主义政治经济学"
吴宣恭		厦门大学经济研究所	运用唯物史观提高对中国特色社会主义规律的认识
吴晓宇		国防大学马克思主义教研部	分配治理是国家治理的重要课题
吴宇晖	付淳宇	吉林大学经济学院	可持续消费问题研究
吴忠明		中共广东省委党校	《资本论》中图的现代数理研究——生产是质量统一体
吴遵杰	陈勇	深圳大学经济学院	一般均衡理论：缘起、证明与质疑
伍凤兰		深圳大学经济学院	区域公共产品的有效供给——基于配置效率的视角
向训勇	陈飞翔	上海交通大学安泰经济与管理院	进口中间投入、生产效率与人民币汇率传递——基于我国出口企业微观数据的实证研究
谢地	孔晓	辽宁大学经济学院	论我国城镇化进程中的公用事业发展与政府监管改革
辛波	马宇刘浩	山东工商学院经济学院	城镇化的经济与环境溢出效应分析及新型城镇化的路径选择——以山东省为例
徐长生	张玉英黄珂	华中科技大学经济学院	国有企业民营化、政治关联与企业融资约束
许彩玲		福建师范大学经济学院	从毛泽东到习近平：党的五代领导人城乡关系思想的传承发展

作者姓名	其他作者	第一作者单位	文章标题
颜鹏飞		武汉大学经济发展研究中心	关于转型期中国经济体制的前瞻性研究——再论"社会主义调节经济"
杨蕙馨	王军	山东大学管理学院	新常态下中国经济增长的源泉
杨静		中国社科院马克思主义研究院	基于公益性社会责任视角的国有企业效率考量
杨玲	许传龙	武汉大学经济发展研究中心	R&D 溢出与人力资本对全要素生产率的影响——基于中国省级面板数据的实证分析
杨艳琳	张恒	武汉大学经济发展研究中心	全球视角下服务业与城市化互动关系研究——基于 22 个国家 1960～2013 年面板数据的实证分析
叶满城		辽宁大学经济学院	价格水平波动与财富转移——基于我国上市公司的微观证据
于金富		辽宁大学经济学院	实现中国特色社会主义政治经济学的科学定位
岳文	陈飞翔	上海交通大学安泰经济与管理学院	贸易自由化、进口竞争与企业 Markup
詹圣泽		西北大学经济管理学院厦门海投集团	新常态下两岸经济合作探索与展望——基于福建及厦门自贸区视角
张二震	戴翔	南京大学商学院	中国外贸发展"新常态"：表现、成因及对策
张广辉	魏建	辽宁大学经济学院	农民土地财产权利与人口城镇化
张海鹏		南开大学政治经济学研究中心	中国土地资本化的政治经济学分析
张兰花		福建师范大学福清分校金融投资研究中心	信贷服务"实体经济"探析——基于福建省福清市的调查
张明龙	张琼妮	台州学院经贸管理学院	运用产业政策促进经济发展的研究
张培丽	王晓霞 连映雪	中国人民大学中国经济改革与发展研究院	我国水资源能够支撑中高速增长吗
张莘珺		广东海洋大学经济管理学院	大数据下地方政府信息资源开发研究
张艳	何爱平 张志敏	西北大学经济管理学院	生态文明建设的理论基础及路径选择——马克思主义政治经济学视角
赵新宇	范欣	吉林大学经济学院	政府治理与公众幸福

作者姓名	其他作者	第一作者单位	文章标题
赵学清		解放军南京政治学院	"生产方式"含义研究——以《资本论》理论部分三卷为样本
郑江淮	高玉泽 芮红霞	南京大学经济学院	银行业最优规模、生产率与潜在经济增长——一个基于银行业动态均衡的内生经济增长模型与测算
周健		辽宁大学经济学院	"刘易斯转折点"的判断标准是经济增长与经济增长成果分享的统——基于制度工资假设的修订
周柯	唐娟莉	郑州大学商学院	新常态下我国创新驱动发展能力测度与评价
祝健	牛振国	福建师范大学经济学院	小微企业信用担保供给增长的关键：重塑政府与市场关系——基于博弈分析的视角